FOM-Edition

FOM Hochschule für Oekonomie & Management

Reihe herausgegeben von
FOM Hochschule für Oekonomie & Management, Essen, Deutschland

Bücher, die relevante Themen aus wissenschaftlicher Perspektive beleuchten, sowie Lehrbücher schärfen das Profil einer Hochschule. Im Zuge des Aufbaus der FOM gründete die Hochschule mit der *FOM-Edition* eine wissenschaftliche Schriftenreihe, die allen Hochschullehrenden der FOM offensteht. Sie gliedert sich in die Bereiche Lehrbuch, Fachbuch, Sachbuch, International Series sowie Dissertationen. Die Besonderheit der Titel in der Rubrik Lehrbuch liegt darin, dass den Studierenden die Lehrinhalte in Form von Modulen in einer speziell für das berufsbegleitende Studium aufbereiteten Didaktik angeboten werden. Die FOM ergreift mit der Herausgabe eigener Lehrbücher die Initiative, der Zielgruppe der studierenden Berufstätigen sowie den Dozierenden bislang in dieser Ausprägung nicht erhältliche, passgenaue Lehr- und Lernmittel zur Verfügung zu stellen, die eine ideale und didaktisch abgestimmte Ergänzung des Präsenzunterrichtes der Hochschule darstellen. Die Sachbücher hingegen fokussieren in Abgrenzung zu den wissenschaftlich-theoretischen Fachbüchern den Praxistransfer der FOM und transportieren konkrete Handlungsimplikationen. Fallstudienbücher, die zielgerichtet für Bachelor- und Master-Studierende eine Bereicherung bieten, sowie die englischsprachige *International Series,* mit der die Internationalisierungsstrategie der Hochschule flankiert wird, ergänzen das Portfolio. Darüber hinaus wurden in der FOM-Edition jüngst die Voraussetzungen zur Veröffentlichung von Dissertationen aus kooperativen Promotionsprogrammen der FOM geschaffen.

Esther Bollhöfer · Steffen Weimann
(Hrsg.)

Digitalisierung von industriellen Dienstleistungen

Wie Servitization das Service-Business voranbringt

 Springer Gabler

Hrsg.
Esther Bollhöfer
FOM Hochschule für Oekonomie &
Management
Mannheim, Deutschland

Steffen Weimann
Servicelle GmbH
Nordhausen, Deutschland

FOM Hochschule für Oekonomie &
Management
Stuttgart, Deutschland

ISSN 2625-7114   ISSN 2625-7122   (electronic)
FOM-Edition
ISBN 978-3-658-37395-5   ISBN 978-3-658-37396-2   (eBook)
https://doi.org/10.1007/978-3-658-37396-2

Die Deutsche Nationalbibliothek verzeichnet diese Publikation in der Deutschen Nationalbibliografie; detaillierte bibliografische Daten sind im Internet über http://dnb.d-nb.de abrufbar.

Planung/Lektorat: Angela Meffert
Springer Gabler ist ein Imprint der eingetragenen Gesellschaft Springer Fachmedien Wiesbaden GmbH und ist ein Teil von Springer Nature.
Die Anschrift der Gesellschaft ist: Abraham-Lincoln-Str. 46, 65189 Wiesbaden, Germany

Geleitwort

Die *Schlagworte für die neue Arbeitswelt,* die sich durch die digitale Transformation ergeben, lauten u. a.: *„New Work", „Agile"* und *„Permanent Beta"* – oder noch schöner *„Permanent Better"!* Diese Begriffe sind mit einer großen Zahl von konzeptionellen Ansätzen und einer Vielzahl von möglichen Interpretationen verbunden. Vieles, was auf Papier sehr verlockend klingt, zerschellt häufig an der harten Realität. Führungskräfte und Mitarbeitende wie auch Trainerinnen und Trainer sowie Dozentinnen und Dozenten müssen sich folglich fragen:

- Welche Ansätze sind nachhaltig und wertschöpfend?
- Und welche Konzepte werden vielleicht schon bald vom nächsten Trend aussortiert?

Die *digitale Wirtschaft* erfordert eine grundlegende Neuausrichtung der Unternehmen. Daran besteht heute kein Zweifel mehr! Hierbei müssen die Unternehmen und ihre Repräsentanten häufig etwas größer denken. Wie formulierte es Ferdinand Piëch immer wieder gegenüber seinen Führungskräften: *Think big!*

Wir wissen inzwischen: Neue *Werteversprechen* sowie die darauf basierenden *Geschäftsmodelle* wirken nach innen – auf die Leistungsträgerinnen und Leistungsträger der eigenen Organisation. Die kommunizierten – oder besser – die gelebten Werte wirken auch auf andere Stakeholder, insbesondere die Kundinnen und Kunden und weitere Leistungspartner. Vielfach gilt es auch, umfassende *Eco-Systeme* aufzubauen oder sich an diesen zu beteiligen. Solche Eco-Systeme sind dann erfolgreich, wenn verschiedenste Akteure und/oder Leistungsangebote zusammengeführt werden, die einen umfassenderen Nutzen für die Kundinnen und Kunden als Stand-alone-Lösungen generieren. Hier eröffnen sich ganz neue Ansätze für digitale Produkte und Services, aber auch für innovative Geschäftsmodelle.

Hierbei ist eines unverzichtbar: Organisationen müssen aus *Kundensicht* gedacht und gestaltet werden. Schließlich entscheiden die Kundinnen und Kunden und nicht die unternehmenseigenen Strategen, ob ein Geschäftsmodell zum Erfolg wird! Der Mensch mit seinen vielfältigen Erwartungen rückt aber nicht nur als Kundin oder Kunde in den Mittelpunkt des unternehmerischen Handelns. In einer Zeit des *War for Talents* sowie des *Fachkräftemangels* sind gleichzeitig die *Erwartungen der eigenen Mitarbeitenden* viel umfassender zu berücksichtigen, als dies noch vor wenigen Jahren der Fall war.

Warum ist dies so? Wir leben in den industrialisierten Ländern in einer *Dienstleistungsgesellschaft*. Dienstleistungsgesellschaft bedeutet Service. Und Service bedeutet Mitarbeitende, die diesen Service – idealerweise kontinuierlich und in hoher Qualität – erbringen. Nur wenn wir auch unsere Mitarbeitenden dauerhaft zufriedenstellen, können diese eine *überzeugende Service-Performance* erbringen. Wie heißt es so schön? *Nur derjenige kann einem Kunden lächelnd begegnen, dem selbst zum Lachen zumute ist.*

Dies sicherzustellen ist eine nicht-delegierbare Führungsaufgabe. Schließlich wird das Serviceerlebnis immer mehr zum Erfolgsfaktor. Man kann heute sogar schon formulieren:

The experience is the product!

Wenn wir diese Aussage ernst nehmen, ist unsere Haltung gegenüber den internen und externen Kundinnen und Kunden weiterzuentwickeln. Schließlich entstehen Service-Orientierung, Team-Spirit und Innovation nicht im luftleeren Raum. Sie sind vielmehr das Ergebnis harter Arbeit – jeden Tag wieder neu.

Die *Service-Transformation der Geschäftsmodelle* und das damit verbundene *Denken in Dienstleistungen* anstelle von „nackten" Produkten erfordern ein radikales Umdenken der Führungskräfte. Dieses Umdenken ist durch eine Neuausrichtung der Organisation zu stützen. Hierfür bedarf es zusätzlich des unverzichtbaren Willens, fortlaufend neue Fähigkeiten zu erwerben. Dazu gehören auch die Beschäftigung mit neuen Technologien sowie die Analyse relevanter sozialer Trends. Die so gewonnenen Erkenntnisse bilden den Wissenshintergrund für die Entwicklung von *serviceorientierten Innovationsprozessen.* Der Einsatz neuer Technologien sowie die Entwicklung von Innovationen müssen hierbei wirtschaftlich nachhaltig sein. Bei der *Markteinführung von Innovationen* sollten wir außerdem den tradierten Fokus eines *Time-to-Market-Denkens* zugunsten eines *Time-to-Value-Vorgehens* überwinden.

Dies alles macht eines besonders sichtbar: Wir können und sollten uns bei der Bewältigung der vor uns liegenden Herausforderungen nicht allein auf altbewährte Konzepte, Methoden und Instrumente verlassen. In den letzten Jahren wurden spannende neue Ansätze entwickelt, die *die Tool-Box eines jeden Leistungsträgers* sinnvoll ergänzen sollten. Aber es kommt nicht allein auf die Werkzeuge an. Wichtig ist, dass auch das *Mindset der Leistungsträgerinnen und Leistungsträger* „mitwächst". Schließlich sind es Menschen, die über Ziele, Strategien und operative Maßnahmen entscheiden.

Hierbei ist es – für ein langfristig nachhaltiges Wirken von Unternehmen – unverzichtbar, dass dieses Mindset in Richtung ökologischer Nachhaltigkeit und sozialer Orientierung weiterentwickelt wird. Durch ein solches Mindset können wir als Leistungsträger im Unternehmen und in der Gesellschaft eine *persönliche Haltung* einnehmen – und das sollten wir auch. Wir alle tragen Verantwortung dafür, dass unsere Demokratien intakt bleiben und wir unseren schönen blauen Planeten auch für nachfolgende Generationen lebenswert erhalten.

Die im Mittelpunkt dieses sehr lesenswerten Sammelbands stehende *Servitization* wird durch die Möglichkeiten der *Digitalisierung* befeuert. Schließlich können viele Konzepte der *Service-Transformation* erst durch die *digitale Ausgestaltung der Customer Journey* umgesetzt werden. Mitarbeitende können in einen intensiveren Dialog mit den Kundinnen und Kunden einsteigen. Digitale Plattformen ermöglichen nicht nur eine Kollaboration mit der Kundschaft, sondern auch eine Entwicklung durch die Kundinnen und Kunden selbst – moderiert durch die hier aktiven Unternehmen. Genau an diesem Punkt laufen die Fäden in dem vorliegenden Werk zusammen. Die digitale Transformation ermöglicht es, mit Kundschaft in vielen Feldern umfassender zu inter-agieren. Mit diesem Fokus leistet dieses Buch einen wertvollen Beitrag zu *einer wertschöpfenden Transformation* – zum Wohle von Unternehmen, Wirtschaft und Gesell-schaft gleichermaßen.

In diesem Sinne wünsche ich diesem Werk eine umfassende Rezeption in der Wissensgesellschaft und den Leserinnen und Lesern eine erfolgreiche Umsetzung der hier vorgetragenen Ideen!

Ralf T. Kreutzer
Professur für Marketing
Hochschule für Wirtschaft und Recht
Berlin

Vorwort

„Digitize or die!" Diese Aufgabe tragen viele Unternehmen bereits seit Jahren wie ein Mantra vor sich her. Inzwischen hat die Praxis gezeigt, dass es kein Trend ist, den Unternehmen aussitzen können, während bereits der nächste heranrollt. Die Möglichkeiten der Digitalisierung haben Märkte und Branchen bereits nachhaltig beeinflusst und verändert. Bestehende Wertschöpfungsketten und Geschäftsmodelle haben sich verändert oder sind gar weggefallen, neue sind entstanden. Die Digitalisierung betrifft dabei mitnichten nur die physischen Produkte und deren Herstellung und Vermarktung, sie löst auch im Bereich der Dienstleistungen einen gravierenden Strukturwandel aus. Diese Entwicklung wird in der Literatur als *Servitization* oder *Digital Servitization* beschrieben. Was auf den ersten Blick einfach klingt („Service – das machen wir doch immer schon"), zeigt sich bei näherer Betrachtung als sehr komplex und durchaus nicht als einfacher Prozess. Vielfach wurde bereits ein positiver Zusammenhang zwischen Servitization und Unternehmenserfolg nachgewiesen, doch dieser ist nicht linear. Fehler resultierten vor allem aus einer mangelnden Integration, einer nicht ausgereiften Implementierung, einem Mangel an Kapazitäten und aus schlecht umgesetzten Prozessen.

Aktuelle Studien unterstreichen das Zusammenspiel zwischen Digitalisierung und Servitization. Der Trend geht über Fernüberwachung/-Steuerung, vorbeugende/ optimierende Wartung hin zu autonomen (Produktions-)Systemen. Neben den zusätzlich lockenden Umsätzen spielen hier ebenfalls das Kundenerlebnis und die Kundenbindung eine große Rolle: Entlang des gesamten Produktlebenszyklus kann eine Reihe von Services angeboten werden, die immer wieder Kontaktpunkte zur Kundschaft bieten. Zusätzlich ermöglichen sie nachhaltige Wettbewerbsvorteile: Sie sind in ihrer Ausführung weniger sichtbar, einem Re-Engineering kaum zugänglich und Know-how-intensiv, sodass sie nur schwer kopiert bzw. imitiert werden können. Damit entsteht ein Vorteil gegenüber anderen Strategien, die sich z. B. auf Produktinnovationen, Technologieführerschaft oder den Preiskampf fokussieren.

Damit zeigt sich auch im Service-Bereich ein interessanter Transformationsprozess, den man aus unterschiedlichen Perspektiven betrachten kann. Services bieten Raum für Innovationen, hier sind Unternehmen aufgerufen, ihre Strategien zu überarbeiten und

Service einen größeren Raum zu geben mit dem Ziel, langfristig und nachhaltig die Wettbewerbsfähigkeit zu erhalten.

Die Relevanz und Aktualität des Themas hat sich auch in der starken Resonanz auf unseren Call for Papers bemerkbar gemacht, sodass wir eine Auswahl aus einer Vielzahl von hochwertigen und interessanten Beiträgen treffen mussten.

Im vorliegenden Sammelband werden die Diskussionen zum Thema *Service-Erlebnis* in Teil I zusammengefasst. Hier geht es vor allem um Erfolgsfaktoren und Technologie-einsatz für Unternehmen. Die Beiträge thematisieren die Rolle und den Erfolgsbeitrag des digitalen Kundenmanagements, die Möglichkeiten der Digitalisierung einer Inter-aktion mittels künstlicher Intelligenz, die Akzeptanz und Nutzung von digitalen Kommunikationswegen im B2B-Kundenservice sowie die Potenziale digitaler Dienste in der Gesundheitsversorgung am aktuellen Beispiel der Covid-19-Impfkampagne des Saarlands.

Teil II fokussiert sich auf die *Service-Organisation* und stellt Methoden und Heran-gehensweisen für den Transformationsprozess vor: Im Mittelpunkt stehen hier Lösungs-ansätze für KMU, die den Prozess von der strategischen Ideenfindung bis zur konkreten (IT-)Umsetzung betrachten, Untersuchungen zu einer agilen Sicht auf eine service-orientierte Organisationsgestaltung, die Möglichkeiten der Nutzung von Predictive-Analytics-Modellen sowie ein Ansatz für den öffentlichen Sektor unterstützt durch den Value Proposition Canvas.

Teil III stellt dann im Rahmen von *Anwendungsbeispielen* Einsatzmöglichkeiten und Potenziale der Servitization in den Mittelpunkt. Hier werden Komplexitäts-reduktionen durch Managed-IT-Services, Einsatzmöglichkeiten von Augmented Reality bei der Instandsetzung von Industrieanlagen, der Einsatz einer IoT-Plattform bei einem kommunalen Dienstleister sowie Serviceansätze im verarbeitenden Gewerbe und im Handwerk diskutiert.

Das vorliegende Buch entstand aus einer Initiative der Herausgebenden als Mit-glieder des KCT KompetenzCentrum für Technologie- & Innovationsmanagement der FOM Hochschule für Oekonomie & Management (www.fom.de). Allen Kolleginnen und Kollegen sowie den Autorinnen und Autoren sei herzlich für die Unterstützung und die Anstrengung zur Erstellung des Buches gedankt.

Wir hoffen, dass der vorliegende Band nicht nur zur aktuellen Forschungsdiskussion beiträgt, sondern auch in der Praxis und im Studium dienlich ist, den Service-Nutzen aufzuzeigen.

Esther Bollhöfer
Steffen Weimann

Inhaltsverzeichnis

Herausgeber- und Autorenverzeichnis

Über die Herausgebenden

Prof. Dr. Esther Bollhöfer lehrt Wirtschaftsrecht, insbesondere IT-Recht und Entrepreneurship, an der FOM Hochschule für Oekonomie & Management am Hochschulzentrum Mannheim. Zuvor war sie viele Jahre in der Industrie und in der Forschung in leitenden Positionen tätig. Sie begleitet Digitalisierungsprojekte und Innovationen im Bereich der industriellen Wertschöpfung, insbesondere im Servicemanagement.

Dipl.-Wirtsch.-Ing. (FH) Steffen Weimann ist Dozent an der FOM Hochschule für Oekonomie & Management in Stuttgart. Als Research Fellow des KCT KompetenzCentrum für Technologie- & Innovationsmanagement der FOM Hochschule und PhD-Student mit dem Forschungsschwerpunkt Business Model Innovation lehrt er in den Themenbereichen Dienstleistungsmarketing, Digitalisierung und Organisationale Transformation. Er ist Geschäftsführer der Unternehmensberatung Servicelle GmbH, die Start-ups und KMU im Rahmen der Digitalen Transformation begleitet.

Autorenverzeichnis

Alexander Alscher BSP Business School, Berlin, Deutschland

Esther Bollhöfer FOM Hochschule für Oekonomie & Management, Mannheim, Deutschland

Reiner Bruns Scotty Technologies, Utrecht, Niederlande

Robert Butscher FOM Hochschule für Oekonomie & Management, Nürnberg, Deutschland

Patrick Donner Robert Bosch GmbH, Ludwigsburg, Deutschland

Roland Hallebeek Scotty Technologies, Utrecht, Niederlande

Manuel Hart Sentinum GmbH, Nürnberg, Deutschland

Jonas Jungmann JFS digital solutions GmbH, Steinheim am Albuch, Deutschland

Andreas Karcher Universität der Bundeswehr, München, Deutschland

Mario Kesseler Universität der Bundeswehr, München, Deutschland

Hasan Koç Berlin International University of Applied Sciences, Berlin, Deutschland

Klaus Legl CONECTIMUS, München, Deutschland

Jan Lies FOM Hochschule für Oekonomie & Management, Dortmund, Deutschland

Jessica List Fujitsu, Stuttgart, Deutschland

Marcus Lüttke Deutsche Rentenversicherung Bund, Berlin, Deutschland

Peter Preuss FOM Hochschule für Oekonomie & Management, Stuttgart, Deutschland

Manuela Schantin Capgemini Invent, München, Deutschland

Hubertus Schmidt FOM Hochschule für Oekonomie & Management, München, Deutschland; CONECTIMUS, München, Deutschland

Ulrich Schüler FOM Hochschule für Oekonomie & Management, Hamburg, Deutschland

Reinhold Schunn JFS digital solutions GmbH, Steinheim am Albuch, Deutschland

Horst Tisson FOM Hochschule für Oekonomie & Management, Hamburg, Deutschland

Jeannette Trenkmann BSP Business School, Berlin, Deutschland

Peter Vatter FOM Hochschule für Oekonomie & Management, Nürnberg, Deutschland

Ronny Wang FOM Hochschule für Oekonomie & Management, Augsburg, Deutschland; Supero GmbH, Augsburg, Deutschland

Wilhelm Weisweber Deutsche Rentenversicherung Bund, Berlin, Deutschland

Daniel Wilde Eckelmann AG, Wiesbaden, Deutschland

Christian Wissing BSP Business School, Berlin, Deutschland

Julia Wolf CONECTIMUS, München, Deutschland

Teil I
Service-Erlebnis

Servitization: Marketing-Digitalisierung als (Miss-) Erfolgsfaktor des serviceorientierten Kundenmanagements

Jan Lies

Inhaltsverzeichnis

J. Lies (✉)
FOM Hochschule für Oekonomie & Management, Dortmund, Deutschland
E-Mail: jan.lies@jan-lies.de

© Der/die Autor(en), exklusiv lizenziert an Springer Fachmedien
Wiesbaden GmbH, ein Teil von Springer Nature 2022
E. Bollhöfer und S. Weimann (Hrsg.), *Digitalisierung von industriellen Dienstleistungen*,
FOM-Edition, https://doi.org/10.1007/978-3-658-37396-2_1

Zusammenfasssung

Servitization zeichnet zwei sich bisher in Teilen widersprechende Entwicklungen nach, die im Servicemanagement kollidieren können: Digitization führt einerseits den andauernden Trend zum Service-Marketing als echte Service-Offensive fort. Zugleich werden aber auch Quasi-Services etabliert, die tatsächlich einer Performance-Offensive entsprechen. Es wird mittels konzeptualisierender Literaturrecherche gefragt, ob Servitization als Erfolgsfaktor für das Kundenmanagement arbeitet, indem er als integrierter Servicetrend die Kundenbeziehung stärkt (z. B. neue Services, kundengenaue Antworten, schnelle Reaktionen) oder zu einem Misserfolgsfaktor geworden ist, indem er mit Serviceroutinen (z. B. Marketing-Automation, Chat-Bots), Quasi-Services (z. B. Self-Services, Social-Media-Plattformen als Plantagen zur Marketingdatengewinnung) oder gar Zombie-Services (z. B. Dynamic Pricing, Fake News, Click Baits) Kundengewinnung und -bindung entgegenwirkt.

1.1   Ausgangssituation und Problemstellung

Servitization ist ein Kofferwort aus „Services" und „Digitization" (engl. „Digitalisierung"). Der Trend der Servitization wird oft im Anschluss an Vandermerwe und Rada (1988) besprochen. Sie betonen, dass Servitization eine Entwicklung ist, die von Kundenansprüchen getrieben wird. Betrachtet man die Servitization als Erfolgsfaktor für Kundengewinnung und -bindung, so hat Marketing-Servitization das Marketing in das Kundenmanagement transformiert, indem die Massenmarktbearbeitung zum individualisierten Kundenbeziehungsmanagement im „Segment to One" geführt hat. Nur ein Trend ist dabei das Echtzeitmarketing. Es meint die Reaktion auf die Kundenanforderung innerhalb von Millisekunden (vgl. Lies, 2017). Für das Marketing ist diese Kompetenz neu und ermöglicht Services: Alarmmeldungen bei außergewöhnlichen Kontobewegungen ist hierfür nur ein Beispiel. Ein anderes Beispiel betrifft die Self-Services, wie etwa im Handel. Hier werden die Zeitersparnis, Verlässlichkeit oder Freude an digitalen Services von Konsumenten geschätzt (vgl. Fernandes & Pedroso, 2017; Iqbal et al., 2018). Vor diesem Hintergrund realisiert Marketing 4.0 als digitalisiertes Marketing die Werteorientierung von Marketing 3.0 (vgl. Kotler et al., 2017) und ist Ausdruck einer gelebten Servicekultur.

Allerdings haben Services im Marketing spätestens seit diesen sogenannten Self-Services im Einzelhandel zum Teil auch einen pervertierten Charakter: Ausgerechnet Marketingtechnologien gelten zum Teil nicht der verbesserten Bedienung von Kundenbedürfnissen, sondern folgen der Performance-Debatte. Die Callcenter-Technologien der 1990er-Jahre wurden zwar unter der Flagge des Customer-Relationship-Managements eingeführt. Faktisch aber bedeutete diese Technologie auch das Ende der persönlichen Kundenberaterinnen und -beratern in vielen Dienstleistungsbranchen. Howard und Worboys (2006) fragen, ob der Begriff „Self-Service" nicht ein Widerspruch in sich ist und deshalb der Verkaufsorientierung des ursprünglichen Marketing 1.0 entspricht. Dieser Beitrag verfolgt beide Entwicklungen und stellt damit die Frage, ob Servitization ein (Miss-)Erfolgsfaktor im Kundenmanagement ist. Hierbei wird nach ihrem Grad der Kundenorientierung in echte Services, Quasi-Services und Zombie-Services unterschieden.

1.2 Servitization als Customer Service Journey

Digitales Marketing bietet zusammen mit der Idee der Customer Journey das Potenzial, eine Customer Service Journey für das serviceoptimierte Kundenmanagement zu etablieren. Wenn die Customer Journey die gedachte Reise der Kundinnen und Kunden vom ersten Wahrnehmungspunkt bis zum Kaufabschluss darstellt, dann bietet jeder Berührungspunkt die Gelegenheit für Service-Erlebnisse der Marke. So wird Servicemanagement zur Customer Experience, also zu Service- und Markenerlebnissen (vgl. Richardson, 2010). Customer Experience, also das Kundenerlebnis, bezeichnet die Wahrnehmung und Bewertung von Kundeninteraktionen mit einem Unternehmen entlang aller Touchpoints – beispielsweise Erfahrung mit Mitarbeitenden, Kommunikations- und Verkaufskanälen, Kundensystemen, Produkten/Diensten und Services. Service meint hier einerseits die Dienstleistung als Marktleistung eines Unternehmens und/oder ergänzende Zusatzdienste. Auch Informationen und Interaktionsangebote und Dialogplattformen gehören hierzu. Andererseits wird Service als Haltung und dominante Unternehmenslogik verstanden. Diese Logik unterscheidet das Marketing von herkömmlichem Gütermarketing. Die service-dominante Logik des Marketingkonzepts der sogenannten „Nordic School of Marketing" ist vor allem von Interaktion mit den Kundinnen und Kunden und weniger als Austauschprozesse angelegt (vgl. Grönroos, 2006).

1.2.1 Daten als Servicequelle

Mit Digitalisierung lässt sich die wahrgenommene Servicequalität verbessern (vgl. Lemon & Verhoef, 2016). Jeder Touchpoint ist nicht nur ein Erlebnispunkt, sondern zugleich auch eine Datenquelle, die dazu beiträgt, die Service-Erlebnisse zu verbessern. Dies ist eine Herausforderung für das Management: „Die größte Herausforderung (…) im digitalen Marketing ist die Fähigkeit, tiefe Kundeneinsichten zu erzeugen und zu nutzen. (…) Big Data eröffnet große Möglichkeiten, Kunden auf ihrer Reise zu folgen." (Leeflang et al., 2014, S. 5) Big Data für Marketing Intelligence, also das datengestützte Marketing mittels künstlicher Intelligenz, bilden die Basis, das Kundenverhalten an Touchpoints zu erfassen, zu kartografieren und auszuwerten.

Targeting-Techniken sind hierbei ein wichtiges Instrument des Data-Driven Marketing, um die Kundenerfahrungen und damit den Marketingservice zu optimieren. Targeting bedeutet die Bildung von Zielgruppen durch (Markt-)Segmentierung mittels digitaler Techniken (vgl. Lies, 2019). Das Smartphone ist hier nur ein Beispiel: ob auf dem Weg vom Büro zum Mittagstisch, das besondere Einkaufsverhalten in der Pandemie oder die Hochgebirgswanderung in den Alpen. Das Smartphone liefert die Geodaten, dokumentiert gegebenenfalls die Zahlungsabwicklung und vielleicht erfassen die Social Media die Bilder, auf denen die Smartphone-Nutzerinnen und -Nutzer die Fotos ihrer jüngsten Erlebnisse posten.

Technisch ist diese Kultivierung von Informationen auf den digitalen Datenplantagen längst möglich (vgl. Lies, 2019), indem Nutzerinnen und Nutzer von Social-Media-Anwendungen, Smartphones, das Auto als „connected car" selbst stetig mit Daten füttern. So lassen sich spezifische, zeitlich gegebenenfalls sehr begrenzt auftretende Kundensegmente und/oder Kundenbedürfnisse identifizieren und ansprechen. Dies lässt sich dann im Zuge der sogenannten „Mass Customization", also der individualisierten Massenansprache, für die Markenführung nutzen. Beispielsweise mit dem Angebot für die Corona-Warnung und alternativen Restauranttipps vor Ort oder dem persönlichen Paar Hochgebirgstreckingstiefel, das zur Abholung im nächsten Ort bereitsteht. Micro-Marketing könnte dann die individuelle Ansprache als Service im „Segment-to-one" sein (vgl. Sivadasa et al., 1998). Sie beinhaltet das Marketing auf dem persönlichen Level, das unter anderem aus dem Onlinebanking bekannt ist, indem beispielsweise mit bestimmten Kredit-, Konten- oder Wertpapiertransaktionen persönlich zugeschnittene Werbung im Log-in-Bereich generiert werden.

1.2.2   Die Service-Journey im Kundenlebenszyklus

Die Customer Journey wird zum Teil mit dem Marketing entlang des Lebenszyklus-modells ergänzt. Es ist eigentlich eine biologische Beschreibung des Lebens von seiner Entstehung bis zum Tod. Trotz seiner Popularität und Präsenz in vielen Lehrbüchern wurde das Modell vielfach kritisiert, da Marketing mit Differenzierung, Marken-management und anderen Maßnahmen die Evolution von Produkten und Diensten eigentlich vorantreibt (vgl. Merle Crawford, 1984). Tatsächlich wird der Produktlebens-zyklus typischerweise mit Maßnahmen des Massenmarketing verlängert, während der Kundenlebenszyklus die Bedeutung individualisierter und personalisierter Interaktionen betont (vgl. Lies, 2019). Hier leisten digitale Services einen Beitrag, die Kunden-zufriedenheit zu verbessern (vgl. Boon-itt, 2015). Für das Customer-Relationship-Management (CRM) hat so eine neue Ära begonnen (vgl. Rygielski et al., 2002), beispielsweise mit automatisierten und individualisierten Services in Abhängigkeit des Kundenlebenszyklus. So kann das Autohaus mit dem Auslesen der Servicedaten des Fahrzeugs der Kundin oder dem Kunden Wartungstermine anbieten, zum Reifen- oder Winterservice einladen oder in Kooperation mit Versicherungen fahrstil-abhängige Versicherungstarife unterbreiten. So kann das Lifecycle-Marketing auch zur Kunden-bindung beitragen, den Kundenlebenszyklus zu verlängern, z. B. mit Servicequali-tät (vgl. Kamakura et al., 2005). Was für die Kundinnen und Kunden Service bedeuten kann, beinhaltet für Unternehmen zusätzliche Gewinnpotenziale, die sich mit Big Data erschließen lassen (vgl. Guo & Qin, 2017). CRM wird so ein datenanalytischer Ansatz, indem Konsumentendaten erhoben und analysiert werden. Sie ergeben Einblicke in das Kundenverhalten, sodass neue Services die sogenannte „Customer Centricity" ermöglichen (vgl. Gummesson, 2008), hier also eine servicebasierende Kundenzentrierung.

1.2.3 Content-Marketing als interaktiver Service

Auf den ersten Blick ist „Content", den die Social-Media-Nutzerinnen und -Nutzer sharen, liken und posten, weder originäres Marketing noch Service, sondern zuerst digitale individuelle Kommunikation von Einzelpersonen, in Gruppen mit oder ohne Teilnahme und/oder Informationsbestandteil von Unternehmen und ihren Marken. Auf den zweiten Blick sind Social-Media-Content, Content-Marketing und Big Data sehr eng miteinander verknüpft, indem vor allem die Leistungsfähigkeit der Algorithmen von Suchmaschinen auf die Nutzerzahlen, Klicks und das Engagement auf Social Media reagieren, die Attraktivität dieser Medieninhalte für Internet- und Social-Media-Nutzerinnen und -Nutzer erkennen und deshalb hoch ranken: Gäbe es die Leistungsfähigkeit der Suchalgorithmen von Internetsuchmaschinen nicht, wäre Social Media für die digitale Werbeindustrie und damit für die Betreiber weit weniger interessant. Aus Sicht des Medienmanagements der Social-Media-Anbieter hängt die Popularität ihres Geschäftsmodells also zentral von der Intelligenz der Suchmaschinen ab, die erkennen, welche Social-Media-Sites von Gruppen, Unternehmen, Influencerinnen und Influencern sowie ihren Marken die Nutzerinnen und Nutzer gerade beschäftigen (vgl. Lies, 2021b). Je mehr digitalen Verkehr die Suchmaschinen erkennen, desto höher wird die Nutzerattraktivität bewertet, desto höher das Ranking der betreffenden Site und desto attraktiver sind sie für die Social-Media-Werbung. Aus Sicht der Markenkommunikation werden Marken und ihre Services einerseits direkt angeboten, wenn sich Marken digital in Social Media präsentieren. Andererseits werden sie über Social-Media-Werbung organisiert, auch wenn sich Werbetreibende nicht direkt in diesem Kanal mit einer Social-Media-Präsenz engagieren.

Social Media sind aber weit mehr als „nur" Medien mit Content, der als Infoservice zum Service-Marketing gerechnet werden könnte. Auch Serviceaspekte wie Ästhetik, vor allem bei Fotos, oder Emotionen prägen die Customer Experiences (vgl. Hultén, 2011). Aus Sicht der Nutzerinnen und Nutzer bieten sie auch Raum für weitere Services, den sie in direkter Interaktion mit anderen Nutzern und/oder Unternehmen in Anspruch nehmen können. So betrachtet, werden Social Media-Plattformen zu interaktiven, digitalen Services, die auf Marketing Intelligence basieren können, wenn etwa Big Data zu neuen Angeboten geführt hat oder so weitere Dienste entwickelt werden. Marketing als Servicemanagement von Marken ist insofern mandatiert, ihre Interaktionsfähigkeit zu erhöhen, damit Konsumentinnen und Konsumenten und andere Internetnutzer sich mit der Marke auseinandersetzen, indem Marken Artefakte, -Rituale oder Symbole erschaffen (vgl. Gensler et al., 2013). Social Media tragen so zur Verbreitung und Verschmelzung von Markenwerten bei: der Wertefusion. „Wertefusion bezeichnet solche Werte, die im gesamten Netzwerk von Konsumenten und Unternehmen verfügbar sind (…)." (Larivière et al., 2013). Werte können durch Austausch (Value-in-Exchange), durch Konsum (Value-in-Use) oder durch die Multidimensionalität von Interaktion, Kooperation und Kommunikation in Social-Media-Netzwerken entstehen (vgl. Rowley, 2008). Die Werte-fusion drückt diese Veränderung und Erweiterung der Wertschöpfung als Co-Kreation mit (digitalen) Stakeholder-Gruppen aus. Die Wertschöpfung im Service war mit der Ein-bindung der Kundinnen und Kunden in die Wertschöpfung von Dienstleistungen allerdings schon immer interaktiv. Mit den Social Media können sie nun multilateral arbeiten. So wird Service ein Ausdruck von Agilität. Insbesondere Unternehmen mit digitalisiertem Umfeld sind aktuell von agilen Methoden abhängig, um Unternehmenswerte mit Werten ihrer Öffentlichkeiten zu synchronisieren (vgl. de Chernatony & Cottam, 2008).

1.2.4   Das Web 3.0 als sprachgesteuerte Services

Interaktion wird dabei aktuell immer mehr sprachgesteuert organisiert. Zum Teil wird der Beginn des sogenannten semantischen Web als Revolution zu Zugang und Speicherung von Informationen bezeichnet (vgl. García-Crespo et al., 2010). Aus Sicht des strategischen Marketing besteht der Wandel von Web 2.0 zu Web 3.0 im Erkennen von „Sinn" durch digitale Technologien. Sie bilden die Basis für die Spracherkennung von Smartphone oder die Sprachsteuerung im Auto. Semantisches Marketing und damit semantisches Servicemanagement meint also die Nutzung der Digitalisierung, um Sinn, Meinungen, Stimmung oder andere Bedeutungen von weichen Daten wie in Social Media, am Telefon oder anderer Kanäle zu erfassen, auszuwerten, zu verstehen und hieraus Marketingmaßnahmen zu initiieren, hier also neue Services anzubieten.

Nur eine derzeit populäre Anwendung des semantischen Marketing sind Chatbots, ein Kofferwort (engl.) aus „Chat" für „Plaudern" und „Bot" für „Roboter". Chatbots werden als Sprachcomputer eingesetzt, um beispielsweise im Service den schriftlichen oder telefonischen Kundenkontakt zu organisieren. Bots werden zu virtuellen Assistenten, also computer- bzw. web-gesteuerte Gesprächspartner oder genauer, intelligente sprach-gesteuerte Anwendungen, wie beispielsweise Such- oder Angebotsdienste. In Chats lassen sich personalisierte und inhaltlich passende Angebote einblenden. Semantische Chatbots arbeiten auf Basis künstlicher Intelligenz und ermöglichen personalisierte Customer Experience. Das semantische Marketing verbessert die Interaktions- und damit Dialogfähigkeit von Unternehmen, an die die digitalen Kundinnen und Kunden mit der Popularität sozialer Medien höhere Anforderungen stellen und Kanäle zur Lösung von Kundenproblemen öffnen (vgl. Arsenijevic & Jovic, 2019).

Auf Basis künstlicher Intelligenz können Sprachdienste inzwischen die Bedeutung und Kontexte von Unterhaltungen oder Dialogen lernen. Die Entwicklung basiert auf vier Pfeilern: Künstliche Intelligenz, Spracherkennung, Messaging-Diensten und virtuellen Assistenten (vgl. Tuzovic & Paluch, 2018). So kann die Customer Experience erweitert arbeiten, da Marken mit sprachbasierten Interaktionen wahrgenommen werden können, sodass der persönlich-digitale Dialog Einzug in die Customer Journey hält (vgl. Wanick et al., 2017). Diese Entwicklung ist als Teil des Conversational Commerce (sprachgesteuerter Handel) zu sehen, der Fahrt aufnimmt. Das heißt, die Vorbereitung, Begleitung und Durchführung sprachgesteuerter (Ver-)Kaufsprozesse zeichnet sich als neuer digitaler Servicetrend ab. Conversational Commerce kann menschliche und computergesteuerte Interaktionen beinhalten (vgl. Piyush et al., 2016). Die digital-sprachliche Konversation gilt inzwischen als wichtiger Service, da fehlende Sprachfähigkeit eine große Barriere darstellt, Markenerlebnisse „sociable" zu machen.

1.2.5 Mobiles und Proximity-Marketing als mobiles Service-Marketing

Mobile Endgeräte, vor allem derzeit das Smartphone, machen es möglich, dass Webnutzerinnen und -nutzer per Spracherkennung Internetdienste auch unterwegs nutzen. Sie haben damit das Marketing mobil gemacht. Proximity-Technologien, z. B. Near-Field-Kommunikation, bilden das Rückgrat mobiler Touchpoints in der Customer Journey. Near-Field-Kommunikation ermöglicht die kontaktlose Datenkommunikation, beispielsweise bei Bezahlvorgängen (vgl. Lies, 2019). Mobile Endgeräte sammeln „Big Data", um Nutzerprofile zu untersuchen und ermöglichen ortsbezogenes Targeting. So wird es beispielsweise möglich, mit der Analyse der Dynamik des Konsumentenverhaltens örtlicher Communities Veränderungen bevorzugter Produkte und/oder Dienste vorherzusagen (vgl. Fan et al., 2015). Auf diese Weise wird ein wichtiger Schritt für die Integration des mobile und herkömmlichen Offline-Marketing unternommen, beispielsweise beim Shopper-Marketing oder im In-Store-Marketing mit kundenindividuellen Marketingservices, vor allem beim Bezahlen oder Einbuchen.

Dabei ist die Mobilität selbst nicht neu: Auch das Radio kann als ein mobiler „Out-of Home-Service" arbeiten, beispielsweise im Auto (vgl. Banerjee & Dholakia, 2008). Neu ist mit dem digitalen Marketing, dass Marketing nun per GPS (Global Positioning System) mit Geo- und Nutzerdaten des Handys standort- und konsumentenspezifisch visuelle und sprachlich Marketingservices bereitstellen kann. Auf diese Weise ist das Segment-to-One entstanden. Es ermöglicht im Gegensatz zum herkömmlichen Massenmarketing individuelle Services. Auch Recommender-Marketing (Empfehlungssysteme) profitiert von der Mobilität. Sie ermöglichen persönliche Vorhersagen über bevorzugte Produkte, die sie aus dem vorangegangenen Verhalten und ihren Prioritäten der Konsumenten herausfiltern. So kann die Kundenzufriedenheit verbessert werden, indem personalisierte Empfehlungen Konsumentenentscheidungen vereinfachen, beispielsweise mit Reiseempfehlungen im Tourismus oder Markenservices für Autofahrerinnen und -fahrer.

Darüber hinaus sind mobile Social Media die digitale Plattform für das Influencer-Marketing und eine Quelle für Big Data. Herkömmliche Werbung verändert sich zu personalisierten und zielgruppenspezifischen mobilen Anzeigen. Nur eine Anwendung sind mobile Informationen im Verkehrsmanagement städtischer Gebiete (vgl. Ahmed et al., 2018). Marketing ist es so möglich, die Kundin oder den Kunden fast überall hin zu begleiten: im Auto, zur Arbeit, in den Fitness-Klub usw. So entsteht Raum für kreative Kommunikation, Campaigning und/oder Services. Eine Verschmelzung der Werte von Marken und ihren Produkten und/oder Unternehmen im gesamten sozialen Netzwerk wird damit beschleunigt. Diese Entwicklung markiert einen Paradigmenwechsel im Marketing, der zum Teil als „mobile Revolution" bezeichnet wird (vgl. Öztaş & Burçak, 2015, S. 1071).

1.2.6   Kreative Inhalte als individuelle Services

Wie zuvor erwähnt, ermöglicht das Targeting die individuelle und ortsabhängige Kommunikation, etwa im Sportstadion, im Taxi, nachdem Busse verspätet waren und deren Verspätung digital erfasst wurde. Es gibt diverse digitale Targeting-Techniken, wie beispielsweise das Retargeting (Besucherinnen und Besucher eines Onlineshops und/ oder einer Website werden mit Werbung auf anderen Websites angesprochen) oder Foto-Targeting. Unternehmen wie Pinterest und Snapchat testen bereits Targeting-Lösungen, die Nutzerinnen und Nutzer auf Basis geposteter Fotos adressieren.

Mikro-Targeting wird mittels Auswertung von Big Data und der Identifikation spezieller Zielgruppen möglich, die zu einer (quasi-)individualisierten Ansprache von Kundinnen und Kunden mit personalisiertem Inhalt führt (vgl. Backhaus & Paulsen, 2018). Beispielsweise lassen sich alle Kreditkartenkunden, die einen bestimmten Hashtag bei Twitter kommentiert haben, spezifisch ansprechen. So wird die Anwendung von Geomarketing zum Mikro-Marketing auf dem persönlichen Level (Segment of One).

Targeting-Techniken beinhalten ein kreatives Potenzial, das vor allem von mobilen Endgeräten unterstützt wird. Mobile Marketing-Intelligence wird daher zum Teil gar als Kunst verstanden, attraktive Customer Experiences zur rechten Zeit zu kreieren: eine neue Marketingfähigkeit mittels digitaler Daten für digitale Kommunikationskanäle (vgl. Lemon, 2016).

1.2.7   Zwischenfazit: Marketing Intelligence als Potenzial für ein neues Service-Paradigma

Schaut man auf die Vielzahl digitaler Services, findet geradezu ein Service-Boom statt. Das digitale Marketing 4.0 hat insofern großes Potenzial für das Service-Marketing und damit werteorientiertes Abgrenzungspotenzial für das Marken- und Reputationsmanagement. Die große Bandbreite datenbasierender Servicemöglichkeiten hat auch zu neuen Geschäftsmodellen geführt, beispielsweise Suchmaschinen, Social Media oder mobilen Service-Providern. Sie können zu einer Fundierung des Kundenmanagements beitragen. Das heißt, die Digitalisierung bietet die Möglichkeiten, Marketing 3.0

umzusetzen. Es ermöglicht also das menschenorientierte Denken mit seinen Werten im Fokus. Voraussetzung hierfür ist ein ergänztes Marketingdenken. In Ergänzung zum und statt der Fokussierung auf das planungsorientierte Inside-out-Denken des Marketing erfordert die Macht viraler Prozesse das sogenannte Community-Paradigma anzuwenden. Demnach sind Marken-Communities relevant und machtvoll, um ihre Ansprüche an Marken durchzusetzen. Marketing 4.0 erfordert also eine Erweiterung des Inside-out um das Outside-in-Denken (vgl. Quinton, 2013). Diese Erweiterung ist erfolgskritisch, wenn Marketing 4.0 zum kundenzentrierten Service-Marketing beitragen soll, da die Schattenseite der Digitalisierung mit der Marketing Intelligence bisher nicht thematisiert wurde.

1.3 Servitization als datengetriebenes Zombie-Marketing

Service ist nicht gleich Service. Die Digitalisierung hat eine Schattenseite, die das Service-Marketing stark beeinflusst (vgl. Bitner, 2001). Spätestens seit der Popularität sogenannter „Self Services", insbesondere im Handel, bei Banken, im Verkehr oder in der Hotellerie, wird die Idee des Service zum Teil pervertiert: Das erste Ziel solcher Services ist, Kosten durch Standardisierung und Abwälzung von Arbeitsleistungen auf die Kundinnen und Kunden zu senken und nicht, Kundenbedürfnisse zu befriedigen. Auch die digitalen Callcenter-Lösungen, die seit den 1990er-Jahren etabliert werden, waren eigentlich Teil des Customer-Relationship-Managements. Tatsächlich bedeuteten diese Technologien aber das Ende des persönlichen Kundenberaters in vielen Branchen und damit das Ende des persönlichen Kundenkontakts (vgl. Bitner, 2001). Studien haben ergeben, dass Kundinnen und Kunden mit den Callcenter-Services im Vergleich zu persönlichen Services weniger zufrieden sind (vgl. Bennington et al., 2000). „Während sich die Interaktion mit Kunden dramatisch verändert hat, haben sich die Kundenwünsche an Service nicht verändert." (Bitner, 2001, S. 378 f.)

Vandermerwe und Rada (1988) räumen ein, dass Self-Services einen Teil von Servitization ausmachen und hierbei Kosten an die Kundin oder den Kunden weitergereicht werden. Vor diesem Hintergrund fragen Howard und Worboys (2006), ob der Begriff „Self-Service" nicht ein Oxymoron ist, also ein Begriff, der sich selbst widerspricht. Von daher ist bei Services, die ohne Kundenorientierung arbeiten, zwischen Quasi-Services und Zombie-Services zu unterscheiden. Quasi-Services sind in Bezug auf Kundenzufriedenheit und -bindungseffekte neutral. In Bezug zu der wachsenden Bedrohung sogenannter „Zombie-Unternehmen" werden diese Art von Services hier als „Zombie-Services" bezeichnet. Es gilt, sie klar von solchen Services abzugrenzen, die dazu konzipiert werden, die Kundenzufriedenheit zu erhöhen. Zombie-Unternehmen arbeiten, obwohl sie bereits tot sind, da sie systematisch negatives Kapitel erwirtschaften (vgl. Urionabarrenetxea et al., 2018). Sie wirtschaften auf Kosten Dritter und stellen eine Bedrohung aufgrund fehlenden oder mangelnden (digitalen) Verbraucherschutzes dar (vgl. Tajti, 2019). Zugleich untergraben sie die Vertrauenswürdigkeit des Managements solcher Marken. Diese Gesichtspunkte teilen sie mit den „Zombie-Services". Zombie-Services zu identifizieren, erfolgt in Abhängigkeit der Kundenunzufriedenheit: Unhöfliche Mitarbeitende, falsche Einstellung, insgesamt schwacher und/oder langsamer Service, mangelnde Aufmerksamkeit für die Kundin bzw. den Kunden sind nur einige Beispiele (vgl. Helms & Mayo, 2008). Zudem gehören solche Services dazu, die eigentlich dem Performance-Marketing zuzurechnen sind. Sie sind Ausdruck einer mangelnden Servicekultur.

Natürlich bieten auch solche Services gegebenenfalls Kundenbindungspotenzial, wenn etwa Rund-um-die-Uhr-Erreichbarkeit oder mobile Verfügbarkeit so realisiert werden. Forschung untersucht deshalb die Auswirkungen von Quasi- und Zombie-Services. Deshalb konzentrierte sich die Forschung beispielsweise auf die Wirkung von Wartezeiten. Wartezeiten sind ein zentrales Serviceproblem, da Kundinnen und Kunden dann passiv in (digitalen) Warteschlangen anstehen müssen (vgl. Durrande-Moreau, 1999). Es gibt diverse reputationsschädigende Zombie-Services, wie die folgenden Ausführungen zeigen.

1.3.1 Digitale Self-Services als Zombie-Services

Auf den ersten Blick scheint die Forschung zur E-Satisfaction, also zur digitalen Kundenzufriedenheit, den Serviceboom zu bestätigen. Digitale Services tragen in Abhängigkeit ihrer digitalen Reife zur E-Zufriedenheit bei, also zur (positiven) Bewertung ihrer digitalen Erfahrungen (vgl. Boon-itt, 2015). CRM-Aktivitäten auf Websites scheinen die Kundenzufriedenheit als positive Beziehungen zu stärken (vgl. Feinberg & Kadam, 2002). Kundenbeziehungen basieren auf technischen Diensten und persönlichen Beziehungen gleichermaßen (vgl. Heinonen & Michelsson, 2014). Auf einen zweiten Blick ergibt sich, dass die Beziehung von E-CRM und Zufriedenheit allerdings nicht stark ist (vgl. Feinberg & Kadam, 2002). Die Entwicklung zur Automatisierung und Online-Marketing beinhaltet Kosteneinsparpotenziale sowie Risiken für die Kundenzufriedenheit und die Marke. Speziell die Entwicklung zu Onlinekanälen kann Widerstände und Kundenunzufriedenheit erzeugen, wenn sich Kundinnen und Kunden gezwungen sehen, die neuen Kanäle zu nutzen (vgl. Leeflang et al., 2014). Studien zeigen, dass die erzwungene Nutzung zu einer negativen Haltung der Nutzung digitaler Dienste führen kann (vgl. Reinders et al., 2008). Die Ironie ist dabei, dass mehr Hightech zu mehr Wertschätzung persönlicher Noten im Service führt. Kundinnen und Kunden wollen keine Massen-Spam-Mails, sondern als individuelle Kunden behandelt werden (vgl. Wood, 2015). „Digitales Marketing lässt möglicherweise schwarze Wolken am Horizont aufziehen. Es entsteht wachsende Besorgnis darüber, dass Verbraucher einige Formen des digitalen Marketings als aufdringlich und daher ärgerlich empfinden." (Smith, 2011, S. 490) Die Forschung fragt daher, welche Faktoren die Akzeptanz neuer Marketingtechnologien beeinflussen: Ihre Nützlichkeit, ihre einfache Bedienung, der Unterhaltungswert und Angst sind beispielhafte Faktoren, die Akzeptanzmodelle prägen (vgl. Blut et al., 2016).

1.3.2 Marketing als ungebetener Social-Media-Gast

Das Internet wurde konzipiert, um Menschen miteinander zu vernetzen, damit sie kommunizieren und nicht, um Markenprodukte zu verkaufen. Je mehr Markenaktivitäten online erfolgen, desto mehr müssen Unternehmen zur Kenntnis nehmen, dass Marken in Social Media nicht immer willkommen sind. Insofern können Marken, Marketing und Services als „party crashers" bezeichnet werden (vgl. Fournier & Avery, 2011).

Dass Marketing und Branding zum Teil als Zombie-Services arbeiten, zeigt die sichtbar werdende digitale Werbeüberladung (Advertising Clutter). Diese ist bereits aus der Offline-Welt bekannt und intensiviert sich im digitalen Zeitalter. Diese kritische Diskussion ist auch als Analyse des Werbedrucks auf Konsumentinnen und Konsumenten bekannt. Werbeüberladung meint subjektive Wahrnehmungen wie Überlastung, Aufdringlichkeit, Reaktanz oder Beeinträchtigungen (vgl. Rejón-Guardia & Martínez-López, 2014). Diese Advertising Clutters stellen eine nur leichte Variante dar, die zeigt, wie die Quasi-Optimierung von Data-Marketing die ursprüngliche Idee der Social Media als digitale Services unterwandert. Programmatic Advertising ist eine Entwicklung innerhalb des datengetriebenen Marketing, die diese Entwicklung verstärkt. Digitale Werbefläche wird dabei in Echtzeit mithilfe von Targeting-Techniken gehandelt. So können Kampagnen voll automatisch gebucht und beispielsweise an Echtzeitsituation von (mobilen) Rezipienten angepasst werden. So können Botschaften an Bedürfnisse und/oder genutzte Kanäle ausgerichtet werden. Wie zuvor bereits erwähnt, lassen sich einerseits Services individualisieren, wie Hinweise zu Reisezielen, Gastronomie oder Wetterwarnungen für Touristinnen und Touristen. Andererseits führt diese Entwicklung derzeit zu nerviger, trügerischer oder gar irreführender Werbung. Die Kehrseite individualisierter Werbung ist das Risiko der Aufdringlichkeit (vgl. Goldfarb & Tucker, 2010). Die Wahrnehmung von individualisiertem Marketing als Invasion in die Privatsphäre und die Wiederholung persönlicher Nachrichten als aggressive Werbetaktik führt diese Technik zum sogenannten „creepy marketing", also zu einer für Konsumentinnen und Konsumenten unheimlichen Werbetechnik (vgl. Moore et al., 2015, S. 42 ff.). Werbung lässt sich zwar an die individuellen Interessen und das digitale Klickverhalten anpassen. Werbebotschaften, die digitale Handlungen unterbrechen, kann aber die Markenwahrnehmung schädigen (vgl. Smith, 2011). Native Advertising bedeutet vor diesem Hintergrund einen intensivierten Ansatz, um die Akzeptanz digitaler Werbung zu erhöhen. Native Advertising heißt, Werbung so zu präsentieren, dass Format und Text den nicht-werblichen Inhalten auf den Plattformen ähneln. Diese Form von Werbung wird „native" genannt, da sie an ihre „natürliche Umgebung" angepasst ist, beispielsweise dem Design von Social-Media-Posts. Native Advertising umfasst diverse Anzeigenformate wie Videos oder Social-Media-Posts. Dieser Typ automatisierter und datengesteuerter Werbung wird als täuschend und irreführend für Konsumentinnen und Konsumenten kritisiert (vgl. Wojdynski, 2016). Insofern kann daten-driven Werbung zur Entwicklung von Zombie-Services beitragen.

1.3.3 Social Media als datengetriebener Nährboden für Fake News

Die Offenheit und Aktualität der sozialen Medien haben die Generierung und Verbreitung von Fake News, also Fehlinformationen, wie Gerüchten, Spam und gefälschten Nachrichten, begünstigt (vgl. Wu et al., 2019). Zum Teil ist von einer neuen Ära der Informationskriegsführung mit den Social Media die Rede (vgl. Zannettou et al., 2019). Diverse Beteiligte nutzen Informationen in sozialen Netzwerken, um Fake News, Gerüchte, Clickbaits, also „Klickköder" mit reißerischen Überschriften, zu verbreiten. Dies geschieht zum Teil als Kampagnen mit gezielter Manipulation der öffentlichen Meinung. Zu den Beteiligten gehören digitale Bots, politische Organisationen und Unternehmen sowie (bezahlte) Aktivistinnen und Aktivisten, Überzeugungstäter oder „nützliche Idioten" (vgl. Zannettou et al., 2019). Die Algorithmen in Social Media erlauben es, Gleichgesinnte auf Basis ihres Such- und Interaktionsverhalten, z. B. Klicks, Shares, Posts, zu adressieren (vgl. Chen & Cheng, 2019). Vor diesem Hintergrund bietet die digitale Landschaft einen fruchtbaren Grund dafür, dass Fake News viral werden.

Der einschlägige Bezug zum Service-Marketing wird deutlich, wenn Kundenbewertungen von Hotels, Restaurants, Onlineshops usw. in die Fake-News-Entwicklung eingebunden werden. Kundenbewertungen sind im Onlinehandel allgegenwärtig. Sie sind eigentlich Services, die als Vertrauensersatzmechanismus dienen sollen und beeinflussen deshalb Kundenentscheidungen. Es bestehen Anreize, diese Kundenbewertungen zugunsten der Bewerbung eigener Produkte oder zur Herabwürdigung des Wettbewerbs zu infiltrieren. Die Infiltration hat sich zu einer Bedrohung für die Vertrauenswürdigkeit von Kundenbewertungen entwickelt (vgl. Fayazi et al., 2015). „Fake it till you make it." (engl. „Fälsche es, bis Du es geschafft hast.") (Luca & Zervas, 2016, S. 3412) Die Vertrauenswürdigkeit von Kundenbewertungen wird unterhöhlt, wenn Unternehmen sie für sich oder ihre Wettbewerber manipulieren oder fälschen (vgl. Luca & Zervas, 2016). Es wird geschätzt, dass bis zu einem Drittel von „Kundenbewertungen" gefälscht sind und so zu künstlich geschaffenen Meinungen führen (vgl. Zhuang et al., 2018). Diese Entwicklung befördert das sich entwickelnde Crowdturfing als Kehrseite der Möglichkeiten des Crowdsourcing. Der Begriff „Crowdturfing" ist vom „Astroturfing" abgeleitet. Massenweise bezahlte Nutzerinnen und Nutzer posten bestimmte Inhalte, um Meinungen als Täuschungsindustrie zu manipulieren (vgl. Rinta-Kahila & Soliman, 2017).

Marken können Opfer oder Lieferanten gefälschter Nachrichten sein. Wenn Marken Fake News finanzieren oder Ziel gefälschter Nachrichten sind, ist das Markenmanagement direkt von ihnen betroffen. Indirekt können sie per Image mit Fake News verbunden sein (vgl. Berthon et al., 2018). Das Streben nach möglichst großen Reichweiten macht es für das Markenmanagement zum Teil attraktiv, mit Storys verbunden zu sein – ob sie wahr sind oder nicht (vgl. Berthon et al., 2018). Studien zeigen, dass Fake News das Interesse an Produkten steigern können (vgl. Rao, 2018). Insofern müssen Fake News den Zombie-Services zugerechnet werden, da sie nicht kundenorientiert sind und zudem die Reputation beschädigen können.

1.3.4 Digitale Servicekampagnen als Performance-Marketing zur automatisierten Kostenoptimierung

Jeden Tag generieren Kundinnen und Kunden Daten, indem sie ihre Interessen und Vorlieben in Bezug auf Produkte und Dienste in unterschiedlichen Kanälen darlegen (vgl. Anshari et al., 2018). Sie generieren Daten entsprechend ihrer persönlichen Phase innerhalb ihres Kundenlebenszyklus, beispielsweise indem sie mit dem Smartphone Markeninformationen suchen, mit der Kreditkarte bezahlen, mit einer Kundenkarte Bonuspunkte sammeln usw. „Performance Marketing in seiner reinsten Form ist komplett erfolgsorientiert. Erfolgreiche Kampagnenbausteine (Texte, Keywords, Werkzeuge, Werbemittel) werden forciert und ausgeweitet. Weniger erfolgreiche werden optimiert und bei weiterem Verfehlen der definierten Ziele eliminiert." (Lammenett, 2017, S. 427) Key-Performance-Indikatoren, also Leistungskennzahlen, sollen dazu beitragen, die Performance zu messen. Tatsächlich ist allerdings nicht final geklärt, welche Kennzahlen überhaupt relevant sind (vgl. Kumar et al., 2013). Im Idealfall greifen im digitalen Campaigning das Marketing 1.0 als Vertriebsinstanz und Marketing 4.0 als digitale Marketing-Automatisierung ineinander, um die stetig optimierte Marketingleistung zu erlangen (vgl. Lies, 2021b).

Marketing-Automation nutzt diese Daten, um neue Marketing-Standards zu entwickeln, beispielsweise das zuvor genannte Programmatic Advertising. Der Nukleus von Marketing-Automation besteht in der automatisierten Anpassung und Personalisierung von Marketing-Mix-Aktivitäten, die spezifisch auf den Kundenlebenszyklus angewandt werden. Mit der erhöhten Relevanz angebotener Informationen sollte das Involvement der Kundinnen und Kunden steigen und der Markenkommunikation mehr Aufmerksamkeit gewidmet werden (vgl. Heimbach et al., 2015). Allerdings ist der Mehrwert von Automation anders konzipiert als der Service-Ansatz gedacht ist. Er besteht in der Wiederholbarkeit von (digitalen) Marketingmaßnahmen, in die nicht erneut eingegriffen werden muss. Head stellte bereits in den 1960er-Jahren fest, dass neue Automatisierungsmaßnahmen die Verbreitung von Marketinginformationen beschleunigt und mehr Daten verfügbar macht (vgl. Head, 1960).

Marketing-Automation „[…] heißt nicht, sich zurücklehnen zu können und die Marketingtechnik die Arbeit machen zu lassen" (Bagshaw, 2015, S. 84) Der Schlüssel zum Erfolg von Marketing-Automation besteht darin, die Präferenzen von Konsumentinnen und Konsumenten genau zu verstehen, die relevanten Hebel zu erkennen und so ziel- und zeitgerechte Botschaften zu generieren, die zu profitableren Kundenverhalten führen (vgl. Bagshaw, 2015). Die zunehmende Bandbreite digitaler Marketingmaßnahmen kann die Kundenzentrierung verbessern oder das Gegenteil bewirken. Nur eine bekannte Marketingtechnik auf Basis digitaler Kundendaten sind automatische Preisanpassungen. Dynamic Pricing wird vielfach angewandt. Amazon gilt hier als einer der Pioniere. Es wird angenommen, dass Kundinnen und Kunden dieses Vorgehen nur begrenzt akzeptieren (vgl. Kalka & Krämer, 2016). Dieses prominente Beispiel zeigt die in Teilen fehlende Kundenzentrierung der Marketing-Automation, wenn sie zuerst dem Key-Performance-Marketing zuzurechnen ist.

1.3.5 Marketing Intelligence als Lean Marketing

Die Performance-Debatte ist vermutlich so alt wie das Marketing selbst und entspricht einer Aktualisierung der Lean-Marketing-Debatte der 1990er-Jahre. Lean-Management kann auf die bekannten Lean-Initiativen in der Automobilindustrie vor allem rund um Toyota zurückverfolgt werden. Das Unternehmen hat den Lean-Gedanken mit der Beseitigung nicht-wertschöpfender Aktivitäten bekannt gemacht. Lean-Marketing wurde zusammen mit Kaizen, der steten schrittweisen Verbesserung zur Hebung von Ineffizienzen und der Beschleunigung von Produktionszyklen, populär (vgl. Dewell, 2007).

Die aktuellen Zombie-Services sind vor allem vor dem Hintergrund der Key-Performance-Marketing-Debatte zu sehen. Das (digitale) Performance-Marketing verfolgt dabei den Ansatz, ineffiziente Marketingmaßnahmen systematisch idealerweise mit Echtzeit-Datenanalysen zu eliminieren, um so „schlank" zu arbeiten. Marketing-Automation wird hierbei beispielsweise mit Web Analytics verbunden (vgl. Järvinen & Karjaluoto, 2015). Das digitale Marketing, die Sammlung und Analyse web-basierender Kampagnen sowie das Targeting in Echtzeit steigern die Möglichkeiten, die Performance des Marketing zu messen. (Digital) Key-Performance-Indikatoren erfahren hierbei neue Aufmerksamkeit, da das Marketing unter Erfolgsdruck steht (vgl. Hanssens & Pauwels, 2016; O'Sullivan & Abela, 2007). Da der Druck zur Rechenschaft von Unternehmen steigt, wird jede Funktionsgruppe unter die Lupe genommen. Die, die ihren Erfolgsbeitrag nicht zufriedenstellend quantifizieren können, stehen zur Disposition (vgl. Chiu & Tavella, 2008). Forschung hierzu ergibt, dass bestimmte Unternehmen auf kurzfristig zulasten langfristig wirksamer Finanzkennzahlen setzen (vgl. Järvinen, 2016). Dies gilt beispielsweise für das Campaigning. „Wenn eine Maßnahme scheitert, sollte sie schnell scheitern." (Jeffery, 2010, S. 190) Damit stehen auch Kundenmanagement und Servicekultur dem Performance-Marketing entgegen.

1.3.6 Marketing Intelligence als Nutzer-Überwachung, Daten(un-)sicherheit und illegaler Datenhandel

Die Basis für digitales Marketing und Marketing Intelligence sind digitale Daten. Wie zuvor erwähnt, stellen die Kundinnen und Kunden selbst diese Daten entlang der Customer Journey bereit. Social und mobile Medien operieren als Datenfarmen. „Social Media haben einen dualen Charakter: Sie sind öffentlich, fühlen sich aber privat an." (Rønn & Obelitz Søe, 2019, S. 363) Dies führt automatisch zu Fragen der Datensicherheit und des Datenmissbrauchs. Die Kehrseite der Leistungsfähigkeit von Algorithmen sind die mögliche Rund-um-die-Uhr-Überwachung von Internet- und Smartphone-Nutzerinnen und -Nutzern sowie die Sorge um die Macht der „Datenkraken" im Internet (vgl. Schwanebeck, 2019). So ergibt sich auch das Problem des illegalen Handels privater Daten (vgl. Warren, 2007). Ist Social Media Intelligence geeignet, die Kundenbedürfnisse in Bezug auf Datenschutz zu befriedigen? Derzeit ist die Blockchain-Technologie in der

Diskussion, um Daten innerhalb autorisierter Plattformen zu sichern (vgl. Boukis, 2019). Digitale Daten-, Autorisierungs- und Zugangssicherheitstechnologie wird eine neue Marketingära 5.0 prägen, um digitales Vertrauen zurückzugewinnen (vgl. Lies, 2019).

1.3.7   Zwischenfazit: Servitization als Misserfolgsfaktor des Service-Marketing

Servitization umfasst auch die Self-Services, die in Teilen eine Pervertierung des Servicegedankens der Kundenorientierung bedeuten. Mit den in diesem Kapitel herausgearbeiteten Services arbeitet die Marketing Intelligence an der Vision, dass Big Data entlang des automatisierten Kundenlebenszyklus mit analytischer Präzision in Echtzeit systematisch alle ineffizienten Marketingmaßnahmen beseitigt. Die Vision beinhaltet, dass das digitalisierte Performance-Marketing 4.0 mit dem integrierten Marketing 1.0 so viel Umsätze wie möglich realisiert und zugleich mithilfe des Marketing 3.0 die serviceorientierten Kundenbedürfnisse mithilfe von Datenanalysen befriedigt. Allerdings ist die Realität der Marketing Intelligence bisher anders: Marketing-Automation beinhaltet vor allem Kosteneinsparpotenziale sowie Risiken der Kundenunzufriedenheit und Brand Health (vgl. Leeflang et al., 2014). Selbst optimistische Vertreter der Erfolgsmessung von Social-Media-Marketing geben zu, dass das digitale Verhalten nicht präzise messbar ist (vgl. Hoffman & Fodor, 2012). Insgesamt wird der Status von Marketing Intelligence als unreif oder „embryonisch" bezeichnet (vgl. Amado et al., 2018, S. 1). Performance-Marketing aus Sicht von Marketing 3.0, also des werteorientierten Marketing 3.0, funktioniert nicht und verharrt eher in der Denkhaltung von Marketing 1.0. So stellt sich das datengetriebene Digitalmarketing als Zombie-Services dar.

1.4   Fazit: Digitalisierung als Service-Paradoxon im Kundenmanagement

Service-Marketing ist von einer großen Bandbreite digitaler Techniken geprägt. Ein Teil davon ist dazu geeignet, die Kundenzufriedenheit beispielsweise mit (neuen) individualisierten Diensten zu verbessern. Die Digitalisierung kann also Ausdruck einer gelebten Servicekultur sein.

Die Digitalisierung kann aber auch gerade das Gegenteil darstellen, wenn Services nur so genannt werden, tatsächlich aber dafür angelegt sind, Kosten zu senken. So folgt eine breite Debatte des digitalen Marketing der Standardisierungsdebatte (z. B. Digital Pricing, Marketing-Automation, Big Data als Key Performance-Marketing). Zu den Schattenseiten digitalisierter Services gehören hier Zombie-Services, die digitale Überwachung, Sorge vor Datenmissbrauch, Kundenisolation bzw. der mangelnde persönliche Servicekontakt. Social-Media-Plattformen sind einerseits ein neuer Service. Zugleich sind es aus Sicht des digitalen Marketing sich selbst fütternde Datenplantagen (vgl. Lies,

2019). Die Grenze zwischen Services, die der Kundenbeziehung schaden, und solchen, die als Quasi-Service noch keinen Schaden anrichten, dürfte dabei fließend sein.

Technologien, die dem Performance-Marketing zuzurechnen sind und die Anreize, Meinungen mit digitalen Techniken zu beeinflussen, führt zu einer digitalen Kultur, die den Nährboden für Zombie-Services bilden. Sie sind geeignet, auf Kosten der Kundenzufriedenheit zu arbeiten. Spätestens seit der Einführung sogenannter Self-Services oder CRM-Callcenter-Technologien wurde die Pervertierung des Servicebegriffs populär. Dies kann zu einer Bedrohung für die Kundenakzeptanz des digitalen Marketing insgesamt werden.

Insgesamt ergibt sich ein Digitalisierung-Paradox, der dem Digitalismus zugerechnet werden kann. Digitalismus bezeichnet eine ideologisch-aktionistische Vorgehensweise (vgl. Rust, 2019), die sprachlich hier an den Imperialismus angelehnt wird. Der Digitalismus, der nicht einheitlich definiert wird und zum Teil als neuer Realismus einer digitalisierenden Gesellschaft verstanden wird (vgl. Bowen & Giannini, 2014), ist in diesem Beitrag allerdings negativ konnotiert (vgl. Lies, 2021a), indem einerseits Kundenbedürfnisse mit Services verbessert werden und andererseits genau diese Verbesserung mit dem Performance-Paradigma konterkariert wird.

Marketing Intelligence befindet sich Stand heute erst in den Anfängen. Der Erfolgsdruck mit der Karriere des digitalen Performance-Marketing zeigt derzeit die Notwendigkeit auf, eine digitale Re-Servitization mit der Kundin oder dem Kunden als Fokus zu konzipieren (vgl. Kohtamäki et al., 2020), damit sich Marketing mit dem Performance-Paradigma nicht selbst ad absurdum führt. Die Notwendigkeit einer Marketing-Ära 5.0, die mit Blockchains und anderen Technologien eine digitale Vertrauensära einleitet, ist aktuell sichtbar. Das Service-Marketing erfordert einen ganzheitlichen Ansatz, der die Möglichkeiten des Performance-Marketing mit den Anforderungen von Stakeholdern zusammenführt (vgl. Blackburn et al., 2018). Wenn Service als einer der Werte des menschenzentrierten Fokus von Marketing 3.0 verstanden wird, arbeitet die Digitalisierung zumindest in Teilen dem Marketing 3.0 entgegen und ist deshalb Stand heute Erfolgsfaktor und Misserfolgsfaktor des Kundenmanagements zugleich.

Literatur

Ahmed, E., et al. (2018). Recent advances and challenges in mobile big data. *IEEE Communications Magazine, 56*(2), 102–108. https://doi.org/10.1109/MCOM.2018.1700294.

Amado, A., et al. (2018). Research trends on big data in marketing: A text mining and topic modeling based literature analysis. *European Research on Management and Business Economics, 24*(1), 1–7.

Anshari, M., et al. (2018). Customer relationship management and big data enabled: Personalization and customization of services. *Applied Computing and Informatics, 15*(2), 94–101. https://doi.org/10.1016/j.aci.2018.05.004.

Arsenijevic, U., & Jovic, M. (2019). Artificial intelligence marketing: Chatbots. In *2019 International Conference on Artificial Intelligence: Applications and Innovations (IC-AIAI), Belgrade,* Serbia (S. 19–193). https://doi.org/10.1109/IC-AIAI48757.2019.00010.

Backhaus, K., & Paulsen, T. (2018). Vom Homo Oeconomicus zum Homo Digitalis. Die Veränderung der Informationsasymmetrien durch die Digitalisierung. In M. Bruhn (Hrsg.), *Marketing Weiterdenken Zukunftspfade für eine marktorientierte Unternehmensführung* (S. 323–339). Springer Gabler.

Bagshaw, A. (2015). Opinion piece what is marketing automation? *Journal of Direct, Data and Digital Marketing Practice, 17,* 84–85. https://doi.org/10.1057/dddmp.2015.46.

Banerjee, S., & Dholakia, R. R. (2008). Mobile advertising: Does location based advertising work? *International Journal of mobile Marketing, 3*(2), 68–74.

Bennington, L., et al. (2000). Customer satisfaction and call centers: An Australian study. *International Journal of Service Industry Management, 11*(2), 162–173. https://doi.org/10.1108/09564230010323723.

Berthon, P., et al. (2018). How truthiness, fake news and post-fact endanger brands and what to do about it. *NIM Marketing Intelligence Review, 10*(1), 19–23. https://doi.org/10.2478/gfkmir-2018-0003.

Bitner, M. J. (2001). Service and technology: Opportunities and paradoxes. *Managing Service Quality: An International Journal, 11*(6), 375–379.

Blackburn, N., et al. (2018). Stakeholder engagement in corporate reporting: Towards building a strong reputation. *Marketing Intelligence and Planning, 36*(4), 484–497. https://doi.org/10.1108/MIP-10-2017-0236.

Blut, M., et al. (2016). Factors influencing the acceptance of self-service technologies: A meta-analysis. *Journal of Service Research, 19*(4), 396–416. https://doi.org/10.1177/1094670516662352.

Boon-itt, S. (2015). Managing self-service technology service quality to enhance e-satisfaction. *International Journal of Quality and Service Sciences, 7*(4), 373–391. https://doi.org/10.1108/IJQSS-01-2015-0013.

Boukis, A. (2019). Exploring the implications of blockchain technology for brand–consumer relationships: A future research agenda. *Journal of Product and Brand Management, 29*(3), 307–320. https://doi.org/10.1108/JPBM-03-2018-1780.

Bowen, J. P., & Giannini, T. (2014). Digitalism: The new realism? In *EVA London 2014: Proceedings of the EVA London 2014 on Electronic Visualisation and the Arts,* (324–331). https://doi.org/10.14236/ewic/eva2014.38.

Chen, Z. F., & Cheng, Y. (2019). Consumer response to fake news about brands on social media: The effects of self-efficacy, media trust, and persuasion knowledge on brand trust. *Journal of Product and Brand Management, 29*(2), 188–198. https://doi.org/10.1108/JPBM-12-2018-2145.

Chiu, S., & Tavella, D. (2008). *Data mining and market intelligence for optimal marketing returns.* Butterworth-Heineman/Elsevier.

De Chernatony, L., & Cottam, S. (2008). Interactions between organisational cultures and corporate brands. *Journal of Product & Brand Management, 17*(1), 13–24. https://doi.org/10.1108/10610420810856477.

Dewell, R. (2007). The dawn of Lean marketing. *Journal of Digital Asset Management, 3*(1), 23–28. https://doi.org/10.1057/palgrave.dam.3650054.

Durrande-Moreau, A. (1999). Waiting for service: Ten years of empirical research. *International Journal of Service Industry Management, 10*(2), 171–194. https://doi.org/10.1108/09564239910264334.

Fan, S., et al. (2015). Demystifying big data analytics for business intelligence through the lens of marketing mix. *Big Data Research, 2*(2015), 28–32. https://doi.org/10.1016/j.bdr.2015.02.006.

Fayazi, A. et al. (2015). Uncovering crowdsourced manipulation of online reviews. *Development in Information* (S. 233–242). https://doi.org/10.1145/2766462.2767742.

Feinberg, R., & Kadam, R. (2002). E-CRM Web service attributes as determinants of customer satisfaction with retail Web sites. *International Journal of Service Industry Management, 13*(5), 432–451. https://doi.org/10.1108/09564230210447922.

Fernandes, T., & Pedroso, R. (2017). The effect of self-checkout quality on customer satisfaction and repatronage in a retail context. *Service Business, 11*, 69–92. https://doi.org/10.1007/s11628-016-0302-9.

Fournier, S., & Avery, J. (2011). The uninvited brand. *Business Horizons, 54*(3), 193–207. https://doi.org/10.1016/j.bushor.2011.01.001.

García-Crespo, A., et al. (2010). Customer relationship management in social and semantic web environments. *International Journal of Customer Relationship Marketing and Management, 1*(2), 1–10. https://doi.org/10.4018/jcrmm.2010040101.

Gensler, S., et al. (2013). Managing brands in the social media environment. *Journal of Interactive Marketing, 27*(2013), 242–256. https://doi.org/10.1016/j.intmar.2013.09.004.

Goldfarb, A., & Tucker, C. (2010). Online display advertising: Targeting and obtrusiveness. *Marketing Science, 30*(3), 389–564. https://doi.org/10.1287/mksc.1100.0583.

Grönroos, C. (2006). What can a service logic offer marketing theory? In R. F. Lusch & S. L. Vargo (Hrsg.), *The service-dominant logic of marketing: Dialog, debate, and directions* (S. 353–364). Routledge.

Gummesson, E. (2008). Customer centricity: Reality or a wild goose chase? *European Business Review, 20*(4), 315–330. https://doi.org/10.1108/09555340810886594.

Guo, F., & Qin, H. (2017). Data mining techniques for customer relationship management. *Journal of Physics: Conference Series, 910*(1), 012021. https://doi.org/10.1088/1742-6596/910/1/012021.

Hanssens, D. M., & Pauwels, K. H. (2016). Demonstrating the value of Marketing. *Journal of Marketing, 80*(6), 173–190. https://doi.org/10.1509/jm.15.0417.

Head, G. W. (1960). What does automation mean to the marketing man? *European Journal of Marketing, 24*(4), 35–37.

Heimbach, I., et al. (2015). Marketing automation. *Business and Information Systems Engineering, 57*(2), 129–133. https://doi.org/10.1007/s12599-015-0370-8.

Helms, M. M., & Mayo, D. T. (2008). Assessing poor quality service: Perceptions of customer service representative. *Managing Service Quality: An International Journal, 18*(6), 610–622. https://doi.org/10.1108/09604520810920095.

Heinonen, K., & Michelsson, T. (2014). The use of digital channels to create customer relationships. *International Journal of Internet Marketing and Advertising, 6*(1), 1–21. https://doi.org/10.1504/IJIMA.2010.030430.

Hoffman, D. L., & Fodor, M. (2012). Can you measure the ROI of your social media marketing? *MITSloan Management Review, Fall 2010, 52*(1), 41–49.

Hultén, B. (2011). Sensory marketing: The multi-sensory brand-experience concept. *European Business Review, 23*(3), 256–273. https://doi.org/10.1108/09555341111130245.

Howard, M., & Worboys, C. (2006). Self-service – A contradiction in terms or customer-led choice? *Journal of Consumer Behaviour, 2*(4), 382–392. https://doi.org/10.1002/cb.115.

Iqbal, M. S., Hassan, M. U., & Habibah, U. (2018). Impact of self-service technology (SST) service quality on customer loyalty and behavioral intention: The mediating role of customer satisfaction. *Cogent Business & Management, 5*(14), 1–23. https://doi.org/10.1080/23311975.2018.1423770

.Järvinen, J. (2016). The use of digital analytics for measuring and optimizing digital marketing performance. Jyväskylä University School of Business and Economics, University Library of Jyväskylä. https://jyx.jyu.fi/bitstream/handle/123456789/51512/978-951-39-6777-2_vaitos21102016.pdf?sequence=1. Zugegriffen: 15. Febr. 2019.

Järvinen, J., & Karjaluoto, H. (2015). The use of Web analytics for digital marketing performance measurement. *Industrial Marketing Management, 50*(2015), 117–127. https://doi.org/10.1016/j.indmarman.2015.04.009.

Jeffery, M. (2010). *Data-Driven marketing: The 15 metrics everyone in marketing should know.* Wiley and Sons.

Kalka, R., & Krämer, A. (2016). Dynamic Pricing: Verspielt Amazon das Vertrauen seiner Kunden? *Absatzwirtschaft online.* http://www.absatzwirtschaft.de/dynamic-pricing-verspielt-amazon-das-vertrauen-seiner-kunden-75271/. Zugegriffen: 16. Febr. 2016.

Kamakura, W., et al. (2005). Choice models and customer relationship management. *Marketing Letters, 16*(3–4), 279–291.

Kohtamäki, M. et al. (2020). The relationship between digitalization and servitization: The role of servitization in capturing the financial potential of digitalization. *Technological Forecasting and Social Change*, 151(C). https://doi.org/10.1016/j.techfore.2019.119804.

Kotler, P. et al. (2017). *Marketing 4.0: Moving from traditional to digital.* Wiley.

Kumar, V., et al. (2013). Data-driven services marketing in a connected world. *Journal of Service Management, 24*(3), 330–352. https://doi.org/10.1108/09564231311327021.

Lammenett, E. (2017). *Praxiswissen online-marketing, affiliate- und e-mail-marketing, such-maschinenmarketing, online-werbung, social media online-PR.* Springer Gabler

Larivière, B., et al. (2013). Value fusion: The blending of consumer and firm value in the distinct context of mobile technologies and social media. *Journal of Service Management, 24*(3), 268–293. https://doi.org/10.1108/09564231311326996.

Leeflang, P. S. H., et al. (2014). Challenges and solutions for marketing in a digital era. *European Management Journal., 32*(2014), 1–12. https://doi.org/10.1016/j.emj.2013.12.001.

Lemon, K. N. (2016). Die Kunst zum richtigen Zeitpunkt attraktive Kundenerlebnisse zu gestalten: Marketingfähigkeiten für die digitale Welt. *GfK Marketing Intelligence Review, 8*(2), 44–49.

Lemon, K. N., & Verhoef, P. C. (2016). Understanding customer experience throughout the customer journey. *Journal of Marketing, AMA/MSI Special Issue, 80*(November 2016), 69–96. https://doi.org/10.1509/jm.15.0420.

Lies, J. (2017). *Die Digitalisierung der Kommunikation im Mittelstand: Auswirkungen von Marketing 4.0.* Springer Gabler.

Lies, J. (2021a). Marketing Intelligence: Zwischen Key-Performance und Kreativität – Zwischen Digitalisierung, Digitalität und Digitalismus. In: Naskrent et al. (Hrsg.) *Marketing & Innovation 2021* (S. 243–260). Springer Gabler.

Lies, J. (2021b). Digital marketing: Incompatibilities between performance marketing and marketing creativity. *Journal of Digital & Social Media Marketing, 8*(4), 376–386.

Lies, J. (2019). Marketing intelligence and big data: Digital Marketing techniques on their way to becoming social engineering techniques in marketing. *International Journal of Interactive Multimedia and Artificial Intelligence, 5*(5), 134–139. https://doi.org/10.9781/ijimai.2019.05.002.

Luca, M., & Zervas, G. (2016). Fake it till you make it: Reputation, competition, and Yelp review fraud. *Management Science, 62*(12), 3412–3427. https://doi.org/10.1287/mnsc.2015.2304.

Merle Crawford, C. (1984). Business took the wrong life cycle from biology. *Journal of Consumer Marketing, 1*(3), 5–11. https://doi.org/10.1108/eb008100.

Moore, R. S., et al. (2015). Creepy marketing: Three dimensions of perceived excessive online privacy violation. *Marketing Management Journal, 25*(1), 42–53.

Öztaş, Y., & Burçak, B. (2015). The increasing importance of mobile marketing in the light of the improvement of mobile phones, confronted problems encountered in practice, solution offers and expectations. In *World Conference on Technology, Innovation and Entrepreneurship, Procedia – Social and Behavioral Sciences,* 195, (S. 1066–1073). https://doi.org/10.1016/j.sbspro.2015.06.150.

O'Sullivan, D., & Abela, A. (2007). Marketing performance measurement ability and firm performance. *Journal of Marketing,* 71(April 2007), 79–93. https://doi.org/10.1509/jmkg.71.2.79.

Piyush, N. et al. (2016). Conversational commerce a new Era of E-Business. In *Proceedings of the SMART – 2016, IEEE Conference ID: 39669 5th International Conference on System Modeling & Advancement in Research Trends, 25th_27'h November, 2016 College of Computing Sciences & Information Technology, Teerthanker Mahaveer University, Moradabad, India* (S. 322–327). https://doi.org/10.1109/SYSMART.2016.7894543.

Quinton, S. (2013). The community brand paradigm: A response to brand management's dilemma in the digital era. *Journal of Marketing Management,* 29(7–9), 912–932. https://doi.org/10.1080/0267257X.2012.729072.

Rao, A. (2018). *Deceptive claims using fake news marketing: The impact on consumers.* https://doi.org/10.2139/ssrn.3248770.

Reinders, M. J., et al. (2008). Consequences of forcing consumers to use technology-based self-service. *Journal of Service Research,* 11(2), 107–123. https://doi.org/10.1177/1094670508324297.

Rejón-Guardia, F., & Martínez-López, F. J. (2014). Online advertising intrusiveness and consumers' avoidance behaviors. In F. J. Martínez-López (Hrsg.), *Handbook of Strategic e-Business Management* (S. 565–586). Springer. https://doi.org/10.1007/978-3-642-39747-9_23.

Richardson, A. (2010). Using customer journey maps to improve customer experience. *Harvard Business Review.* https://hbr.org/2010/11/using-customer-journey-maps-to. Zugegriffen: 1. Mai 2021.

Rinta-Kahila, T., & Soliman, W., (2017). "Understanding crowdtufing: The different ethical logics behind the clandestine industry of deception. In *Proceedings of the 25th European Conference on Information Systems (ECIS), Guimarães, Portugal, June 5–10, 2017* (S. 1934–1949).

Rønn, K. V., & Obelitz Søe, S. (2019). Is social media intelligence private? Privacy in public and the nature of social media intelligence. *Intelligence and Security,* 34(3), 362–378. https://doi.org/10.1080/02684527.2019.1553701.

Rowley, J. (2008). Understanding digital content marketing. *Journal of Marketing Management,* 24(5–6), 517–540. https://doi.org/10.1362/026725708X325977

Rust, H. (2019). *Rettung der Digitalisierung vor dem Digitalismus Der „Europäische Weg" in eine nicht nur künstlich intelligente Zukunft.* Springer Gabler.

Rygielski, C., et al. (2002). Data mining techniques for customer relationship management. *Technology in Society,* 24(4), 483–502. https://doi.org/10.1016/S0160-791X(02)00038-6.

Schwanebeck, A. (2019). Gefangen im Netz. In M. Schröder & A. Schwanebeck (Hrsg.), *Big Data – In den Fängen der Datenkraken, Die (un-)heimliche Macht der Algorithmen* (S. 11–40). Nomos.

Smith, K. T. (2011). Digital marketing strategies that Millennials find appealing, motivating, or just annoying. *Journal of Strategic Marketing,* 19(6), 489–499. https://doi.org/10.1080/0965254X.2011.581383.

Sivadasa, E., et al. (1998). The internet as a micro marketing tool: Targeting consumers through preferences revealed in music newsgroup usage. *Journal of Business Research,* 41(3), 179–186. https://doi.org/10.1016/S0148-2963(97)00060-X.

Tajti, T. (2019). Unprotected consumers in the digital age: The consumer-creditors in bankrupt, abandoned, defunct and of zombie companies. *Tilburg Law Review,* 24(1), 3–26. https://doi.org/10.5334/tilr.139.

Tuzovic, S., & Paluch, S. (2018). Conversational commerce – A new area for service business development. In M. Bruhn & K. Hadwich (Hrsg.), *Service Business Development: Strategien – Innovationen – Geschäftsmodelle; Forum Dienstleistungsmanagement* (Bd. 1, S. 81–100). Springer Gabler.

Urionabarrenetxea, S., et al. (2018). Living with zombie companies: Do we know where the threat lies? *European Management Journal, 36*(3), 408–420. https://doi.org/10.1016/j.emj.2017.05.005.

Vandermerwe, S., & Rada, J. (1988). Servitization of business: Adding value by adding services. *European Management Journal, 6*(4), 314–324.

Wanick, V. et al. (2017). Digital Interactions and brand experience design: A future perspective, Research Perspectives on creative intersections. *Design management academy conference 2017*, Hong Kong (S. 1263–1281). https://doi.org/10.21606/dma.2017.129.

Warren, A. (2007). Stolen identity: Regulating the illegal trade in personal data in the 'data-based society'. *International Review of Law, Computers and Technology, 2007*. Available at SSRN: https://ssrn.com.

Wojdynski, B. W. (2016). Native advertising: Engagement, deception, and implications for theory. In Brown, R. et al. (Hrsg.), *The new advertising: Branding, content and consumer relationships in a data-driven social media Era* (S. 203–236). Praeger/ABC Clio.

Wood, C. (2015). Marketing automation: Lessons learnt so far …. *Journal of Direct Data and Digital Marketing Practice, 16*(4), 251–254. https://doi.org/10.1057/dddmp.2015.31.

Wu, L., et al. (2019). Misinformation in social media: Definition, manipulation, and detection. *ACM SIGKDD Explorations Newsletter, 21*(2), 80–90. https://doi.org/10.1145/3373464.3373475.

Zannettou, S. et al. (2019). The web of false information: Rumors, fake news, hoaxes, clickbait, and various other shenanigans. *ACM Journal of Data and Information Quality*, 11(3), 10.1–10.37. https://doi.org/10.1145/3309699. (Article 10).

Zhuang, M., et al. (2018). Manufactured opinions: The effect of manipulating online product reviews. *Journal of Business Research, 87*, 24–35. https://doi.org/10.1016/j.jbusres.2018.02.016.

Prof. Dr. habil. Jan Lies lehrt und forscht an der FOM Hochschule für Oekonomie & Management in Dortmund. Zu seinen Forschungsgebieten gehören das evolutions- und verhaltenswissenschaftliche Kommunikationsmanagement und Marketing, das er auch in der Praxis anwendet. So gehören Change Communication, (digitale) Markenführung und die Vertriebskommunikation zu seinen Themen.

Künstliche Intelligenz und Customer Service: Intelligent Virtual Agents für ein neues digitales Serviceerlebnis

Hubertus Schmidt, Reiner Bruns, Klaus Legl, Julia Wolf und Roland Hallebeek

Inhaltsverzeichnis

H. Schmidt (✉)
FOM Hochschule für Oekonomie & Management, München, Deutschland
E-Mail: hubertus.schmidt@fom-net.de

R. Bruns · R. Hallebeek
Scotty Technologies, Utrecht, Niederlande
E-Mail: reiner@scottytechnologies.com

R. Hallebeek
E-Mail: roland@scottytechnologies.com

K. Legl · J. Wolf
CONECTIMUS, München, Deutschland
E-Mail: Klaus.Legl@conectimus.de

J. Wolf
E-Mail: Julia.Wolf@conectimus.de

© Der/die Autor(en), exklusiv lizenziert an Springer Fachmedien
Wiesbaden GmbH, ein Teil von Springer Nature 2022
E. Bollhöfer und S. Weimann (Hrsg.), *Digitalisierung von industriellen Dienstleistungen*,
FOM-Edition, https://doi.org/10.1007/978-3-658-37396-2_2

Zusammenfassung

Das Serviceerlebnis zu steigern, heißt, den Mensch in den Mittelpunkt zu stellen. Dies ist nicht zuletzt wesentlich bei der Kommunikation zwischen Kundin bzw. Kunde und Unternehmen. Erreichbarkeit, Sprache, Flexibilität in der Wahl des Kanals, Problemlösungsfähigkeit, Emotionen, um nur wenige Beispiele zu nennen, sind zentrale Attribute, deren Erfüllung ein positives Erlebnis stark beeinflussen. Um dieses zu ermöglichen, ist die Digitalisierung einer Interaktion mittels künstlicher Intelligenz geradezu prädestiniert. Welche Rolle kognitives Lernen dabei spielt, wird in diesem Kapitel praxisnah erläutert.

2.1   Einleitung

Nicht nur Industriebetriebe wissen um die hohe Bedeutung, ihren Kundinnen und Kunden in Zukunft neue, digital erweiterte Angebote im Bereich Service und hier vor allem bei der Kommunikation zur Verfügung stellen zu müssen. Dabei ist beim Kunden der Mehrwert sehr hoch eingestuft, wenn es um den Kontaktkanal „Sprechen" geht. Mehr als 50 % aller Kundinnen und Kunden präferieren dies – gleichzeitig gibt es ein starkes Bedürfnis nach Flexibilität in der Wahl des Kanals auch während einer laufenden Kommunikation.

Für Unternehmen bedeutet dies eine große Herausforderung, die Bedürfnisse ihrer Kundinnen und Kunden mit serviceorientierten Lösungen auf dem neuesten technologischen Stand und „rund um die Uhr" zu ermöglichen.

Hier setzt Digitalisierung an. Mithilfe von künstlicher Intelligenz sind Sprachroboter fähig, neue Standards im Service zu setzen und die „Customer Journey" auf eine neue Ebene zu katapultieren. Auf der Grundlage von Echtzeitspracherkennung und der simultanen Verbindung unterschiedlicher Kommunikationskanäle und Sprachen je nach Bedarf und Wunsch werden Kundinnen und Kunden mit ihren Serviceansprüchen bedient.

Dieses Kapitel wird zeigen, dass Digitalisierung auf Basis von künstlicher Intelligenz nicht nur das Sprecherlebnis neu definiert, sondern auch dazu beiträgt, durch kognitives Lernen ein völlig neues Serviceerlebnis zu schaffen: Bis zu 80 % der Probleme können direkt gelöst werden, Stimmungen, Betonungen, Intentionen werden berücksichtigt – und dies rund um die Uhr.

Abschließend werden die theoretischen Grundlagen sowie praxisbezogene Erfahrungen mit einem Ausblick verbunden, wie Transformation gelingen kann.

2.2 Ausgangssituation

Mit künstlicher Intelligenz wird häufig das Verständnis verbunden, dass Technologie Dinge tun soll, die Menschen derzeit noch besser können.

Die Hoffnung dahinter, dass der Mensch in vielen Dingen besser bleibt, wird sich so nicht bestätigen. Ist dies ein Grund, wie der Hase vor der Schlange in Regungslosigkeit zu verfallen?

Nein! Denn es ist klar zu trennen zwischen Aufgaben, die Menschen deutlich stärker fordern, im Gegensatz zu Systemen, die mithilfe künstlicher Intelligenz agieren. Wer kann z. B. in Sekundenschnelle und rund um die Uhr von einer (Fremd-)Sprache in eine andere wechseln und dabei gleichzeitig auch andere Kommunikationskanäle, wie z. B. WhatsApp oder Mail-Programme füttern?

Andererseits gibt es Zusammenhänge, welche für Menschen sehr einfach umzusetzen sind, durch die eine KI-gestützte Anwendung aber an ihre Grenzen stößt. Dazu gehört sicherlich das kreative, schöpferische Potenzial, wie z. B. das Erfinden eines Spiels oder die Ausgestaltung einer Strategie, bei welchen Maschinen vor komplexen Herausforderungen stehen (vgl. Kreutzer & Sirrenberg, 2019, S. 3 f.).

Vor diesem Hintergrund kann künstliche Intelligenz einen wertvollen Mehrwert bieten, den Menschen zu entlasten und zu unterstützen. Standardisierte Abläufe, Sammeln und Analysieren von umfangreichen Datenmengen sind für Systeme, die sich künstlicher Intelligenz bedienen, geradezu prädestiniert. Wissen, Qualität, Wiederholbarkeit, aber auch Skalierbarkeit und Flexibilität können in der sprachlichen Interaktion kaum besser abgesichert werden als durch künstliche Intelligenz.

Dies zeigt sich nicht zuletzt deutlich in der Nachfrage nach KI-Anwendungen, wie z. B. dialogorientierte KI mittels Intelligent Virtual Agents, auch bekannt als Chatbots bzw. Spracherkennung. Der Wunsch, neben ökonomischen Verbesserungen ein neues Kundenerlebnis zu ermöglichen, steht dabei ganz vorne, denn die Kundinnen und Kunden in B2B- und B2C-Segmenten erwarten zunehmend Unterstützung auf Basis innovativer Technologien rund um Intelligent Virtual Agents.

Grund genug also, am Beispiel von dialogorientierter künstlicher Intelligenz im Folgenden darzustellen, welches Potenzial sich für das Serviceerlebnis entfaltet.

Im Mittelpunkt dabei steht die Verwendung von (Natural Language Processing) NLP, (Natural Language Generation) NLG sowie (Natural Language Understanding) NLU, welches gleichsam die technologische Grundlage für dialogorientierte KI bildet und damit den Weg ebnet hin zu einer vollständigen Automatisierung mit der Kraft der Stimme.

Auf diesen Prinzipien setzen Plattformen wie „Scotty" auf und ermöglichen ein völlig neues Serviceerlebnis: Optimierung von Kundenfokus, Zufriedenheit, Time-to-Market, Wahrnehmung von Stimmungen.

2.3　　Enabler zur automatischen Analyse menschlicher Sprache

2.3.1　Natural Language Processing (NLP)

Hinter NLP verbirgt sich die Fähigkeit, geschriebenen Text zu extrahieren oder auch zu erstellen, welcher die Grundsätze von Grammatik einer Sprache erfüllt (vgl. Retresco, 2020). Die Herausforderung liegt nicht darin, das Wort inhaltlich zu verstehen, denn Maschinen verstehen nicht im kognitiven Sinn, sie verbinden Werte mit Klassen, es werden also Kategorien gebildet, die dann durch sogenanntes Dialogmanagement in „Conversational AI" umgesetzt werden. Es liegt also in der Interpretation oder Semantik. Denn Sprache ist unter anderem geprägt durch Intention, Kultur, Emotion (vgl. Gentsch, 2019, S. 31 f.).

Die Frage dahinter: Was machen wir, wenn wir etwas hören oder eine bestimmte Antwort erhalten? Welche Antwort geben wir darauf? NLP benutzt Methoden des maschinellen Lernens, um genau diese Intention, Kultur oder Emotion in stochastische oder Deep-Learning-Modelle zu übertragen. In diesem Zusammenhang wird Deep Learning aber eher für Aufgaben verwendet, wie z. B. „Vorhersage des nächsten Wortes oder Satzes", Extraktion von wichtigen Elementen des „Part of speech" oder auch Entitäten, wie z. B. Einheiten (Währung, Zeit, Quantität, Produktnamen etc.), um relevante Informationen für natürliche Dialoge zur Verfügung zu stellen.

2.3.2　Natural Language Generation (NLG)

Die Aufgabe von NLG ist es, geschriebenen Text zumeist in Bezug auf Benutzereingaben zu erstellen, wobei NLP hier funktional notwendig und konzeptuell vorgeschaltet ist. NLG wird in den meisten Intelligent Virtual Agents ersetzt durch Gesprächsabläufe („Conversation Design") und somit nicht mit Methoden maschinellen Lernens oder Deep Learning umgesetzt. Dies ist häufig in Konflikt mit den durch diese Methoden entstehenden NLG-Funktionalitäten von bekannten Diensten und Werkzeugen wie Googles LaMDA und OpenAIs GPT-3.

Wie auch immer beeindruckend diese Werkzeuge erscheinen, ist es doch eher selten, dass ein Unternehmen oder eine Organisation es dem Zufall (einer komplexen, jedoch noch immer stochastischen Methode) überlassen will, welche Antwort Stakeholder (Mitarbeitende, Kundinnen und Kunden, Partner etc.) auf eine (An-)Frage erhalten.

2.3.3　Natural Language Understanding (NLU)

Natural Language Understanding (NLU) ist als der Kern anzusehen bei der Entwicklung von kunden- und serviceorientierten Intelligent Virtual Agents, auch bekannt als Chatbots. NLU ist in diesem Fall die wahrgenommene Intelligenz und Fertigkeit des Systems im Umgang mit natürlicher Sprache. Diese Fertigkeit wird mithilfe von künstlicher Intelligenz, aber auch durch (innovative) Methoden des Dialogmanagements, Erstellen von Kontexten aus (Stamm-)Daten und anderen Werkzeugen außerhalb der Welt der künstlichen Intelligenz erzeugt.

Die mehrdimensionale Bedeutung von Sprache zu erkennen ist die Aufgabe von (NLU). Der Einsatz von KI unterstützt massiv das geschriebene Wort bzw. die geschriebene Sprache zu „verstehen" mit all seinen Intentionen, Stimmungen, Emotionen etc., wobei „verstehen" hier im Sinne einer Wahrnehmung zu interpretieren ist, da Maschinen wie bereits zuvor erwähnt nicht im kognitiven Sinn verstehen. Das „Vorgaukeln" des Verstehens erfolgt im Falle der gesprochenen Sprache durch „Automated Speech Recognition" und im Falle von Emotionen bzw. Sentimentanalyse von Klang und Semantik sowie durch „Intent- und Entity-Hierarchie", um typische Fälle wie „No Intent Found" oder auch „Next Best Intent" scheinbar intelligent abdecken zu können.

Eine ausführlichere Auseinandersetzung mit diesen Prozessen und ihre Einbettung in die Technologien erfolgt im weiteren Verlauf, insbesondere im Zusammenhang mit „Intent- und Entity-Recognition".

2.4   Technologie – Grundlagen für KI-basierte Anwendungen

Über Details von Softwarearchitekturen lässt sich vortrefflich streiten. Je nach Problemstellung und -domäne, Denkweise oder auch Erfahrung des Architekten oder Urhebers wird man vermutlich verschiedenste Ansätze zur Problemlösung, Erschaffung von Wert, Benutzerinteraktion und Datenverarbeitung finden.

2.4.1   Komponenten von Intelligent Virtual Agents (IVA)

An dieser Stelle werden wir allerdings keine philosophischen Erörterungen zu Vor- oder Nachteilen unterschiedlicher Architekturansätze anstoßen. Wir fokussieren uns auf einen konzeptionellen und funktionellen Kontext von Intelligent Virtual Agents, gefolgt von einer schrittweisen Übersicht je benötigter Funktion. IVAs sind als ein Gebilde basierend auf künstlicher Intelligenz zu verstehen, die eine Interaktion mit Menschen ermöglichen, z. B. mittels Sprache. Eine wesentliche Dynamik ergibt sich aufgrund der Fähigkeit, in Echtzeit zu agieren (vgl. Wikipedia, o. J.).

Die in Abb. 2.1 dargestellte Architektur lehnt sich dabei stark an die Scotty Technologies „Scotty"-Plattform an.

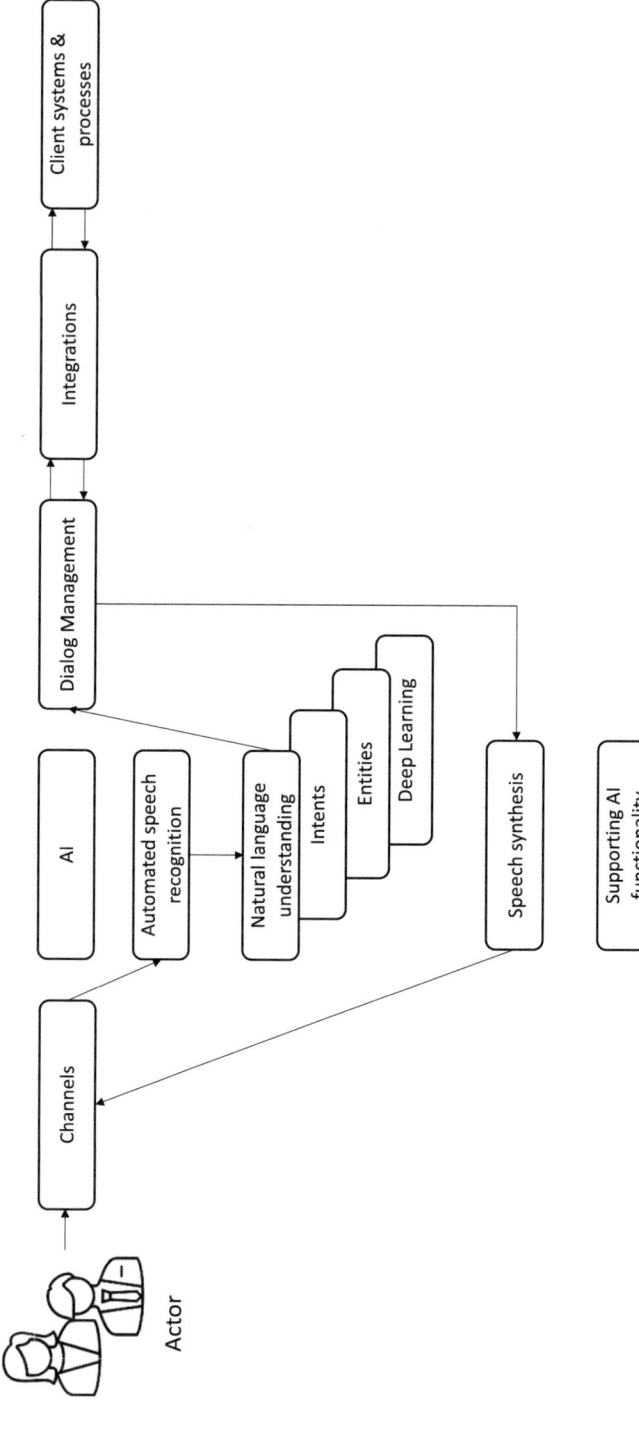

Abb. 2.1 Conversational AI Architecture.

2.4.2   Kanäle (Channels)

Prinzipiell verbinden Kommunikationskanäle IVA mit Menschen, wie z. B. mit Kundinnen und Kunden, Angestellten oder Partnern von Organisationen, die IVA einsetzen, um Geschäftsprozesse mithilfe von Sprachtechnologie zu automatisieren.

Im Falle von Chatbots sind Kanäle textbasiert, das heißt, die Interaktion findet auf Basis von geschriebenem und gelesenem Text statt. Bei Voicebots wiederum sind die Kanäle audiobasiert, das bedeutet, dass Interaktionen auf gesprochenen und gehörten Inhalten basieren.

Beispiele für textbasierte Kanäle

- **Webchat:** Häufig ein sogenanntes Widget, welches auf Webseiten benutzt wird, um Kundenkontakte im Kontext von Informationen, Produkten und Diensten anbieten zu können. Die zugrunde liegende Technologie und relative Plattformunabhängigkeit sorgt dafür, dass Webchats häufig auch in mobilen Anwendungen eingesetzt werden. Dazu sind sie sehr flexibel, wenn es um Inhalte und Formate geht, und es können so z. B. Bilder, Videos, Animationen, Tabellen, Links etc. ausgetauscht werden. Voraussetzung für Webchats ist in den meisten Fällen eine Internetverbindung; diese Verbindungen müssen für die Interaktion mit den Websites selbst angepasst werden. Sie lassen sich außer mit IVA häufig auch mit Kundendienstplattformen integrieren und genau an die Marke der einsetzenden Organisation anpassen.
- **SMS und MMS:** SMS und MMS sind weltweit etablierte Protokolle, die sich durch ihre hohe Zustellsicherheit und Kompatibilität auszeichnen. Man kann davon ausgehen, dass jedes Mobiltelefon heutzutage wenigstens das SMS-Protokoll unterstützt. Dies ist auch der Grund, warum z. B. die Scotty-Plattform zur Zwei-Faktor-Authentifizierung bevorzugt SMS verwendet.
- **Proprietäre Messaging-Apps:** Facebook Messenger, WhatsApp for Business, Apple Business Messages und vergleichbare Plattformen füllen seit etwa einem Jahrzehnt die Lücke auf, die das Fehlen von Innovationen in die Protokolle von SMS und MMS gerissen hat. Während insbesondere Google versuchte, einen internen Standard – RCS (Rich Communication Services) – global zu etablieren, blieb der Erfolg eines zukunftsfähigen Protokolls (bis jetzt) aus, weil sich die proprietären Plattformen so gut etabliert haben.

Beispiele für audiobasierte Kanäle

- **Telefon:** Telefongespräche als Kommunikationsmittel und „das Telefon" als Kanal sind lang etablierte, altbekannte Mittel, um synchrone Kontakte zwischen Menschen, Kundinnen und Kunden sowie Organisationen (Marken) zu ermöglichen. Der Modus und der Kanal selbst sind, wie zuvor genannt, der bei Weitem favorisierte Kanal für Interaktionen zwischen Kunden und Marken, aber auch zwischen Menschen. Neben den individuellen Gründen gibt es noch weitere:
  - Synchronizität: Probleme sind (meistens) innerhalb eines synchronen (direkten) Gespräches gelöst.
  - Telefonie funktioniert immer und überall, das heißt, jedes Telefon(-gerät) kann sich über das öffentliche Telefonnetzwerk mit jedem anderen Telefon verbinden.
  - Die Skalierbarkeit, vor allen Dingen in modernen SIP-Infrastrukturen, erlaubt bis zu Zehntausenden gleichzeitigen Verbindungen zwischen Kundinnen und Kunden und Organisationen.
- **Proprietäres Voice over IP (VoIP):** Telefongespräche sind bereits „digital" und digitale Protokolle wie WebRTC bieten ähnliche Erfahrungen in digitalen Kanälen, wie z. B. in proprietären Anwendungen wie WhatsApp, aber auch auf Webseiten in Form von Click-to-Call und anderen Lösungen, die das Telefonnetzwerk umgehen, aber dennoch eine ähnliche Erfahrung bieten.

2.4.3   Künstliche Intelligenz (KI)

Künstliche Intelligenz kurz und konkret zu definieren, erweist sich als durchaus komplex. Jedoch scheint es möglich, eine Gemeinsamkeit zu skizzieren, derer sich KI-basierte Systeme bedienen, nämlich den Versuch, Systeme zu erstellen, die in der Lage sind, komplexe Herausforderungen eigenständig zu lösen (vgl. Wittpahl, 2019, S. 21). Vor diesem Hintergrund und in diesem Kontext erfolgt der Einsatz künstlicher Intelligenz mit dem Ziel, Sprache in Text zu verwandeln, die Intention von Nutzerinnen und Nutzern zu erschließen und danach wieder Text in Sprache zu synthetisieren. Während viel mehr Methoden verfügbar sind, wird nachfolgend auf drei Hauptaufgaben fokussiert, die den Kern eines Intelligent Virtual Agents aufgreifen.

Die Erklärung beginnt, wie in Abb. 2.1 dargestellt, mit der automatischen Spracherkennung, der Erkennung der Intention von Nutzerinnen und Nutzern und endet mit der Sprachsynthese.

2.4.3.1 Automated Speech Recognition

Um die Audiosignale, die in Sprache enthalten sind, zu erkennen, wird auf Basis von Deep Learning Automated Speech Recognition eingesetzt, um gesprochene Sprache in geschriebenen Text umzuwandeln. Funktionalität wie Automated Speech Recognition ist für sich selbst komplexe Technologie, welche z. B. von den größeren Cloud-Providern, Amazon, Google und Microsoft, aber auch auf Basis von Open-Source-Komponenten eingesetzt wird.

Außerhalb der technischen Betrachtung und Analyse dieser Technologie trifft man hier auf eine sogenannte „Make or Buy"-Entscheidung, wobei sich die meisten Anbieter von Intelligenten Virtuellen Agenten, so auch Scotty Technologies, der Geschwindigkeit („Time.to-Market" oder besser „Time-to-Value") und Kosten einer Implementation für ein „Buy", also den Einkauf von Automated Speech Recognition, entscheiden. Durch diese Entscheidung können Intelligente Virtuelle Agenten schnell an Sprachanforderungen über Geografie und Märkte hinweg mit Sprache-zu-Text-Fähigkeiten ausgestattet werden.

Für Fälle, in denen Kosten ein kritischer Treiber von Intelligent Virtual Agents werden, z. B. von „Bottom-Line"-Optimierungen (vergleiche mit „Top Line"-Initiativen), kann auf Basis von „Open Source"- und „Open Access"-Forschung eine eigene Technologie entwickelt werden, die parallel und alternativ auch weitere Funktionalitäten bieten kann, z. B.:

- **Sentimentanalyse aus Audiodaten:** Die Stimmung aus Audiodaten erkennen (zum Vergleich: Sentimentanalyse aus semantischen Daten).
- **Nischen-Sprachen, Mundarten, Dialekte:** Größere Anbieter unterstützen kleinere Sprachräume nicht, welches die Reichweite einer Lösung auf Basis von Cloud-Providern stark begrenzt.
- **Generische gegenüber spezifischen Lösungen:** Cloud-Provider optimieren ihre Lösungen für generische Use Cases, generische Kanäle (Vergleiche: digitale Kanäle wie Smartspeaker und das Telefonnetzwerk mit starken Qualitätsschwankungen).

2.4.3.2 Intent and named-entity recognition (in text)

Um zu bestimmen, was ein Intelligent Virtual Agent für einen menschlichen Benutzer (z. B. eine Anruferin oder einen Anrufer) tun kann, müssen die Intention und etwaige benannte Entitäten in der Intention erkannt werden. Dieses ist als Schlüsselkomponente für Intelligent Virtual Assistants, Chat- und Voicebots zu sehen, denn hier werden Eingaben für den Kontrollfluss in Gesprächen strukturiert und analysiert.

Beispiele hierfür sind kurze Fragen wie „Was sind Ihre Öffnungszeiten?", „Ich will eine Beschwerde einreichen." oder „Wann kommt meine Bestellung an?"

Sieht man in der Geschichte der Conversational Interfaces, also Chat- und Voicebots, aber auch textbasierte Spiele (z. B. „Textadventures"), weit genug in die Vergangenheit, wird man schnell vier Hauptarten von „Steuerung" finden:

1. Schlüsselworte
2. Grammatiken
3. Maschinelles Lernen
4. Deep Learning

Erste Ansätze haben Schlüsselworte benutzt, um die Intention der Nutzerin oder des Nutzers in Aktion umzuwandeln: Zum Beispiel werden in „Textadventures" kurze Phrasen wie „gehe nach Westen", „nehme die Schaufel auf", „grabe ein Loch" im Kontext des Spiels umgesetzt in Aktionen der durch den Spieler gesteuerten Hauptfigur.

Grammatiken setzen auf ein ähnliches Verfahren durch das Dekonstruieren von Äußerungen von Nutzerinnen und Nutzern auf Basis von grammatikalischen Regeln, z. B.:

Um „Was sind Ihre Öffnungszeiten" und „Wann kommt meine Bestellung an" in einer simplen Regel abzudecken, könnte man die folgende Regel verwenden:

▶   '{*}{Thema}',

Wobei „*" bedeutet, dass an der Stelle der Äußerung alles stehen kann, was durch ein Thema gefolgt werden muss. Unter Thema würden für dieses Beispiel zwei Themen angelegt werden, „Öffnungszeiten" und „Bestellung"; auf diese Weise würde ein System, basierend auf diesen beiden simplen Regeln, zwischen beiden Fragestellungen unterscheiden können.

Named-entity Recognition folgt einer ähnlichen Logik, wenn wir das zuvor gegebene Beispiel wie folgt erweitern:

„Wann kommt meine Bestellung mit Bestellnummer 123 an?", wäre eine mögliche Grammatik:

▶   '{*}{Bestellnummer}{Thema}',

Wobei hier für das Thema „Bestellung" eine „Bestellnummer" gesucht (und gefunden) wird. Bei den zuvor genannten illustrativen Beispielen ist es wichtig zu unterstreichen, dass Grammatiken sowie auch Schlüsselworte als Techniken simpel beginnen, komplex werden und damit in großem Maße fehleranfällig sind. Beide Techniken erfordern ein großes Verständnis der Benutzerin oder des Benutzers und eine Kenntnis aller relevanten Anwendungsfälle, inklusive Synonyme, zu erwartende Satzstruktur etc. Aus diesem Grund werden diese Techniken nur noch von wenigen Plattformen genutzt und häufig nur in Verbindung mit Techniken maschinellen Lernens. Die Entität „Bestellnummer" wird hier mithilfe eines sogenannten regulären Ausdrucks aus dem Text des Benutzers entnommen.

Seit den Anfängen von Natural Language Processing (NLP) hat die starke Zunahme von angewandten Methoden des maschinellen Lernens auf dem Gebiet Natural Language Understanding (NLU) zu deutlichen Verbesserungen geführt.

Maschinelles Lernen im weitesten Sinne adressiert die zuvor genannten Beschränkungen. Vortrainierte Sprachmodelle aus offenen Quellen (BERT etc.) und sogenanntes „Transfer Learning" erlaubt maschinelles Lernen, Intention aber auch Entitäten aus willkürlichen Textelementen zu entnehmen. Die vortrainierten Modelle in diesem Fall sind hierbei schematisch wie ein System aus sprachlichen und logischen Beispielverhältnissen in einem abstrakten mathematischen Modell zu sehen, welche Inputs (Textdaten) durch eine nachgeschaltete Klassifikation (auch „Label" genannt) identifiziert werden. An unserem zuvor genannten Beispiel erklärt: „Wann kommt meine Bestellung an?" wird als Trainingsdatum für das „Transfer Learning" mit der Klasse („Label") „Bestellstatus" versehen. Zusätzlich werden weitere Beispiele mit dieser Klasse hinzugefügt – je nach Architektur des zugrunde und umliegenden Systems, einige wenige bis viele Hunderte und sogar Tausende – um mit der Intentionserkennung auf Basis dieser Prinzipien maschinellen Lernens „lernen" einzuschätzen, wie nah eine unbekannte Texteingabe an den bekannten Klassen („Labels") und damit Intentionen der Benutzerinnen und Benutzer liegt.

Entitäten werden zumeist weiterhin mithilfe von Mustererkennung auf Basis von regulären Ausdrücken aus den Texten des Benutzers entnommen.

Diese Art des „Natural Language Processing" und „Understanding" kommt zumeist in Systemen zur Anwendung, die spezifische, vordefinierte Prozesse abhandeln müssen. Hierbei ist anzugeben, dass die wahrgenommene Intelligenz des Systems, das Verstehen, durch zwei Hauptfaktoren getrieben wird: Genauigkeit bei der Vorhersage der Klasse und Flexibilität der Gesprächsführung bzw. die Möglichkeit, Kontexte zu wechseln und über mehrere Themen zu verbinden.

2.4.3.3 Sprachsynthese

Sprachsynthese hat einen simplen Fokus, nämlich geschriebene Texte in gesprochene Sprache umzuwandeln. Aufgrund der Schwierigkeit, natürliche Stimmen zu generieren, ist hier, wie bei Automated Speech Recognition, Sprachsynthese häufig auch von „Make or Buy"-Entscheidungen betroffen. Im Falle von Scotty von Scotty Technologies wird häufiger darauf aufmerksam gemacht, dass Marken und Organisationen, die Scotty und ähnliche Technologien einsetzen, anfangen, sich Gedanken über die Frage „Wie klingt meine Marke?" oder „Wie soll meine Marke klingen?" zu machen.

Das Erschaffen von natürlichen Sprachen ist im weitesten Sinne als nicht trivial anzunehmen. Spracherkennung für Automated Speech Recognition als „Open Source"-Technologie mit unterstützenden „Open Access" und „Working Papers" (arxiv.org, aber auch Unternehmenspublikationen wie Facebook AI und Google AI) ist zwar verfügbar und integrierbar. Das Erschaffen einer natürlichen, aber maschinellen Stimme, die ästhetisch und auch leistungstechnisch geeignet ist, um skalierbar den richtigen Text zur richtigen Zeit auszugeben, ist hingegen zeit- und kostenaufwendig. Darum wählen Anbieter von Lösungen wie z. B. „Intelligent Virtual Agents" wie Scotty häufig jene Stimmen, die durch Cloud-Anbieter schon verfügbar gemacht werden. Dies beinhaltet ähnliche Einschränkungen wie bei von Cloud-Providern eingekaufte Automated Speech

Recognition, wie z. B. die Verfügbarkeit von hochwertigen „Nischen-Stimmen", „Dialekten" und ähnlichen spezifischen Funktionalitäten, die aufgrund eines kleinen adressierbaren Marktes nicht interessant für die größeren Anbieter sind.

2.4.3.4 Dialogmanagement

Dieser Ansatz ist entscheidend und ermöglicht die klare Unterscheidung von „Conversational AI", bzw. „Intelligent Virtuals Agents". Dialogmanagement ist die Gruppe von Funktionen, die Dialoge und somit den Gesprächsfluss zwischen Nutzerinnen und Nutzern und Intelligent Virtual Agents möglich macht.

Im Dialogmanagement verstecken sich (zumeist) die größten Chancen und Herausforderungen für wertvolle, kundenfreundliche, aufgabenorientierte und automatisierte Interaktionen zwischen Mensch und Maschine. Dialogmanagement wird getrieben durch das Verständnis der Kundin oder des Kunden („Subject Matter Expertise") und des Prozesses, den es zu automatisieren gilt. Ebenso wie Menschen, in Form von neuen Kolleginnen und Kollegen, müssen Intelligent Virtual Agents mit dem nötigen Wissen ausgestattet werden, um so Aufgaben von der Problemstellung bis zur Problemlösung abhandeln zu können. Dialogmanagement wird bei Scotty Technologies und seinen Partnern als hybride Funktion betrieben. Design und Einsichten werden allerdings in die Erwartungen von Kunden und deren Kunden und Partnern zusammen mit den „Good Practices" und Fähigkeiten der unterliegenden Technologieplattform zusammengeführt. So können „Use Cases" in Form von automatisierten Geschäftsprozessen angeboten werden.

Dazu bietet Dialogmanagement verschiedene Konfigurationsmöglichkeiten, um Prozesse abzubilden. Dies kann ein grafisches (Web-)Interface sein, welches z. B. im „Business Process Modelling and Networking (2.0) Notation" (bpmn.org) Prozesse moduliert und implizit und explizit an die Fähigkeiten der unterliegenden Technologie anpasst. Möglich ist auch eine sogenannte „Domain Specific Language" (DSL), welche die unterliegende Technologie durch ein textbasiertes, entwicklerfreundliches und skalierbares Interface verfügbar macht.

Während Dialoge in Scotty über eine DSL konfiguriert werden, wählen andere Plattformen andere Ansätze. Die Zielsetzung des Dialogmanagements bleibt jedoch immer gleich:

- Abstraktion der KI-Funktionalität, um diese einfach, verständlich und anwendbar zu machen.
- Abstraktion des Dialogs selbst, um Dialoge strukturell abzubilden, zu testen, zu analysieren und zu verbessern, z. B. auf Basis von Daten, aber auch auf Basis von Einsichten von Industriepartnern etc.
- Abstraktion von Integrationen, Backoffice-Systemen und Datenquellen an der Kundenseite, um Relevanz individueller Dialoge, Automatisierung (Ausführen von Aufgaben im Kundensystem) aus Dialogen möglich zu machen.

- „State Management", Segmentation von Nutzerinnen und Nutzern und ihren Gesprächen, z. B. zur Wiederaufnahme von Gesprächen, dem Wechseln und Managen von Kanälen und kanalspezifischen Funktionalitäten und Anforderungen.

2.4.3.5 Integrationen

Kurz und bündig, Intelligent Virtual Agents sind nur mächtig, wenn sie in der Lage sind, Kontext und Relevanz aus schon verfügbaren und generierten Daten aus bestehenden Systemen zu erschaffen. Die Integration von z. B. Scotty verfolgt auf unterschiedliche Art und Weise:

- RESTful API: Ein (modernes) Interface, häufig in Mobil- und Webanwendungen verwendet.
- SOAP: Ein altes, aber bewährtes Interface.
- Mock-API: Verarbeitung von Daten auf Basis von Tabellen (CSV und verwandte, Excel, Google Sheets, SQL(ite)); für den Kunden einfachste Integration ohne direkte Datenverbindung, häufig auf Basis von Exporten, grob aber einfach anzuwenden.
- Statisch, das heißt im Dialogmanagement als statische Informationen aufbereitet, z. B. häufig gestellte Fragen (FAQ), Antworten für Codes wie Status-, Bestell- oder andere Benutzercodes.

Durch die Relevanz von Integrationen werden in der Praxis die zum Teil größten Verbesserungen von Intelligent Virtual Agents über die enge Verzahnung von virtuellen Agenten und aller relevanten Kundensysteme erreicht. Beispiele von Kundensystemen sind in diesem Fall unter anderem:

- Agent Desk für Transfers (Durchverbinden, Durchverbinden mit Gesprächsinformationen etc.) als Teil von Kontaktcenterplattform(en).
- ERP: Artikel, Ressourcen (Zeit, Orte wie Läden, Büros oder ähnlich sowie Personal mit spezifischen Fertigkeiten).
- CRM: Systeme mit Kundendaten, von individuellen Anfrage-, Bestell-, (Beschwerde-) und Verkaufsfällen und -verläufen.
- Backoffice.

2.5 Vorgehensweise am Beispiel der Plattform „Scotty"

Wenngleich die Technologie und die Rahmenbedingungen wesentlich sind, so ist es ebenso wichtig, diesen innovativen Charakter auch nutzbar zu machen. Nur im Zusammenhang mit Anwendungsmöglichkeiten, die tatsächlich zu einem Mehrwert beitragen, kann Digitalisierung die an sie geknüpften Erwartungen bestätigen.

Im nun folgenden Abschnitt soll deshalb eine praxistaugliche Verknüpfung skizziert werden.

2.5.1   Klassischer Ansatz für digitale Transformation

„Typische" Projekte zur Einführung neuer Technologien, wie z. B. Chat- und Voicebots für Kundenservice und Geschäftsprozesse, verlaufen in Zeiten des Booms von Software as a Service (SaaS-)Angeboten meistens mit nachfolgend genannten Schritten. SaaS ist als ein Servicemodell im Zusammenhang mit Cloud Computing zu verstehen, welches Kundinnen und Kunden Software und Infrastruktur zur Verfügung stellt (vgl. Ebner, 2019, S. 727):

1. Der Kunde stellt Anforderungen auf, entweder formell in einem Pflichtenheft, Suchauftrag über eine Beschaffungsagentur oder als Filter bei einem (online) Vergleichsportal.
2. Am Ende des Such- und Einkaufsprozesses sind ein Anbieter und dessen Plattform(en) selektiert. Während der Selektion spielen häufig „gefühlte Benutzbarkeit" („usability"), Präferenzen der Stakeholder aus IT, Business (Finanzen, Operations und Management) für diese und jene Technologie eine Rolle. Dieser Prozess führt häufig zu einem oder mehreren „Proof of Concept"-Projekten (PoC), in welchen sich die ausgewählten Anbieter beweisen. PoC werden entweder von internen oder externen Ressourcen abgehandelt, eine Herausforderung für Organisationen, die meistens ohnehin bereits wenige Arbeitskräfte mit den relevanten Fähigkeiten zur Verfügung haben. Dies führt besonders bei größeren Organisationen dazu, sogenannte Systemintegratoren einzubinden.
3. Am Ende der PoC wird einer der Anbieter ausgewählt, um das PoC in ein Pilotprojekt umzuwandeln oder zu entwickeln.
4. In den Phasen 2 und 3 beginnen die Komplexität sowie die Kosten zu steigen:
   a) Die Kundinnen und Kunden (das Business) wollen eine schnelle und geeignete Lösung,
   b) interne Stakeholder sind überbucht und wollen Arbeit managen,
   c) externe Stakeholder, wie z. B. der Systemintegrator, sind nicht direkt mit dem zugrunde liegenden Business Case verbunden (und haben somit wenig Motivation, an einer schnellen Lieferung mitzuarbeiten),
   d) Software as a Service (SaaS-)Anbieter werden bei der ersten Abnahme des Dienstes bezahlt, nicht bei erfolgreicher Lösung des zugrunde liegenden Problems.

Die zuvor genannten, beispielhaften Phasen und deren Herausforderungen sind so oder so ähnlich nicht neu und ein wichtiger Teil der Arbeit von klassischen Consulting-Firmen, die ihre Kundinnen und Kunden schon seit Jahrzehnten bei der Veränderung („Change-Management") von digitalen Transformationen, der Systemintegration und allen anderen notwendigen Tätigkeiten rund um die Einführung neuer Technologien unterstützen. Was dieser Ansatz auch verursacht, ist, dass „Total Cost of Ownership", „Time-to-Market", „Time-to-Value" sowie „Return on Investment" stark unter Druck stehen und das Frustrations- und damit Abbruchrisiko bei der Einführung von komplexen technischen Innovationen hoch ist.

2.5.2   Digitale Transformation mit Industriepartnern und dem Konzept Managed Service

Eine Alternative bietet der sogenannte „Managed Service", bei welchem Rollen und Motivation anders ausgelegt sind. Dies bedeutet, der Anbieter, wie z. B. Scotty Technologies mit seiner Scotty-Plattform und seine Partner wie Conectimus, bieten einen „End-to-End"-managed Implementations- und Integrationsdienst. Inhalte wie „Good Practice", Analysen, Definition von Inhalten, „KPI" bis hin zu „Roadmaps" werden vollständig auf der Grundlage einer Kooperation zwischen „Subject Matter" („Consulting" und Industrie-)Partner und Technologiepartner geliefert. Managed Services ermöglichen also eine permanente Betreuung mittels Monitoring, Analyse sowie Betrieb und sind mithin eine wesentliche Voraussetzung für die durchgängige Verfügbarkeit von IT-Landschaften, nicht zuletzt also Grundlage für eine ganzheitliche Betreuung digitaler Lösungen (vgl. Scheer, 2020, S. 26).

Im Falle von Scotty Technologies werden alle beteiligten Partner am Business Case gemessen, das heißt, eine Beurteilung erstreckt sich über den gesamten Prozess – von Anfang bis Ende. Das Scotty-Geschäftsmodell basiert also auf dem Konzept „Pay-per-Use" und ist somit direkt verbunden mit der Schnelligkeit und Effektivität von Scotty als Managed-Service-Lösung. Dies vermeidet eine risikoreiche „Time & Material"-Vorgehensweise. Die Verwendung von z. B. Key Performance Indicators (KPIs) in Verbindung mit einem Managed-Service-Ansatz ermöglicht eine quantitative sowie qualitative Beurteilung der Leistungserbringung. Denn mit KPIs sind klar formulierte Erwartungen verbunden. Komplexe Rahmenbedingungen können durch sinnvolle Aggregation von Beurteilungsparametern transparent und aussagefähig gemacht werden. So wird es möglich, eine Managed-Service-Leistung zeitnah zu beurteilen und gegebenenfalls zu sanktionieren (vgl. Rudolph, 2009, S. 54). Kurz: alle – Kunde, Partner, Lieferant – sitzen in einem Boot.

So sind es besonders auch diese Innovationen im Interaktionsmodell zwischen Kundin bzw. Kunde, Beraterin bzw. Berater und Technologieanbieter, die hochqualitative Lösungen ermöglichen. Dadurch ist es möglich, in kürzester Zeit Ergebnisse zu liefern und aktuell zu halten, mit starker industrie- oder sektorspezifischer Relevanz. Kundinnen und Kunden müssen nur wenige ihrer eigenen Ressourcen in diese digitalen Transformationsprojekte einbringen.

2.5.3   Zahlen, Daten, Fakten

Um die volle Wirkung eines Intelligent Virtual Agents beurteilen zu können, ist es hilfreich zu verstehen, welche Performance im Vergleich ein menschlicher Vollzeitagent leisten kann:

Beispiel Vollzeitagent: Alles, was ein Mensch leisten oder gegebenenfalls lernen kann

- Kanäle: Je nach Fähigkeit und unterstützender Werkzeuge, Lesen, Schreiben und Sprechen, Kundenkompetenz, Kulturkompetenz etc. jeder Kanal.
- Time to Value: Training, zwischen 1 und 12 Wochen je nach Problemdomäne.
- Anzahl Gespräche: 300 pro Woche im Mittel bei einer 5-Tage-Woche mit 8 h pro Tag.
- Davon allein abgehandelt („Containment"): 50 % < x% < 95 % (abhängig von den zugrunde liegenden Prozessen).

Im Vergleich dazu ein paar exemplarische, reale Beispiele, welche die Performance der KI-Technologie transparent machen:

Scotty als Terminmanager

- Beispiel aus der Praxis: Terminvergabe und -management für Ladenbesuche
- Kanal: Telefon
- Time to Value: 5 Wochen
- Anzahl Gespräche: 18.000 pro Woche
- Davon automatisiert („Containment"): 87 %

Scotty als Intelligent Virtual Track & Trace Agent

- Beispiel aus der Praxis: Status und Planung von Lieferungen für Konsumenten
- Kanäle: Telefon und Webchat
- Time to Value: 8 Wochen
- Anzahl der Gespräche: 35.000 pro Woche
- Davon automatisiert („Containment"): 72 %

Scotty als automatisierter Recruiter

- Beispiel aus der Praxis: Rekrutierung und Filterung von Personal auf Basis von Verfügbarkeit, Fertigkeiten und Regionen
- Kanäle: Telefon, SMS, WhatsApp und E-Mail
- Time to Value: 1 Woche
- Anzahl Gespräche: 10.000 pro Woche
- Davon automatisiert („Containment"): 92 %

Scotty als Intelligenter Virtueller Concierge

- Beispiel aus der Praxis: Annahme von Telefonaten, Triage im Gespräch und Gesprächsweiterleitung zu Abteilungen mit extrahierten Informationen
- Kanal: Telefon

- Time to Value: 3 Wochen
- Anzahl der Gespräche: 3500 pro Woche
- Davon automatisiert („Containment"): 81 %

Ergänzend zu diesen Beispielen sei erwähnt, dass Plattformen wie Scotty prinzipiell in der Lage sind, jeden Geschäftsprozess abzubilden. Voraussetzung sind genügend eingespielte, sprachliche KI-Trainingsdaten sowie eine Integration mit den relevanten Back-office-Systemen, um einen „End-to-End"-Prozess zu gewährleisten.

Gut geplante Gesprächsabläufe („Conversation Design"), Verständnis, mit welchen Menschen und Abteilungen Unternehmen wie Scotty zusammenarbeiten sowie Einblicke in die Problemdomänen sind wesentlich und ermöglichen es Partnern wie Conectimus, die zuvor genannten Szenarien erfolgreich umzusetzen.

2.6   Fazit

Der Einsatz von Intelligent Virtual Agents unterstützt wie erläutert in hohem Maße eine signifikante Verbesserung des Gedankens „Servitization".

Auf der Grundlage einer hochinnovativen und modernen Technologie ist es möglich, ein Kundenerlebnis zu schaffen, welches im Sinne des Wortes, den Mensch in den Mittelpunkt der Anforderung stellt und damit die Kundenorientierung auf ein neues Level hebt.

Die Kundinnen und Kunden fühlen sich verstanden. Die Kunden werden mit ihrer Individualität berücksichtigt, was Sprache, Emotion, Intention und auch Kultur betrifft.

Diese Wahrnehmung muss sich auch in der Implementierung widerspiegeln. Denn genau wie die Nutzung der Technologie darauf ausgerichtet ist, ein intuitives Erlebnis zu ermöglichen, ist die Implementierung darauf ausgelegt, schnell und ohne Capex in den Betrieb genommen werden zu können. Gleichzeitig sind hohe Flexibilität und Skalierbarkeit – rund um die Uhr – elementarere Bestandteile.

In Konzept-Workshops, die Conectimus initiiert und begleitet, wird darauf geachtet, dass zunächst, im Rahmen eines Piloten, eine kleine Auswahl an Herausforderungen angegangen wird. Die Festlegung der Zeitlinie, die Verständigung auf priorisierte Kommunikationskanäle und nicht zuletzt das Team werden genau daran orientiert. Dies ermöglicht den klaren Fokus auf zentrale Themen und das Potenzial, die damit einhergehenden organisatorischen Veränderungen verantwortlich zu begleiten. Vor diesem Hintergrund ist es durchaus realistisch, nach bereits drei Wochen den ersten Anwendungsfall im Betrieb zu haben. Eine schrittweise Erweiterung und Übernahme weiterer Anwendungsfälle schließt sich daran an.

Projektlaufzeiten von sechs oder gar zwölf Monaten mit hohen Aufwänden und gleichzeitig großen Budgets sind hier nicht nötig. Dies ist einerseits möglich durch die Anwendung agiler Projektmethoden. Andererseits erlaubt die Verfügbarkeit von rd. 160

standardisierten APIs ein nahezu simultanes Andocken an alle internen Applikationen, welches in der Konsequenz bedeutet, lange Implementierungszeiten und insbesondere „eiternde" Schnittstellen sind Vergangenheit.

Literatur

Ebner, S. (2019). Digitalisierung von Bestandsketten im Lieferantenmanagement. In W. Becker, B. Eierle, A. Fliaster, B. Ivens, A. Leischnig, A. Pflaum, & E. Sucky (Hrsg.), *Geschäftsmodelle in der digitalen Welt*. Springer Gabler.

Gentsch, P. (2019). *Künstliche Intelligenz für Sales, Marketing und Service* (2. Aufl.). Springer Gabler.

Kreutzer, R. T., & Sirrenberg, M. (2019). *Künstliche Intelligenz verstehen*. Springer Gabler.

Retresco GmbH. (2020). *Künstliche Intelligenz und Sprache*. https://www.retresco.de/lexikon/kuenstliche-intelligenz/#tab-id-3. Zugegriffen: 13. Juni 2021.

Rudolph, S. (2009). *Servicebasierte Planung und Steuerung der IT-Infrastruktur im Mittelstand*. Gabler.

Scheer, A. W. (2020). *Unternehmung 4.0* (3. Aufl.). Springer Vieweg.

Wikipedia. (o. J.). *Intelligent virtual agents*. https://de.wikipedia.org/wiki/Intelligenter_virtueller_Agent. Zugegriffen: 3. Nov. 2021.

Wittpahl, V. (Hrsg.) (2019). *Künstliche Intelligenz*. Open Access http://creativecommons.org/licenses/by/4.0/deed.de. Springer.

Hubertus Schmidt, Gründer und Geschäftsführer von CONECTIMUS, führt seit mehr als 20 Jahren in Führungspositionen internationaler Konzerne erfolgreich große, komplexe Transformationsprojekte sowie Managed-Service-Verträge mit dem Schwerpunkt Digitalisierung. Als Dozent an der FOM Hochschule für Oekonomie & Management unterrichtet er am Hochschulzentrum München mit Schwerpunkt auf Digitalisierung und strategische Geschäftsmodelle.

Reiner Bruns, Gründer und CTO von Scotty Technologies, verfügt über tiefe Kenntnisse in den Bereichen Software-Architektur, Service-Design, Produkt- und Projektmanagement mit großer Erfahrung in digitaler Transformation, von Webseiten bis hin zu Apps und komplexen Software-Architekturen. Herausforderungen, Kunden und Technologie sind sein Spezialgebiet.

Klaus Legl, Gründer und Geschäftsführer von CONECTIMUS, ist als Unternehmensberater im Gesundheitswesen tätig. Neben den Themen Krankenhausstrategie, Marketing- und Vertriebskonzepte, Prozessaufbau- und -ablauforganisation und Qualitätsmanagement gehört die digitale Transformation in Gesundheitsorganisationen zu seinen Beratungsschwerpunkten.

Julia Wolf, Gründerin und Geschäftsführerin von CONECTIMUS, arbeitet seit über zehn Jahren in unterschiedlichen, auch leitenden Positionen im Pharmavertrieb und -marketing sowie als Kommunikationsberaterin. Ihre Schwerpunkte liegen im Einweiser- und Patientenbeziehungsmanagement und hier vor allem in der digitalen Transformation.

Roland Hallebeek, Gründer und CEO von Scotty Technologies, ist leidenschaftlicher Technologieexperte und seit vielen Jahren erfolgreich im Entwickeln, Gestalten und Umsetzen kundenorientierter Lösungen auf Basis von KI-Anwendungen.

Akzeptanz und Nutzung von digitalen Kommunikationswegen im B2B-Kundenservice

Auswirkungen der angebotenen Kommunikationswege auf die Kundenzufriedenheit

3

Daniel Wilde und Esther Bollhöfer

Inhaltsverzeichnis

D. Wilde (✉)
Eckelmann AG, Wiesbaden, Deutschland
E-Mail: d.wilde@eckelmann.de

E. Bollhöfer
FOM Hochschule für Oekonomie & Management, Mannheim, Deutschland
E-Mail: esther.bollhoefer@fom.de

© Der/die Autor(en), exklusiv lizenziert an Springer Fachmedien
Wiesbaden GmbH, ein Teil von Springer Nature 2022
E. Bollhöfer und S. Weimann (Hrsg.), *Digitalisierung von industriellen Dienstleistungen,*
FOM-Edition, https://doi.org/10.1007/978-3-658-37396-2_3

Zusammenfassung

Der Beitrag stellt die Ergebnisse einer Studie zur Akzeptanz und Nutzung von digitalen Kommunikationswegen im B2B-Kundenservice eines mittelständischen Maschinen- und Anlagenbauers vor. Die Studie baut auf der Erkenntnis auf, dass im Servicegeschäft deutlich höhere Margen realisiert werden können als im klassischen Produktgeschäft. Daher gilt es für ein kundenzentriertes Angebot, die Anforderungen und Erwartungen der Kundinnen und Kunden zu analysieren und die Leistung darauf auszurichten. Da in allen Phasen der Service-Wertschöpfung ein direkter Austausch mit dem Kunden stattfindet, stellt dieser Beitrag die Erkenntnisse vor, wie der direkte Kundenkontakt Gegenstand von Innovation sein kann und sollte und wie das erbringende Unternehmen davon profitieren kann.

3.1 Einleitung

Der Dienstleistungssektor ist nach wie vor mit einem Anteil von 69 % der größte Treiber des Bruttoinlandsprodukts (vgl. Statista, 2020a; Statistisches Bundesamt, 2020, S. 11). Grundpfeiler für diese Entwicklung sind technologische und betriebswirtschaftliche Innovationen wie die Digitalisierung und die Zunahme produktbegleitender Dienstleistungen (vgl. Haller, 2017, S. 5–6). Gerade für große und mittlere Unternehmen in Deutschland mit ihrem traditionell starken Exportgeschäft beispielsweise komplexer Maschinen und Anlagen ergibt sich durch die zunehmende Digitalisierung die Chance, ihre Stellung unter dem steigenden Druck durch eine hohe internationale Wettbewerbsintensität und eine steigende Marktsättigung zu halten oder sogar auszubauen (vgl. Bruhn & Homburg, 2013, S. 5; Wachs et al., 2017, S. 4). Neben innovativen Geschäftsmodellen wie datenbasierten Beratungsdienstleistungen und vorausschauender Instandhaltung bietet auch der klassische technische Kundenservice dazu Potenziale (vgl. Herterich et al., 2015, S. 666–667). Dabei zeichnen sich Umsätze im technischen Kundenservice – verglichen mit dem oft volatilen Neumaschinengeschäft – durch deutlich höhere operative Margen bei konstanten Umsatzeingängen aus. Es ist daher zu vermuten, dass sich der Serviceumsatz in den nächsten Jahren weiter erhöhen wird (vgl. VDMA, 2017, S. 4–6).

Die meisten Geschäftsbeziehungen im Dienstleistungssektor sind dabei dem Geschäftskundenbereich (B2B) zuzuordnen (vgl. Statista, 2020b; ECC Köln & BBE Handelsberatung, 2017). Umso mehr überrascht es, dass sich die Mehrheit der in der Vergangenheit durchgeführten wissenschaftlichen Untersuchungen im Dienstleistungs- bzw. Servicebereich auf B2C-Geschäftsbeziehungen konzentrierte (vgl. Zolkiewski et al., 2017, S. 173). Die Erkenntnisse dieser B2C-Untersuchungen, welche wiederum vorwiegend aus den Bereichen Einzelhandel und Konsumentenservice kommen, lassen sich jedoch nur eingeschränkt auf den Kontext der industriellen Services übertragen, da industrielle Services durch eine höhere Komplexität und Interdependenzen gekennzeichnet sind (vgl. Molinari et al., 2008, S. 363). Es deutet sich jedoch an, dass die Erfahrungen und Erwartungen aus dem Privatleben zunehmend auch im beruflichen Umfeld an Bedeutung gewinnen (vgl. Heidekrüger et al., 2019, S. 39; Forrester et al., 2014, S. 2).

Eine wichtige Eigenschaft verbindet alle Dienstleistungen miteinander: In allen Phasen der unternehmerischen Wertschöpfung findet ein ständiger Austausch mit den Kundinnen und Kunden statt. Inwieweit dieser Gegenstand von Innovation sein kann und sollte und wie das erbringende Unternehmen davon profitieren kann, soll dieser Beitrag aufzeigen.

3.2   Stand der Forschung

Kennzeichnend für ein Serviceangebot sind nach der Norm VDMA 34161 die Immaterialität und die fehlende Lagerfähigkeit, die Integration eines externen Faktors (eine Person oder ein Objekt sind direkt am Leistungsprozess beteiligt) und das Uno-acto-Prinzip (Erbringung und Verbrauch fallen zeitlich und räumlich zusammen) (vgl. VDMA, 2009).

Mithilfe eines erwartungsgerechtem technischen Kundenservice lässt sich die Zufriedenheit der Kundinnen und Kunden und damit auch die Kundenbindung steigern (vgl. Mezger et al., 2019, S. 221; Defèr & Treusch, 2020; Zinn et al., 2016, S. 163). Welchen positiven Einfluss guter Kundenservice auf die Kundenbindung haben kann, zeigt das Service-Recovery-Paradoxons (SRP): Demnach besteht ein positiver Zusammenhang zwischen erfolgreicher Fehlerbehebung und Kundenbindung. Die Kundenbindung nimmt stark zu, wenn bei einem Kunden ein Fehlerfall auftritt und dieser erfolgreich behoben wird. Das SRP geht davon aus, dass die Kundenbindung in diesem Fall höher ist als ohne aufgetretenen Fehlerfall. Als Ursache werden die positiven Effekte bei der Lösung und das Plus an Auseinandersetzung mit Produkt und Hersteller genannt (vgl. Lee et al., 2019). Wird der Fehlerfall jedoch nicht behoben, so sinkt die Kundenbindung und schlimmstenfalls wird der Kunde den Anbieter wechseln. Dass das SRP auch im B2B-Kontext gilt, konnte in den Untersuchungen von Hübner et al. (2018) nachgewiesen werden.

Das Ziel der Kundenbindung ist ein Aufrechterhalten der Geschäftsbeziehung zwischen Kundinnen und Kunden und Anbietern durch eine nicht zufällige Folge von Geschäftstransaktionen (vgl. Krafft & Götz, 2011, S. 226). Das Konstrukt der Kunden-bindung beschreibt dabei das bisherige Verhalten sowie die zukünftige Verhaltensabsicht eines Kunden gegenüber einem Anbieter. Das bisherige Verhalten berücksichtigt bis-herige Wiederkäufe sowie bereits getätigte Weiterempfehlungen. Die zukünftige Ver-haltensabsicht beinhaltet darüber hinaus Wiederkaufabsichten, Zusatzkaufabsichten, Cross-Selling-Potenziale und Weiterempfehlungsabsichten (vgl. Nerdinger et al., 2015, S. 122–123).

Kundenzufriedenheit definiert sich über die emotionale und kognitive Bewertung der Erfahrungen mit Produkten oder Dienstleistungen (vgl. Nerdinger et al., 2015, S. 120). Eine Vielzahl empirischer Untersuchungen zeigt den positiven Zusammenhang zwischen den beiden Konstrukten Kundenzufriedenheit und Kundenbindung (vgl. Homburg, 2016, S. 58–60).

Betrachtet werden soll der vorherrschende reaktive Kundenservice, der die Kundin bzw. den Kunden bei einem auftretenden Problem unterstützt (vgl. Geissbauer et al., 2012, S. 4–6). Getrieben von der voranschreitenden Digitalisierung und einhergehend mit den Trendthemen Industrie 4.0, Industrial Internet of Things (IIoT), Big Data und Künstliche Intelligenz (KI) nimmt die Servitization-Transformation in den letzten Jahren deutlich zu (vgl. Kohtamäki et al., 2019, S. 380–381) und es entstehen neue Dienstleistungsmodelle, die auch neue Anforderungen an die Kommunikationswege zur Kundin bzw. zum Kunden stellen.

Um den wachsenden Kundenerwartungen zu genügen, wird inzwischen auch im B2B-Bereich auf Omnichannel-Konzepte gesetzt, wie sie im B2C-Kundenservice bereits gängige Praxis sind (vgl. Picek et al., 2018, S. 235). Im Rahmen von diesen Konzepten werden den Kundinnen und Kunden verschiedene Kommunikationskanäle angeboten, über welche sie sich beispielsweise mit einem technischen Kundenservice in Verbindung setzen können. Wissenschaftliche Untersuchungen zu Omnichannel-Strategien fokussierten sich in der Vergangenheit mehrheitlich auf den Einzelhandel und damit auf B2C-Geschäftsbeziehungen (vgl. beispielsweise Verhoef et al., 2015; Ailawadi & Farris, 2017; Popp, 2020). Die Kommunikation mit Kundinnen und Kunden im B2B-Umfeld weist jedoch eine deutlich höhere Komplexität als im B2C-Bereich auf, da hier nicht selten mehrere Akteure in einer einzelnen Serviceanfrage sowohl auf Kunden- als auch auf Dienstleisterseite beteiligt sind (vgl. Wynstra et al., 2006, S. 491–492; Zolkiewski et al., 2017, S. 173). Exemplarisch könnten bei einer Anlagenstörung kundenseitig der Bediener vor Ort und ein Ingenieur aus der Instandhaltung beteiligt sein. Auf der Unternehmensseite unterstützen ein First-Level-Servicemitarbeiter gemeinsam mit einem Second-Level-Experten. Im Anschluss läuft die kaufmännische Abwicklung über den Einkauf des Kunden. In diesem Szenario sind fünf Akteure beteiligt, die im komplexesten Fall alle miteinander interagieren und verschiedene Anforderungen an die Kommunikation stellen. Die wenigen, den B2B-Bereich untersuchenden, Arbeiten konzentrieren sich auf den Kaufprozess (vgl. beispielsweise Lawrence et al., 2019; Ohiomah et al., 2020).

Anknüpfen lässt sich an Untersuchungen, die aufgezeigt haben, dass die Akzeptanz und das Vertrauen in digitale Serviceangebote von den Verantwortungsebenen sowie den technischen Kenntnissen der jeweiligen Person abhängt (vgl. Hallikainen et al., 2019, S. 588). Auch das Alter und das Geschlecht haben hierauf einen Einfluss (vgl. Sharma et al., 2012, S. 114; Dorie & Loranger, 2020, S. 409–410). Junge männliche Kunden sind demnach deutlich offener gegenüber digitalen Services als Personen außerhalb dieser Gruppe (vgl. Hallikainen et al., 2019, S. 599). Des Weiteren haben bei international agierenden Unternehmen auch kulturelle Gegebenheiten der Zielmärkte einen Einfluss auf die Anforderungen an die Kommunikation mit dem technischen Kundenservice (vgl. Lee & Salciuviene, 2018, S. 585; Bruhn & Hadwich, 2017, S. 13–14). Schriftliche Kommunikationskanäle bieten den Vorteil, Sprachbarrieren durch längere Reaktionszeiten oder mithilfe von integrierten oder externen Übersetzungstools zu verringern. Zusätzlich erleichtern Kommunikationskanäle, die keine direkte Reaktion erfordern, eine Kommunikation über verschiedene Zeitzonen hinweg. Diese beiden Sachverhalte legen die Vermutung nahe, dass bestehende Sprachbarrieren oder großen Zeitdifferenzen zwischen Anfragenden und dem dienstleistenden Unternehmen einen Einfluss auf die Auswahl des Kommunikationskanals haben.

In eher konservativen B2B-Branchen wie dem Maschinen- und Anlagenbau sind nach wie vor eher klassische Kanäle wie Servicehotline oder Mails, aber auch Remote-Services von großer Bedeutung. Zunehmend werden jedoch Chats, Chatbots, Kundenportale und Self-Service-Portale eingesetzt, welche aktuell aber noch eine untergeordnete Rolle spielen (vgl. Sames & Lapa, 2020, S. 54). Social-Media-Kanäle wie LinkedIn, Twitter, Facebook etc. eignen sich aufgrund der fehlenden Kundenakzeptanz insbesondere im B2B-Bereich derzeit nicht für den Einsatz im technischen Kundenservice (vgl. Broekemier et al., 2015, S. 42). Ihnen wird jedoch im nicht-technischen Kundenservice eine größere Bedeutung zugesprochen (vgl. Karampela et al., 2020, S. 1296). Grundsätzlich bringen digitale Technologien schon heute entscheidende Vorteile wie Zeit- und Kostenersparnis für Kundinnen und Kunden und das dienstleistende Unternehmen mit sich und führen zu einer höheren Kundenzufriedenheit. Zusätzlich können kulturelle Barrieren durch Adaption einzelner Lösungen an die Zielmärkte oder auch Sprachbarrieren durch den Einsatz integrierter Übersetzungsapplikationen umgangen werden.

Dies führt zu den zwei hier zugrunde liegenden Fragestellungen:

1. Welche Determinanten beeinflussen die kundenseitige Auswahl von Kommunikationskanälen bei einem technischen Kundenservice in Industrieunternehmen mit stark divergentem Produktportfolio?
2. Wie wirkt sich das Angebot unterschiedlicher Kommunikationskanäle auf die Kundenzufriedenheit aus?

3.3   Methodik

3.3.1   Identifizierung von Serviceinnovationen/Experteninterviews

Die Untersuchung wurde als mehrstufiges Studiendesign konzipiert und umgesetzt. In einem ersten Schritt wurden explorative Experteninterviews mit Vertretern von Verbänden und Forschungseinrichtungen geführt, die unternehmensunabhängig aktuelle Trends beobachten und mitentwickeln und trotzdem durch ihre Nähe zu Unternehmen

Tab. 3.1 Ergebnisse der Experteninterviews

K1	Aktuelle Trends	K2	Konkrete Kommunikations-kanäle	K3	Kundenspezifische Determinanten
K1.1	KI	K2.2	Vor-Ort-Besuch/ Inbetriebnahme	K3.1	Altersunterschiede
K1.2	Angleichung B2B und B2C	K2.3	Messenger (WhatsApp, WeChat)	K3.2	Sprachbarrieren
		K2.4	App	K3.3	Kulturelle Unterschiede
		K2.5	Website		
		K2.7	Hotline		
		K2.8	Chat		
		K2.9	Chatbot		
		K2.13	Kundenportal bzw. Ticketsystem		

die praktische Relevanz der Trends einordnen können. Ziel war es, die relevanten Kategorien (K1 bis K3) zu erkennen und mithilfe der Erkenntnisse aus dem B2C-Bereich daraus die leitenden Hypothesen für den quantitativen Teil der Untersuchung zu gewinnen. Die Unterkategorien wurden durch einfaches Auszählen der Häufigkeiten der Erwähnung abgeleitet (vgl. Mayring & Fenzl, 2019, S. 646). Tab. 3.1 gibt eine Übersicht über die gebildeten Kategorien.

Aus Sicht der befragten Experten zeigen sich aktuell zwei große Trends. Zum einen nimmt die Bedeutung von KI immer mehr zu und zum anderen gleichen sich die Bereiche B2B und B2C stetig an. In den Experteninterviews finden sich bezüglich der Hauptkategorie K2 acht besonders relevante Kommunikationskanäle, die in mindestens zwei Interviews erwähnt wurden (vgl. Tab. 3.1). Die Kommunikationskanäle Chat, Chatbot und Messenger kommen in allen Interviews vor.

3.3.2 Quantitative Kundenbefragung/Fallstudie

Im nächsten Schritt wurde eine Onlinebefragung der relevanten Zielpopulation, hier verkürzt auf die Kundinnen und Kunden eines führenden Industrieunternehmens mit stark divergentem Produktportfolio, durchgeführt. Am Beispiel dieses Unternehmens kann aufgezeigt werden, wie Kunden im B2B-Bereich über die Wahl von Kommunikationswegen entscheiden und wie das Angebot unterschiedlicher Möglichkeiten die Kundenzufriedenheit zu beeinflussen vermag. Bestandteil der Gelegenheitsstichprobe waren alle Personen, die in den vergangenen Jahren mindestens einmal Kontakt zum technischen Kundenservice der Eckelmann AG (EAG) hatten (n = 852). Als Messverfahren wurde der SERVQUAL-Ansatz (vgl. Parasuraman et al., 1988), welcher derzeit zu den am weitesten verbreiteten Ansätzen gehört (vgl. Bruhn, 2019, S. 151; Ladhari, 2010, S. 175–183), zugrunde gelegt. Dieser wurde ausgewählt aufgrund seiner weiten Verbreitung und der Anpassbarkeit an konkrete Forschungsvorhaben. Die Rücklaufquote betrug 5 %.

Bei der Entwicklung des Fragebogens wurde die internationale Ausrichtung der EAG einbezogen: Der Fragebogen stand in einer deutschen und einer englischen Version zur Verfügung. Der Fragenteil bestand aus drei Abschnitten: einem Teil zur Bestimmung der Kundenzufriedenheit, einem Teil zur Bestimmung der präferierten Kommunikations-kanäle zur Kontaktaufnahme mit dem technischen Support und einem soziodemo-grafischen Teil.

Die Fragen zur Nutzung von Kommunikationskanälen unterteilten sich in unter-nehmensunspezifische Kommunikationskanäle, wie sie aus den Ergebnissen der Experteninterviews hervorgegangen sind, und in konkrete Kommunikationskanäle, die von der EAG angeboten werden. Ziel war, in späteren Auswertungen zu prüfen, inwieweit sich die Aussagen zu unternehmensunspezifischen Kommunikationskanälen mit den Aussagen zur konkreten Nutzung der Kommunikationskanäle der EAG decken. Ein Pretest erfolgte in Form von technisch-funktionalen Tests und dem Test der Frage-stellungen in Form von White-, Grey- und Black-Box-Tests.

3.4   Untersuchung

3.4.1   Determinanten der Kundenzufriedenheit

Kundenzufriedenheit lässt sich in B2B-Märkten durch die folgenden vier Faktoren erzielen: Initiierung (schnelle Annahme des Problems), Reaktionsgeschwindigkeit, Entschädigung (beispielsweise durch eine höhere Priorisierung zukünftiger Service-anfragen) und Entschuldigung (formell oder informell, aber mit dem Verweis auf den Lerneffekt) (vgl. Hübner et al., 2018, S. 295–298).

Damit der Kunde seine Anfrage an das Unternehmen herantragen kann, muss dieses ihm mindestens einen Kommunikationskanal zur Verfügung stellen. Dazu können aus Unternehmenssicht verschiedene Kommunikationsstrategien verfolgt werden.

Bei der Omnichannel-Strategie interagieren die einzelnen Kanäle vollständig mit-einander. Alle relevanten Kundendaten werden erfasst und stehen jederzeit zentral, kanalübergreifend zur Verfügung (vgl. Mirsch et al., 2016, S. 5–7). Somit gehen bei einem möglichen Kanalwechsel (Channel Hopping) keine Informationen verloren. Denkbares Szenario ist eine Kundenanfrage, die über den Chat bzw. Chatbot beginnt, anschließend durch eine Hotline-Technikerin oder einen -Techniker übernommen wird und mit einer finalen Korrespondenz mit einer Entwicklerin oder einem Entwickler via Ticketsystem oder E-Mail (nachfolgend Kurzform: Mail) endet. Sind Omni-channel-Strategien im B2C-Bereich schon weit verbreitet, gewinnen sie aufgrund der sich stetig verändernden Kundenerwartungen und Serviceexzellenzbestrebungen erst allmählich im B2B-Bereich an Bedeutung (vgl. Forrester et al., 2015). Historisch gewachsene Strukturen und Firmenphilosophien sowie der hohe Ressourceneinsatz bei der Implementierung und dem Betreiben eines Omnichannel-Systems führen dazu, dass eine ganzheitliche Omnichannel-Strategie eher selten umgesetzt wird (vgl. Gandorfer, 2018). Aktuell ist davon auszugehen, dass in der Praxis des technischen Kundenservice eher Multi- und Cross-Channel-Strategien Anwendung finden, welche partiell um Omnichannel-Elemente (Interagieren einzelner Kanäle) erweitert werden.

3.4.2 Quantitative Auswertung

Eine zentrale Bedeutung haben die bevorzugten Kommunikationskanäle der Befragten, die deshalb zuerst betrachtet werden. Der Kommunikationskanal ist in allen Hypothesen als unabhängige oder abhängige Variable enthalten. Abb. 3.1 zeigt die Kommunikationskanäle entsprechend deren Beliebtheit und vergleicht diese hinsichtlich der zwei Kontexte miteinander.

Am beliebtesten waren demnach Mail und Hotline gefolgt von einem Ticketsystem. Es zeigten sich Unterschiede zwischen den allgemeinen Präferenzen und denen im Kontext der EAG. Deutlich wird dies beispielsweise am Kanal Ticketsystem, welcher im Allgemeinen als potenzieller Kanal akzeptiert wurde, jedoch als Angebot von der EAG weniger Zustimmung erfuhr. Das Gegenteil ist bei den Kanälen EDP (Elektronische Dokumentationsplattform als Self-Service-Plattform) und Chat abzulesen. Beide Kanäle waren im allgemeinen Servicekontext von weniger Relevanz als im Kontext der EAG. Ein Teil der Befragten könne sich darüber hinaus gut vorstellen, auch Messenger – hier insbesondere WhatsApp und WeChat – sowie Datenbrillen zu nutzen. Chatbots stehen

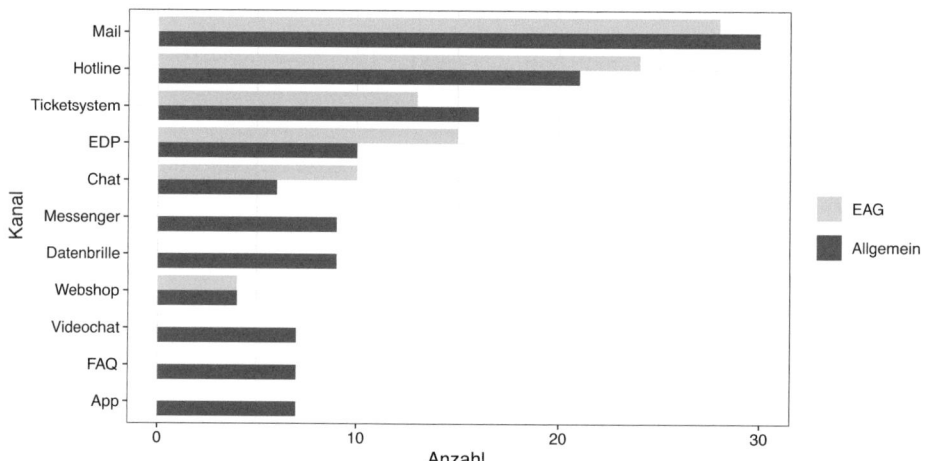

Abb. 3.1 Vergleich der potenziellen Nutzung von Kommunikationskanälen zwischen allgemeinem Servicekontext und EAG im Speziellen.

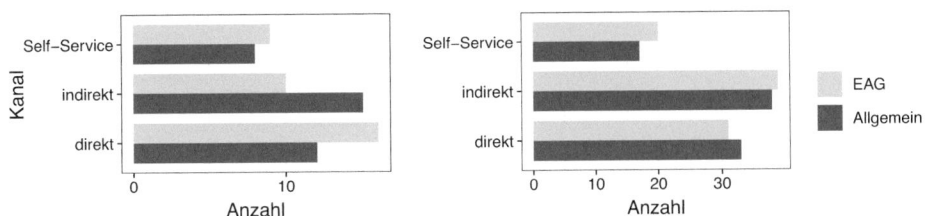

Abb. 3.2 Bevorzugte Art von Kommunikationskanal (links), bevorzugte drei Kommunikationskanäle (rechts).

die Befragten eher kritisch gegenüber. Nur 30 % der Befragten, die generell Chats oder Messenger als Kommunikationskanäle in Betracht ziehen, würden auch Chatbots nutzen.

Auf der Basis der ausgewählten Kommunikationskanäle wurden die Befragten anschließend gebeten, diese Kanäle nach deren Beliebtheit zu sortieren. Für eine übersichtlichere Darstellung und eine bessere statistische Auswertbarkeit wurden die Kanäle zu den drei Kanalarten Self-Service (EDP, Webshop, App, FAQ), indirekt (Mail, Ticketsystem) und direkt (Hotline, Chat, Videochat, Datenbrille, Messenger) gruppiert. Self-Service-Kanäle stellen dem Kunden relevante Informationen und Dienstleistungen zur Problemlösung zur Verfügung, ohne dass eine Servicemitarbeiterin oder ein -mitarbeiter eingreifen muss. Direkte Kanäle erfordern vom technischen Kundenservice eine unmittelbare Kundenkonversation. Bei indirekten Kanälen akzeptiert die Kundin bzw. der Kunde einen größeren Reaktionszeitraum. Abb. 3.2 stellt dazu die Ergebnisse des Rankings bezogen auf den allgemeinen Servicekontext und dem Eckelmann Service Center (ECS) gegenüber. Unter Berücksichtigung der jeweiligen Top-3-Kanäle erweisen sich die indirekten Kanäle als die Beliebtesten.

Die Frage nach der Bekanntheit und der (potenziellen) Nutzung der einzelnen Kanäle zeigt, dass der Kanal Mail bei nahezu allen Befragten bekannt war und auch genutzt wird. Ähnlich beliebt war die Hotline gefolgt vom EDP und dem Ticketsystem. Der Webshop und der Chat waren wenig bekannt, unterschieden sich aber deutlich in ihrer potenziellen Nutzung. Ein nicht unerheblicher Teil der Befragten gab an, er würde einen Chat nutzen, wenn ihnen dieser bekannt wäre. Demgegenüber stellte der Webshop einen wenig relevanten Kanal dar.

3.4.2.1 Hypothese H$_1$: Kommunikationskanal (UV), Zufriedenheit (AV)

Sehr interessant ist auch die Untersuchung des Zusammenhangs zwischen den Kanal-Clustern direkt, indirekt und Self-Service und der mittels SERVPERF gemessenen Kundenzufriedenheit: Abb. 3.3 visualisiert die Kundenzufriedenheit im Zusammenhang mit dem beliebtesten Kanal. Zusätzlich sind die einzelnen Datenpunkte (Punkte) und die arithmetischen Mittelwerte (Linien) abgetragen. Wie bereits in Abb. 3.3 verdeutlicht wurde, bevorzugten die meisten Befragten einen direkten Kanal. Die höchste Kundenzufriedenheit (M = 6,13; SD = 0,56) zeigte sich bei Befragten, die indirekte Kanäle bevorzugen. Die Kundenzufriedenheit bei Kundinnen und Kunden, die direkte

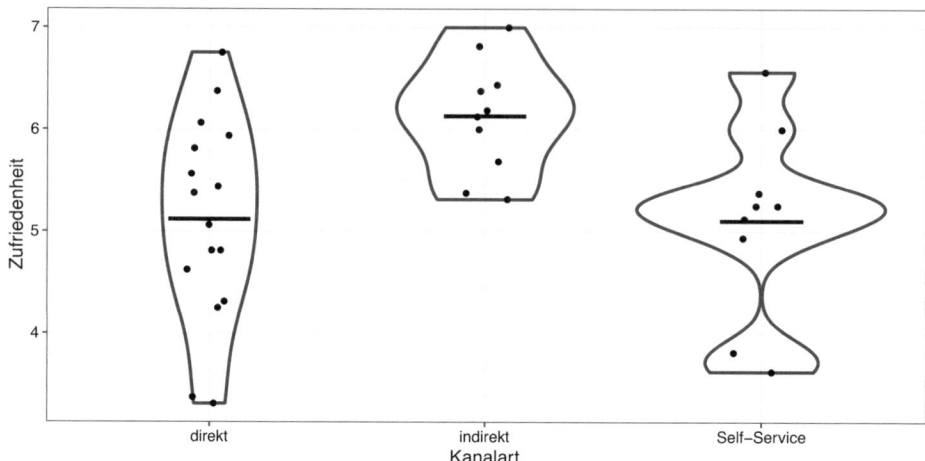

Abb. 3.3 Violinplot zur Darstellung des Zusammenhangs zwischen bevorzugter Kanalart und der Kundenzufriedenheit.

(M = 5,12; SD = 0,99) oder Self-Service-Kanäle (M = 5,10; SD = 0,93) bevorzugten, war annähernd gleich groß, wies jedoch eine höhere Streuung auf.

Um genauer zu untersuchen, zwischen welchen Gruppen es zu signifikanten Unterschieden kommt, wurde ein Post-hoc-Test eingesetzt, der alle Gruppen miteinander vergleicht (vgl. Hatzinger et al., 2011, S. 347–348; Döring & Bortz, 2016, S. 709). Da alle Gruppen, direkt (W = 0,97; p = 0,843), indirekt (W = 0,96; p = 0,807) und Self-Service (W = 0,93; p = 0,471) entsprechend der Resultate des Shapiro–Wilk-Tests normalverteilt waren, wurde der paarweise t-Test eingesetzt. Die Anpassung des p-Wertes zur Verhinderung eines fälschlicherweise erhöhten Alphafehlers erfolgte mithilfe der konservativen Bonferroni-Methode. Zwischen den Gruppen direkt und indirekt (p = 0,022) sowie indirekt und Self-Service (p = 0,047) konnten signifikante Unterschiede in der Kundenzufriedenheit gezeigt werden. Zwischen den Gruppen direkt und Self-Service (p = 1,000) konnten keine signifikanten Unterschiede ermittelt werden. Die einfaktorielle Varianzanalyse hat mit Cohens f und Eta-Quadrat η^2 zwei standardisierte Effektstärkemaße, die sich jedoch nur auf den Gesamteffekt beziehen (vgl. Döring & Bortz, 2016, S. 829–830). Der ermittelte f-Wert lag bei f = 0,55 und der ermittelte η^2-Wert lag bei η^2 = 0,23. Da Werte ab f = 0,4 bzw. η^2 = 0,14 als starke Effekte gelten (vgl. Cohen, 1988, S. 284–287), ist der beobachtete Unterschied als starker Unterschied zu klassifizieren.

Somit bleibt festzuhalten, dass die Kundenzufriedenheit mit dem technischen Kundenservice der EAG sich in Abhängigkeit der bevorzugt genutzten Kommunikationskanäle unterscheidet.

3.4.2.2 Hypothese H$_2$: Alter (UV), Kommunikationskanal (AV)

Hypothese 2 postuliert einen Zusammenhang zwischen dem Alter der Befragten und deren bevorzugtem Kommunikationskanal. Der Zusammenhang wurde in den Kontexten Kundenservice allgemein und Kundenservice der EAG untersucht. Diese Betrachtung ist notwendig, da sich die Präferenzen zwischen beiden Kontexten entsprechend der Auswertungen unterscheiden. Die Befragten wurden vorab in Altersgruppen gruppiert. Befragte bis zu einem Alter von 40 Jahren gelten als jung und darüber als alt. Durch diese Gruppierung senkt sich das Skalenniveau der UV von ordinal auf nominal, sodass sowohl UV als auch AV nominalskaliert sind. Junge Umfrageteilnehmende machten einen Anteil 20 % und ältere einen Anteil von 80 % der Stichprobe aus. Damit waren beide Gruppen ungleichmäßig verteilt. Abb. 3.4 verdeutlicht, dass Self-Service-Kanäle bei jüngeren Befragten unbeliebter waren. Im allgemeinen Servicekontext platzierte keiner der Befragten einen Self-Service-Kanal als beliebtesten Kanal. Gesamtheitlich betrachtet, bevorzugten jüngere Umfrageteilnehmende tendenziell indirekte Kanäle im Gegensatz zu älteren Umfrageteilnehmenden, die direkte Kanäle bevorzugten. Daraus resultierend konnte kein statistisch signifikanter Zusammenhang zwischen dem Alter der Befragten und deren bevorzugtem Kommunikationskanal gefunden werden.

3.4.2.3 Hypothese H$_3$: Kulturkreis (UV), Kommunikationskanal (AV)

Hypothese 3 postuliert einen Zusammenhang zwischen dem Kulturkreis der Befragten und deren bevorzugtem Kommunikationskanal. Die UV Kulturkreis wurde in die Regionen Deutschland, Europa ohne Deutschland und die restliche Welt außerhalb Europas aufgeteilt. Es wurde damit vereinfacht angenommen, dass die kulturellen Unterschiede in Abhängigkeit der Entfernung zum Zielland – also hier Deutschland – zunehmen. Die meisten Befragten kamen entsprechend Abb. 3.5 aus Deutschland, gefolgt von Europa ohne Deutschland und die wenigsten von außerhalb Europas. Befragte außerhalb Europas bevorzugten direkte und indirekte Kanäle, Befragte aus Deutschland bevorzugten direkte Kanäle und Befragte aus dem restlichen Europa bevorzugten Self-Service-Kanäle gefolgt von indirekten Kanälen.

So zeigte sich ein statistisch signifikanter Zusammenhang zwischen der kulturellen Herkunft und dem bevorzugten Kommunikationskanal im allgemeinen Servicekontext. Ein Vergleich zwischen dem exakten Fisher-Test (p = 0,025) und dem Chi-Quadrat-Test

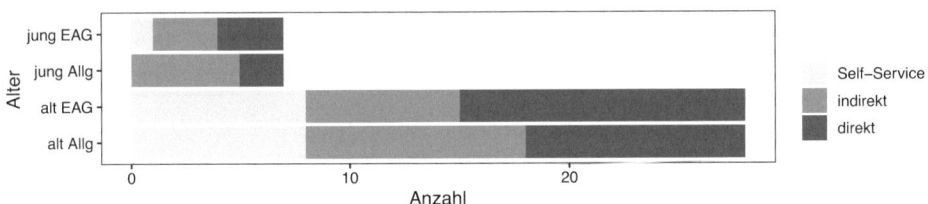

Abb. 3.4 Verteilung der Umfrageteilnehmer nach Alter und bevorzugter Kanalart.

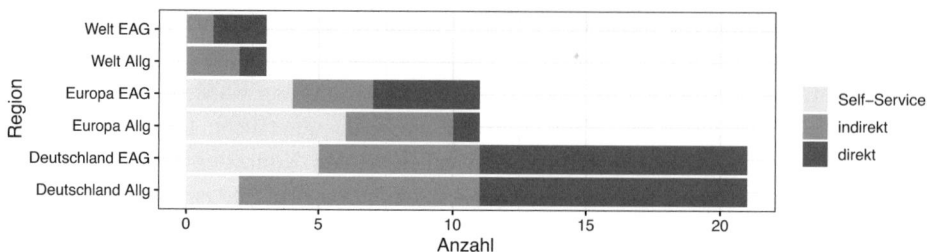

Abb. 3.5 Verteilung der Umfrageteilnehmer nach Region und bevorzugter Kanalart.

$(\chi^2(4) = 10,78;\ p = 0,029)$ zeigt, dass die Ergebnisse hinsichtlich der p-Werte ähnlich sind. Das aus dem Chi-Quadrat-Test errechnete Effektstärkemaß Cramer's V liegt bei $\Phi' = 0,39$. Der Zusammenhang ist damit als mittelstark einzuschätzen.

3.5 Ergebnisse

Mit dieser Untersuchung konnten sowohl die wesentlichen Determinanten der Auswahl eines Kommunikationskanals aufgezeigt als auch Unterschiede in der Kundenzufriedenheit in Abhängigkeit des bevorzugten Kommunikationskanals (siehe Abb. 3.6) nachgewiesen werden. Insbesondere zeigen sich Unterschiede hinsichtlich der Bewertung von Zuverlässigkeit und Empathie. Für die betrachteten Determinanten konnte lediglich für den Kulturkreis der Befragten ein (mittlerer) Zusammenhang mit dem bevorzugten Kommunikationskanal nachgewiesen werden. Die geringe Anzahl der verwertbaren Datensätze sowie teils ungleiche Gruppenstärken bezüglich der untersuchten Determinanten schränken die Aussagekraft und Interpretationsfähigkeit der Ergebnisse jedoch ein.

Die Detailergebnisse zeigen in Bezug auf die kundenseitig bevorzugten Kommunikationskanäle Unterschiede zwischen der allgemeinen Akzeptanz von Kommunikationskanälen und denen der EAG. Somit liegt die Vermutung nahe, dass es eine

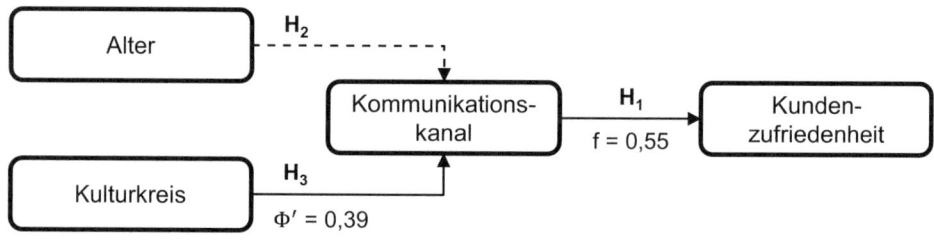

Abb. 3.6 Pfaddiagramm mit den Ergebnissen der statistischen Auswertung.

unternehmensspezifische Präferenz von Kommunikationskanälen gibt, die von allgemeinen Präferenzen abweichen kann. Hierbei sind persönliche Erfahrungen mit dem Kommunikationskanal als solchem, dem dienstleistenden Unternehmen und dem Zusammenspiel beider von Bedeutung. Stellt ein Anfragender beispielsweise fest, dass er über die Chatfunktion des technischen Kundenservice eines dienstleistenden Unternehmens sehr einfach, schnell und auf eine übersichtliche Art und Weise Informationen zu seiner Fragestellung erhält, so wird die Kundenakzeptanz steigen. Verbirgt sich hinter der Chatfunktion nur ein einfaches System mit geringer Kommunikationskompetenz oder muss der Kunde lange auf die Antwort einer Servicemitarbeiterin oder eines -mitarbeiters warten, so wird sich dies negativ auf die Kundenakzeptanz auswirken.

Im Kontext der EAG zeigen die Ergebnisse, dass der primär gewählte Kommunikationskanal einen Einfluss auf die Kundenzufriedenheit hat. Die höchste Kundenzufriedenheit stellt sich demnach bei Kundinnen und Kunden ein, die bevorzugt indirekte Kommunikationskanäle wie Mail oder Ticketsystem bevorzugen. Durch den direkten Vergleich mit weiteren Verteilungen, die mittels validierter Skalen des SERVQUAL-Instruments gewonnen wurden (in den Abbildungen jeweils als „Allg." bezeichnet), zeigen sich vergleichbare Verteilungen, die die Vermutung nahelegen, dass die hier gewonnenen Erkenntnisse auch auf andere Industrieunternehmen übertragbar sind.

3.6 Handlungsempfehlungen

3.6.1 Durchgehende Omnichannel-Strategie

Um einen technischen Kundenservice mit einem maximalen Kundennutzen und hoher Effizienz betreiben zu können, sollte eine durchgehende Omnichannel-Strategie entwickelt werden.

Die Ergebnisse zeigen, dass rund 66 % der Befragten mindestens drei verschiedene Kommunikationskanäle für eine Kommunikation mit einem technischen Kundenservice nutzen würden. Dies deckt sich mit den Erkenntnissen von Forrester et al. (2015), wonach Omnichannel-Angebote auch in B2B-Geschäftsbeziehungen stetig an Bedeutung gewinnen. Eine optimale Omnichannel-Strategie integriert alle angebotenen Kommunikationskanäle. Dies bringt für Servicekundinnen und -kunden den Vorteil mit sich, dass bei möglichen Kanalwechseln keine Informationen verloren gehen und Informationen zu vorherigen Anfragen vorliegen. Aus Sicht einer Serviceorganisation entstehen zwei große Mehrwerte. Durch eine umfassende Datenakquise besteht die Möglichkeit, Wissen zentral zu sammeln und dieses für spätere Kundenanfragen erneut zu nutzen. Darüber hinaus entsteht eine Kundenhistorie, die es den Servicemitarbeitenden erlaubt, gezielter auf die Kundinnen und Kunden einzugehen.

Die bisherigen Betrachtungen zu einer Omnichannel-Strategie bezogen sich auf die Kommunikation eines Servicemitarbeiters mit einem Mitarbeiter beim Kunden. Der fortschreitende Servitization-Prozess insbesondere im Kontext der Digitalisierung erfordert

aus der Sicht eines technischen Kundenservice den Fokus zu weiten und bei Omni-
channel-Strategien zukünftig auch Kommunikationskanäle zu Geräten, Maschinen und
Anlagen einzubeziehen.

3.6.2 Ausbau des Self-Service-Angebotes

*Um die Zeit bis zur Problemlösung eines technischen Kundenservice und gleichzeitig die
durchschnittlichen Kosten pro Anfragen zu senken, sollte das Self-Service-Angebot aus-
gebaut werden.*

Die befragten Kundinnen und Kunden bemängelten unter anderem eine zu lange Zeit
bis zur Problemlösung. Dies wird auf eine zu hohe Auslastung der Servicemitarbeitenden
sowie auf nicht ausreichende Erreichbarkeitszeiträume zurückgeführt. 24/7-Self-Service-
Angebote können dazu beitragen, die Erreichbarkeit zu maximieren und weniger
komplexe Anfragen schnell zu beantworten. Dadurch werden die Servicemitarbeitenden
entlastet und haben freie Kapazitäten für komplexere Anfragen. Zusätzlich finden sich
in der Fachliteratur Hinweise darauf, dass die Kosten für eine Self-Service-Anfrage
deutlich geringer sind als vergleichbare Anfragen über Kommunikationskanäle, die
von Servicemitarbeitenden betreut werden (vgl. Cardoso & Fromm, 2015, S. 40). Die
Kommunikationskanäle Chat und Messenger könnten zu Self-Service-Kanälen aus-
gebaut werden, wenn diese um eine Chatbot-Funktion erweitert würden. Auch Datenbrillen oder Smart Glasses können zu Self-Service-Kanälen erweitert werden. Dafür
bedarf es einer Abbildung von (Prozess-)Daten und Prozessen, auf die die Anwendenden
selbstständig zugreifen (vgl. Werning et al., 2019).

Es wird deutlich, dass moderne Technologien eine Vielzahl von Self-Service-Kanälen
ermöglichen. Ein zu implementierendes Self-Service-Angebot sollte allerdings immer
im Kontext der gesamtheitlichen Omnichannel-Strategie betrachtet werden und auf die
Kundenbedürfnisse zugeschnitten sein. Eine allgemeine Empfehlung, welche Kanäle
eingeführt werden sollten, lässt sich deshalb verständlicherweise nicht aussprechen.

Literatur

Ailawadi, K. L., & Farris, P. W. (2017). Managing multi- and omni-channel distribution: Metrics
and research directions. *Journal of Retailing, 93*(1), 120–135. https://doi.org/10.1016/j.
jretai.2016.12.003.
Broekemier, G., Chau, N. N., & Seshadri, S. (2015). Social media practices among small business-
to-business enterprises. *Small Business Institute Journal, 11*(1), 37–48.
Bruhn, M. (2019). Qualitätsmanagement für Dienstleistungen: Handbuch für ein erfolgreiches
Qualitätsmanagement. Grundlagen – Konzepte – Methoden. *Springer, Berlin Heidelberg.*
https://doi.org/10.1007/978-3-662-59646-3.

Bruhn, M., & Hadwich, K. (2017). Dienstleistungen 4.0 – Erscheinungsformen, Transformations-prozesse und Managementimplikationen. In M. Bruhn & K. Hadwich (Hrsg.), *Dienstleistungen 4.0* (S. 1–39). Springer Fachmedien Wiesbaden. https://doi.org/10.1007/978-3-658-17550-4_1.

Bruhn, M., & Homburg, C. (2013). *Handbuch Kundenbindungsmanagement: Strategien und Instrumente für ein erfolgreiches CRM* (8., überarb. u. erw. Aufl. 2013). Springer Gabler.

Cardoso, J., & Fromm, H. (2015). Electronic services. In J. Cardoso, H. Fromm, & S. Nickel, et al. (Hrsg.), *Fundamentals of service systems*, (S. 33–74). https://doi.org/10.1007/978-3-319-23195-2_2. (Springer International Publishing (Service Science: Research and Innovations in the Service Economy)).

Cohen, J. (1988). *Statistical power analysis for the behavioral sciences* (2. Aufl.). L. Erlbaum Associates.

Defèr, F., & Treusch, O. (2020). Sales-Service: Servicetechniker als Schlüssel zum Vertriebs-erfolg. In *Unternehmen der Zukunft: Magazin für Betriebsorganisation und Unternehmensent-wicklung*, (UdZ), Nr. 01/2020.

Dorie, A., & Loranger, D. (2020). The multi-generation: Generational differences in channel activity. *International Journal of Retail & Distribution Management, 48*(4), 395–416. https://doi.org/10.1108/IJRDM-06-2019-0196.

Döring, N., & Bortz, J. (2016). *Forschungsmethoden und Evaluation in den Sozial- und Human-wissenschaften*. Springer Berlin Heidelberg (Springer-Lehrbuch). https://doi.org/10.1007/978-3-642-41089-5.

ECC Köln, & BBE Handelsberatung. (2017). Statista: Umsatz mit Konsumgütern nach Absatz-segmenten in Deutschland von 2015 bis 2016. *Statista*. https://de.statista.com/statistik/daten/studie/882412/umfrage/umsatz-mit-konsumguetern-in-deutschland/. Zugegriffen: 12. Sept. 2021.

Forrester, Accenture, & SAP hybris. (2014). *Studie: Building The B2B omni-channel commerce platform of the future B2B buyer expectations are driving sellers to deliver fully functional omni-channel experiences*. Forrester.

Forrester, Accenture, & SAP hybris. (2015). *Studie: Mastering Omni-Channel B2B Customer Engagement*. Forrester.

Gandorfer, S. (2018). Was sind multi-, cross- und omni-channel? https://www.it-business.de/was-sind-multi-cross-und-omni-channel-a-717702/. Zugegriffen: 12. Sept. 2021.

Geissbauer, R., Griesmeier, A., & Feldmann, S., et al. (2012). *Serviceinnovation*. Springer Berlin Heidelberg. https://doi.org/10.1007/978-3-642-21239-0.

Haller, S. (2017). *Dienstleistungsmanagement*. Springer Fachmedien Wiesbaden. https://doi.org/10.1007/978-3-658-16897-1.

Hallikainen, H., Hirvonen, S., & Laukkanen, T. (2019). Perceived trustworthiness in using B2B digital services. *Industrial Management & Data Systems, 120*(3), 587–607. https://doi.org/10.1108/IMDS-04-2019-0212.

Hatzinger, R., Hornik, K., & Nagel, H. (2011). *R: Einführung durch angewandte Statistik*, Pearson Studium (st – scientific tools).

Heidekrüger, R., Heuchert, M., & Clever, N. et al. (2019). Konstruktion eines Omni-Channel-Frameworks für Sales & Service in KMU in der B2B-Telekommunikationsindustrie. In S. Robra-Bissantz & C. Lattemann (Hrsg.), *Digital customer experience*. Springer Fachmedien Wiesbaden (Edition HMD, S. 39–52). https://doi.org/10.1007/978-3-658-22542-1_3.

Herterich, M., Uebernickel, F., & Brenner, W. (2015). Nutzenpotentiale cyber-physischer Systeme für industrielle Dienstleistungen 4.0. *HMD Praxis der Wirtschaftsinformatik, 52*(5), 665–680. https://doi.org/10.1365/s40702-015-0164-y.

Homburg, C. (Hrsg.). (2016). *Kundenzufriedenheit: Konzepte – Methoden – Erfahrungen* (9. über-arbeitete). Springer Gabler.

Hübner, D., Wagner, S. M., & Kurpjuweit, S. (2018). The service recovery paradox in B2B relationships. *Journal of Business & Industrial Marketing*. https://doi.org/10.1108/JBIM-03-2016-0055.

Karampela, M., Lacka, E., & McLean, G. (2020). "Just be there": Social media presence, interactivity, and responsiveness, and their impact on B2B relationships. *European Journal of Marketing, 54*(6), 1281–1303. https://doi.org/10.1108/EJM-03-2019-0231.

Kohtamäki, M., Parida, V., Oghazi, P., et al. (2019). Digital servitization business models in ecosystems: A theory of the firm. *Journal of Business Research, 104*, 380–392. https://doi.org/10.1016/j.jbusres.2019.06.027.

Krafft, M., & Götz, O. (2011). Der Zusammenhang zwischen Kundennähe, Kundenzufriedenheit und Kundenbindung sowie deren Erfolgswirkungen. In H. Hippner, B. Hubrich, & K. D. Wilde (Hrsg.), *Grundlagen des CRM* (S. 213–246). Gabler. https://doi.org/10.1007/978-3-8349-6618-6_7.

Ladhari, R. (2010). A review of 20 years of SERVQUAL research. *International Journal of Quality and Service Sciences, 2*(3), ijqss.2010.41002caa.001. https://doi.org/10.1108/ijqss.2010.41002caa.001.

Lawrence, J. M., Crecelius, A. T., Scheer, L. K., et al. (2019). Multichannel strategies for managing the profitability of business-to-business customers. *Journal of Marketing Research, 56*(3), 479–497. https://doi.org/10.1177/0022243718816952.

Lee, K., & Salciuviene, L. (2018). Modelling determinants of customer loyalty in services sector across different cultural contexts. *Engineering Economics, 29*(5), 580–590. https://doi.org/10.5755/j01.ee.29.5.17386.

Lee, N., Riesterer, T., & Hutton, D. (2019). Should sorry be the hardest word? *International Journal Of Sales Transformation*. https://www.journalofsalestransformation.com/should-sorry-be-the-hardest-word/. Zugegriffen: 3. Mai 2020.

Mayring, P., & Fenzl, T. (2019). Qualitative Inhaltsanalyse. In N. Baur & J. Blasius (Hrsg.), *Handbuch Methoden der empirischen Sozialforschung* (S. 633–648). Springer Fachmedien Wiesbaden. https://doi.org/10.1007/978-3-658-21308-4_42.

Mezger, M., Pirron, J., & Říha, M., et al. (2019). Service- und Ersatzteillogistik. In K. Furmans & C. Kilger (Hrsg.), *Betrieb von Logistiksystemen* (S. 221–238). Springer Berlin Heidelberg. https://doi.org/10.1007/978-3-662-57943-5_7.

Mirsch, T., Lehrer, C., & Jung, R. (2016). Channel integration towards omnichannel management: A literature review. In *Proceeding of the 20th Pacific Asia Conference on Information Systems (PACIS 2016)*, College of Management, National Chung Cheng University.

Molinari, L. K., Abratt, R., & Dion, P. (2008). Satisfaction, quality and value and effects on repurchase and positive word-of-mouth behavioral intentions in a B2B services context. *Journal of Services Marketing, 22*(5), 363–373. https://doi.org/10.1108/08876040810889139.

Nerdinger, F. W., Neumann, C., & Curth, S. (2015). Kundenzufriedenheit und Kundenbindung. In K. Moser (Hrsg.), *Wirtschaftspsychologie* (S. 119–137). Springer Berlin Heidelberg. https://doi.org/10.1007/978-3-662-43576-2_8.

Ohiomah, A., Benyoucef, M., & Andreev, P. (2020). A multidimensional perspective of business-to-business sales success: A meta-analytic review. *Industrial Marketing Management, 90*, 435–452. https://doi.org/10.1016/j.indmarman.2020.08.011.

Parasuraman, A., Zeithaml, V. A., & Berry, L. L. (1988). SERVQUAL: A multiple-item scale for measuring consumer perceptions of service quality. *Journal of Retailing, 64*(1), 12–40.

Picek, R., Peras, D., & Mekovec, R. (2018). Opportunities and challenges of applying omnichannel approach to contact center. In *2018 4th International Conference on Information Management (ICIM)* (S. 231–235). https://doi.org/10.1109/INFOMAN.2018.8392841.

Popp, B. (2020). Kundenzufriedenheit in Zeiten von Omni-Channel-Retailing und digitalen Ökosystemen. In S. Roth, C. Horbel, & B. Popp (Hrsg.), *Perspektiven des Dienstleistungs-managements* (S. 409–434). Springer Fachmedien Wiesbaden. https://doi.org/10.1007/978-3-658-28672-9_21.

Sames, G., & Lapa, J. (2020). *Stand der Digitalisierung von Geschäftsprozessen zu Industrie 4.0 im Mittelstand – Ergebnisse einer Umfrage bei Unternehmen Juni 2020.* Technische Hochschule Mittelhessen (THM-Hochschulschriften).

Sharma, P., Chen, I. S. N., & Luk, S. T. K. (2012). Gender and age as moderators in the service evaluation process. *Journal of Services Marketing, 26*(2), 102–114. https://doi.org/10.1108/08876041211215266.

Statista. (2020a). Erwerbstätige in Deutschland nach Wirtschaftsbereichen bis 2019. https://de.statista.com/statistik/daten/studie/74315/umfrage/anzahl-der-erwerbstaetigen-mit-arbeitsort-in-deutschland-nach-wirtschaftsbereichen/. Zugegriffen: 30. Okt. 2020.

Statista. (2020b). Umsätze der wichtigsten Industriebranchen in Deutschland bis 2019. https://de.statista.com/statistik/daten/studie/241480/umfrage/umsaetze-der-wichtigsten-industriebranchen-in-deutschland/, Zugegriffen: 30. Okt. 2020.

Statistisches Bundesamt. (2020). Bruttoinlandsprodukt 2019 für Deutschland – Begleitmaterial zur Pressekonferenz. https://www.destatis.de/DE/Presse/Pressekonferenzen/2020/BIP2019/pressebroschuere-bip.pdf, Zugegriffen: 30. Okt. 2020.

VDMA. (2017). *Fit for Service – Leitfaden.* VDMA.

VDMA. (2009). *VDMA 34161:2009–12, Kundendienstleistungen – Definitionen im Kundendienst.* VDMA.

Verhoef, P. C., Kannan, P. K., & Inman, J. J. (2015). From multi-channel retailing to omni-channel retailing. *Journal of Retailing, 91*(2), 174–181. https://doi.org/10.1016/j.jretai.2015.02.005.

Wachs, D., Duscheck, F., & Blameuser, R., et al. (2017). *Chancen und Herausforderungen von Predictive Maintenance in der Industrie, BearingPoint.*

Werning, S., Berkemeier, L., & Zobel, B., et al. (2019). Der Kunde als Dienstleister in der Supply Chain: Akzeptanz und Gebrauchstauglichkeit von Smart-Glasses-Systemen im Self-Service. In S. Robra-Bissantz & C. Lattemann (Hrsg.), *Digital customer experience* (S. 197–211). Springer Fachmedien Wiesbaden (Edition HMD). https://doi.org/10.1007/978-3-658-22542-1_14.

Wynstra, F., Axelsson, B., & van der Valk, W. (2006). An application-based classification to understand buyer-supplier interaction in business services. *International Journal of Service Industry Management, 17*(5), 474–496. https://doi.org/10.1108/09564230610689786.

Zinn, B., Nickolaus, R., & Duffke, G., et al. (2016). Belastungen von Servicetechnikern im Maschinen- und Anlagenbau im Bezugsfeld lebensphasenorientierten Kompetenzmanagements. In F. Frerichs (Hrsg.), *Altern in der Erwerbsarbeit* (S. 163–182). Springer Fachmedien Wiesbaden. https://doi.org/10.1007/978-3-658-12384-0_8.

Zolkiewski, J., Story, V., Burton, J., et al. (2017). Strategic B2B customer experience management: The importance of outcomes-based measures. *Journal of Services Marketing, 31*(2), 172–184. https://doi.org/10.1108/JSM-10-2016-0350.

Daniel Wilde profitiert als Serviceingenieur von seiner breiten Ausbildung als Diplom-Ingenieur für Elektrotechnik/Automatisierungstechnik (TU Dresden) und Wirtschaftsingenieur (FOM Hochschule für Oekonomie & Management). Neben seiner Tätigkeit im operativen technischen Kundendienst bei einem mittelständischen Automatisierungsexperten begleitet er als Teamleiter und stellvertretender Serviceleiter die Weiterentwicklung der Serviceorganisation hinsichtlich neuer technologischer Trends und neuer Servicegeschäftsmodelle. Zusätzlich doziert er an der Hochschule Fresenius über Inhalte des Technischen Servicemanagements.

Prof. Dr. Esther Bollhöfer lehrt Wirtschaftsrecht, insbesondere IT-Recht und Entrepreneurship, an der FOM Hochschule für Oekonomie & Management am Hochschulzentrum Mannheim. Zuvor war sie viele Jahre in der Industrie und in der Forschung in leitenden Positionen tätig. Sie begleitet Digitalisierungsprojekte und Innovationen im Bereich der industriellen Wertschöpfung, insbesondere im Servicemanagement.

Digital Vaccination Journey und Experience bei der Covid-19-Impfkampagne des Saarlandes – Potenziale für die hybride Wertschöpfung

Alexander Alscher, Jeannette Trenkmann und Christian Wissing

Inhaltsverzeichnis

Zusammenfassung

Industrieunternehmen treten in verstärktem Maß als Anbieter digitaler Dienstleistungen auf, um zusätzliche Umsätze zu generieren und durch positive Kundenerlebnisse nachhaltige Wettbewerbsvorteile zu schaffen. Diese (digitale) Servitization ist ein

A. Alscher (✉) · J. Trenkmann · C. Wissing
BSP Business & Law School, Berlin, Deutschland
E-Mail: alexander.alscher@businessschool-berlin.de

J. Trenkmann
E-Mail: jeannette.trenkmann@businessschool-berlin.de

C. Wissing
E-Mail: christian.wissing@businessschool-berlin.de

© Der/die Autor(en), exklusiv lizenziert an Springer Fachmedien
Wiesbaden GmbH, ein Teil von Springer Nature 2022
E. Bollhöfer und S. Weimann (Hrsg.), *Digitalisierung von industriellen Dienstleistungen*,
FOM-Edition, https://doi.org/10.1007/978-3-658-37396-2_4

fortlaufender Prozess, der mit einer kontinuierlichen Verbesserung und Optimierung von Servicestrategien und Customer Experiences einhergeht. Im vorliegenden Beitrag fokussieren wir auf die digitale Servitization aus der Perspektive der Gesundheitswirtschaft. Auf Basis einer Fallstudie zum Digitalen Impfmanagement (Digital Vaccination Journey) im Bundesland Saarland werden Erkenntnisse und Handlungsempfehlungen aus der Gesundheitsversorgung für die Gestaltung digitaler Services für die hybride Wertschöpfung in der verarbeitenden Industrie abgeleitet. Der „Extremfall" der Corona-Impfung, welche die gesamte Bevölkerung des Landes betrifft, dient dabei als aktueller und aufschlussreicher Case, wie in kürzester Zeit und unter großem politischen und wirtschaftlichen Druck Leistungen und digitale Services aufgebaut, entwickelt und eingeführt wurden. Die Digital Vaccination Journey der Impflinge – vom digitalen Impf-Setup über die Terminbuchung und eigentliche Impfung bis hin zur abschließenden Dokumentation – liefert dabei Hinweise auf eine Optimierung der Service Experience in der Industrie. Insgesamt haben wir vier Empfehlungsbereiche erarbeitet: 1) *Personalisierung & persönlicher Kontakt,* 2) *Einführungskommunikation,* 3) *Datenmanagement & Kapazitätssteuerung* und 4) *Integriertes Projektmanagement.* Diese Bereiche prägen die Experience entlang der Vaccination Journey und bieten damit interessante Potenziale für die Serviceoptimierung in der hybriden Wertschöpfung. Die Erfahrungen aus der Gesundheitsversorgung zeigen, dass mit einer besseren digitalen Vernetzung auch der Datenaustausch zwischen den Beteiligten in der Industrie intensiviert und die Abstimmung entlang des Servicepfades verbessert werden kann.

4.1   Einleitung

Unternehmen der Industrie arbeiten zunehmend mit digitalen Dienstleistungen und kombinieren sie mit ihren Sachgütern zu hybriden Leistungsbündeln. Ziel dieser hybriden Wertschöpfung, die auch als Servitization (vgl. Petry, 2016) bezeichnet wird, ist die Generierung zusätzlicher Umsätze. Durch positive Service Experiences an unterschiedlichen Kontaktpunkten zu Kundinnen und Kunden sollen zudem Differenzierungsvorteile im Wettbewerb geschaffen werden. Für das Management solcher Experiences haben sich im Dienstleistungsbereich sogenannte Journey-Konzepte etabliert. Ihr Einsatz kann wertvolle Hinweise zur Optimierung von Angeboten, Prozessen und Kommunikationslösungen liefern, um Akzeptanz und Vertrauen der Zielgruppen zu erhöhen (vgl. Theobald & Jentschke, 2020; Plottek & Herold, 2018). Im vorliegenden Beitrag fokussieren wir auf die Gesundheitswirtschaft, einem der wichtigsten hiesigen Dienstleistungsmärkte, in der die Konzeption des Versorgungspfades von Patientinnen und Patienten als *Patient Journey* interpretiert werden kann. Dieses Konzept übertragen wir auf den Impfbereich, wo die Vaccination Journey sämtliche Phasen der Versorgung von Impflingen abbildet – inklusive ihrer Empfindungen und Emotionen an unterschiedlichen Touchpoints. Ziel unserer Arbeit ist die Identifikation von zentralen Erkenntnissen zur Digital Vaccination Journey und entsprechender Experiences der Leistungsempfänger.

Aufgrund der besonderen Rolle von Impflingen (Freiwilligkeit bezüglich des Impf-
angebots verbunden mit Handlungsmotivation zur Krankheitsprophylaxe) ist es aus
Sicht der Servitization interessant, wie dieses Impfservice-Angebot digital erfolgreich
umgesetzt wurde. Die daraus abgeleiteten Handlungsempfehlungen geben Impulse für
die verarbeitende Industrie mit dem Ziel der Erhöhung der Wettbewerbsfähigkeit über
hybride Angebote. Hierbei werden vor allem die Potenziale neuerer Kommunikations-
und Workflow-Lösungen analysiert, insbesondere im Hinblick auf eine verbesserte
Experience und mögliche Effizienzgewinne auf Anbieter- und Nutzerseite.

Unser Erkenntnisgewinn basiert auf einer systematischen Literaturrecherche und
einer Fallstudienanalyse zu samedi, einem führenden Anbieter von E-Health-Software
in Deutschland. Dafür verwenden wir ein Forschungskonzept, das sich durch einen
Methodenpluralismus auszeichnet. Unser Ansatz ist qualitativ und zweistufig ausgerichtet, um dem explorativen Charakter des Themas zu entsprechen. Bei den zunächst
vorgenommenen Literatur- und Technologieanalysen waren die Schlüsselbegriffe
Gesundheitswesen, Impfkampagne, Impfling, Patient Journey, Service Experience,
Terminbuchung, Workflow-Management (sowie englische Entsprechungen und Begriffs-
kombinationen) rechercheleitend. Darauf folgte die Erarbeitung der Fallstudie zur
Unterstützung der Impfkampagne (Covid-19) im Saarland durch die Software samedi.
Sie soll als Vorstudie rahmengebend sein für eine Reihe weiterer Detailuntersuchungen
zur (digitalen) Service Experience im E-Health-Bereich und basiert auf Analysen der
Korrespondenz zwischen Auftraggebern und beteiligten Partnern, von Social-Media-
Beiträgen von Impflingen (unter anderem auf den Twitter-Accounts SAARTEXT und
msgff.saarland) und von Berichten des samedi-Projektmanagements sowie der Leitungs-
gremien der Impfzentren des Saarlandes.

Methodisch betrachtet ist die Fallstudienarbeit: „an empirical inquiry that investigates
a contemporary phenomenon within its real-life context, especially when the boundaries
between phenomenon and context are not clearly evident" (Yin, 2014, S. 18). Demnach
streben Fallstudien die Interpretation von Phänomenen in ihrem Kontext an, was eine
pragmatische und flexible Analyse komplexer Zusammenhänge und Abläufe erlaubt (vgl.
Merritt & Vogel, 2017; Pflüger et al., 2017). Die entsprechende Gestaltungsoffenheit
und Multiperspektivität (vgl. Pflüger, 2012) verstehen wir als einen zentralen Vorteil zur
Erreichung unseres Forschungsziels. Bei der Definition der Fallstudien haben wir uns am
Single-Case-Study-Design nach Yin (2014) und Eisenhardt (1989) orientiert. Vor allem in
Extremfällen bzw. bei sicherheitskritischen Infrastrukturen und Notfallprozessen wie etwa
bei Havarien, in der Notfallmedizin oder auch bei Naturkatastrophen kann es die Besonderheiten und Dynamiken sozialwissenschaftlicher Verhaltens- und Wirkungszusammenhänge
aufzeigen (vgl. Langley & Abdallah, 2011; Yin, 2014). Die globale Corona-Krise interpretieren wir als eine solche Extremsituation bzw. pandemische Naturkatastrophe, die den
medizinischen, gesellschaftlichen und ökonomischen Kontext unserer Studie darstellt. Eine
wesentliche, kurzfristige Konsequenz der Pandemie in Deutschland waren Investitions-
und Förderprogramme in Impfstoffe und -kampagnen in Milliardenhöhe, die Ende 2020
in staatlichen Dienstleistungen mündeten und koordiniert und gesteuert werden mussten.

Daran setzt unsere Fallstudie an und fokussiert auf das Bundesland Saarland, dessen Kampagnenstart sich mit einer Impfquote von 7,5 % nach 2,5 Monaten als bestes Ergebnis aller Bundesländer in Deutschland darstellte (vgl. Impfdashboard, 2021).

Vor diesem Hintergrund ist unser Beitrag wie folgt strukturiert: Zunächst stellen wir theoretische Grundlagen zu Digitalisierung, Servitization und Service Experience vor und beschreiben die Charakteristika einer Digital Vaccination Journey. Mit der darauf basierenden Fallstudie zur Impfkampagne im Saarland mit samedi generieren wir Erkenntnisse zur Optimierung von Service-Strategien und leiten daraus im folgenden Kapitel Handlungsempfehlungen für die hybride Wertschöpfung in Industrieunternehmen ab. Im abschließenden Fazit gehen wir zudem auf Limitationen der Studie und Anknüpfungspunkte zur weiteren Forschung ein.

4.2 Theoretische Einordnung

4.2.1 Digitalisierung und Servitization

Services dominieren das hiesige Wirtschaftsgeschehen. Dies liegt zum einen an der Tertiarisierung, welche den zunehmenden Anteil des Dienstleistungssektors an der Bruttowertschöpfung beschreibt. Aktuell liegt dieser bei ca. 70 %; von weiteren Zuwächsen ist auszugehen (vgl. Haller & Wissing, 2020). Zum anderen spiegelt sich die Dominanz von Dienstleistungen in der Servitization wider. Dabei handelt es sich um Produkt- oder Geschäftsmodellinnovationen im sekundären Sektor, die für eine Transformation der Angebote der produzierenden Industrie stehen. Der alleinige Vertrieb von Sachgütern tritt in den Hintergrund; vielmehr sollen kundenorientierte Leistungsbündel angeboten werden, die aus physischen Gütern und Dienstleistungen kombiniert werden (vgl. Vandermerwe & Rada, 1988). Ein klassisches Beispiel ist das Angebot einer Maschine plus Finanzierungs-, Schulungs- und Wartungsdienste. Nach Leimeister (2020) werden Bündel dieser Art auch als hybride Produkte bezeichnet – die entsprechende Wertegenerierung als hybride Wertschöpfung.

Für die hybride Wertschöpfung sind mehrere Aspekte kennzeichnend. So ist „die Integration der Sach- und Dienstleistungsanteile durch Kern-, Support- und Koordinationsprozesse der beteiligten Anbieter" (DIN, 2009, S. 6) charakteristisch. Zudem ist die hohe Bedeutung der Digitalisierung typisch. Neben gesellschaftlichem Wandel und steigendem Wettbewerb ist sie ein wesentlicher Treiber der Servitization und steht zum einen für Prozesse, die analoge Daten in eine elektronische Speicherung überführen (vgl. Petry, 2016). Daneben wird Digitalisierung als Organisationsprinzip verstanden, das die Unterstützung oder Übernahme von menschlicher Arbeitsleistung durch Technologien beschreibt (vgl. Heuermann et al., 2017). Zudem umfasst sie technologieinduzierte Veränderungen auf persönlicher, sozialer und betrieblicher Ebene (vgl. Gassmann & Sutter, 2016).

Die hybride Wertschöpfung steht typischerweise für eine Synthese von Managementkonzepten aus der Industrie und der Dienstleistungswirtschaft. *Using the best of both worlds* ist dabei eine wesentliche Gelingensprämisse. Erfolgskonzepte aus der Industrie sind z. B. das ingenieurmäßige, systematische Vorgehen bei der Produktinnovation, während Kompetenzen in der Serviceökonomie traditionell in der Kundenintegration und im Experience-Management liegen (vgl. Kumar et al., 2014). Dies lässt sich durch die Merkmale von Dienstleistungen erklären; so z. B. die Immaterialität der Leistung, ihre Nichtlagerfähigkeit, die notwendige Integration des externen Faktors in die Service Operations und das Uno-actu-Prinzip bei der Serviceproduktion (vgl. Haller & Wissing, 2020). Eine zweite Gelingensprämisse hybrider Wertschöpfung ist die Vermeidung von *worst of both worlds*. So sind zahlreiche Rationalisierungskonzepte der Industrie häufig kontraproduktiv bei der Serviceproduktion (vgl. Grönroos, 1990). Demgegenüber lassen sich in vielen Servicebranchen Defizite in der Ressourcenbeschaffung und -allokation erkennen (vgl. unter anderem Thapa, 2019).

Ein zentrales Motiv für die Einführung hybrider Wertschöpfung sind die zusätzlichen Einnahmechancen (vgl. Leimeister, 2020). Weitere Gründe sind die Abgrenzung vom Wettbewerb, die Erhöhung der Kundenorientierung und die verbesserte Integration von Kundenwissen. Typische Probleme bei hybriden Produkten sind die zum Teil schwierige Erfolgsmessung und die komplexe Marketingkommunikation. Beide fußen auf dem Kernproblem hybrider Leistungen – den möglichen negativen Interdependenzen zwischen den einzelnen Sach- und Dienstleistungen. A priori kann eine Leistung so stark den Kundeneindruck vom gesamten Bündel prägen, dass das ganze Bündel Unzufriedenheit stiftet oder keine Akzeptanz am Markt findet (vgl. Neely, 2008). Leimeister (2020) empfiehlt daher den Anbietern hybrider Leistungsbündel die Überarbeitung zahlreicher Annahmen der bisherigen Geschäftslogik und eine Zuwendung zur Service Dominant Logic, wie sie von Vargo und Lusch (2008) beschrieben wird. Vor diesem Hintergrund nehmen wir im vorliegenden Beitrag explizit die Serviceperspektive ein und fokussieren auf das Experience-Management als typisches Erfolgskonzept aus der Dienstleistungswirtschaft.

4.2.2 Service Experience und Digital Vaccination Journey

Die persönliche Nutzungssituation ist eine wesentliche Determinante der subjektiven Qualitätsbewertung von Dienstleistungen, weshalb die situations- und kontextspezifische Service Experience von hoher Bedeutung für die Akzeptanz und Nutzung von Diensten ist (vgl. Haller & Wissing, 2020). *Experience* steht in diesem Zusammenhang für die *Erfahrung* und zugleich für das *Erlebnis*. Das Erlebnis umfasst alle kognitiven Vorgänge, wie z. B. Wahrnehmen, Fühlen, Empfinden oder Denken. Die Erfahrung ist ein verstandenes Erlebnis, welche die Reflexion vergangener Erlebnisse voraussetzt (vgl. Holland, 2018). Vor diesem Hintergrund definieren wir die Service Experience mit Tiffert (2019, S. 6) als die „Gesamtheit aller subjektiv wahrgenommenen direkten und indirekten Interaktionen zwischen einem Konsumenten und einem [Dienstleistungsanbieter] an allen Kundenkontaktpunkten vor, während und nach dem Kauf sowie deren innerer kognitiver und/oder affektiver Bewertung."

Ein etabliertes Konzept zum Management von Experiences ist die Customer Service Journey. Dieser Managementansatz versteht den Prozess, den potenzielle Kundinnen und Kunden durchlaufen, um ein bestimmtes Ziel zu erreichen, als eine Reise über unterschiedliche Touchpoints und Interaktionen hinweg (vgl. Folstad et al., 2013). Ziel ist die Schaffung positiver Experiences an sämtlichen Kontaktpunkten. Traditionell fokussieren Customer Service Journeys auf die Phasen der Kaufentscheidung im Servicebereich von dem Moment an, in dem eine Kundin oder ein Kunde ein Problem lösen möchte (Bedürfnisempfinden) und auf ein Produkt aufmerksam wird (Informationssuche), bis zu dem, in dem der Kauf getätigt wird (Zielhandlung). Journey-Analysen betrachten dabei die einzelnen Aktivitäten und Interaktionen von Kundinnen und Kunden sowie die dabei auftretenden Gedanken, Motive und Emotionen wie z. B. Neugier, Begeisterung oder Freude, aber auch Empörung, Enttäuschung oder Frustration. Diesbezüglich stehen digitale oder physische Kontaktpunkte als Episoden des direkten oder indirekten Kontakts mit einer dienstleistenden Organisation. Als typische digitale Touchpoints gelten Suchmaschinen, Websites, E-Mail oder soziale Medien, als physische Kontaktpunkte sind Automaten, Filialen oder Werbemedien im physischen Raum zu nennen (vgl. Baxendale et al., 2015; Hallikainen et al., 2019; Verhoef et al., 2015). Die Einschätzung und Bewertung der Handlungen und Emotionen entlang der Customer Journey geben Hinweise darauf, wie Prozesse kundenorientiert gestaltet, optimiert und individualisiert werden können, um die Akzeptanz und die Zufriedenheit der Zielgruppen zu verbessern (vgl. Theobald & Jentschke, 2020; Plottek & Herold, 2018).

Im Rahmen der Weiterentwicklung von Journey-Konzepten werden zahlreiche Modifikationen und Differenzierungen diskutiert – angefangen von Learner Journeys in der Bildung über Donator Journeys im Spendenbereich bis hin zur Volunteer Journey im Umfeld des bürgerschaftlichen Engagements. Im Gesundheitswesen hat sich die Patient Journey etabliert. In ihrem Mittelpunkt steht der Versorgungspfad einer Patientin oder eines Patienten, welcher in der Regel alle Behandlungsschritte und -stationen von der Prävention über das Screening, die Diagnostik und Therapie bis hin zur Nachsorge umfasst (vgl. Schönermark et al., 2019). Da auch der Gesundheitssektor zunehmend durch die Digitalisierung geprägt ist, erfolgt die Patient Journey verstärkt unter Einsatz digitaler Anwendungen – die Patient Journey wird zur Digital Patient Journey. Hier kann die Ausgestaltung des patientenzentrierten Versorgungspfades als zielgenaue und individualisierte digitale Patient Journey zu erhöhter Versorgungsqualität, Akzeptanz und Effizienz beitragen (vgl. Schönermark et al., 2019).

Zentrales Element von Digital Patient Journeys ist die Datenerhebung und -verarbeitung. Für digitale Lösungen – z. B. algorithmen-gestützte Screening Apps für die Früherkennung von Krebserkrankungen oder digitale Simulationen von Behandlungsalternativen – ist eine ausreichende, reliable und zugleich valide Datengrundlage notwendig. Auch die Auswertung der Daten von Patientinnen und Patienten sowie eine potenziell automatische Zuweisung zu einzelnen Schnittstellen entlang der Patient Journey (z. B. Terminbuchungen für Haus- und Fachärztinnen und -ärzte, Kliniken oder MVZ) ist ohne Zugriff auf entsprechende Informationen nicht möglich. Neben der Datenverfügbarkeit spielen auch ethische und rechtliche Aspekte eine bedeutende Rolle bei Patient Journeys – so ist die Sorge vor einem Missbrauch digital erhobener personenbezogener Gesundheitsdaten mitunter groß. Sind Arbeitgeberinnen und Arbeitgeber oder Versicherungen z. B. über Vorerkrankungen informiert, kann das negative Folgen für Arbeitnehmerinnen und Arbeitnehmer oder Versicherte haben (vgl. Schmidhuber, 2020). Gerade in der Covid-19-Pandemie werden Zugriff und Verwendung personenbezogener Gesundheitsdaten wieder deutlich stärker thematisiert, wie etwa die Diskussion um Risikoatteste, Tracking-Apps und Immunitätszertifikate zeigt (vgl. Schmidhuber & Stöger, 2020).

Mit Blick auf die anhaltende Covid-19-Pandemie einerseits und die zunehmende Verfügbarkeit von Impfstoffen und -kapazitäten in Deutschland andererseits erscheint es notwendig, auf die Anforderungen an die Organisation der bundesweiten Impfkampagne zu fokussieren, um eine Optimierung der Impfprozesse erreichen zu können (vgl. Grimm et al., 2021). Eine Knappheit der Impfkapazitäten sowie eine mangelnde Impfbereitschaft könnten anderenfalls die Ziele der Impfkampagne gefährden und so die pandemische Lage verlängern – auch, weil nach aktuellem Stand der Forschung von einer regelmäßigen Schutzimpfung gegen das Corona-Virus bzw. einer Covid-19-Erkrankung auszugehen ist. Hier ist nach Cassel und Ulrich (2021) eine schnelle und vor allem unbürokratische Vorgehensweise mit entsprechenden Anreizen entlang des Impfprozesses unerlässlich. Aus unserer Sicht bedeutet dies auch, eine verstärkte Ausrichtung der Impfkampagne an Bürgerinnen und Bürgern zu diskutieren, was insbesondere durch eine höhere Experience-Orientierung der einschlägigen Kampagnenprozesse erreicht werden kann. Eine entsprechende Modifikation des Patient-Journey-Konzepts und der Transfer auf den Impf-bereich werden wir im Folgenden als Vaccination Journey skizzieren. Die Vaccination Journey umfasst dabei sämtliche Phasen des Versorgungspfades und entsprechende Interaktionen eines Impflings an den Touchpoints – vom ersten Bedürfnisempfinden (nach Impfschutz), über die Einstellungsbildung zur Impfung bis hin zur abgeschlossenen Erstimpfung bzw. Überleitung in die regelmäßige Impfauffrischung – und explizit auch seine Gedanken und Emotionen wie etwa Neugier, Freude, Empörung oder Enttäuschung. Vaccination Journeys mit hohem Anteil digitaler Kontaktpunkte bezeichnen wir als Digital Vaccination Journeys. Ziel ist es, über die Konzeptionalisierung episodischen Erlebens die Vaccination Experience als Ganzes zu verbessern, und damit Impfakzeptanz und positive Fürsprache in der Gesellschaft zu erhöhen.

4.3   Fallstudie: Impfkampagne im Saarland mit samedi

4.3.1   Ausgangslage und Journey-Modell

Projekthintergrund und Ausgangslage [November 2020]
Die samedi GmbH wurde 2008 gegründet und ist ein Anbieter von E-Health-Software zur webbasierten Koordination von Patienten-Behandlungsprozessen sowie fachübergreifender Vernetzung im medizinischen Bereich (vgl. Alscher, 2020). samedi wird in

Arztpraxen, Kliniken und anderen medizinischen Einrichtungen für die Kommunikation und zur Vernetzung zwischen Ärztinnen und Ärzten, Kliniken, Dienstleistern, Krankenkassen, Patientinnen und Patienten genutzt. Die Funktionen der Software ermöglichen die Online-Terminbuchung und Benachrichtigungen für Patientinnen und Patienten, die betriebsinterne Ressourcenplanung, die Durchführung von Videosprechstunden, das Versenden von Onlineformularen, den verschlüsselten Austausch von Dokumenten sowie die Bearbeitung weiterer Verwaltungs- und Dokumentationsaufgaben (vgl. Ärzteblatt, 2013). samedi wird von über 35.000 Ärztinnen und Ärzten bzw. Leistungserbringern zur digitalen Steuerung von 22 Mio. Patientinnen und Patienten in der DACH-Region eingesetzt (vgl. samedi, 2021a). Zu den Nutzern der Software gehören z. B. der private Klinikbetreiber Asklepios mit 150 Kliniken und Gesundheitseinrichtungen sowie Vivantes, größter kommunaler Klinikbetreiber Deutschlands, die Charité und nahezu alle anderen Universitätsklinken in Deutschland.

Am 27.11.2020 entschied sich das Bundesland Saarland, begleitet vom Beratungsunternehmen PwC, für die Lösungen der samedi zur Umsetzung und Koordination der bundeslandweiten Corona-Impfungen für die ca. eine Mio. Einwohnerinnen und Einwohner (vgl. samedi, 2021b). Damit verbunden waren der Aufbau und der operative Betrieb des Pandemie- bzw. Impfmanagements in vier Impfzentren und durch zahlreiche mobile Impfteams. Die Zentren wurden unter Anleitung von PwC in Saarbrücken, Saarlouis, Neunkirchen und am Bundeswehr-Standort Lebach mit 14–18 Impfkabinen und 14 Ärztinnen und Ärzten pro Tag pro Standort aufgebaut, sodass insgesamt eine maximale Kapazität von 4000 Impfungen pro Tag realisiert werden konnte. Die wesentliche Kapazitätsrestriktion zu diesem frühen Stadium der Impfkampagne war die bundesweit zentral koordinierte Impfdosisverfügbarkeit.

Projekt-Set-up und normatives Journey-Modell [November 2020 – Dezember 2020]
Nach Set-up- und Konfigurationsarbeiten der samedi Software als Infrastruktur wurde über die Website www.impfen-saarland.de ein Self-Service eingerichtet, anhand dessen die priorisierten Impfgruppen (Kategorie 1 *über 80,* Kategorie 2 *über 70,* Kontaktpersonen von Pflegebedürftigen etc.) selbst einen Impftermin buchen konnten. Auch das Service-Callcenter vom Saarland wurde auf diese Seite adressiert, um eine analoge Impfterminbuchung über das Telefon anbieten zu können. Die daraus resultierende Vaccination Journey im weiteren Sinne lässt sich als (normativer) Soll-Prozess mit sieben Phasen verstehen (vgl. Abb. 4.1).

1. **Terminbuchung:** Mittels ihres Codes buchen die Bürgerinnen und Bürger online einen Termin oder Platz auf der Warteliste mit automatischer Terminverteilung. Optional kann ein Termin auch telefonisch vereinbart werden. Sofern keine Codes vergeben wurden, kann die Identifizierung auch durch Vorabfragen erfolgen.
2. **Terminbestätigung:** Die Impfkandidatin bzw. der Impfkandidat erhält eine E-Mail-Bestätigung mit QR-Codes sowie 24 h vorher eine Terminerinnerung mit allen

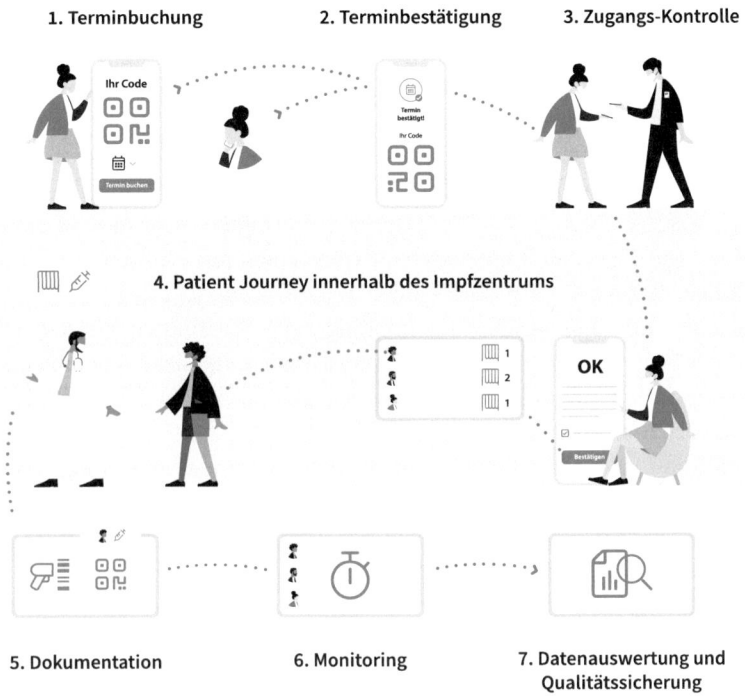

Abb. 4.1 Vaccination Journey i. w. S. im Saarland (Covid-19). (Quelle: samedi, 2021c)

relevanten Informationen und Aufklärungen. Neben dem elektronischen Weg ist auch der postalische Versand von Terminbestätigung und Zugangscode möglich.

3. **Zugangskontrolle:** Beim Einlass werden die QR-Codes mittels samedi-Web-Scan-App gescannt und direkt auf die Warteliste im Impfzentrum gesetzt.
4. **Patient Journey innerhalb des Impfzentrums:** Die Bürgerinnen und Bürger erteilen mit einem Online-Formular ihre Einwilligung und die Impfmitarbeitenden sehen dann auf der Warteliste die Reihenfolge der Impfkandidatinnen und -kandidaten. Danach werden die Kandidatinnen und Kandidaten über einen Wartemonitor datenschutz-konform mittels Patientennummer aufgerufen und kontaktarm zu den Impfkabinen geleitet. Dafür wurden in der samedi Software fünf virtuelle Servicebereiche *(Warte-listen)* zum Ablaufmanagement und zur Steuerung der Dienstleistungsschritte bzw. Journey-Phasen gesetzt:

I. Der erste Servicebereich *Empfang* unterstützt das Einfinden beim Check-in.
II. Beim Check-in erhalten die Impfkandidatinnen und -kandidaten die Einwilligungs-/ Aufklärungsformulare zur Unterschrift sowie allgemeine Informationsformulare mit einer pseudonymisierten Nummer und gelangen auf den virtuellen Servicebereich *Ein-willigung.*

III. Nachdem die zu impfende Person mit den ausgefüllten Formularen zurück zum Check-in kommen, werden sie auf den dritten virtuellen Servicebereich *Wartebereich* gesetzt.

IV. Im Wartebereich gibt es einen Aufrufmonitor, der, sobald die zu impfende Person auf den vierten virtuellen Servicebereich *Impfung* in eine virtuelle Impfkabine gesetzt wird, ihre pseudonymisierte Nummer anzeigt, um sie zur Impfung aufzurufen. Vor der Impfung findet das ärztliche Aufklärungsgespräch statt. Anschließend erfolgt die Impfung, die mittels Scan des Mitarbeiterausweises und Scan der Impfdosis und Chargennummer in der samedi Software dokumentiert wird.

V. Nach der Impfung werden die Impflinge auf den fünften virtuellen Servicebereich *Beobachtung* gesetzt, um für 30 Minuten mögliche Komplikationen mit der Impfung zu kontrollieren. Darauf erfolgen die Verabschiedung und das Verlassen des Impfzentrums.

5. **Dokumentation:** Die Impfdokumentation mit Chargen-Scan erfolgt im samedi-System.

6. **Monitoring:** Das Impfzentrum sieht auf der samedi-Warteliste die Wartedauer und Behandlungszeit der Impfkandidatinnen und -kandidaten.

7. **Datenauswertung und Qualitätssicherung:** Tagesaktuelle Auswertungen zu den Terminbuchungen, Wartezeiten und Behandlungsdauern werden automatisiert auf den Server des Auftraggebers exportiert.

4.3.2   Projektverlauf und Journey-Iterationen

Ergebnisse der Journey-Iteration 1 [Dezember 2020 – Januar 2021]
Zum geplanten Projektstart am 15.12.2020 nahmen die Impfzentren den Betrieb auf. Zudem wurde mit der Schulung der Mitarbeiterinnen und Mitarbeiter begonnen. Aufgrund der verzögerten Impfdosis-Lieferungen wurden die ersten Impftermine ab dem 24.12.2020 gebucht und die ersten Impfungen ab dem 27.12.2020 durchgeführt, was zu zahlreicher Kritik in der Öffentlichkeit führte. Durch eine zentrale Steuerung wurden innerhalb des ersten Tages alle verfügbaren Termine vergeben. Bis zum 10.01.2021 wurden so mehr als 30.000 Termine vereinbart – 77 % davon wurden online gebucht (vgl. samedi, 2021d). Die Aktualisierung der verfügbaren Termine erfolgte dabei in Echtzeit, sodass zu jeder Zeit nur die buchbaren Termine angezeigt wurden. „Um die Impfzentren bei der Termin- und Ablaufkoordination optimal zu unterstützen, haben wir innerhalb kürzester Zeit unsere reguläre Terminbuchungsanwendung um neu entwickelte Funktionen erweitert, z. B. ein gesteuertes Patientenleitsystem vor Ort sowie eine digitale Impfdokumentation." – so Katrin Keller, Geschäftsführerin der samedi (samedi, 2021b). Neben der Online-Terminvergabe unterstützte die Software auch den weiteren Ablauf der Impftermin-Koordination. Im Rahmen der Impfdokumentation wurden z. B. das abgeschlossene Aufklärungsgespräch, die Impfung selbst sowie eventuell auftretende

Impfreaktionen digital erfasst. Die sensiblen Gesundheitsdaten wurden durch eine eigens entwickelte europaweit patentierte Verschlüsselungstechnologie geschützt.

Digitale Unterstützung von samedi erfolgte darüber hinaus als erste Iteration der Vaccination Journey bei der Koordination der Abläufe in den Impfzentren: Patientenströme wurden mithilfe von Online-Warteanzeigen gesteuert und Wege aus dem Wartebereich in die entsprechende Impfkabine abgestimmt. Dies schuf Orientierung und vermittelte Sicherheitsgefühle, was bei der Mehrheit der Impflinge positiv auf die Experience einzahlte. Die digitalisierten Prozesse ermöglichten eine verlässliche, effiziente und kontaktarme Patientenkoordination vor Ort, von der sowohl die Impflinge als auch die Mitarbeiterinnen und Mitarbeiter in den Impfzentren profitieren. Hierzu bemerkte die saarländische Gesundheitsministerin Monika Bachmann: „Wir freuen uns sehr, dass das Arbeiten, über die Erfassung von Bearbeiter, Impfstoffdaten mittels QR-Codes und die Einbettung in die Impfdokumentation hinein, seit Impfstart so reibungslos funktionieren. Bereits zum Start der saarländischen Impfzentren konnten, in Zusammenarbeit mit der workflowbasierten Lösung von samedi, sowohl die Terminanmeldung als auch ein weitgehend digitaler Workflow etabliert werden." (samedi, 2021b) Zur statistischen Auswertung erfolgte einmal am Tag die Meldung an das digitale Impfquoten-Monitoring des Robert-Koch-Instituts durch eine automatisierte Reporting-Funktion.

Ergebnisse der Journey-Iteration 2: Impfliste mit automatisierter Terminallokation [Januar 2021 – Februar 2021]

Zu Beginn der Impfkampagne führte der sehr hohe Andrang auf die Impftermine in Kombination mit der geringen Verfügbarkeit der Impfstoffe bei einem Großteil der Bevölkerung zu Stress und Frustration. Die betroffenen Impfkandidatinnen und -kandidaten mussten ständig online prüfen, ob es Termine gab. Die Terminbuchung wurde häufig als Glücksspiel empfunden; verbunden mit einem raschen bis radikalen Wechsel von spieltypischen Emotionen wie Ärger, Frustration, Neid aber auch Zufriedenheit und Freude. Selbst bei 1000 möglichen Terminbuchungen pro Tag waren diese in kürzester Zeit (<30 Minuten) ausgebucht (gegeben der Nachfrage von ca. 100.000 Impfberechtigten der Kategorie 1 [über 80-Jährige]). Als Alternative bzw. zweite Journey-Iteration wurde ein Impflistensystem mit automatischer Terminallokation zur Entwicklung implementiert. Dafür wurden im Hintergrund des Terminbuchungsprozesses a) die Patientendaten Ende-zu-Ende verschlüsselt, b) ein zusätzlicher Datensatz für die Benachrichtigungen verschlüsselt vorgehalten, c) aus den Personendaten ein Hashwert erzeugt, um Doppeleintragungen zu vermeiden, d) die E-Mail-Adresse in die Impfliste eingetragen und e) eine Double-Opt-in-E-Mail versandt, um die Existenz der E-Mail-Adresse zu bestätigen. Die dadurch entstehenden, geschlossenen Impflisten werden anhand eines Algorithmus randomisiert, sodass die ursprüngliche Reihenfolge der Eintragung auf die Impfliste keine Rolle mehr spielte. Bei der Randomisierung wurden die Partnercodes entsprechend berücksichtigt, sodass Personen mit identischen Codes der gleiche Rang auf der Impfliste zugeschrieben wurde. Aufgrund der großen

Bedeutung der Zuteilung der Impftermine erfolgt die Randomisierung nach dem Sechs-Augen-Prinzip unter Einbezug einer notariellen Beglaubigung (am 27.01.2021).

Abhängig von der Impfstoffverfügbarkeit und den Impfkapazitäten in den einzelnen Impfzentren erfolgte mit einer Vorlaufzeit von mindestens zwei Wochen die automatisierte Buchung der Impftermine für Erst- und Zweitimpfungen. Ein Platz auf der Impfliste konnte jederzeit gebucht werden. Dabei wurden die Präferenzen der Impflinge bezüglich des Ortes und der Zeit berücksichtigt, was positive Experiences und Word-of-Mouth-Kommunikation in sozialen Medien fördert. Bei vorliegenden Kontaktdaten (E-Mail, Adresse, Handynummer) wurden die Terminbenachrichtigungen automatisch versendet. Von 8 bis 22 Uhr prüfte das System stündlich Terminverfügbarkeiten. Wurde ein freier Termin gefunden, wurde er dem ersten aktiven Eintrag auf der Impfliste zugeordnet und gebucht, sodass der Impfling per E-Mail darüber informiert wurde. Der Impflisteneintrag wurde daraufhin entfernt. Dies wiederholte sich, solange es freie Termine und aktive Impflisteneinträge gab. In der E-Mail zur Bestätigung des Impftermins wurde später auch eine Option (Link) zur Terminabsage beigefügt, womit eine zeitnahe Neuvergabe von Terminen möglich wurde – technische Optionen dieser Art zeigen das Potenzial für eine erhöhte Selbstwirksamkeitserfahrung im Serviceprozess, was a priori positiv auf die Experience einzahlt, wenn relevante Alternativen realistisch sind. Die Struktur der Impfliste (Codierung von Alter, Berufsgruppen etc.) erlaubt es, im weiteren Kampagnenverlauf die Terminvergabe spezifisch nach Gruppencodes zu schlüsseln. Das bedeutet, dass der zu buchende Impfling (auch) in Abhängigkeit des Verteilungsschlüssels selektiert werden konnte. Die saarländische Gesundheitsministerin Monika Bachmann zieht dazu das Fazit: „Die [...] eingeführte Impfliste ermöglicht uns, die Nachfrage der priorisierten Impflinge schnellstmöglich ab- und den Schutz der genannten Gruppe aufzubauen" (MSGFFS, 2021).

Ergebnisse der Journey-Iteration 3: Vernetzung mit weiteren Partnern (Hausärzten) [Februar 2021 – März 2021]

Aufgrund politischer Diskussionen und Vorschläge auf Bundesebene integrierte das Saarland Hausärztinnen und -ärzte in seine fortlaufende Impfkampagne (vgl. Abb. 4.2). Dies führte zur dritten Iteration der Vaccination Journey: Die Impfkandidatinnen und -kandidaten wurden anhand definierter Kriterien (beispielsweise Wohnort) aus den virtuellen Impflisten gefiltert und anschließend ausgewählten Hausarztpraxen zur Verfügung gestellt. Diese übernahmen die Terminierung der Impfungen in den eigenen Praxen. Automatisierte Benachrichtigungen (Terminbestätigungen und -erinnerungen) wurden per E-Mail versendet. Die Dokumentation der Erst- und Zweitimpfung wurde wie in den Impfzentren in einem reduzierten Impfformular von den Hausarztpraxen vorgenommen, wobei die Patientenstammdaten mithilfe einer standardisierten Softwareschnittstelle aus den Arztinformationen direkt in die Impfdokumentation übernommen werden konnten. Täglich wurden die abgeschlossenen Impfdokumentationen von den Hausarztpraxen über samedi an das zentrale Impfzentrum des Saarlands freigegeben. Dort wurden diese, wie zuvor beschrieben, gemeinsam mit den in den Impfzentren

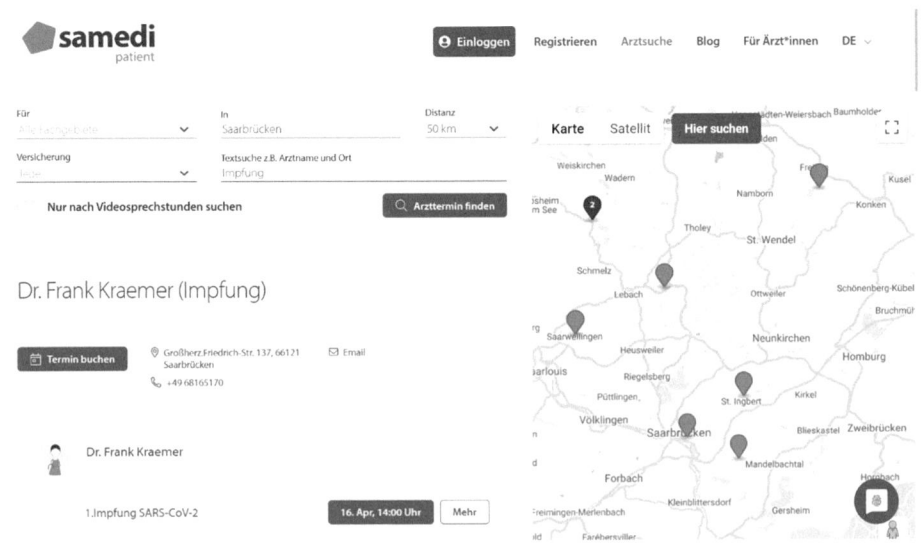

Abb. 4.2 Patientenportal mit Angebot der Impftermine. (Quelle: samedi, 2021e)

erfassten Datensätzen an das RKI gemeldet. Dementsprechend führte die dritte Projekt-Iteration zu einem zusätzlichen Interaktionsstrang in der Vaccination Journey im weiteren Sinne (neben Impfungen in Zentren und mobilen Teams). Dieser sorgte für eine höhere Individualisierung der Journey, verbunden mit Experience-förderlichen, persönlichen Interaktionen, und zeichnet sich durch einen höheren Pragmatismus und einen verein-fachten sowie verkürzten Verfahrensablauf aus. Eine einheitliche Steuerung und Daten-grundlage blieb dabei gewahrt: Der Prozessschritt *Digitales Impf-Set-up* wurde auf die Arztpraxen übertragen und vereinfacht, indem nur eine Ressource (Arzt) mit der Leistung *Impfung* virtualisiert wurde. Die E-Mail-Terminbestätigung (allerdings ohne QR-Code) erfolgte analog. Das Ergebnis der Ausweitung auf insgesamt acht Arztpraxen führte in zwei Wochen (vom 03. bis 15.03.2021) zu ca. 2000 zusätzlichen Impfterminen.

4.4 Lessons Learned für die hybride Wertschöpfung

Für die hybride Wertschöpfung von Industrieunternehmen lassen sich aus der Fallstudie zahlreiche Schlussfolgerungen und Empfehlungen ableiten. Diese haben wir in die Bereiche *1) Personalisierung & persönlicher Kontakt, 2) Einführungskommunikation, 3) Datenmanagement & Kapazitätssteuerung* und *4) Integriertes Projektmanagement* gruppiert. Sie prägen die Service Experience entlang der Vaccination Journey mit ihren unterschiedlichen digitalen als auch analogen Touchpoints und zeigen damit auch interessante Potenziale für die Serviceoptimierung in der hybriden Wertschöpfung.

1) Der Bereich *Personalisierung & persönlicher Kontakt* steht für ein zentrales Spannungsfeld bei Dienstleistungen im Allgemeinen und digitalen Diensten im Speziellen: Standardisierung versus Personalisierung (vgl. Knauer & Mann, 2020). Von standardisierten (und zumeist automatisierten) Diensten wird sich ein höheres Maß an Effizienz in der Produktion erhofft, personalisierte Services hingegen sollen über die Erfüllung individueller Präferenzen eine effektivere Bedürfnisbefriedigung erzielen. Erfolgreiche hybride Wertschöpfung sollte in diesem Spannungsfeld ziel- und situationsadäquat gestaltet sein, wofür unsere Fallstudie Hinweise liefert. Es konnte beobachtet werden, dass es einer positiven Vaccination Experience zuträglich war, zu digitalen Prozessen auch analoge Verfahren mit Elementen des persönlichen Kontakts anzubieten (beispielsweise Hotline, Laufzettel oder persönliche Ansprechpartnerinnen und -partner vor Ort). Aus Gründen der Effizienz und der technischen Anschlussfähigkeit sollten allerdings gerade die Endpunkte solcher Prozesse bzw. Dienste immer digital sein. Ein weiterer Ansatz der Personalisierung betrifft die Mitarbeiterschulungen. In der Fallstudienarbeit wurde deutlich, dass gerade die Vaccination Journey im engeren Sinne deutlich geprägt ist von persönlichen Interaktionen zwischen Mitarbeiterinnen und Mitarbeitern in den Impfzentren bzw. Arztpraxen und den Impflingen. Theoretisch lässt sich dies durch die Integration des externen Faktors in die Serviceproduktion erklären, deren Effektivität und Effizienz in der Regel deutlich von der persönlichen Kommunikation der involvierten Mitarbeitenden und dementsprechend einem zielgerichteten Kompetenzaufbau geprägt ist (vgl. Haller & Wissing, 2020). Aus der Analyse der Fallstudien schließen wir auch, dass die individuell wahrgenommene Servicescape personalisierte Elemente umfassen muss, um Orientierung, Sicherheit, Vertrauen und damit eine positive Experience zu fördern. Servicescapes sind eine Wortschöpfung aus *Service* und *Landscape* und stehen nach Bitner (1992) sowie Zeithaml et al. (2008) für die unmittelbare Produktionsumgebung von Dienstleistungen. Sie können physisch (z. B. Behandlungsraum) oder digital (z. B. Softwareoberfläche) sein und übernehmen die Funktion, Menschen Informationen zum Leistungsniveau eines Service zur Verfügung zu stellen. Damit formen sie Erwartungshaltungen, beeinflussen die Wahrnehmungen während der Serviceproduktion und können damit auch die nachträgliche Bewertung einer Dienstleistung maßgeblich prägen. Personalisierte Elemente in digitalen Servicescapes können z. B. die Anzeige des Standorts oder die automatisierte Integration von persönlichen Hintergrunddaten in die Serviceerbringung sein. Bei physischen Servicescapes ist beispielsweise die namentliche Ansprache ein personalisiertes Element. Wichtig ist hierbei die Brückenfunktion zwischen der digitalen Servicewelt und der physischen Produktwelt: Das Vorhandensein von Beschreibungen und Wiedererkennungselementen trägt zu einer eindeutigen Service-Bereitstellung, klaren Erwartungshaltung und im Endeffekt einer positiven Experience mit dem Service bei.

2) Die Kommunikation steht auch im Mittelpunkt des zweiten Bereichs *Einführungskommunikation,* wenngleich es hierbei um die Kommunikation rund um die Implementierung eines Dienstes geht. Loss et al. (2021) betonen die Bedeutung der öffentlichen Risikokommunikation im Rahmen der weltweiten Covid-19-Pandemie.

Aufklärende Gesundheitskommunikation – das heißt, die Verbreitung von Information über Charakter und Notwendigkeit von Verhaltensregeln und anderen Maßnahmen zur Eindämmung des Infektionsgeschehens durch Massenmedien und Social Media – ist insbesondere unter dem Aspekt von Vertrauen und Glaubwürdigkeit zentral. Nur wenn es gelingt, Risiken „klar, vertrauenswürdig und verständlich […] zu kommunizieren" (Loss et al., 2021, S. 301) und gleichzeitig Informationsbedarfe zu erfassen, kann die Akzeptanz der Bevölkerung gewährleistet werden. Auch die Realisierung von Geboten statt Verboten kann zu einem gesellschaftlichen Konsens über die Akzeptanz und Einhaltung notwendiger Verhaltensregeln beitragen und gruppendynamische Ignoranz verhindern (vgl. Strauß et al., 2021). Dies deckt sich mit den Erfahrungen und Berichten im Rahmen unserer Fallstudienanalyse. Wie schnell Vertrauen und Zuspruch der Öffentlichkeit oder von Teilöffentlichkeiten schwinden können, zeigt sich an der aktuellen Diskussion über die zeitweise bzw. zum Teil dauerhaft zurückgezogene Empfehlung bzw. Vergabe des Impfstoffes AstraZeneca wegen aufgetretener Nebenwirkungen (vgl. unter anderem Ärzteblatt, 2021; Cassel & Ulrich, 2021). Dementsprechend sensibel und erfolgskritisch ist die Einführungskommunikation gerade im Hinblick auf komplexere Dienstleistungen, wie sie häufig auch in der hybriden Wertschöpfung anzutreffen sind. Die Kommunikation betrifft dabei auch die Aufklärung zur Nutzung personenbezogener Daten und Regelungen zur Anonymisierung von Daten – gerade vor dem Hintergrund von teils fehlenden einheitlichen und praxistauglichen Regelungen zum Datenschutz. Diese Hindernisse erschweren die Umsetzung digitaler Lösungsmöglichkeiten derzeit noch erheblich, was unsere Fallstudie zeigt und durch die Arbeiten unter anderem von Schönermark et al. (2019) gestützt wird.

3) Mit dem Bereich *Datenmanagement & Kapazitätssteuerung* adressieren wir vornehmlich technische Fragen zur IKT-Unterstützung von Diensten und dementsprechenden Ressourcen und Kapazitäten. So ist die Datenverarbeitung in Echtzeit ein wichtiger Erfolgsfaktor für digitale Dienstleistungsangebote. An dieser Stelle decken sich die Erkenntnisse unserer Fallstudienanalyse mit den Ergebnissen internationaler Studien zur Digitalisierung von Verfahrensabläufen und Prozessen (vgl. unter anderem Hoberecht & Alt, 2016). Die Verarbeitung und Anzeige von Daten in Echtzeit erhöht subjektive Transparenzwahrnehmungen, was Orientierung, Akzeptanz und Commitment a priori fördert. Dafür ist eine adäquate Ressourcen- und Kapazitätsplanung unabdingbar, wofür gerade die Engpassprobleme zum Beginn des Impfprojektes sprechen. Da die Dienstleistungsproduktion qua Definition von der Integration der Kundinnen und Kunden in den Produktionsprozess lebt, gilt es bei der Kapazitätsplanung, auch deren gegebenen oder nicht gegebenen Kapazitäten verstärkt zu berücksichtigen (vgl. Maleri & Frietzsche, 2008). In unserer Case Study gab es gerade in der ersten Iteration (Dezember-Januar) viele Beschwerden von Patientinnen und Patienten, die nicht schnell genug einen Impftermin bekommen haben bzw. denen aufgrund der mangelnden Kapazitäten kein Impftermin mehr angeboten werden konnte (vgl. sr.de, 2021). Dies führte zu viel Unmut und Beschwerden bei den politischen Verantwortlichen (vgl. Patienten-Kommentar 1: „Schade, habe 15 min in Online-Warteschlange für Anmeldung ausgeharrt … um

letztlich die Info zu erhalten: ‚Sorry, kein Impfstoff mehr zur Verfügung.'"). Daraufhin wurde in der zweiten Iteration (Januar-Februar) das Angebot der Impfliste aufgenommen. Auch wenn keine unmittelbare Leistung angeboten werden konnte, wurde den Leistungs-empfängern eine Möglichkeit gegeben, sich indirekt für die Impfung einzuschreiben, was von einem Großteil der Bevölkerung angenommen wurde. Insgesamt hatten sich über 370.000 Saarländerinnen und Saarländer auf die Impfliste eingetragen, was bedeutet, dass mehr als jede bzw. jeder Dritte im Saarland dieses Angebot genutzt hat. In der Experience waren dieses Erfolgserlebnis und die Bestätigung, dass der Impfling zumindest in der Vorstufe der Erfassung gelandet ist, wichtige Faktoren in der Akzeptanz und der positiven Wahrnehmung der Leistungsempfänger. Selbst die Wartezeit, die häufig gerade im digitalen ein großer Abbruchfaktor bzw. *Detractor* in der Service Experience ist, wurde nicht so stark negativ wahrgenommen. Ein Erfolgserlebnis für Kundinnen und Kunden im Rahmen einer Customer Journey sollte damit in jeder Service-Variante auch gegebenen-falls über einen Umweg eingeplant werden.

4) Im vierten Bereich *Integriertes Projektmanagement* zeichneten sich stark die iterativen, kontinuierlichen Verbesserungsprozesse ab. Gemäß dem emergenten Strategieprinzip „man kann das Ende nicht vom Anfang her sehen" (Hamel, 1996), ist es auf Basis der Case Study im Bereich der Digitalisierung und hybriden Wertschöpfung wichtig, kontinuierlich an der Digitalstrategie bzw. der Digital Journey zu arbeiten. Servitization als digitalisierte Serviceverbesserung darf dabei nicht als einmaliger Projektstand gedacht werden, sondern mehr als ein iterativer Prozess. Wie im Quali-tätsmanagement über den PDCA-Zyklus („„plan–do–check–act", Deming, 1986) geht es dabei um einen fortlaufenden, systematisch geplanten Lern- und Entwicklungsprozess, der immer wieder vorne anfängt und digitale Services schrittweise einfügt und optimiert. Ähnlich wie in der reinen Produktionsoptimierung nach dem Kaizen-Prinzip (vgl. „Kai" (change) und „Zen" (for the better)) als „Continuous Improvement" (CI) angedacht, geht es auch in der Servitization um konsequente Anstrengungen zur Verbesserung, an denen alle Mitarbeiterinnen und Mitarbeiter der Organisation beteiligt sein sollten (vgl. Chen et al., 2000). Allerdings geht es in der Optimierung nicht nur, wie im klassischen PDCA-Zyklus, um die interne Wertschöpfungsoptimierung aller Mitarbeitenden, sondern im Rahmen der Digitalisierung auch um die Vernetzung und Anbindung mit weiteren Wert-schöpfungspartnern. In unserer Fallstudie war es unter anderem die Vernetzung in der dritten Iteration (Februar-März) mit den Hausärztinnen und -ärzten, die traditionell die Versorgung und (Grippe-)Impfungen als Leistungserbringer vornehmen. Als Learning bietet sich im Bereich der Servitization zudem an, dass sowohl anliegende Partner in der vertikalen Wertschöpfungsstufe mitangesprochen bzw. integriert werden sollten, sofern es den Nutzen für Kunden und Kundinnen bzw. Patienten und Patientinnen erhöht, als auch gegebenenfalls konkurrierende oder emergent-konkurrierende Partner in horizontalen Wertschöpfungsebenen.

4.5   Fazit

Das Ziel des vorliegenden Beitrages war die Identifikation zentraler Erkenntnisse aus der Digital Vaccination Journey und deren Transfer auf die Gestaltung hybrider Angebote in der verarbeitenden Industrie. Auf Basis der Fallstudie zur Impfkampagne des Saarlandes (Covid-19) mit samedi können wir in den folgenden vier Bereichen Handlungsempfehlungen zu hybriden Wertschöpfung geben:

1. Personalisierung und persönlicher Kontakt für eine hohe Akzeptanz und positive Experience zum Leistungsangebot und Wiedererkennungselemente zwischen digitaler Servicewelt und physischer Welt der Sachgüter;
2. Einführungskommunikation für eine schnelle Vertrauensbildung und Zuspruch von Kundinnen und Kunden bzw. Patientinnen und Patienten;
3. Datenmanagement und Kapazitätssteuerung möglichst in Echtzeit als Erfolgserlebnis für Kundinnen und Kunden bzw. Patientinnen und Patienten im Rahmen einer Fallaufnahme;
4 Integriertes Projektmanagement im Rahmen einer fortlaufenden, systematischen Optimierung sowohl innerhalb der Organisation als auch im Verbund mit horizontalen und vertikalen Wertschöpfungspartnern.

Aufgrund der Aktualität und Neuheit der Studie wurde bewusst ein induktiver, explorativer Forschungsrahmen gewählt, der präzisierender Untersuchungen der jeweiligen Einzelbereiche sowohl in der Tiefe als auch übergreifend in einer größeren Stichprobe zur Signifikanzermittlung bedarf. Das Bundesland Saarland ist aufgrund der abgeschlossenen Struktur und der flächenweiten Relevanz ein interessanter Fall, jedoch aufgrund der Überschaubarkeit sowie der wirtschaftlichen und politischen Struktur nicht generell mit größeren Flächenstaaten in Deutschland zu vergleichen. Auch hier ist aus wissenschaftlicher Sicht noch eine quantitative Validierung und Vertiefung erforderlich. Darüber hinaus ist die Vergleichbarkeit von Impflingen mit Kundinnen und Kunden nur bis zu einem gewissen Grad (Freiwilligkeit des Leistungsangebots der Impfung vs. komplette Kostenübernahme) gegeben. Nichtsdestotrotz ist der „Extremfall" der Corona-Impfung, die alle Bürgerinnen und Bürger des Landes betrifft, ein aktuelles und aufschlussreiches Forschungsfeld, wie in kürzester Zeit und unter größtem politischen und wirtschaftlichen Druck Leistungen und digitale Services aufgebaut, entwickelt und eingeführt wurden.

Die vorgestellte (normative) Vaccination Journey bietet anschlussfähige Ansätze für jedes Industrieunternehmen, das verstärkt Serviceangebote in seine Wertschöpfung einbinden möchte. Die (digitale) „Reise" der Impflinge inklusive aller Interaktionen und Emotionen an den Touchpoints – vom *Impf-Set-up* über die Terminbuchung, Aufnahme, Leistungserbringung (Impfung) bis hin zur abschließenden Dokumentation – dient dabei exemplarisch als anwendungsorientiertes Beispiel, wie in Rekordzeit auch eine Optimierung der Service Experience für Kundinnen und Kunden in anderen Industrien möglich ist. Die Erfahrungen aus der Gesundheitsversorgung zeigen, dass mit einer besseren digitalen Vernetzung sowohl eine schnelle Prozess- und Ergebnisqualität für die Anbieter erreicht als auch die Service- und Ergebnisqualität für die Kundinnen und Kunden verbessert werden kann.

Literatur

Alscher, A. (2020). *12 Jahre E-Health in Deutschland – Beiträge und Best-Practice-Studien aus dem deutschen Gesundheitswesen*. Samedi.

Ärzteblatt. (2013). Online-Terminmanagement: Praxis und Patienten profitieren. https://www.aerzteblatt.de/archiv/146897. Zugegriffen: 14. Mai 2021.

Ärzteblatt. (2021). Debatte um Akzeptanzprobleme von Astrazeneca-Impfstoff. https://www.aerzteblatt.de/nachrichten/121239/Debatte-um-Akzeptanzprobleme-von-Astrazeneca-Impfstoff. Zugegriffen: 11. Mai 2021.

Baxendale, S., Macdonald, E. K., & Wilson, H. N. (2015). The impact of different touchpoints on brand consideration. *Journal of Retailing, 91*(2), 235–253.

Bitner, M. J. (1992). Servicescapes: The impact of physical surroundings on customers and employees. *Journal of Marketing, 4*, 57–71.

Cassel, D., & Ulrich, V. (2021). Corona-Impfstoffe im Überfluss – was dann? *Wirtschaftsdienst, 4*, 276–283. https://doi.org/10.1007/s10273-021-2895-4.

Chen, J. C., Dugger, J., & Hammer, B. (2000). A Kaizen based approach for cellular manufacturing design: A case study. *The Journal of Technology Studies, 27*(2), 19–27.

Deming, W. E. (1986). *Out of the Crisis*. MIT Press.

DIN. (2009). *Deutsches Institut für Normung e.V.: PAS 1094: Hybride Wertschöpfung – Integration von Sach-und Dienstleistung*. Beuth.

Eisenhardt, K. M. (1989). Building theories from case study research. *Academy of Management Review, 14*(4), 532–550.

Folstad, A., Kvale, K., & Halvorsrud, R. (2013). Customer journey measures – State of the art research and best practice. *Report A24488*. SINTEF.

Gassmann, O., & Sutter, P. (2016). *Digitale Transformation im Unternehmen gestalten – Geschäftsmodelle, Erfolgsfaktoren, Handlungsanweisungen, Fallstudien*. Hanser.

Grimm, V., Lembcke, F., & Schwarz, M. (2021). Impffortschritt in Deutschland und der Welt: Chancen und Risiken. *Wirtschaftsdienst, 4*, 266–275. https://doi.org/10.1007/s10273-021-2894-5.

Grönroos, C. (1990). *Service management and marketing. managing the moments of truth in service competition*. Lexington.

Haller, S., & Wissing, C. (2020). *Dienstleistungsmanagement: Grundlagen – Konzepte – Instrumente* (8. Aufl.). Springer Gabler.

Hallikainen, H., Alamäki, A., & Laukkanen, T. (2019). Individual preferences of digital touchpoints: A latent class analysis. *Journal of Retailing and Consumer Services, 50*, 386–393. https://doi.org/10.1016/j.jretconser.2018.07.014.

Hamel, G. (1996). Strategy as revolution. *Harvard Business Review, 74*(4), 69–82.

Holland, H. (2018). Stichwort: Customer experience management. Revision vom 15.02.2018. https://wirtschaftslexikon.gabler.de/definition/customer-experience-management-54478/version-277507. Zugegriffen: 5. Mai 2021.

Heuermann, R., Engel, A., & von Lucke, J. (2017). Digitalisierung: Begriff, Ziele und Steuerung. In R. Heuermann, M. Tomenendal, & C. Bressem (Hrsg.), *Digitalisierung in Bund, Ländern und Gemeinden – IT-Organisation, Management und Empfehlungen* (S. 9–50). Springer Gabler.

Hoberecht, S., & Alt, R. (2016). Big Data – Anwendungsbereiche und Strategie Framework im Bankwesen. In V. Nissen, D. Stelzer, S. Straßburger, & D. Fischer (Hrsg.), *Multikonferenz Wirtschaftsinformatik (MKWI) 2016 Technische Universität Ilmenau 09. – 11. März 2016* (S. 943–954). TU Ilmenau Universitätsbibliothek.

Impfdashboard. (2021). Impffortschritt nach Bundesland. de/https://impfdashboard.de/. Zugegriffen: 26. Mai 2021.

Knauer, F. O., & Mann, A. (2020). Automatisierung und Vertrauensbildung in der Customer Journey von Dienstleistungskunden durch den Einsatz der Blockchain-Technologie. In M. Bruhn & K. Hadwich (Hrsg.), *Automatisierung und Personalisierung von Dienstleistungen Methoden – Potenziale – Einsatzfelder* (Bd. 2, S. 317–342). Springer Gabler.

Kumar, V., Umashankar, N., Kim, K. H., & Bhagwat, Y. (2014). Assessing the influence of economic and customer experience factors on service purchase behaviors. *Marketing Science, 33*(5), 673–692.

Langley, A. & Abdallah, C. (2011). Templates and turns in qualitative studies of strategy and management. In: Ketchen, D.J., & Bergh, D.D. (Eds.), *Building methodological bridges. Research methodology in strategy and management volume 6* (S. 201–235). Emerald Group Publishing.

Leimeister, J. M. (2020). *Dienstleistungsengineering und -management. Data-driven Service Innovation* (2. Aufl.). Springer Gabler.

Loss, J., Boklage, E., Jordan, S., Jenny, M. A., Weishaar, H., & El Bcheraoui, C. (2021). Risikokommunikation bei der Eindämmung der COVID-19-Pandemie: Herausforderungen und Erfolg versprechende Ansätze. *Bundesgesundheitsblatt – Gesundheitsforschung – Gesundheitsschutz, 64*(3), 294–303. https://doi.org/10.1007/s00103-021-03283-3.

Maleri, R., & Frietzsche, U. (2008). *Grundlagen der Dienstleistungsproduktion* (5. Aufl.). Springer.

Merritt, R. & Vogel, M. (2017). Case studies in formative research. In K. Krzysztof & S. Rundle-Thiele (Hrsg.), *Formative research in social marketing. Innovative methods to gain consumer insights* (S. 281–290). Springer.

MSGFFS. (2021). Impfperspektive für alle mit erster Priorisierung – Impfliste startet. https://www.saarland.de/msgff/DE/aktuelles/aktuelle-meldungen/aktuelle-meldungen_2021/aktuelle-meldungen_2021-01/aktuelle-meldungen_210110-impfperspektive.html. Zugegriffen: 19. Mai 2021.

Neely, A. (2008). Exploring the financial consequences of the servitization of manufacturing. *Operations Management Research, 1*, 103–118.

Petry, T. (2016). *Digital Leadership – Erfolgreiches Führen in Zeiten der Digital Economy*. Haufe.

Pflüger, J. (2012). Triangulation in der arbeits- und industriesoziologischen Fallstudienforschung. *Kölner Zeitschrift für Soziologie und Sozialpsychologie, 64*, 155–173.

Pflüger, J., Pongratz, H. J., & Trinczek, R. (2017). Fallstudien in der Organisationsforschung. In S. Liebig, M. Wenzel, & S. Rosenbohm (Hrsg.), *Handbuch Empirische Organisationsforschung* (S. 389–414). SpringerGabler.

Plottek, K. & Herold, C. (2018). Micro Moments als entscheidender Moment im Rahmen einer zunehmend fragmentierteren Customer Journey. In: A. Rusnjak & D. Schallmo (Hrsg.), *Customer Experience im Zeitalter des Kunden. Best Practices, Lessons Learned und Forschungsergebnisse* (S. 143–176). Springer Gabler.

Samedi. (2021a). Über samedi. https://www.samedi.de/ueber_uns/index.html. Zugegriffen: 13. Mai 2021.

Samedi. (2021b). Pressemitteilung: Saarland startet als eines der ersten Bundesländer digitale Terminkoordination der Corona-Schutzimpfungen mit samedi. https://www.samedi.de/downloads/presse/2021b-01-13_samedi-PM_Saarland_Corona-Impfzentren.pdf. Zugegriffen: 10. Mai 2021.

Samedi. (2021c). Digitales Terminmanagement und Prozessorganisation für Impf- und Gesundheitszentren. https://www.samedi.de/impfzentrum/. Zugegriffen: 19. Mai 2021.

Samedi. (2021d). *Impfterminvergabe im Bundesland Saarland. Interne Auswertung für die Pressekonferenz des Bundesland Saarland.* Januar 2021.

Samedi. (2021e). Patientenportal mit Angebot der Impftermine. https://patient.samedi.de. Zugegriffen: 19. März 2021.

Schmidhuber, M. (2020). Die Impfung gegen Alzheimer – Ethische Fragen der Zukunft. *Ethik in der Medizin, 32*, 141–153. https://doi.org/10.1007/s00481-020-00567-1.

Schmidhuber, M., & Stöger, K. (2020). Personenbezogene Gesundheitsdaten in einer Pandemie – Ethische und rechtliche Aspekte. *Wiener Medizinische Wochenschrift, 171*, 9–15. https://doi.org/10.1007/s10354-020-00785-8.

Schönermark, M., Kielhorn-Schönermark, & Florian, M. (2019). Digital patient journey oncology. https://bdi.eu/publikation/news/digital-patient-journey-oncology. Zugegriffen: 23. März 2021.

sr.de. (2021). Impfanmeldung für über 60-Jährige freigeschaltet. https://www.sr.de/sr/home/nachrichten/politik_wirtschaft/saarland_vergibt_impftermine_fuer_ueber_60-jaehrige_100.html. Zugegriffen: 19. Mai 2021.

Strauß, B., Rosendahl, J., & Berger, U. (2021). Bedeutung der COVID-19-Pandemie für die öffentliche Gesundheit und gruppenpsychologische Aspekte – Teil 2 einer (vorläufigen) Übersicht [Importance of the COVID-19 pandemic for public health and group psychological aspects-Part 2 of a (preliminary) review]. *Psychotherapeut, 66*(3), 186–194.

Thapa, B. (2019). Strategische Beschaffung in der IT-Konsolidierung. https://cdn0.scrvt.com/fokus/a26ebae813a92154/3fda1eeeaf1d/Strategische-Beschaffung-in-der-IT-Konsolidierung.pdf. Zugegriffen: 23. März 2021.

Theobald, E., & Jentschke, M. (2020). *Kundenzentriertes Markenmanagement. Effektive Markenführung entlang der Customer Experience Journey.* Springer Gabler.

Tiffert, A. (2019). *Customer Experience Management in der Praxis. Grundlagen – Zusammenhänge – Umsetzung.* Springer Gabler.

Vandermerwe, S., & Rada, J. (1988). Servitization of business: Adding value by adding services. *European Management Journal, 6*(4), 314–324.

Vargo, S. L., & Lusch, R. F. (2008). Service-dominant logic: Continuing the evolution. *Journal of the Academy of Marketing Science, 36*, 1–10.

Verhoef, P., Kannan, P. K., & Inman, J. (2015). From multi-channel retailing to omni-channel retailing: Introduction to the special issue on multi-channel retailing. *Journal of Retailing, 91*(2), 174–181. https://doi.org/10.1016/j.jretai.2015.02.005.

Yin, R. K. (2014). *Case study research. Design and methods* (5. Aufl.). Sage.

Zeithaml, V. A., Bitner, M. J., & Gremler, D. D. (2008). *Services marketing* (5. Aufl.). McGraw Hill.

Prof. Dr. Alexander Alscher ist seit 2015 Professor für Internationales Management an der BSP – Business & Law School Berlin. Er studierte an der Universität St. Gallen Volkswirtschaftslehre sowie an der Marshall School of Business (University of Southern California, LA). Anschließend promovierte er an der Universität St. Gallen und der UCLA Anderson School of Management. Im Jahr 2008 gründete er mit Katrin Keller die samedi GmbH mit der gleichnamigen SaaS (Software-as-a-Service) Lösung samedi® zur hochsicheren Online-Patientensteuerung, die von >35.000 Ärztinnen und Ärzten/LE für >22 Mio. Patientinnen und Patienten genutzt wird. 2012 erhielt er einen Lehrauf-trag an der Universität Ulm in Klinik-/Praxismanagement. Neben internationalen Themen im Bereich des Strategischen und Portfolio-Managements liegt sein Praxisschwerpunkt in E-Health bzw. in der digitalen Vernetzung im Gesundheitswesen.

Prof Dr. Jeannette Trenkmann ist Professorin für Allgemeine BWL und Studiengangsleiterin BWL (B.Sc.) an der BSP – Business & Law School Berlin. Ihre Arbeits- und Forschungsinteressen gelten Fragestellungen der Organisations- und Diversitätsforschung sowie der Gestaltung neuer (digitaler) Arbeitswelten. Nach ihrem Studium der internationalen BWL war sie weltweit im Risiko- und Projektmanagement tätig. Im Anschluss an ihre Promotion zur organisationalen Gleichstellung an der TU Chemnitz arbeitete sie am Harriet-Taylor-Mill-Institut für Ökonomie und Geschlechterforschung der HWR Berlin unter anderem für den Zweiten Gleichstellungsbericht der Bundesregierung.

Prof. Dr. Christian Wissing ist Professor für Marketing an der BSP – Business & Law School Berlin. Dort lehrt er zu interdisziplinären Herausforderungen der Digitalisierung und des Service-marketings. Nach Studien der BWL sowie Managementpositionen in der Wirtschaft promovierte er zu medienökonomischen Fragen an der UdK Berlin. Parallel war er wissenschaftlicher Mitarbeiter am IEB Berlin. Danach war er Consultant bei der Cisar GmbH, einer internationalen Management-sowie Technologieberatung und zugleich Gastprofessor an der HWR Berlin.

Teil II
Service-Organisation

Eine kollaborative Methode zur modellbasierten Servitisierung und Digitalisierung von Organisationen

Mario Kesseler und Andreas Karcher

Inhaltsverzeichnis

Zusammenfassung

Innovation und Wandel – zwei Schlagworte, die für Unternehmen nahezu aller Branchen eine ausgesprochene Relevanz und Aktualität besitzen. Insbesondere getrieben durch die Einzug haltende Servitization und Digitalisierung sehen sich Unternehmen der Herausforderung gegenüber, ihre Geschäftsmodelle proaktiv neu zu gestalten, anstatt sich passiv vom Wandel treiben und – im schlimmsten Fall – vom Markt verdrängen zu lassen. Was kennzeichnet die Servitisierung und Digitalisierung als Treiber in einer „VUKA"-Umwelt (Akronym für Volatil, Unsicher, Komplex und Ambivalent) und welche Auswirkungen hat dies auf die Geschäftsmodelle von Unternehmen? Was genau erwarteten Kundinnen und Kunden von einem „servitisierten,

M. Kesseler (✉) · A. Karcher
Universität der Bundeswehr, München, Deutschland
E-Mail: mario.kesseler@unibw.de

A. Karcher
E-Mail: andreas.karcher@unibw.de

© Der/die Autor(en), exklusiv lizenziert an Springer Fachmedien
Wiesbaden GmbH, ein Teil von Springer Nature 2022
E. Bollhöfer und S. Weimann (Hrsg.), *Digitalisierung von industriellen Dienstleistungen*,
FOM-Edition, https://doi.org/10.1007/978-3-658-37396-2_5

digitalisierten Unternehmen"? Welche Strukturen, Fähigkeiten und Services machen ein solches Unternehmen aus? Welche generischen Bestandteile und Gemeinsamkeiten weisen servitisierte Geschäftsmodelle auf? Welche Bedeutung hat dieser Wandel aus Sicht eines einzelnen Unternehmens und wie kann diese Herausforderung systematisch angegangen werden? Welche Hilfestellung in konzeptueller und methodischer Hinsicht existiert hierfür? Der Beitrag zeigt einen Ansatz für eine kollaborative, modellbasierte Methode für die Digitalisierung und Servitization von Geschäftsmodellen auf Basis von Unternehmensarchitekturen auf. Ziel ist die Bereitstellung eines „Werkzeugkastens", der Unternehmen (mit besonderem Fokus auf KMU) ein iteratives Vorgehen zur Anreicherung der eigenen Organisation mit Elementen der Digitalisierung und Servitisierung ermöglicht. Im Kern der Methode steht die Fähigkeits-Zentrierung, welche das Bindeglied zwischen den volatilen und ambivalenten Kundenanforderungen und den stetig neuen technischen Möglichkeiten der Realisierung und Implementierung der Servitisierungs- und Digitalisierungsansätze bildet. Eine Besonderheit dabei ist, dass diese Implementierung nicht mehr zwangsläufig nur intern durch die unternehmenseigene IT, sondern immer häufiger auch durch externe Service-Provider erbracht und durch das Unternehmen genutzt werden kann.

5.1   Ausgangssituation und Problemstellung

Technologische Entwicklungen und Neuerungen, neue Wettbewerber oder veränderte Kundenanforderungen zwingen Unternehmen schon seit jeher, ihre Geschäftsmodelle und Wertschöpfungsaktivitäten neu zu überdenken und anzupassen. Neben allgemeinen Trends und Entwicklungen, wie unter anderem einer immer weiter zunehmenden Globalisierung, können insbesondere zwei aktuelle Treiber identifiziert werden, die Unternehmen praktisch aller Branchen und Größen betreffen: Die Digitalisierung und die Servitisierung (häufig auch als Servitization oder Serviceorientierung bezeichnet).

Je disruptiver sich ein solcher Wandel in Branchen und Wettbewerb zeigt, desto größer ist die Herausforderung für Unternehmen, auch mit bisher erfolgreichen Geschäftsmodellen in Zukunft weiter bestehen zu können. „Wer glaubt, ein unantastbares Geschäftsmodell zu haben, wird sterben, egal wie groß oder klein", lautet eine der Kernaussagen aus einer Studie der Detecon Consulting in Zusammenarbeit mit dem Seminar für Wirtschaftsinformatik und Informationsmanagement der Universität zu Köln (Rieger, 2015), bei der Expertinnen und Experten für Geschäftsmodellentwicklung aus unterschiedlichen Branchen befragt wurden. Nach Aussagen der Befragten wird eine kontinuierliche bzw. iterative Geschäftsmodellentwicklung als essenziell für den dauerhaften Erfolg von Unternehmen gesehen. Die Innovation bereits etablierter und bis dato erfolgreicher Geschäftsmodelle ist dabei eine sowohl strategisch wie auch operativ herausfordernde Aufgabe für alle Beteiligten in einer Organisation. Eine rechtzeitige

Innovation bzw. Transformation ist dabei jedoch notwendig, um neue Möglichkeiten durch Digitalisierung und Servitisierung zu nutzen, aber auch die hiermit verbundenen Herausforderungen adressieren zu können, um mit dem eigenen Geschäftsmodell lang-fristig nicht vom Markt verdrängt zu werden.

Das Innovationsobjekt einer Geschäftsmodellinnovation kann dabei das gesamte Geschäftsmodell auf einmal oder auch nur einzelne Geschäftsmodellelemente sein. Der Innovationsgrad beschreibt hierbei das Ausmaß der Innovation. Dieser reicht von einer inkrementellen, das heißt schrittweisen bis hin zu einer radikalen, vollständigen Ver-änderung eines Geschäftsmodells. Als Bezugseinheit zur Feststellung des Neuigkeits-grades dient in erster Linie die Kundensicht. Der Kunde mit seinen Anforderungen und Bedürfnissen steht insbesondere im Rahmen des Servitisierungs-Gedankens im Fokus aller Unternehmensaktivitäten. Somit ist auch der Neuheitsgrad eines Geschäftsmodells primär aus Kundensicht zu beurteilen.

Das Verständnis und die Anforderungen an digitalisierte und servitisierte Unter-nehmen und Produkte sind individuell ganz unterschiedlich. Dennoch lassen sich aus Kundensicht sechs grundsätzliche Merkmale zu Anforderungen an eine Servitisierung identifizieren (vgl. Esser, 2014):

1. Allgegenwärtige Informationsverfügbarkeit: einfacher und nahezu uneingeschränkter Zugriff auf relevante Informationen ohne geografische Beschränkungen.
2. Soziale Virtualisierung: Verschmelzung von realer, physischer Welt und digitaler Welt, in der digitale Bestandteile und servitisierte Leistungen selbstverständlicher Bestandteil des täglichen Lebens sind.
3. Mobilität: Geografische Einschränkungen physischer Produkte verlieren an Bedeutung. Servitisierung zu Produkten kann internetbasiert von nahezu überall in Anspruch genommen, ebenso aber auch von praktisch überall erbracht werden.
4. Permanente Erreichbarkeit: „Always on" – die Anbindung der Nutzerinnen und Nutzer und Produkte an die digitale Welt geschieht heute nicht mehr nur in bestimmten, kurzen Zeiträumen, sondern nahezu dauerhaft. Dies ermöglicht ein proaktives Anbieten von Produkten und Diensten sowie die Einbeziehung von und den Zugriff auf Echtzeitdaten.
5. Lokalisierung: Daten können nicht nur mit Zeitbezug, sondern auch mit geografischem Bezug erfasst und verarbeitet werden. Dies ermöglicht die Integration von Location Based Services in Produkte und Dienste, welche in Abhängigkeit von der physischen Lokation einer Nutzerin oder eines Nutzers spezifische Informationen oder Dienste anbieten.
6. Leistungsfähige Technologien: Immer leistungsfähigere Endgeräte bei immer kleinerer physischer Baugröße ermöglichen immer neue Anwendungen, welche noch einige Zeit zuvor zumindest aus Kostengründen nicht realisierbar waren. Die intelligente Ver-knüpfung mit Sensorik und Aktorik sowie die automatisierte Erfassung, Auswertung und Mustererkennung riesiger Datenmengen, unterstützen die Einbindung der digitalen in die physische Welt und ermöglichen neue Dienste.

Die Situation von KMU als Beispiel für die Notwendigkeit einer neuen Methode
Gerade kleine und mittlere Unternehmen (KMU) sehen sich, unabhängig ihrer jeweiligen Branche, in Bezug auf diese Innovation und Transformation besonderen Herausforderungen gegenübergestellt, die sich in die drei Bereiche Ungewissheit, Unstetigkeit und Autonomieerfordernis unterteilen lassen.

- **Ungewissheit:** Digitalisierung und Servitisierung bringen eine Vielzahl neuer Gestaltungsoptionen für das Unternehmen selbst, die Unternehmensprozesse sowie die Produkte mit sich. Zwischen all diesen Optionen und Trends gilt es sowohl eine Übersicht zu erlangen wie auch die individuell Vielversprechendsten auszuwählen. Dabei sind es häufig nicht einzelne, isolierte Gestaltungsoptionen, sondern Kombinationen aus unterschiedlichen Aspekten der Digitalisierung und Servitisierung, die erst im Zusammenspiel ihren vollen Nutzen erbringen. Eine Differenzierung zum Wettbewerb erfolgt vermehrt durch ein individuelles Geschäftsmodell, welches spezifische Kundenanforderungen zu erfüllen vermag, anstelle einer reinen Produkt- oder Effizienzstrategie. Es gibt somit häufig nicht den „einen richtigen Weg", der für ein Unternehmen kopier- oder imitierbar wäre. Gerade für KMU kann es erfolgversprechend sein, hier die eigene Nische durch eine individuelle Kombination mit Servitisierungsaspekten zu finden und zu besetzen.
- **Unstetigkeit:** In praktisch allen Trends der Digitalisierung und Servitisierung zeigt sich eine zunehmende, dynamische Entwicklung von Branchen und Technologien. Innovations- und Entwicklungszyklen werden immer kürzer, weshalb Unternehmen immer schneller und agiler auf Änderungen und neue Möglichkeiten reagieren müssen. Gleichzeitig steigt auch die Erwartung der Kundinnen und Kunden, an aktuellen Trends frühzeitig teilzuhaben und entsprechende Produkte oder Services angeboten zu bekommen. Während rein physische Produkte meist vergleichbar längere Entwicklungszeiten erfordern, ermöglicht gerade die Servitisierung schnelle Anpassungen und neue Angebote.
- **Autonomieerfordernis:** Derartige Rahmenbedingungen erfordern eine Entwicklung des Unternehmensverständnisses weg von einem etablierten, eher statischen Geschäftsmodell hin zu einem kontinuierlichen, iterativen Vorgehen mit häufigen, kleineren Anpassungen. Dabei muss insbesondere ein KMU diese Anpassungen aus eigener Kraft und meist parallel zum operativen Betrieb schaffen, da gerade diese Unternehmen häufig keine Ressourcen für spezifische Innovationsabteilungen zum „Ausprobieren" neuer Geschäftsideen bereitstellen können. Aufgrund der meist starken Einbindung des Eigentümers als Geschäftsführer und der Notwendigkeit der Einbeziehung aller Mitarbeitenden sowie deren Wissen und Kompetenzen in die Unternehmensentwicklung ist gerade hier eine kollaborative Vorgehensweise erforderlich und zielführend.

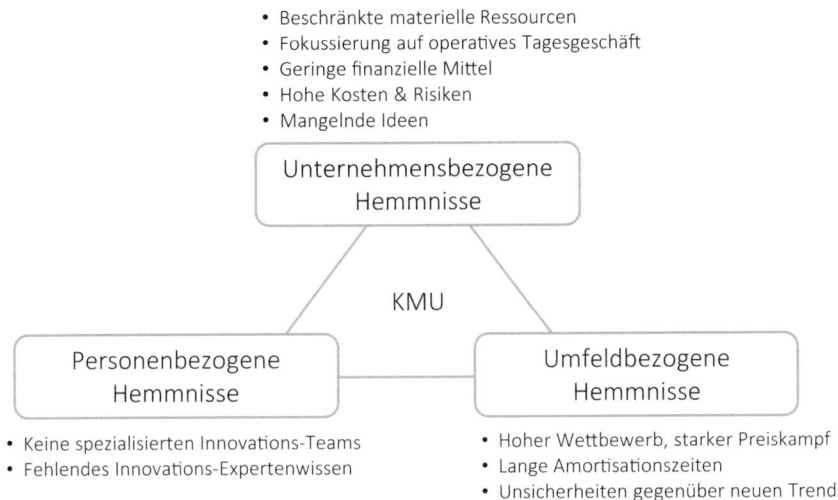

Abb. 5.1 Innovationshemmnisse für KMU

Weiterhin lassen sich gerade für KMU besondere Hemmnisse in Bezug auf ihr Innovationsvorgehen identifizieren, die sich in unternehmensbezogene, personen- bezogene und umfeldbezogene Hemmnisse unterscheiden lassen (siehe Abb. 5.1).

Diese Herausforderungen und Hemmnisse zeigen die Notwendigkeit eines hand- habbaren, durchgängigen Ansatzes, um die Servitisierung und Digitalisierung gerade in KMU-Organisationen voranzubringen und kontinuierlich im Unternehmensalltag zu verankern. Damit ein solcher Ansatz zielführend und nachhaltig genutzt werden kann, lassen sich fünf konkrete Kriterien definieren:

1. Ein kollaboratives Innovationsvorgehen ermöglicht Transparenz über Ablauf und Ziel- setzungen sowie die Einbindung aller Kompetenzen und Stakeholder einer Organisation.
2. Ein modellbasierter Ansatz sorgt für einheitliches Verständnis und dient gleichzeitig als Dokumentation und Entscheidungsgrundlage für die permanente Anpassung und Verbesserung im Sinne eines kontinuierlichen Verbesserungsprozesses (KVP).
3. Ein unternehmensarchitekturbasiertes Konzept (Enterprise Architecture) ermög- licht einen ganzheitlichen Ansatz, der Servitisierung und Digitalisierung nicht nur konzeptuell, sondern durchgängig von der Strategie über die benötigten Fähigkeiten (Capabilities) bis hin zur erforderlichen IT-Implementierung unterstützt.
4. Das Geschäftsmodellkonzept dient als Ausgangspunkt und High-Level-Beschreibung der Ausrichtung und Funktionsweise des Unternehmens und zeigt auf, an welchen Stellen die Servitisierung welche Auswirkungen hat.
5. Konkrete Bausteine und „Blaupausen" zu Servitisierungs- und Digitalisierungs- konzepten dienen als Bauplan für die modellbasierte Gestaltung mit Best-Practice- Elementen.

5.2   Theoretischer Hintergrund

Geschäftsmodelle

Das Begriff des „Geschäftsmodells" ist als Konzept heutzutage in Theorie und Praxis weit verbreitet. Trotzdem handelt es sich um ein vergleichsweise junges Konzept, dessen Auftreten sich erst seit den 1990er-Jahren im Kontext von Unternehmensstrategien und Unternehmensplanung in der Praxis etabliert hat (vgl. Bieger, 2011, S. 1 f.). Wenngleich auch der Begriff des „Geschäftsmodells" in Wissenschaft und Praxis heutzutage sehr häufig anzutreffen ist, so existiert jedoch nach wie vor kein Konsens einer einheitlichen begrifflichen Definition. Vielmehr gibt es eine ganze Reihe unterschiedlicher, teilweise konkurrierender Begriffsbestimmungen und Erklärungen.

Die Nutzung eines Geschäftsmodells erlaubt die Beantwortung der Frage, welchen Nutzen ein Unternehmen für seine Kundinnen und Kunden sowie Partnerinnen und Partner generiert, wie dieser Nutzen in Form von Erlösen zum Unternehmenserfolg beitragen kann und welche organisatorischen und funktionalen Grundlagen ein Unternehmen hierfür benötigt. Die Gesamtheit dieser Einzelelemente soll eine Differenzierung gegenüber Wettbewerbern, positive Kundenbeziehungen sowie letztendlich das Erzielen eines Wettbewerbsvorteils ermöglichen (vgl. Schallmo, 2013, S. 22 ff.).

Aus Unternehmenssicht helfen Geschäftsmodelle durch eine übersichtliche Strukturierung und Abbildung bis hin zur Modellierung der relevanten Funktionen und Organisationseinheiten sowie ihrer Aufgaben. Dies ermöglicht letztendlich die Beantwortung der zentralen strategischen Frage: Wie kann ein Unternehmen eine Wertschöpfung für einen Markt schaffen? (vgl. Bieger, 2011, S. 2 f.)

Digitalisierung

Im ursprünglichen technischen Sinn beschreibt die Digitalisierung eine Umwandlung analoger Informationen, wie beispielsweise Texte, Musik oder Fotos, in ein binäres und von Computern verarbeitbares Format. Dieses Begriffsverständnis hat sich jedoch stark gewandelt und erweitert, sodass heute der Begriff der Digitalisierung eine Vielzahl an technologischen Möglichkeiten und damit verbundenen Chancen für Unternehmen umfasst und beschreibt: Unternehmens-IT kann durch neue Trends wie Mobile Computing und Cloud-Computing bereitgestellt und genutzt werden. Die Produkte und Leistungen von Unternehmen können durch Innovationen in den Bereichen Smart Products und dem Internet der Dinge völlig neugestaltet werden und neue Geschäftsfelder erschließen. Big Data und semantische Technologien revolutionieren die Möglichkeiten der Informations- und Wissensgewinnung, während sich für die Kommunikation, Interaktion und Zusammenarbeit mit Kundinnen und Kunden, Partnern und Lieferanten durch Social Media und Social Collaboration völlig neue Chancen ergeben. Neben dem Begriff der Digitalisierung finden sich in diesem Kontext eine Reihe weiterer Begriffe: Digitale Transformation, Industrie 4.0, Internet der Dinge, digitaler Wandel oder seit der CeBIT-Messe für Computer- und Informationstechnik im Jahr 2015 auch „d!conomy".

Während viele dieser Begriffe häufig undifferenziert oder synonym verwendet werden, lassen sich diese durchaus hinsichtlich ihres Fokus und ihrer Perspektive unterscheiden.

Servitisierung

In nahezu allen Branchen lässt sich ein eindeutiger Wandel von Anbietermärkten hin zu Käufermärkten beobachten. Dabei wird der Kunde immer stärker in den Mittelpunkt gestellt und seine individuellen Bedürfnisse und Ansprüche rücken in den Fokus aller Geschäftsaktivitäten. Das Nutzenempfinden des Kunden bezieht sich nicht mehr ausschließlich auf das physische Produkt allein, sondern auf ein spezifisches Lösungsangebot für die kundenindividuelle Problemstellung. An die Stelle rein physischer Produkte rücken vermehrt Produkt-Service-Systeme in den Fokus. Diese bezeichnen die unmittelbare Kombination von Sach- und Dienstleistungen zu einem integrierten Leistungsangebot. Das Verhältnis zwischen Sach- und Dienstleistungsanteil ist dabei individuell unterschiedlich und kann zwischen einem reinen Produkt- und einem reinen Dienstleistungsgeschäft übergehen.

Der Begriff der Servitisierung (bzw. Servitization) wurde bereits im Jahr 1988 von Vandemerwe und Rada geprägt. Sie beschreiben die Entwicklung einer Serviceorientierung in drei Phasen. In der höchsten Ausprägung bieten Unternehmen Produkte (Goods), Services, Unterstützung (Support), Wissen (Knowledge) und Selbstbedienung (Self-Service) als gebündeltes Wertangebot ihren Kundinnen und Kunden an (vgl. Vandemerwe & Rada, 1988). Insbesondere in Branchen, in denen sich durch ein physisches Produkt selbst nur noch sehr schwierig eine Differenzierung vom Wettbewerb erreichen lässt, verspricht die Servitisierung eine Möglichkeit zur Individualisierung des Leistungsangebots und somit Profitabilität und konstante Erträge, wie eine Befragung unter deutschen CEOs zeigt (vgl. KPMG, 2015). Die Digitalisierung schafft dabei die technische Grundlage und erlaubt völlig neue Möglichkeiten, Services, vor allem aber auch Aspekte der Unterstützung, Wissensbereitstellung und Selbstbedienung, realisieren und ausprägen zu können. Vor diesem Hintergrund wurde auch der Begriff des Smart Service geprägt, der das Zusammenwirken von physischer und webbasierter Dienstleistung beschreibt. Die Trends der Servitisierung und der Digitalisierung gehen somit eng miteinander einher.

Kollaboratives Vorgehen auf Basis von (Referenz-)Modellen

Ein kollaborativer Ansatz hat grundsätzlich zum Ziel, das gemeinsame Arbeiten an Themen, das Entwickeln von Ideen und das Entwerfen von Lösungen zu ermöglichen, wobei gleichzeitig nach einem strukturierten und zielgerichteten Prozess vorgegangen wird. Umgestaltungen in Organisationen zur Verankerung von Servitisierung in Produkten und Prozessen sind strategische Entscheidungen, die praktisch alle Bereiche und Abteilungen eines Unternehmens betreffen. Servitisierung bedeutet weit mehr als die Erweiterung eines Produktes mit Sensorik oder einer Web-Schnittstelle. Vielmehr muss ein Unternehmen ein servitisiertes Ökosystem bereitstellen, das neben „smarten"

Produkten selbst auch die Bereiche Entwicklung, Vertrieb, After Sales, Support, Updates, aber auch Aspekte der Erlösgenerierung umfasst.

Kollaboratives Arbeiten dient der Kooperation in einer Organisation zum Erreichen eines gemeinsamen Ziels. Dabei werden für die einzelnen Arbeitsschritte die jeweils beteiligten bzw. erforderlichen Personen miteinbezogen. Abhängig von der jeweiligen Rolle und Expertise können einzelne Beteiligte somit am gesamten Prozess oder auch nur an einzelnen Schritten oder Entscheidungen beteiligt sein. Ein solcher Ansatz ist meist aus drei Gründen sinnvoll: Zum einen steigert dies für alle Beteiligten die Identifikation mit dem Ergebnis bzw. der Organisation durch aktive Einbindung und Mitgestaltung an deren Erarbeitung. Zum Zweiten sind gerade kleine Organisationen darauf angewiesen, die Ideen und (Fach-)Expertise der jeweiligen Beteiligten bereits frühzeitig einzubinden. Zum Dritten stellen Entscheidungen zur Umgestaltung von Unternehmen in Hinblick auf die Servitization immer Entscheidungen unter Unsicherheit dar, das heißt, die tatsächlichen Auswirkungen bzw. Ergebnisse sind in Bezug auf die Handlungsoptionen nicht vorab eindeutig bekannt. Für Entscheidungen unter Unsicherheit zeigen sich kollektive Entscheidungen gegenüber solchen, die durch einzelne „Experten" getroffen wurden, statistisch häufig überlegen (vgl. Zimmermann et al., 2016, S. 48).

Gerade ein kollaboratives Vorgehen, in dem verschiedene Beteiligte aus unterschiedlichen Fachbereichen strukturiert zusammenarbeiten sollen, macht ein gemeinsames und objektives Verständnis der Themen und Inhalte essenziell. Unternehmen und Organisationen sind komplexe soziotechnische Systeme, in denen eine Vielzahl von verteilten Informationen und Wissen zu Prozessen, Abläufen, Aufgaben sowie operativen und strategischen Anforderungen existiert. Während eine rein textuelle, verbale Abbildung häufig viele Ungenauigkeiten und einen subjektiven Interpretationsspielraum zulässt, ermöglicht ein modellbasiertes Vorgehen eine Formalisierung der Informationen über den gesamten Prozess hinweg. Ein Modell stellt im kollaborativen Vorgehen somit sowohl das Ergebnis wie auch den Ausgangspunkt des Designprozesses dar. Referenzmodelle sind dabei Modelle, mit deren Hilfe idealtypische Strukturen oder Abläufe für spezifische Branchen oder Domänen abgebildet werden sollen. Diese dienen den Anwendern dann als Vergleichsgrundlage sowie als Ausgangsbasis für die Erstellung der eigenen spezifischen Modelle zur Abbildung der Servitisierung in der Organisation.

Digitalisierung dient praktisch immer als Grundlage für Servitisierung jedweder Art durch die Bereitstellung und den Betrieb von Plattformen, Apps, Daten oder digitalen Services selbst. Eine Unterstützung für die nachhaltige Veränderung und kontinuierliche, iterative Anpassung einer Organisation hin zu Digitalisierung und Servitisierung kann das Konzept der Unternehmensarchitekturen leisten. Diese beschreibt das Zusammenwirken und die Abhängigkeiten von Geschäftsprozessen und IT-Elementen als durchgängiger Ansatz von der Strategie bis hin zur konkreten, technischen Implementierung. Ein formalisiertes, modellbasiertes Vorgehen dient dabei als Einstiegspunkt bzw. Schnittstelle hin zur Abbildung oder Entwicklung einer Unternehmensarchitektur.

5.3 Vorgehensweise

Sowohl im wissenschaftlichen wie auch im unternehmenspraktischen Kontext existieren eine Vielzahl von Artikeln und Leitfäden, die zeigen, dass die Themen Servitisierung und Digitalisierung nicht nur in der Forschung, sondern auch im praktischen Unternehmensalltag angekommen und von hoher Relevanz sind. Ein Großteil dieser Veröffentlichungen adressiert klar die Notwendigkeiten, wie auch potenzielle Herausforderungen für das „Was" Organisationen tun sollen, geben aber selten konkrete Handlungsanweisungen für das „Wie" dieses Vorgehen zielführend erfolgen kann. Ansätze wie „Stellen Sie den Kunden in den Mittelpunkt Ihres Servitisierungsgedankens" oder „Identifizieren Sie die Möglichkeiten digitaler Technologien zur Optimierung Ihrer Unternehmensprozesse" beschreiben gut, was Unternehmen erreichen wollen, helfen aber bei der ganz praktischen Umsetzung zunächst wenig weiter.

Aus Sicht des Standes der Forschung und Technik existieren Ansätze und Konzepte, die für ganz konkrete Fragestellungen Unterstützung bieten. Die Erstellung und Beschreibung von Geschäftsmodellen als Darstellung der Ausrichtung und Funktionsweise des Unternehmens, kann z. B. anhand des Business Model Canvas von Alexander Osterwalder und Yves Pigneur oder des an der Universität St. Gallen entwickelten Business Model Navigator erfolgen. Zu Unternehmensarchitekturen als ganzheitlicher Ansatz von der Strategie bis zur IT-Implementierung existiert eine Vielzahl von Ansätzen und Rahmenwerken, wie beispielsweise das Zachman-Framework oder das The Open Group Architecture Framework (TOGAF). Grundlegende Konzepte für ein iteratives und kollaboratives Innovationsvorgehen finden sich beispielsweise in der von Winograd, Leifer und Kelley entwickelten Design-Thinking-Methode, der Architecture Development Method (ADM) nach TOGAF oder ganz allgemein im PDCA-Zyklus aus dem Bereich der Qualitätsverbesserung. Auch in Bezug auf die modellbasierte Abbildung von Inhalten lassen sich etablierte Standards und Modellierungssprachen finden. Mit der Unified Modeling Language (UML) konnte beispielsweise eine Modellierungsnotation als Standard im Bereich der Wirtschaftsinformatik zur Abbildung von Systemen und Systemlandschaften etabliert werden, die mittlerweile auch in der ISO/IEC 19505– 2:2012 normiert wurde. ArchiMate® ist eine von der Organisation The Open Group entwickelte Modellierungssprache, die insbesondere auf die Unternehmensarchitekturentwicklung abzielt. Aufgrund ihrer Formalisierung, aber ihres gleichzeitig intuitiven Aufbaus und ihrer allgemeinen Verständlichkeit, eignet sich ArchiMate® gut für die interdisziplinäre Zusammenarbeit zwischen allen Stakeholdern eines Unternehmens.

Es zeigt sich also, dass viele einzelne Ansätze, die für eine Organisation zur Servitisierung und Digitalisierung wichtig sind, bereits in Teilen existieren und beschrieben sind. Es fehlt jedoch ein handhabbarer Ansatz in Form einer durchgängigen Methodik in Verbindung mit einem konkreten „Werkzeugkasten", der insbesondere KMU hierfür ganz praktisch „an die Hand nimmt". Die konkrete Fragestellung lautet also: Wie kann ein kollaboratives Vorgehen für die Digitalisierung und Servitisierung von Geschäftsmodellen auf Basis von Unternehmensarchitekturen aussehen und welche methodischen und konzeptuellen Voraussetzungen sind insbesondere für KMU hierfür notwendig?

Aufbau der Methode

Die vorgeschlagene Methode setzt sich aus drei Hauptbestandteilen zusammen: einem Vorgehensmodell, einem Referenzmodell und konkreten Lösungsbausteinen.

Das Vorgehensmodell dient als Anleitung für den jeweiligen Anwender. Es beschreibt den grundsätzlichen Ablauf, relevante Zwischenschritte und -ergebnisse und ist Grundlage für den kollaborativen Prozess, in dem die erforderlichen Stakeholder zum jeweiligen Zeitpunkt mit einbezogen werden. Das Vorgehensmodell dient somit dem strukturierten Ablauf, der positiven Beeinflussung der Erfolgsfaktoren Zeit, Kosten und Qualität, der Nachvollziehbarkeit und Iterierbarkeit des Prozesses und ist das praktische Hilfsmittel zur Unterstützung der Anwender.

Das Referenzmodell beschreibt und formalisiert die Domäne „Servitisierung und Digitalisierung von Geschäftsmodellen" durch die Definition der Gestaltungsobjekte. Es ist zugleich Ausgangspunkt für die Konstruktion des organisationsspezifischen Modells und dient der Analyse und Evaluation des Status quo, als Grundlage des Soll-Modells sowie als Standard für die interne und externe Kommunikation.

Konkrete Ausprägungen des Referenzmodells werden durch „vorgedachte" wiederverwendbare Modellfragmente in Form von Lösungsbausteine auf der Implementierungsebene erreicht. Diese umfassen insbesondere die Applikations- und Technologieelemente, welche für die Bereitstellung konkreter Servitisierungs- und Digitalisierungsfähigkeiten benötigt werden. Ein kontinuierlich wachsender Inhalt der Lösungsbausteine entsteht durch die iterative Anwendung und Ergänzungen aus der praktischen Nutzung.

Fähigkeitszentrierung

Zentraler Bestandteil der Methode sind die Fähigkeiten (Capabilities) als zentrales Bindeglied zwischen Zielsetzungen zu Servitisierung und Digitalisierung und den technischen und operativen Realisierungskonzepten (siehe Abb. 5.2). Die Fähigkeiten verbinden die strategische Ebene der Unternehmensarchitektur mit der Umsetzungs- bzw. Implementierungsebene. Erst die Fähigkeitszentrierung in dieser Methode ermöglicht häufige, iterative und inkrementelle Veränderungen, die von beiden Seiten getrieben sein kann:

Auf der Zielsetzungsebene lassen sich kontinuierlich neue Themen und Herausforderungen durch Digitalisierung und Servitisierung identifizieren. Immer schnellere technische Innovationszyklen machen immer häufigere, aber kleinere Anpassungen der Unternehmensziele und -ausrichtung notwendig. Dabei verlaufen Wettbewerbs- und Branchengrenzen immer weiter und ermöglichen Unternehmen durch Servitisierung eine Abgrenzung und Schaffung von Alleinstellungsmerkmalen durch einen stärkeren Einbezug der Kundenperspektive. Hier kann eine fähigkeitsbasierte Organisation

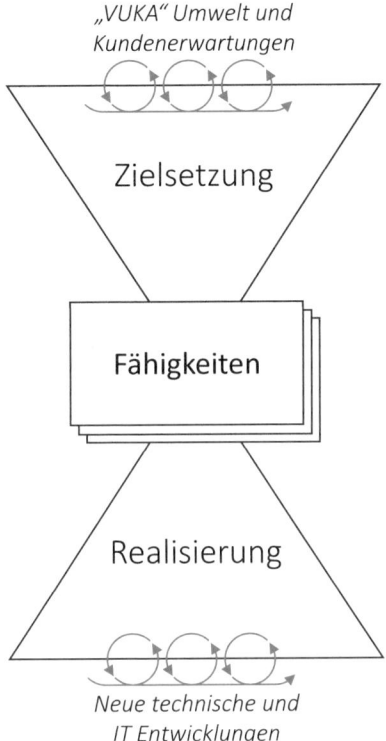

Abb. 5.2 Fähigkeitszentrierung als Schnittstelle zwischen Zielsetzungs- und Realisierungsebene

gegenüber einer klassisch divisionalen Organisation wesentlich agiler und schneller handeln und bestehende Fähigkeiten ergänzen oder ersetzen sowie neue Fähigkeiten in die Organisation einbinden.

Auf der Realisierungsebene entstehen kontinuierlich neue technische Möglichkeiten, die ihrerseits erst Digitalisierung und die darauf basierende Servitisierung ermöglichen. Die Ausrichtung auf Fähigkeiten ermöglicht die gerade für KMU wichtige Flexibilisierung auf technischer bzw. Implementierungsebene durch die Einbindung von Anything-as-a-Service (XaaS) und Provider-Konzepten. Hierbei muss ein Unternehmen längst nicht mehr alle Aspekte der technischen Umsetzung selbst erstellen und betreiben, sondern kann sich je nach Bedarf und zeitlich flexibel die benötigten Services von externen Providern bereitstellen lassen und nutzen. Dies reicht von Infrastructure-as-a-Service (IaaS)-Leistungen, bei denen Hardware-Ressourcen wie reiner Speicherplatz oder Rechenleistung bereitgestellt werden, bis zu Software-as-a-Service (SaaS), bei dem Unternehmen und Anwendern eine Software nicht als Programm, sondern als direkt nutzbare Dienstleistung unmittelbar zur Verfügung gestellt wird. Gerade für kleine Unternehmen liegen die Vorteile in einer höheren Agilität und Flexibilität, da diese nicht erst eingeführt und aufgebaut werden müssen, sondern praktisch „auf

Knopfdruck" verfügbar sind und sich bedarfsabhängig meist einfach skalieren lassen. Neue Technologien lassen sich auf diese Weise auch einfach und vergleichsweise schnell ausprobieren, ohne vorab große Investitionen tätigen zu müssen. Das Unternehmen bindet somit weniger eigene Ressourcen und kann sich auf die Kernwertschöpfung konzentrieren.

Ablauf der Methode

Im ersten Schritt muss die Zielsetzung des Wertversprechens erfasst und beschrieben werden. Hierzu werden die relevanten Kunden- und Marktsegmente mit ihren Bedarfen, ihrer Umsatzattraktivität und Wettbewerbssituation sowie der erwartete Kundennutzen festgehalten. Wie wollen die potenziellen Kundinnen und Kunden ein Produkt nutzen? Welche zusätzlichen Leistungen aus Servitisierungs- und Digitalisierungserweiterungen zu einem physischen Produkt schaffen einen erweiterten Kundennutzen? Diese Ergebnisse werden modellbasiert entsprechend der Vorgaben festgehalten.

Im zweiten Schritt werden abhängig vom jeweils betrachteten physischen Produkt potenzielle Ergänzungen identifiziert, die gegenüber dem Anwender einen Zusatznutzen erzeugen können. Dies können sowohl „Smart Service Elemente" sein, also konkrete Funktionen, wie etwa eine Personalisierungs-, Fernbedienungs- oder Fernwartungsfunktion sowie „Connect Service Elemente" wie beispielsweise Bluetooth-, WiFi- oder ZigBee-Schnittstellen. Für diese Elemente werden im Rahmen der Methode zwar generische Beispiele zur Auswahl vorgegeben, diese können jedoch niemals alle aktuellen Möglichkeiten vollständig abbilden. Hierfür muss bei Anwendung eine Analyse durchgeführt werden bzw. im Rahmen des kollaborativen Vorgehens der Input der jeweiligen Fachabteilungen und Expertinnen und Experten mit einbezogen werden. Auf diese Weise lassen sich jeweils aktuelle Entwicklungen, wie beispielsweise der derzeit aufkommende IP-basierte Thread-Smart-Home-Funkstandard für die direkte Verbindung von Geräten im Internet der Dinge untereinander, berücksichtigen. Die Elemente werden ebenfalls im Modell abgebildet.

Im nächsten Schritt werden analog dazu mögliche Ausprägungen der Geschäftsmodellelemente Kundenbeziehungen (z. B. persönliche Beziehung, Selbstbedienung, Co-Creation), Vertriebskanäle (z. B. direkter oder indirekter Vertrieb, ein eigener Webshop oder Nutzung von Plattformen) sowie Umsatzgenerierung (z. B. Produktverkauf, Nutzungsgebühren oder Abonnementmodelle) erfasst und modelliert. Hierbei geht es genau wie im zweiten Schritt noch nicht um eine Auswahl der subjektiv „besten" Optionen, sondern um das Aufspannen eines zunächst potenziellen und möglichst umfänglichen Lösungsraumes.

Im vierten Schritt erfolgt die Auswahl der erfolgversprechendsten Lösungsoptionen. Ein potenziell erfolgreiches Geschäftsmodell muss jedoch nicht nur aus einzelnen für sich selbst vielversprechenden Elementen bestehen, sondern vor allem in sich und als Ganzes stimmig sein. So ergeben beispielsweise die Elemente „Massenmarkt" als Kundensegment und „individuelle persönliche Unterstützung" als Kundenbeziehung in Kombination offensichtlich kaum ein erfolgreiches Geschäftsmodell, völlig unabhängig davon, wie vielversprechend die einzelnen Elemente für sich auch erscheinen. Bei einem umfangreichen und vielfältigen Lösungsraum, wie er in dieser Methode entsteht, ist es unmöglich, alle potenziellen Geschäftsmodelle als vollständige Kombinationen der einzelnen Elemente zu erfassen, einzeln zu betrachten und zu beurteilen. Hier kommt der kollaborative Ansatz in Form einer kombinatorischen Paarbewertung zum Tragen.

Die einzelnen Lösungsoptionen der Smart-Service-Elemente und Connect-Service-Elemente zum Produkt, der Ausprägungen der Geschäftsmodellelemente sowie der beschriebene Kundennutzen werden jeweils paarweise gegenübergestellt und hinsichtlich ihrer Kongruenz oder Divergenz zueinander bewertet. Die Bewertung erfolgt dabei auf einer Skala von $+3$ für hohe Kongruenz über 0 für indifferente Beziehung zueinander bis -3 für hohe Divergenz. Als Summe der Einzelbewertungen lassen sich somit die erfolgversprechendsten Geschäftsmodelle identifizieren. Bei diesem Vorgehen der Paarbewertungen kommt der kollaborative Ansatz doppelt zum Tragen: Zum einen können für einzelne Bewertungen die jeweiligen Abteilungen und Fachbereiche mit einbezogen werden, um ihre jeweilige Expertise von beispielsweise Vertriebskanälen über Ertragsmechanismen bis hin zu IT-technischen Umsetzungsaspekten mit einzubringen. Zum Zweiten sind derartige strategische Entscheidungen immer Entscheidungen unter Unsicherheit, bei denen der tatsächliche Eintritt sowie alle Rahmenbedingungen nicht mit vollständiger Sicherheit bekannt sind oder vorausgesagt werden können. Die Paarbewertungen werden hierfür mehrfach unabhängig von verschiedenen Personen durchgeführt. Ähnliche Bewertungen einzelner Kombinationen sprechen dabei für eine eher verlässliche Einschätzung, während Kombinationen mit sehr unterschiedlichen Bewertungen Anlass für eine detailliertere Analyse des Sachverhaltes geben.

Für das zuvor identifizierte, erfolgversprechendste Geschäftsmodell ergeben sich nun die hierfür erforderlichen Fähigkeiten. Eine Fähigkeit beschreibt dabei, was ein Unternehmen zu leisten im Stande sein muss, unabhängig von der tatsächlichen technischen oder praktischen Umsetzung. Enthält das potenzielle Geschäftsmodell beispielsweise einen Webshop als Vertriebskanal, so erfordert dies im einfachsten Beispiel eine E-Commerce-Fähigkeit des Unternehmens, welche unter anderem ein Content-Management oder ein Application-Management umfasst. Eine konkrete Fähigkeit kann sowohl durch das Unternehmen selbst realisiert werden, aber auch von externen Providern für ein Unternehmen erbracht werden. Am Beispiel des Application-Managements wäre die Nutzung einer Webshop-Lösung als Platform-as-a-Service oder sogar Software-as-a-Service denkbar. Außerdem lässt sich hierbei überprüfen, inwieweit sich die identifizierten Fähigkeiten mit den aktuell bereits im Unternehmen vorhandenen Fähigkeiten überschneiden. Bei mehreren, ähnlich erfolgversprechenden Geschäftsmodellen lässt sich somit ein solches auswählen, welches die höchste Fähigkeitsübereinstimmung aufweist und den vergleichsweise geringsten Veränderungsaufwand für das Unternehmen bedeutet.

Im letzten Schritt wird eben diese Realisierung der Fähigkeiten durch entsprechende Lösungsbausteine abgebildet. Die Lösungsbausteine umfassen die jeweils benötigten Ressourcen, die wiederum aus einem oder mehreren Elementen einer

Rolle, einer Anwendungskomponente (bestehend aus Soft- und Hardware) oder eines Anwendungsservice bestehen (siehe Abb. 5.3). Diese können auf drei verschiedene Weisen verwendet werden: Zum einen werden sowohl bereits vollständig vorkonfigurierte, generische Lösungsbausteine angeboten, die direkt genutzt und modellbasiert angewendet werden können. Alternativ können diese auch als Vorlage genutzt werden und in Teilen bzw. einzelnen Elementen individuell angepasst oder abgeändert werden. Für gänzlich neue Lösungsbausteine wird eine Schablone bereitgestellt, mit deren Hilfe diese modellbasiert erstellt werden können. Die modellbasierte Abbildung bis auf Umsetzungsebene ist essenziell, um entsprechend des Unternehmensarchitekturkonzeptes darstellen zu können, welche Realisierungs- und insbesondere IT-Komponenten für den Betrieb (beispielsweise des zuvor erwähnten Webshops) erforderlich sind, welche das Unternehmen davon selbst implementieren muss und um die Schnittstellen zu potenziellen externen Service-Providern klar abzubilden. Eine exemplarische Ausprägung eines Lösungsbausteines zur Fähigkeit „Mobile App Management" zeigt Abb. 5.4. Die benötigte Development Platform kann sowohl auf Basis eines eigenen Tech Stacks bereitgestellt werden oder von einem externen Service-Provider als Platform-as-a-Service genutzt werden.

5.4   Ergebnisse und Evaluation

Das Ziel war die Entwicklung einer kollaborativen Methode für die Digitalisierung und Servitisierung von Geschäftsmodellen auf Basis von Unternehmensarchitekturen, mit der insbesondere KMU-Organisationen unterstützt werden können, diese Themen in Form eines handhabbaren, durchgängigen Ansatzes voranzubringen und kontinuierlich im Unternehmensalltag zu verankern. In Form eines „Werkzeugkastens" können die jeweiligen Schritte und relevanten Artefakte anhand konkreter inhaltlicher Vorgaben durch die Anwenderinnen und Anwender erstellt werden. Der Fokus liegt dabei insbesondere auf der Unterstützung des kollaborativen, iterativen Vorgehens durch die Modellbasierung und Fähigkeitszentrierung.

Da die Innovation des Geschäftsmodells ein umfangreicher Prozess ist und insbesondere deren Erfolg sich immer erst zeitlich versetzt beurteilen lässt, ist eine qualitative Evaluation in der Praxis kaum möglich. Stattdessen erfolgen eine Betrachtung und Bewertung der Methode anhand konkreter Beispiele durch Expertinnen und Experten. In der gestaltungsorientierten Forschung sind entwickelte Artefakte auf Nützlichkeit, Qualität und Effizienz in Bezug auf die Adressierung des zugrunde liegenden Problems zu bewerten (vgl. Hevner et al., 2004).

Die Nützlichkeit zeigt sich darin, dass fachlich sinnvolle und einfach zu verwendende Inhalte in Form von konkreten Modellen erstellt werden. Dieser Ansatz endet eben nicht auf Ebene der abstrakten Beschreibung von Servitisierungs- und Digitalisierungsansätzen, sondern zeigt auf, welche Fähigkeiten eine Organisation hierfür benötigt und

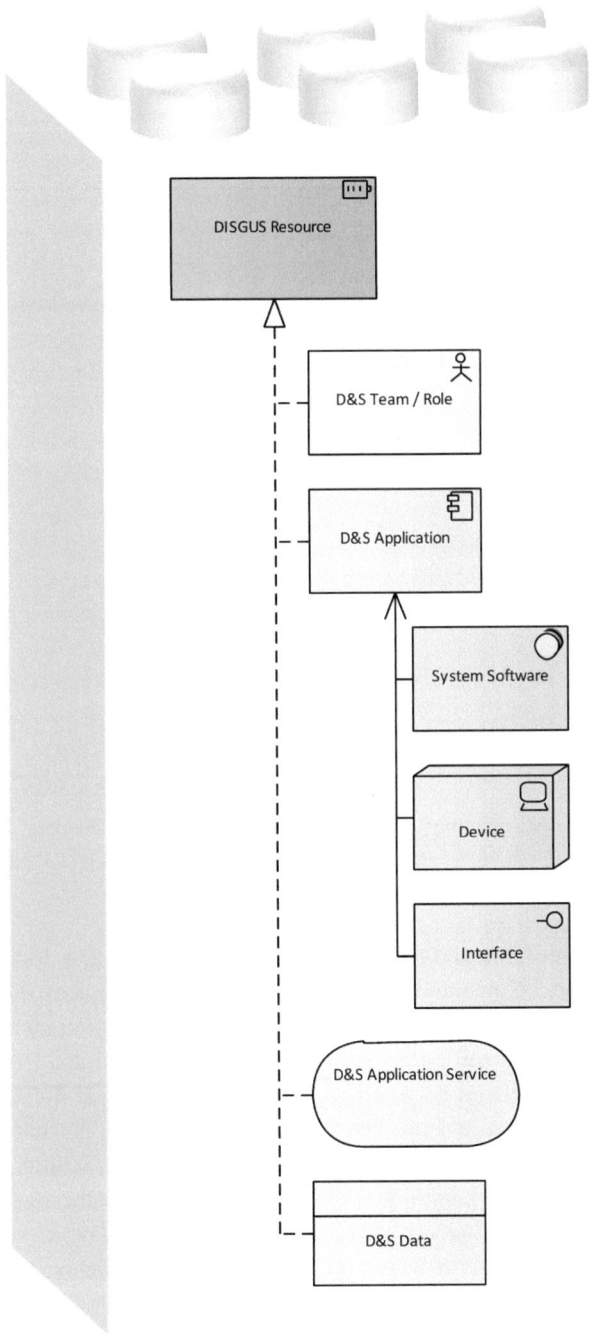

Abb. 5.3 Generische Struktur der Lösungsbausteine

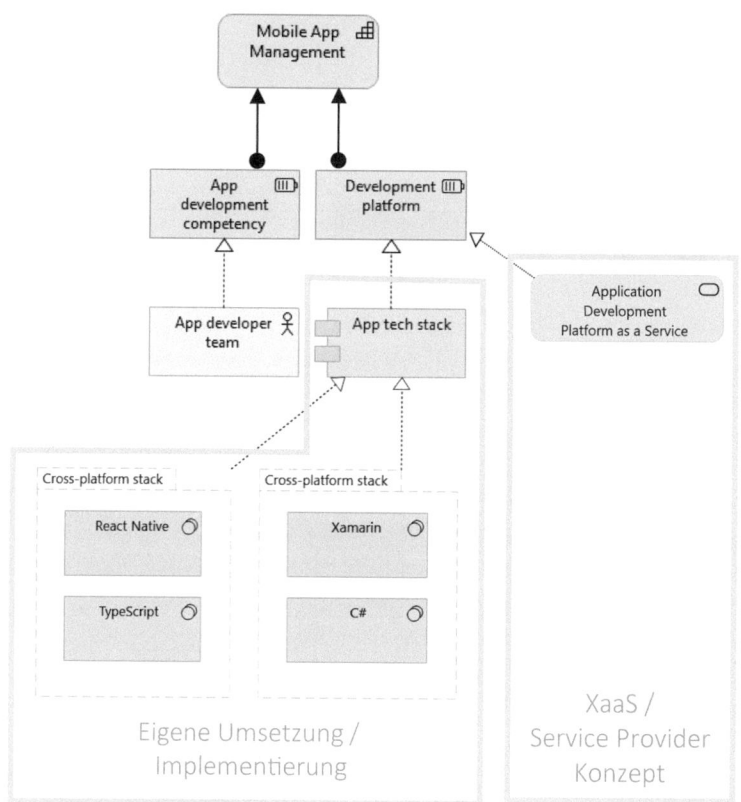

Abb. 5.4 Exemplarische Ausprägung eines Lösungsbausteins zur Fähigkeit „Mobile App Management"

wie diese Fähigkeiten im Unternehmen realisiert werden können. Die Modellbasierung sowie die Definition und Nutzung von Lösungsbausteinen ermöglicht die Wiederverwertbarkeit der Inhalte durch Hinterlegung und Verfügbarmachung in einem Repository, die einfache Wiederauffindbarkeit durch Suche, Selektion, Auswahl und Beschaffung im Repository sowie die Möglichkeit der kontinuierlichen Erweiterung und Verbesserung.

In Bezug auf die Qualität entsprechen die auf diese Weise gewonnenen Ergebnisse den Kriterien der ordnungsgemäßen Modellierung (vgl. Schütte, 1998), das heißt, sie sind grundsätzlich inhaltlich richtig, weisen eine zielbezogene Relevanz auf, sind wirtschaftlich in Bezug auf Anwendung und Einsatzbarkeit, sind verständlich und anschaulich formuliert, in Bezug auf Alternativen vergleichbar und insgesamt systematisch und logisch aufgebaut sowie in sich selbst konsistent.

Effizienz zeigt sich in einer einfachen und nachvollziehbaren Anwendbarkeit. Insbesondere für das kollaborative Vorgehen in Form eines iterativen Prozesses ist eine klare Anleitung für alle Beteiligten notwendig. Das vorgestellte Vorgehensmodell wurde als BPMN-Modell (Business Process Model and Notation) abgebildet und umfasst alle Tätigkeiten (Prozesse und Prozessschritte), die relevanten Rollen und Verantwortlichkeiten sowie Möglichkeiten der organisatorischen Verankerung der einzelnen Abläufe. In einem zukünftigen Schritt kann dieses BPMN-Grundlage für eine Automatisierung mithilfe einer Workflow Engine sein, durch welche die kollaborativen Abläufe automatisch und IT-basiert im Unternehmenskontext abgebildet werden können. Spätestens dieser Schritt der Digitalisierung macht ein kollaboratives, iteratives Vorgehen möglich, welches sich einfach im Geschäftsalltag von KMU-Organisationen parallel zum operativen Betrieb abbilden lässt und allen Beteiligten die Möglichkeit gibt, ihre Ideen, ihr Wissen und ihre Expertise in die strategische Entwicklung des Unternehmens einzubringen.

5.5   Limitationen und Lessons Learned

Natürlich können auch eine solche Methode und eine entsprechende IT-Unterstützung immer nur ein Hilfsmittel für die Anwenderinnen und Anwender sein. Die tatsächliche inhaltliche und strategisch kreative Arbeit muss eine Organisation immer selbst leisten. Dennoch kann dieses Vorgehen hierdurch handhabbarer und zielgerichteter werden, indem Ablauf und Rahmenbedingungen vorgegeben werden und die Beteiligten sich auf die inhaltliche Arbeit konzentrieren können. Zugleich werden aber in Form der Lösungsbausteine auch bereits konkrete inhaltliche Realisierungsansätze für benötigte Fähigkeiten der Servitisierung und Digitalisierung mitgegeben.

Innovationen im Allgemeinen und insbesondere der hier beschriebene Wandel ist kein einmaliges Vorgehen, sondern muss immer kontinuierlich und iterativ angewendet werden. Wenngleich eine Formalisierung des Vorgehens und der (Zwischen-)Ergebnisse durch die Modellbasierung unter Umständen zunächst als Mehraufwand erscheinen mag, liefert dies erst die Grundlage für die allgemeine Nutzbarkeit, iterative (Weiter-) Entwicklungen und ein allgemeingültiges Verständnis von Inhalten über Abteilungs- und Organisationsgrenzen hinweg. Wichtig ist hierfür das Erlernen und Beachten der Modellierungsvorgaben, um den notwendigen Formalisierungsgrad zu erhalten. Der erforderliche Aufwand hierfür kann jedoch durch eine geeignete IT-Unterstützung der Methode auf ein Minimum reduziert werden, indem in den jeweiligen Schritten die benötigten Elemente klar definiert und allgemeinverständlich vorgegeben und angeleitet werden.

Der Wandel von Organisationen von beispielsweise einem klassischen produktorientierten Betrieb hin zu einem Unternehmensfokus auf Servitisierung erfordert und bedingt immer eine Vielzahl von Veränderungen in unterschiedlichen Bereichen und Abläufen. Dabei werden Veränderungen in meist gewohnten Strukturen zunächst häufig als vor allem negativ und unangenehm wahrgenommen. Die Einbindung aller Beteiligten insbesondere in KMU durch ein kollaboratives Vorgehen über den gesamten Prozess hinweg, sorgt nicht nur dafür, dass die inhaltliche Expertise eingebracht wird, sondern insbesondere auch für das „Mitnehmen" aller von Anfang an. Mithilfe einer solchen strukturierten Methode soll es gelingen, nicht nur bessere und effizientere Ergebnisse für die Organisation zu schaffen, sondern auch durch aktive Partizipation den Wandel des eigenen Unternehmens positiver wahrnehmen zu können. Um dies in der Praxis umzusetzen und im Unternehmensalltag zu verankern, ist ein Bewusstseinswandel bei allen Beteiligten notwendig. Während der Fokus in der Vergangenheit meist auf operativer Exzellenz und funktionalen Verbesserungen lag, werden zukünftig Aspekte wie Anpassungsfähigkeit, Flexibilität, Agilität und ein „Entrepreneurship-Denken" vermehrt an Bedeutung gewinnen.

Literatur

Bieger, T. (2011). *Innovative Geschäftsmodelle: Konzeptionelle Grundlagen*. Springer.

Esser, M. R. (2014). Chancen und Herausforderungen durch Digitale Transformation – See more at: http://www.strategy-transformation.com/digitale-transformation-verstehen/#sthash. cFJpdmWE.dpuf. http://www.strategy-transformation.com/digitale-transformation-verstehen/.

Hevner, A. R., March, S. T., Park, J., & Ram, S. (2004). Design science in information systems research. *MIS Quarterly, 28*(1), 75–105.

KPMG. (2015). *CEO Outlook: Transformation ist Chefsache: Studienergebnisse einer Befragung von 125 deutschen CEOs*. https://assets.kpmg/content/dam/kpmg/pdf/2015/08/deutscher-ceo-outlook-2015-secure.pdf.

Rieger, V., Bodenbenner, P., Wagner, T., Tilly, R., Schoder, D., & Seltitz, A. (2015). *Geschäftsmodellinnovation. Neue Wege für nachhaltigen Erfolg*. Detecon Consulting, Köln.

Schallmo, D. (2013). *Geschäftsmodelle erfolgreich entwickeln und implementieren: Mit Aufgaben und Kontrollfragen* (1. Aufl.). Springer Gabler.

Schütte, R. (1998). *Grundsätze ordnungsmäßiger Referenzmodellierung*. Gabler Verlag.

Vandemerwe, S., & Rada, J. (1988). Servitization of business: Adding value by adding services. *European Management Journal, 6*(4), 314–324.

Zimmermann, A., Jugel, D., Sandkuhl, K., Schmidt, R., Schweda, C., & Möhring, M. (2016). Architectural decision management for digital transformation of products and services. *Complex Systems Informatics and Modeling Quarterly, 6*, 31–53. https://doi.org/10.7250/csimq.2016-6.03

Mario Kesseler (M. Eng.) ist wissenschaftlicher Mitarbeiter an der Universität der Bundeswehr in München. Er forscht seit vielen Jahren im Bereich der Digitalisierung, Servitisierung und Geschäftsmodellentwicklung mit besonderem Fokus auf KMU und betreute zahlreiche Projekte im öffentlichen und privaten Sektor.

Univ.-Prof. Dr.-Ing. Andreas Karcher lehrt seit 2003 an der Universität der Bundeswehr München. Er hält dort die Professur für Softwarewerkzeuge und Methoden für integrierte Anwendungen. Zuvor war er bei einer Karlsruher Unternehmensberatung sowie an der Technischen Universität München tätig, wo er nach seiner Promotion 1996 den Forschungsbereich Product Lifecycle Management aufbaute. Seine Schwerpunkte in Forschung und Lehre liegen unter anderem in der digitalen Transformation.

Servicezentrierte Organisation

Ein Konzept zu Innovationsfähigkeit und Effizienz in Unternehmen

6

Ulrich Schüler und Horst Tisson

Inhaltsverzeichnis

Zusammenfassung

Eine Kombination aus Sachgütern und Dienstleistungen ist nicht neu. Allerdings zeigen die Märkte, dass Kundinnen und Kunden zunehmend Services anstelle von Gütern nachfragen und Unternehmen mit einem entsprechenden Angebot Wettbewerbsvorteile

U. Schüler (✉) · H. Tisson
FOM Hochschule für Oekonomie & Management, Hamburg, Deutschland
E-Mail: ulrich.schueler@fom.de

H. Tisson
E-Mail: horst.tisson@fom.de

© Der/die Autor(en), exklusiv lizenziert an Springer Fachmedien
Wiesbaden GmbH, ein Teil von Springer Nature 2022
E. Bollhöfer und S. Weimann (Hrsg.), *Digitalisierung von industriellen Dienstleistungen*,
FOM-Edition, https://doi.org/10.1007/978-3-658-37396-2_6

erzielen. Mit der Einführung des Internets sowie der Digitalisierung von Produkten und digitalen (smart) Services hat sich diese Entwicklung beschleunigt. Neue Geschäftsmodelle entstehen im Kontext einer grundlegend veränderten Wertschöpfung. In zwei zur Service Dominierten Logik (SDL) veröffentlichten Aufsätzen wurde erstmals darauf verwiesen, dass der klassische Güteraustausch nicht mehr im Vordergrund der Kundenanforderungen steht (vgl. Vargo & Lusch, 2004, 2006). Vielmehr erwarten Kundinnen und Kunden den Nutzen an einer Sache. Die Plattformökonomie und nachfrageseitige Skaleneffekte begünstigen den Serviceansatz, verlangen allerdings eine differenzierte Sicht an den Extrempunkten der End-to-End-Prozesse. Auf der Seite der Unternehmenskunden sind die Konsumenten die treibende Kraft für den beschriebenen „Value-in-Use"-Ansatz. Im B2B-Geschäft ist ebenfalls der Nutzenaspekt zu berücksichtigen, wenn sich die Kundin oder der Kunde nicht als intermediär geriert und das Geschäft in Form einer „Schnittstellenbesetzung" selbst sichert. Der Fokus des vorliegenden Artikels ist jedoch zunächst nach innen gerichtet und beschreibt Veränderungen im internen Leistungsaustausch. Es wird der Frage nachgegangen, inwieweit sich Unternehmen servicezentriert organisieren lassen und Prinzipien der SDL angewendet werden können. Nach einer zunächst konzeptionellen Analyse wird ein Ansatz vorgestellt, mit dem eine agile Sicht auf eine serviceorientierte Organisationsgestaltung vorgeschlagen wird und dies Aspekte eines kontinuierlichen Change-Managements einschließt. Anhand von praktischen Projektbeispielen aus den Bereichen IT, HR und Facility Management wird aufgezeigt, welche Effekte servicezentrierte Organisationen in Unternehmen erzielen können. In einem Ausblick gehen die Verfasser des Beitrags auf mögliche zukünftige – auch interorganisationale – Wertschöpfungsmodelle kurz ein.

6.1   Ausgangssituation und Problemstellung

6.1.1   Veränderung der Wertschöpfung

Servitization – eine Kombination aus Produkten und Dienstleistungen – ist nichts Neues: Produktanbieter haben ihren Kundinnen und Kunden schon immer unterschiedliche Dienstleistungsangebote unterbreitet. Das Spektrum reicht dabei von der Wartung bis zu umfänglicheren Betreuungsangeboten. Ein besonders innovativer Einschnitt in diesem Kontext ist das „Power-by-the-hour"-Konzept von Rolls Royce (RR), bei dem den Fluggesellschaften nutzungsbasierend Kosten für das Triebwerk und die Flugstunden in Rechnung gestellt werden, die Gesellschaften das Gut also nicht kaufen. Mit der zunehmenden Digitalisierung und dem Angebot an Portallösungen entstehen in großem Tempo immer neue Wertschöpfungsmodelle, die zwar oft im B2C-Bereich diskutiert werden, aber wie am Beispiel von RR zu sehen, durchaus auch zwischen Business-Partnern ausgetauscht werden können. Mit der Veröffentlichung der SDL durch Vargo und Lusch (2004) wird die Betrachtung nochmals auf ein höheres Level gehoben, indem die SDL ausschließlich von einem Serviceaustausch ausgeht und Güter lediglich als Träger dieser Services betrachtet werden. Kunden fragen Services ab und der Servicenutzen entsteht im Augenblick der Verwendung bzw. Konsumption. Dadurch ergibt sich eine aktive Integration von Kundschaft und Anbietenden im Wertschöpfungsprozess, die bei Weiber und Ferreira (2015, S. 42 ff.) als „Co-Creation of Value" bezeichnet wird. Die Austauschpartner nehmen dabei gleichwertige Rollen in Form von Ressourcenintegration und Ressourcenbegünstigung ein, die Interaktion ist multidirektional. Im B2B-Geschäft kann allerdings auch die Situation eintreten, dass die Kundin oder der Kunde lediglich das Gut ohne besondere Serviceleistungen vom Produzenten bezieht (Ausnahme sind Garantie- und Gewährleistungsservices) und dann selbst in den Serviceaustausch mit dem Konsumenten eintritt. In diesem Fall wird die Kundenschnittstelle neu besetzt, das produzierende Unternehmen vom Konsumenten „abgekoppelt".

Die beschriebenen marktseitigen Veränderungen beeinflussen die Unternehmensorganisation. Geschwindigkeit, Flexibilität und Innovationsfähigkeit erfordern agile und vernetzte Wertschöpfungsmodelle, Organisationen müssen sich auf differenziertere und serviceorientierte Anforderungen einstellen. Das verlangt trotz zunehmender Agilität ein sinnvolles Maß an Standardisierung und Modularisierung, um weiterhin effizient „produzieren" zu können.

6.1.2 Digitalisierung beginnt in der Unternehmensorganisation

Digitalisierung – ein Phänomen, das im Unternehmensumfeld bereits seit den 1960er-Jahren bekannt ist. Dabei lag der Fokus in den darauffolgenden 30 Jahren auf der Automatisierung. Das Verringern menschlicher und als störanfälliger betrachteter Anteile an betrieblichen Prozessen (insbesondere auf die industrielle Produktion fokussiert) stand im Zentrum zahlreicher Reorganisationsprojekte (vgl. Scheer, 1987). Heute ist die Digitalisierung von Unternehmen deutlich weiter gefasst: Bei der Hochautomation von Prozessen geht es nicht mehr nur um betriebsinterne Prozessstrukturen. Längst geht es um die umfassenden Ökosysteme der Märkte und die Vernetzung betriebsübergreifender Prozesse respektive die gesamte Supply Chain (vgl. Hahn, 2002). Grund für die umfassendere Sicht auf das Ziel einer Digitalisierung ist die Tatsache, dass Leistungsaustausche markt-, branchen- und organisationsübergreifend an Komplexität gewinnen, von Unternehmen zuweilen als geradezu unberechenbar beschrieben werden. Der Zwang, zunehmend dynamischer auf stetig ändernde Marktanforderungen reagieren zu können, hat bereits bei den meisten Unternehmen zu der Erkenntnis geführt, dass eine erweiterte Sicht auf eine Digitalisierung der Unternehmen entstehen muss. Digitalisierung verfolgt nicht nur die Aufgabe, eine schlanke und effiziente Ablauforganisation durch den intensiven Einsatz digitaler, technischer Hilfsmittel zu schaffen. Der Ansatz, sich auf die Erneuerung der Unternehmens-IT zu beschränken mit dem Ziel, die unternehmensinternen Legacy-Systeme durch State-of-the-art-Systeme auszutauschen, greift deshalb zu kurz. Es geht darum, das gesamte organisatorische Umfeld bei der Gestaltung eines digitalisierten Unternehmens zu erfassen. Damit rücken sämtliche Stakeholder des betrieblichen Geschehens in den Fokus, angefangen bei den Kundinnen und Kunden über die betrieblichen Mitarbeitenden bis hin zu behördlichen Institutionen. Das bedingt auch, sich von traditionellen Organisationsformen zu verabschieden und neue Wege einzuschlagen.

Viele Entscheiderinnen und Entscheider setzen darauf, eine Agilisierung der Unternehmen zu erwirken. In den verschiedensten Branchen laufen bereits seit Jahren entsprechende Reorganisationsprojekte. Stetig wächst die Zahl von konzeptuellen Ansätzen einer agilen Organisation. Ideen zur Agilisierung gibt es also inzwischen zuhauf. Indes zeigt sich bei der Durchführung von entsprechenden Veränderungsprojekten in Unternehmen ein recht typischer Verlauf: Wird von der Unternehmensleitung erkannt, dass die Geschäftsentwicklung mit den in der Vergangenheit erfolgreichen Vorgehensweisen nicht den gewünschten Erfolg birgt, so wird als Nächstes auf die neuen, erfolgreichen Marktteilnehmer geschaut. Das sind oft die „*tech-Firmen" wie beispielsweise FinTech, InsureTech oder PropTech. Offensichtlich haben diese Firmen es geschafft, sich mit agilen Vorgehensweisen Märkte – zumindest in Teilbereichen – zu erobern. Neue Serviceleistungen und -produkte werden von diesen Firmen erfolgreich im Markt platziert. Es erscheint aus Sicht der etablierten Unternehmen konsequent, die eigene Organisation ebenfalls agiler zu gestalten. Die Entscheidung für eine Reorganisation fällt dann schnell. Die Umsetzung trifft allerdings auf vielfache interne Hindernisse: Es ist nicht einfach, bestehende Abläufe, Rollen und Positionen aufzulösen und in neue Konzepte umzuwandeln. Im Zusammenhang mit einer Unternehmensreorganisation fallen oft vier Hauptproblembereiche auf:

- **Unternehmensleitungen:** Es wird nicht selten unterschätzt, mit welcher Dynamik sich das Unternehmensumfeld verändert. Und nur eine „nachhaltig schnellere" Organisation kann der Schlüssel für eine bessere Innovationsfähigkeit sein. Aber es kommt aus verschiedenen Gründen vielfach zu falschen Priorisierungen der notwendigen Veränderungsinvestitionen und halbherzigen Organisationsumbauten mit Besitzstandswahrungen. Auch die Wechselwirkungen zwischen Organisationsänderungen, Kultur und Führung werden meist falsch eingeschätzt, wichtige Rahmenbedingungen nicht geschaffen.
- **Widerstände der Akteure:** Langjährig eingeübte Rollen und Routinen erschweren es, neue Rollen und Verfahrensweisen anzunehmen. Der Blick ist oft rückwärts gerichtet und es wird darauf hingewiesen, dass in der Vergangenheit mit den bekannten Vorgehensweisen erfolgreich gearbeitet wurde. Besonders problematisch kann es dann auch sein, wenn junge Mitarbeitende mit einer differenten Sicht auf die Organisationsgestaltung mit diesen Akteurinnen und Akteuren zusammenarbeiten müssen.
- **Technologien und Systeme:** Die neuen, geplanten organisatorischen Strukturen, Rollen und Verfahrensweisen passen nicht zu den vorhandenen technologischen Rahmenbedingungen. In der Regel lassen sich monolithische Legacy-Systeme nicht in der gleichen Geschwindigkeit ablösen, wie agile Konzepte in den Projekten

implementiert werden sollen. Auch der Ansatz, organisatorische Probleme durch den (weitestgehend ungeprüften) Einsatz von neuen Anwendungssystemen zu lösen, entpuppt sich oft als Fehler.

- **Agile Servicestrukturen:** Neue Organisationskonzepte gehen von einem interagierenden Netz agiler Teams aus (vgl. Kastner & Leffingwell, 2019). Klassisch vordefinierte Prozessstrukturen definieren einen meist strikten Ablauf von Aufgabenbeiträgen. Ein agiles Zusammenspiel von Teams verlangt jedoch, dass Servicestrukturen definiert werden, in denen jeder Service zwar exakt definiert ist, die Prozesse jedoch serviceintern wie auch serviceineinandergreifend flexibel und anforderungsgerecht gestaltet werden können.

Digitalisierung als Programm muss demnach im Kern die Bereiche „People, Organisation und Systeme" umfassen sowie Steuerungsmodelle etablieren, die zu mehr Flexibilität und Innovation führen. Mithilfe einer servicezentrierten Organisationsform ist das möglich.

6.1.3 Der Innovationsdruck steigt

Unternehmen werden sich zukünftig immer wieder neu erfinden müssen, weil die Wertschöpfungsmuster einem kontinuierlichen Wandel unterliegen. Während früher nach dem „Pipeline-Prinzip" linear abgearbeitet wurde, lebt die Internetwirtschaft zunehmend von nachfrageseitigen Skalen- und Netzwerkeffekten. Plattform, Vernetzung und der flexiblere Einsatz von Ressourcen führen in immer größerem Maße zu einer Orchestrierung von wertschöpfenden Aktivitäten – auch außerhalb der eigenen Unternehmensgrenzen (vgl. Van Alstyne & Parker, 2017, S. 25). Treiber in diesem Kontext sind technologische Entwicklungen und die Verfügbarkeit immer größerer Datenmengen, neue (digitale) Geschäftsmodelle von Mitbewerbern und disruptiven Neueintritten sowie ein verändertes Kundenverhalten: Kundinnen und Kunden sind aufgeklärt und fordern die Individualisierung von Produkten und Serviceleistungen. Unternehmen sollten sich darauf einstellen, dass Kundinnen und Kunden zunehmend in Services denken. Ihr „Digital Mindset" oder auch der „Digital Lifestyle" (Meyer, 2016, S. 84 ff.) sind ausgeprägt. In der Kundenbeziehung streben sie nach Einfachheit, Flexibilität und vermeiden Bindungen. Der Besitz an Sachen tritt zunehmend in den Hintergrund und der sogenannte „value in use" spielt eine dominierende Rolle (vgl. Zolnowski & Böhmann, 2013, S. 11).

Um als Unternehmen in der Dynamik bestehen, ja besser noch die Innovationsschritte selbst bestimmen zu können, muss es auf Marktveränderungen flexibel reagieren können und zudem mit einer agilen Organisation erneuerungsfähig sein. Das bedarf jedoch einiger grundlegender Veränderungen im Unternehmen. Vielfach sprechen kulturelle Aspekte und bisherige Führungskonzepte gegen eine erfolgreiche Agilisierung der Unternehmen. Unternehmensführungen sollten es verstehen, dass schnelle Anpassungen respektive Veränderungen nur über Delegation und Selbststeuerung, Interdisziplinarität sowie Motivation funktionieren. Projekte sind zwar strategisch revolvierend zu planen,

sollten aber in der Durchführung in kleinen Zeitfenstern abgearbeitet werden. Dabei ist
den verschiedenen Teams lediglich ein Handlungsrahmen vorzugeben, die Verantwortlichkeit und Entscheidungsgewalt ist dezentralisiert.

Werden Austauschbeziehungen unternehmensintern und -übergreifend als Serviceerbringung und -konsum auf der Grundlage von definierten Bedingungen verstanden,
so entstehen im Unternehmen sogenannte Service Ownerships (Einzelpersonen oder
Teams), Verantwortlichkeiten für einzelne Services und deren kundenzentrierte Bereitstellung. Wird außerdem für die Services das Lifecycle-Konzept angewendet, sind
Service Owner sowohl für den Betrieb als auch die Erneuerung der Services verantwortlich und damit quasi Unternehmer im Unternehmen. Das hat erfahrungsgemäß positive
Auswirkungen auf die Motivation und den Einsatz der Mitarbeitenden, stellt aber auch
neue Anforderungen an diese. Der Ansatz zur Einführung einer servicezentrierten
Organisation ist die logische Konsequenz aus erfolgreichem IT-Servicemanagement,
Ansätzen eines Beyond-IT-Servicemanagements und der SDL.

6.2   Theoretischer Hintergrund

6.2.1   Flexibilität und Agilität

Organisatorische Flexibilität bezeichnet die Fähigkeit einer Organisation, sich schnell
an neue oder sich verändernde Umweltbedingungen anzupassen. Für Volberda (1998) ist
Flexibilität kein statischer Zustand, sondern ein dynamischer Prozess, in dem die Zeit
ein essenzieller Faktor darstellt. Und weiter: „Organizational flexibility derives from
the control capacity of the management and the controllability of the organization."
(Volberda, 1998, S. 81) Damit verbunden sieht er zwei wesentliche Aufgabenbereiche:
ein geeignetes Management und ein geeignetes organisatorisches Design (vgl.
Volberda, 1998, S. 97). Volberda trifft die Unterscheidung zwischen rigider, geplanter,
flexibler und chaotischer Unternehmenskonfiguration. Insgesamt wird klassischerweise
die Gestaltung von Flexibilität als Aufgabe des Top-Managements in einem immer
dynamischer werdenden Umfeld gesehen. Er spricht in diesem Zusammenhang auch von
„Environmental Turbulence". Flexibilität wird also stets vom Umfeld einer Organisation
getrieben. Evans (1991) definiert Agilität als einen wichtigen Aspekt von Flexibilität.
Er sieht die vorausschauende und offensive Grundhaltung der Organisation als wesentlich und verbindet den Begriff mit „Vielseitigkeit". In seiner Sicht bezeichnet Agilität
die Fähigkeit, situationsbedingt von einem Plan abweichen zu können. Zobel (2005)
definiert Agilität als die Fähigkeit einer Organisation, auch bei unvorhergesehenen Ereig-
nissen handlungsfähig zu bleiben. Er benennt vier Eigenschaften eines agilen Unternehmens: aggressiv, dynamisch, kontextabhängig und wachstumsorientiert.

Mit der Veröffentlichung des Agilen Manifests (vgl. Beck et al., 2001) erringt
das Konzept von Agilität eine stärker operative Ausrichtung. Auf den Bereich der
kommerziellen Softwareentwicklung fokussiert entwickelt sich bald eine Reihe von

agilen Ansätzen, wobei Scrum schnell zum verbreitetsten Ansatz wird (vgl. Schwaber & Beadle, 2001). Zunächst für kleinere Teamstrukturen in Entwicklungsprojekten konzipiert, werden die Konzepte erweitert auf Aufgabenstellungen in größeren Projekt-zusammenhängen (vgl. Cohn, 2006). Schließlich erscheinen erste Konzeptionen für das Ausweiten des agilen Vorgehens auf andere Aufgabenstellungen als Softwareent-wicklung. Mit dem SAFe-Modell (siehe Abschn. 6.2.2) wird der erste unternehmens-weite Ansatz einer agilen Organisation vorgelegt.

6.2.2 Organisationsformen verändern sich

Klassische Organisationsprinzipien favorisieren hierarchische Strukturen, in denen zwischen Planung und Ausführung unterschieden wird. Auch wenn diese Prinzipien dazu bereits von Taylor (2011) beschrieben wurden, sind sie doch bis heute in einigen Organisationen noch vorherrschend. Damit verbunden ist das Prinzip der Delegation, also die von höheren Hierarchien an untergeordnete Stellen übertragene Verantwortung für die Ausführung von Arbeitsaufträgen. Ergebnis dieser Art der Arbeitsorganisation ist, dass sich Mitarbeitende stark belastet fühlen. Effizienzdruck und falsche Schwerpunkt-setzungen (z. B. extrinsische Entlohnungssysteme, hierarchische und überwachende Führungsstile, fehlende Eigenschaften wie Vertrauen, Transparenz oder Wertschätzung) führen dazu, dass Mitarbeitende weniger Engagement zeigen, sich nicht mehr so stark an Unternehmen gebunden fühlen und ihren Wünschen und Neigungen außerhalb der Firma nachgehen. Mit der Einführung von flachen Hierarchien wurde dieses Prinzip aufgebrochen: Ein Entledigen von mittleren Hierarchien führte dazu, den operativen Akteurinnen und Akteuren mehr Eigenverantwortung für die Bearbeitung von Arbeits-aufträgen zu übergeben. Eigenverantwortung bedeutet dabei, dass die Art und Weise, wie das gewünschte Arbeitsergebnis erreicht werden sollte, den Ausführenden überlassen wird. Erste Erfahrungen von Selbststeuerungsprinzipien in den ausführenden Stellen in den 1970er-Jahren zeigten, dass dies vermehrt Effizienzsteigerungen in den Prozessen in Bezug auf Durchlaufzeiten, Qualität und Kosten mit sich brachte. Die Auftragsvergabe verblieb in diesem Stadium dennoch bei den planenden Managementbereichen.

Das Prinzip der Selbststeuerung wurde mit der Einführung teilautonomer Arbeits-gruppen erweitert (vgl. Kern & Schumann, 1984). Drei Zielgrößen wurden dabei definiert: Das Abwenden von monotonen, zerstückelten Tätigkeiten hin zur Übernahme ganzheitlicher Aufgaben (job enlargement), das Definieren von qualifizierten Tätig-keiten (job enrichment) sowie das Rotieren von Aufgaben in den Teams (job rotation). Alle Aspekte der Planung, Koordination, Ausführung und Kontrolle werden dabei den Teams überlassen. Selbstorganisation ist ein Kernkonzept in agilen Organisations-ansätzen. In der Folge von Ansätzen zu teilautonomen Teams wird oft die Veröffent-lichung von Takeuchi und Nonaka (1986) als wegweisendes agiles Konzept genannt. Sie benennen sechs Charakteristika eines ganzheitlichen Ansatzes: „... built-in instability, self-organizing project teams, overlapping development phases, 'multilearning,' subtle control, and organizational transfer of learning." Mit den immer größer werdenden Herausforderungen bei der Entwicklung kommerzieller Software-Systeme wuchs die Erkenntnis, dass klassische Projektorganisationen, die sehr stark auf lange Planungshorizonte und Delegation von Projektaufgaben durch die Projektleitung setzen, allzu oft die Projektziele in den relevanten Parametern Zeit, Budget und Qualität verfehlten. Neue Konzepte wurden gesucht. In den 1990er-Jahren entwickelte sich die Evolutionäre Softwareentwicklung (vgl. Floyd et al., 1989; v. Foerster & Floyd, 1992; Floyd & Piepenburg, 1993), die viele Aspekte einer agilen Softwareentwicklung bereits vorwegnahm. In den folgenden Jahren entstanden viele Diskussionsbeiträge zu agilen Arbeitsformen.

Breiter bekannt wurde das Paradigma der agilen Softwareentwicklung durch die Veröffentlichung des Agilen Manifests (vgl. Beck et al., 2001). Aus der Gruppe der Verfasser dieses Manifests heraus entwickelten sich eine Fülle von agilen Ansätzen, die allesamt Methoden und Konzepte für eine agile Softwareentwicklung in Teams vorlegten. Am bekanntesten ist der Scrum-Ansatz (vgl. Schwaber, 2007). Darüber hinaus wurden technikzentriertere Ansätze, z. B. Extreme Programming (vgl. Beck, 2005), Test Driven Development (vgl. Fraser et al., 2003) oder auch gruppenzentrierte Ansätze wie Crystal Clear (vgl. Cockburn, 2004) verfolgt. Der nachweisbare Erfolg agiler Vorgehensweisen in Software-Entwicklungsprozessen in zunächst kleinen Teams, zumeist mit dem Scrum-Ansatz (vgl. Bitkom, 2018), führte dazu, die agilen Prinzipien auch auf Großvorhaben übertragbar zu machen. Es wurden erweiterte agile Frameworks erarbeitet, die für Konzernumgebungen nutzbar gemacht werden konnten. Was ursprünglich als Konzept für eine erfolgreichere Softwareentwicklung begann, dient inzwischen als Paradigma für das gesamte Unternehmen: die agile Geschäftsabwicklung. In den digitalisierten, internationalen Märkten kann kein Unternehmen mehr darauf verzichten, schnelle Entscheidungen treffen zu müssen und die passenden Ressourcen geschäftsvorfallbezogen zur rechten Zeit zuzuordnen. Bis heute wurde eine Reihe von Ansätzen von unternehmensweiter Agilität vorgelegt (Scaled Agile Framework, SAFe®, vgl. Kastner & Leffinwell, 2019; Large Scale Scrum, LeSS, vgl. Larman & Vodde, 2017; Disciplined Agile, DA, vgl. Ambler & Lines, 2017; ScrumScale, vgl. Sutherland, 2021; u. a.) wobei das Scaled Agile Framework® (SA-Fe®) wohl zu den bekanntesten gehört und inzwischen auch in vielen großen Unternehmen eingeführt wurde.

Im Scaled Agile Framework® (SAFe®, vgl. Kastner & Leffinwell, 2019) verweisen die Verfasser darauf, dass zwei parallel wirkende Betriebssysteme in Unternehmen wirken müssen: Das Erste bezeichnen sie als hierarchisch, in welchem die skalierbaren Aspekte einer wirksamen Organisation die nötige Effizienz und Stabilität zur Geschäftsabwicklung bieten. Gemeint sind damit alle (klassischen) betrieblichen Funktionen wie beispielsweise Sachbearbeitung, administrative Dienstleistungen und Compliance-Regeln. Das Zweite ist für die Verfasser das kundenzentrierte Netzwerk, aus dem heraus schnell innovative Lösungen an den Markt gebracht werden können. Im vorliegenden Artikel wird das Kundennetzwerk in einem weiteren Verständnis auch auf interne

Kunden-Lieferantenbeziehungen ausgedehnt. Es werden sieben Kernkompetenzen für eine agile Geschäftsabwicklung („Agile Business") benannt: „Lean Portfolio Management"; „Organizational Agility"; „Continuous Learning Culture"; „Team and Technical Agility"; „Agile Product Delivery"; „Enterprise Solution Delivery"; „Lean Agile Leadership". Die Führungsebene muss durch ihre Führungspraxis die Werte eines „lean agile mindsets" im Unternehmen aktiv fördern. Dies, indem sie als Vorbild den Werten Authentizität, emotionale Intelligenz, permanentes Lernen, Andere fördern, dezentralisierte Entscheidungen, folgen. Darüber hinaus sollen sie die kontinuierlichen Änderungsprozesse führen („leading change"), indem sie eine Kultur der Änderung auf allen Ebenen fördern (change vision; change leadership; coalition for change; psychological safety; training). Weiterhin werden zehn Leitlinien zur agilen Praxis benannt, von denen exemplarisch die Einnahme einer Systemsicht, das inkrementelle Vorgehen in kurzen Iterationen, die Begrenzung des Work-in-Progress (WIP) sowie die bereichsübergreifende Synchronisation genannt seien.

Agile Teams werden als die elementaren Bausteine einer agilen Organisation gesehen. Die Mitglieder der Teams sind bereichsübergreifend („cross-functional") und bündeln gemeinsam die notwendigen Fähigkeiten und Fertigkeiten, um die geforderten Werte und Ergebnisse zu definieren, zu produzieren, zu testen und auszuliefern. Das Erreichen der Unternehmenslösungen kann nur unter Kooperation einer Reihe von spezialisierten Teams gelingen. In dem Ansatz wird gefordert, Teams von agilen Teams zu bilden, die in einem „Agile Release Train (ART)" gebunden werden. Unter dem Aspekt der Kundenzentriertheit sollen die Teams den Fokus auf die Kundenanforderungen legen. Sie werden angehalten zu denken und zu fühlen wie die Kundin oder der Kunde. Dazu wird der Design-Thinking-Ansatz (vgl. Lewrick et al., 2018) vorgeschlagen. Die zu leistenden kurzen Entwicklungszyklen („Program Increment, PI") folgen dann ganz den Scrum-Prinzipien. Technische Agilität wird nach den DevOps-Prinzipien unter Anwendung einer Continuous Delivery Pipeline erreicht. Ersteres bezieht sich auf die organisatorische Zusammenlegung von Entwicklungs- und Operations-Bereichen. Letzteres lehnt sich an das technische Konzept der Deployment Pipeline im Software Deployment an (vgl. Humble & Farley, 2012). Unternehmenslösungen werden unter Koordination von Agile Release Trains als Solution Train konzeptioniert. Dabei werden auch externe Dienstleistungen koordiniert eingebunden. Schließlich wird die Entwicklung eines Lean Portfolio Managements in einem Zusammenspiel von Strategie und operativem Betrieb angestrebt: Kooperation zwischen Strategie/Investment, Agile Portfolio und Lean Governance.

Skalierbar wird der SAFe®-Ansatz im Hinblick auf das Lösungsspektrum sowie die Team-Anzahl und -größe über vier Konfigurationsmöglichkeiten: Essential-, Large Solution-, Portfolio- und Full SAFe®. Erstere wird als die Grundkonfiguration einer agilen Organisation bezeichnet, mit den Ausprägungen „Lean-Agile Leadership", „Team and Technical Agility" und „Agile Product Delivery". Letztere integriert alle sieben Kernkompetenzen zur Entwicklung und Pflege großer, integrierter Unternehmenslösungen.

6.2.3   Entstehung einer neuen Servicewelt

Das IT-Service-Referenzmodell ITIL® (Information Technology Infrastructure Library) ist in den 1980er-Jahren auf Initiative einer Beratungsstelle der britischen Regierung entstanden. Auslöser war die zunehmende Abhängigkeit der Institutionen von der Informationstechnologie. Das Ziel war es, die Qualität und Transparenz von IT-Dienstleistungen gegenüber den IT-Kunden zu erhöhen (vgl. Johannsen & Goeken, 2007, S. 150). Insgesamt gab es bis zur Version 3 im ITIL® Framework über 30 verschiedene Prozesse, deren Ergebnis definierte Services sind, z. B. Serviceprozesse, die auf den Ausfall von Systemen (Incident-Prozess), das Auftreten von Problemen (Problem-Prozess) reagieren oder auch Themenbereiche wie Unternehmensstrategie und IT-Alignment, „Customer Relationship", Change-Management (im Sinne von Systemänderungen) und viele mehr abdecken. Grundlegend für diesen Ansatz ist: „A service is a means of delivering value to customers by facilitating outcomes customers want to achieve without the ownership of specific costs and risks." (Beims, 2010, S. 3).

In der aktuellen Version von ITIL® (Version 4, Stationary Office 2019) wird ein „Service Value System (SVS)" präzisiert. Es werden Leitlinien, Servicepraktiken sowie Governance-Strukturen beschrieben, auf deren Grundlage eine „Service Value Chain (SVC)" etabliert werden soll. Als weiteres Prinzip wird die kontinuierlichere Verbesserung der im Unternehmen etablierten Prinzipien und Praktiken gefordert. Bezogen auf die SVC sollen anforderungsorientiert, also letztendlich kundengetrieben, Produkte und Services definiert, (weiter-)entwickelt und bereitgestellt werden, die einen Mehrwert für die Kundin oder den Kunden bieten. Dazu werden sieben Leitlinien („guiding principles") benannt, durch die Kultur und Verhalten der serviceanbietenden Organisation dem Zweck für die Kundin oder den Kunden einen Mehrwert zu liefern dienen. So verfolgt ITIL im Servicemanagement einen holistischen Ansatz, der Organisation, Menschen, Technologie, Partnerorganisationen und Wertschöpfungsketten integriert. Unter operativen Gesichtspunkten werden 14 allgemeine Praktiken (z. B. Wissensmanagement, Projektmanagement, service financial management), 17 Servicemanagement-Praktiken (z. B. service configuration management, service catalogue management, service level management) sowie drei Technik-Management-Praktiken (deployment management, infrastructure and platform management, software development and management) benannt. Services sind die Ergebnisse, die Serviceanbieter (spezielle IT-Serviceeinheit/Service Owner) gegenüber dem Serviceempfänger erbringen. Die Serviceempfänger können verschiedene Unternehmenseinheiten und in der Spitze der Fachbereich sein, der für einen oder mehrere Geschäftsprozesse verantwortlich ist. Ein Service ist demzufolge das Ergebnis eines Serviceprozesses und zugleich der Input für einen oder mehrere nachfolgende Serviceprozesse (vgl. Schmidt & Dohle, 2009, S. 25). Vor dem Hintergrund von Kosten- und Risikoverantwortung ist die aktuelle Diskussion zur Einführung von Self-Services interessant. Damit werden Aufgaben und Prozesse an die heutigen Nutzerinnen und Nutzer übertragen, für die sie schließlich auch die Kosten und Risiken selbst tragen.

Serviceorientierung ist in der IT ein seit Langem diskutiertes Thema. Mit Blick auf IT-Architekturen sind die Nachteile großer monolithischer Systeme im Laufe der Jahrzehnte immer dringlicher geworden. Solche Systeme stellen alle benötigten fachlichen Funktionalitäten in einem untrennbar verflochtenen Programmpaket bereit. Erweiterungs- und Änderungsanforderungen aufgrund sich verändernder operativer Rahmenbedingungen sind dabei nur bedingt und mit einem hohen Aufwand einzuarbeiten. Auch die einfache Modularisierung solcher Systeme brachte zumeist nicht den gewünschten Effekt einer besseren Anpassbarkeit und höheren Flexibilität. Hier trifft stets die bereits 1968 von Conway formulierte Erkenntnis, die als Conway's Gesetz bekannt wurde: Demnach entwickeln Unternehmen ihre Systeme als Kopien ihrer Kommunikationsstrukturen. Systematische Innovation wird zu einem schwer lösbaren Problem. Conway fordert deswegen vom Management „… keeping their organizations lean and flexible" (Conway, 1968, S. 31). In den 1990er-Jahren entwickelt sich das Konzept der Serviceorientierten Architektur (SOA – vgl. Abrams & Schulte, 2008). Kernmerkmale einer solchen Architektur sind ein modularer Aufbau in einfachen funktionalen Komponenten, die über definierte Schnittstellen zusammenarbeiten. Diese funktionalen Komponenten werden als spezialisierte Services realisiert. Die einzelnen Module müssen unabhängig voneinander auch auf verteilten Rechnern laufen können. Funktionale Module müssen leicht austauschbar sein durch gegebenenfalls erweiterte Module einer vergleichbaren Funktionalität. Hier ist die Bedingung, dass die definierten Schnittstellen zwischen Modulen standardisiert sind und damit Services von serviceanbietenden Modulen flexibel von servicekonsumierenden Modulen genutzt werden können. Schließlich müssen Module mehrfach parallel nutzbar sein.

Microservices (vgl. Lewis & Fowler, 2014; Wolff, 2018; Newman, 2019) bilden das verfeinerte Konzept zum serviceorientierten Ansatz in der Softwareentwicklung. Im Unterschied zur SOA werden die einzelnen Module feinkörniger, mit einem elementaren Funktionsumfang, aber mit einer stets standardisierten Schnittstelle, die beliebige Nutzerinnen und Nutzer eines angebotenen Service anforderungsgerecht in ihre spezifischen Funktionen einbinden können. Ziel dieses Architekturprinzips ist es, auch einfache Anwendungen aus unabhängigen kleinen Modulen, den Services, zu entwickeln. Die Vorteile liegen besonders in einer deutlich höheren Änder- und Wartbarkeit der Anwendungssysteme. In einer SOA-Umgebung ist eine Art Broker-Komponente notwendig. Alle funktionalen Module („Services") müssen sich bei diesem Broker anmelden. Alle Anfragen zur Nutzung eines Service gehen bei der Broker-Komponente ein und es werden die passenden Services vermittelt. Bei Microservice-Architekturen entfällt diese Broker-Komponente zugunsten eines vereinheitlichten, standardisierten Kommunikationsprotokolls, das alle servicebereitstellenden und servicenutzenden Module teilen.

Jenseits technischer Infrastrukturmodelle weisen die Ansätze einer serviceorientierten Architektur sowie die Konzepte der Microservices auf Chancen mit Blick auf Unternehmensarchitekturen. Das Aufbrechen klassischer funktions- und prozessorientierter Organisationsstrukturen hin zur Bestimmung der für die Unternehmensziele zentral zu erbringenden Dienstleistungen/Services ist ein wesentlicher Schritt im Sinne eines servicezentrierten Organisationsansatzes. Es gilt also einerseits die Menge der unternehmensintern wie auch extern zu erbringenden Services in einem ersten Schritt zu definieren. Services koordiniert zu erbringen in einem komplexen Organisationsgefüge ist nicht trivial. Es gilt in weiteren Schritten entsprechende Servicevereinbarungen zu definieren, um diese notwendige Koordination leisten zu können. Offen ist allerdings die Frage, in welcher Form diese Koordination gestaltet werden kann: Braucht es eine Koordinationsstelle, die den zentralen Überblick über alle angebotenen Services innerhalb einer Organisation katalogisiert und bedarfsgerecht zwischen Serviceerbringern und Servicekonsumenten vermittelt? Oder ist es möglich, die notwendigen Kommunikationsschnittstellen zwischen den Services zu vereinheitlichen?

Für die Definition, Bereitstellung und Koordination von Services nach innen wie nach außen können zwei Ansätze verfolgt werden: Entweder werden die für die Erfüllung der Unternehmensziele notwendigen Services als autarke Einheiten mit klar definierten Schnittstellen definiert. Problematisch wird dabei aber schnell, dass alle interagierenden Services von all den zu einem Zeitpunkt verfügbaren Services Kenntnis haben müssen. Darüber hinaus wird die Koordination einer Gruppe von Services immer komplexer, wenn die einzelnen Einheiten selbstständig diese Koordination übernehmen. Oder es ist eine Einheit zu schaffen, die den Überblick über die verfügbaren Services hat. Sieber (2017) schlägt eine Broker-Instanz vor, die er Service Broker nennt, sie dann allerdings auf den technischen Betrieb beschränkt. Aufgabenbereich des Service Brokers sind dann das Service- und Providermanagement. Dies beinhaltet nach Sieber die Definition von Sourcing-Strategien, Servicekatalogen, SLAs, Verträgen und Reports. Der Service Broker ist dann die Schnittstelle zwischen Kundschaft und Lieferant. Damit wird das Demand Management zu einer weiteren Kernaufgabe des Brokers. Hier nennt Sieber eine Fülle von weiteren zu leistenden Aufgaben des Brokers: „Kunden gewinnen und betreuen – oder kurz: Vertrieb; Projekte leiten; Prozesse analysieren; Anforderungen herausarbeiten und analysieren; Lastenhefte schreiben; Services entwickeln; Preise kalkulieren" (Sieber, 2017). Schließlich folgt die Aufgabe der Providersteuerung, was bei komplexeren Anforderungen zum „Multiprovider-Management" führt. In dieser Sicht auf das Service Brokerage wird bald deutlich, dass der Unterschied zum klassischem IT-Management verschwimmt. Schon traditionell war die Definition, die Bereitstellung und Koordination der IT-Funktionen die Kernaufgabe des IT-Managements.

Was also muss geleistet werden, damit in komplexen Organisationen die dort angebotenen Services koordiniert Mehrwert für die internen und externen Kundinnen und Kunden schaffen? Der erste Schritt besteht darin, einen Servicekatalog und eine Servicearchitektur (Service Map) zu erstellen. Im Kern steht hier die Frage, welche Services die Organisation zur Verfügung stellen muss, um die zunächst externen Kundenanforderungen erfüllen zu können. Anders als in einer Prozesssicht, aus der heraus klassischerweise Aufgabenabfolgen und nötige Hilfsmittel identifiziert werden, geht es hierbei darum, die grundlegenden Serviceeinheiten und deren Zusammenspiel zu identifizieren. Die prozessweise Ausgestaltung der identifizierten Serviceeinheiten ist später die Aufgabe der in der Folge zu definierenden Service Owner. Zunächst geht es darum, das Serviceangebot einer jeden Serviceeinheit zu präzisieren. Kernfragen sind dabei: Was kann der Service liefern? Wie können/sollen elementare Services zusammenwirken? Ist der erste Schritt erfolgt und sind damit Serviceangebote der Serviceeinheiten mit den verantwortlichen Service Ownern bestimmt, werden Servicevereinbarungen definiert. Im Sinne von Service Level Agreements (SLAs) bestimmen die Service Owner Art und Umfang der angebotenen Services für die potenziellen Servicenutzerinnen und -nutzer. Wie zuvor bereits erwähnt, kann dies nur gelingen, wenn die Service Owner die Sicht potenzieller Servicenutzerinnen und -nutzer einnehmen (z. B. via Design-Thinking) oder dies direkt mit diesem aushandeln.

Ein Service Level Agreement (SLA) stellt eine Vereinbarung zwischen einem Serviceerbringer und dem Servicekonsumenten dar. Es hat den Charakter eines Dienstleistungsvertrags. So werden SLA's z. B. in Outsourcing- und Shared-Service-Center-Verträgen abgeschlossen. Im internen Bereich zwischen beispielsweise der IT und Fachbereichen wird häufig auch von Operational Level Agreement (OLA) gesprochen. Letztere besitzen bei Unternehmensorganisationen mit einem hohen Servicereifegrad einen sehr verbindlichen Charakter. Damit können auch interne Serviceeinheiten einem Benchmark mit externen Service-Providern unterliegen. Inhalte von SLAs sind z. B. die Verfügbarkeit eines Service, die Servicezeiten, maximale Ausfall-, Reaktions- und Reparaturzeiten oder auch pekuniäre Vereinbarungen.

Sind die wesentlichen Komponenten und Parameter des Leistungsaustausches festgelegt, so können Services zur Steigerung von Transparenz und Effizienz in Servicekatalogen abgelegt, aktualisiert und gegebenenfalls in automatische Auftragsprozesse integriert werden (vgl. Scholderer, 2017, S. 21). Die Vertragsbeziehung ergibt sich durch Order und Bestätigung zwischen Leistungsersteller und -empfänger. Dies gilt in gleichem Maße für interne wie externe Serviceanbieter. Erst im Betrieb zeigen sich Angemessenheit von Servicekatalog und SLAs. Hilfreich bei der Bewertung der Tauglichkeit dieser Konstruktionen ist das Angebot eines Service Coaching. Dadurch werden Serviceinnovationen erleichtert und Aktualisierungen des Servicekatalogs systematisiert. Ergänzend wirkt das Service Monitoring und Controlling, das stets auch das Finanzmanagement bezogen auf das Service Fulfillment beinhaltet. Es sollte das Ziel sein, den Servicekatalog einer Organisation als „Baukasten" nutzen zu können, aus dem heraus Services flexibel und anforderungsgerecht zusammengestellt werden können. Dabei können Standardkonfigurationen von Services ebenso das Ziel sein, wie gegebenenfalls auch eine automatisierte, intelligente Zusammenstellung von Servicegruppen.

Services bilden die Elemente eines Servicekatalogs (siehe Abb. 6.1). An der Schnittstelle zur Kundin oder zum Kunden können elementare wie auch kombinierte Services angeboten werden. Eine der wichtigsten Anforderungen für die Definition von Services

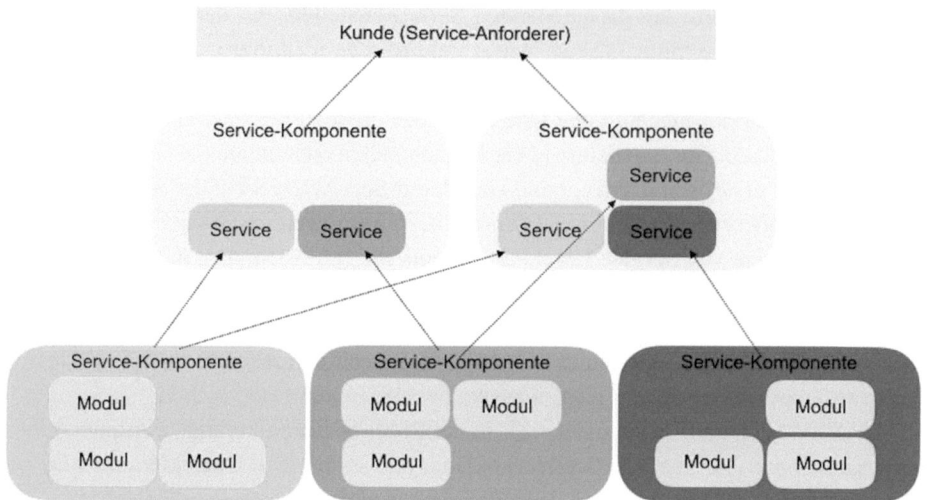

Abb. 6.1 Beispielhafte Struktur eines Servicekatalogs.

und deren Hinterlegung in Servicekatalogen ist, dass der Service nutzenorientiert und verständlich für den Kunden beschrieben ist. Servicekomponenten stellen für den Kunden Optionen in einem Servicekatalog dar. Prozesse, die innerhalb von Modulen ablaufen, sind für den Kunden meist nicht sichtbar und auch nicht von Interesse, da sie in der Regel sehr technisch sind. Während sich zunächst im IT-Bereich – angestoßen durch die Frameworks ITIL® oder COBIT® – der Servicemanagementansatz erfolgreich etablierte, entwickelte sich auch in anderen Unternehmensbereichen ein zunehmendes Interesse für diesen Ansatz. Das itSMF (2017) schrieb in der Ankündigung zur Jahresversammlung 2017 in Koblenz: „In Anlehnung an ITSM wird das sogenannte Enterprise Service Management (ESM) immer populärer. Es hilft Unternehmen dabei, alle wichtigen Kernprozesse im Unternehmen verwalten und analysieren zu können – und das zunehmend in Realtime." Einer der Verfasser des vorliegenden Beitrags hielt hierzu einen Vortrag. Teilweise wird bereits auch von „Service Management beyond IT" gesprochen.

Im Produktionsbereich wird vor dem Hintergrund von Standardisierungen und Produktplattformen im Prinzip schon seit vielen Jahren modularisiert entsprechend einer servicezentrierten Organisation gefertigt. Module müssen gestellte Anforderungen hinsichtlich Qualität und Kosten erfüllen und sich permanent dem Benchmark stellen. Auch Flexibilisierungsziele und die Reduktion von Fertigungstiefen verlangen eine Austauschbarkeit von Modulen. Zudem lassen sich auf determinierten Stücklisten und Arbeitsplänen basierende Fertigungsstrecken mit Serviceprozessen vergleichen, die letztendlich für die Kundin oder den Kunden weniger wichtig sind als vielmehr das resultierende Ergebnis.

6.3   Vorgehensweise

Die Abkehr von traditionellen Organisationsprinzipien, seien sie tayloristisch oder prozessmanagementorientiert, hin zu einer servicezentrierten Organisation ist ein Änderungsvorhaben, das einen längeren Zeitraum im Sinne eines strukturierten Change-Prozesses umfasst.

Die Umstellung auf eine Organisation, in der Service Owner innerhalb der strategischen Leitlinien für Services verantwortlich sind und Entscheidungen treffen dürfen, ist für viele Unternehmen ein strategischer Wendepunkt. Dabei werden kulturelle und führungsbezogene Themen angesprochen und meist grundlegend verändert. Insbesondere müssen Mitarbeitende ihr Verhalten ändern, andere Werte verinnerlichen und neue Aufgaben übernehmen. Diese Phase der „Unordnung und Instabilität", in der von einem geordneten Systemzustand zu einem neuen stabilen System überführt werden soll, nehmen Mitarbeitende, Organisation und teilweise auch das Management sehr unterschiedlich an. Ein gutes Change-Management ist deshalb für das gesamte Unternehmen sehr wichtig.

Den in Abschn. 6.4 beschriebenen Ergebnissen liegen sowohl theoretisch fundierte Ansätze als auch praktische Change-Projekte mit konkreten Anforderungen im Kontext von Serviceorganisationen zugrunde. Das von Kotter (2011) entwickelte und in der Praxis immer noch zitierte 8-Stufen-Modell kann als Ausgangspunkt gesehen werden. Veränderungen werden heute oft in abgegrenzten Teilbereichen als Prototypen entwickelt und sukzessive in Pilotprojekten über Erfolgsstories („Leuchttürme") in die gesamte Organisation getragen. Die einzelnen Vorhaben sind demnach eine Abfolge kleinerer und überschaubarer Projekte. Diese iterative Vorgehensweise kommt zudem dem Umstand zugute, dass Change-Prozesse längerfristig einzuplanen sind, in denen Mitarbeitende – oft auch das Management – für die Umstellungen einen gewissen Zeitraum benötigen.

Servicezentrierte Organisationen können eine gute Lösung sein, um die unterschiedlichen Anforderungen zu erfüllen und sowohl Agilität als auch Motivation, Leistungsbereitschaft und Innovation zu ermöglichen. Der Kern liegt in einem vernetzten System, in dem Services zwischen Serviceerbringern und -empfängern inter- oder auch intraorganisational ausgetauscht werden können. Wird der Servicegedanke konsequent im Unternehmen aufgenommen, entsteht ein „Mindset", das automatisch zu veränderten Organisationsstrukturen führt: Mitarbeitende und/oder Teams werden zu Serviceverantwortlichen (Service Owner, siehe zuvor), die auf der „Einkaufsseite" meist in eigener Verantwortung die richtige Konfiguration der Services sicherstellen und auf der „Kundenseite" qualitativ hochwertige Services liefern. Verschiedene Projekte haben gezeigt, dass dadurch die Motivation und Leistungsbereitschaft bei Mitarbeitenden und Teams signifikant steigen. Der Weg zu servicezentrierten Organisationen führt ebenfalls zum Abbau von wenig flexiblen und schwerfälligen tayloristischen Strukturen (Hierarchien, Silo-Organisationen, lokale Effizienzmaximierung), ohne dabei die Stabilität des Gesamtsystems zu gefährden.

Aus Sicht der Verfasser bilden in Anlehnung an Kotter (2011) folgende Change-Bereiche die Erfolgsgrundlage für die zyklische Einführung einer agilen und service-zentrierten Organisation:

- **Leitplanken schaffen:** Das Top-Management entwickelt, überprüft, steuert und bestimmt relevante Umstellungsbereiche (IT, HR, Facility Management, Controlling usw.) Diese bilden die „Leitplanken" für die folgenden Change-Prozesse.
- **Engpässe identifizieren:** Es werden Bedingungen, die gegebenenfalls das Vorhaben erschweren, identifiziert. Hier sind insbesondere diejenigen Bedingungen zu berücksichtigen, die einer erfolgreichen Agilisierung entgegenstehen. Das sind zumeist Widerstände von Organisationsmitgliedern, aber auch beispielsweise Legacy-Technologien.
- **Das „Warum" verstehen:** Es muss die Dringlichkeit für Veränderungen in Richtung einer agileren Organisation erzeugt werden. Der servicezentrierte Ansatz (Service, Lifecycle, Verantwortung, Selbststeuerung, Kundenzentrierung, Service Owner, Servicekatalog usw.) muss erklärt werden. Es geht um die Erzeugung eines Service Mindsets bei allen Organisationsmitgliedern. Initial und im Kontext der Veränderungen sollte darauf hingewiesen werden, dass sich Kultur, Führung und Governance hin zu agileren Strukturen verändern. Die interne und externe Kundschaft ist in den Mittelpunkt zu stellen: Wer ist Kundin oder Kunde (Markt- und Kundenanalysen, vom Interview bis zu Data Mining)? Welche Kundenanforderungen werden gesehen (Business und Value Proposition Canvas)? Wie könnte sinnvoll in interdisziplinären Teams vorgegangen werden (Design Thinking)?
- **Aufbau des Service Backlogs:** Es gilt den Servicekatalog gemeinsam zu entwickeln: Services und Service Ownerships (Unternehmensbereich, Team, Person) werden identifiziert. Erkenntnisse aus neuen Rollen und Verantwortlichkeiten werden in den Karriereplan (HR) integriert. Der Wissensaustausch spielt ebenfalls eine große Rolle: Ein systematisches Wissensmanagement wird eingerichtet, „Open House"-Veranstaltungen zum gegenseitigen Austausch und späterer Präsentation von Leuchtturmprojekten werden organisiert.
- **Befähigung der Mitarbeitenden:** Hier geht es um das Empowerment der Organisationsmitglieder: Barrieren werden beseitigt, Trainings in Kultur, Führung, Governance, Agilität, Servicezentrierung unter anderem werden angeboten.
- **Iterativ schnelle Erfolge schaffen:** Die ersten agilen Projekte zur Entwicklung von Serviceeinheiten werden durchgeführt. Ergebnisse nach jeder Iteration schaffen Aufmerksamkeit für die Wirksamkeit der Services. Sukzessiv werden in agilen Vorhaben zusammen mit Kundinnen und Kunden Services (weiter-)entwickelt und diese mithilfe eines „Brokers" in den Servicekatalog eingebunden, konfiguriert und kommuniziert (Leuchttürme), dies unter Einbeziehung der Support-Funktionen „Financial Services" für Costing und Benchmark.
- **Kontinuierlicher Verbesserungsprozess:** Systematisches Feedback aller Beteiligten in den agilen Einheiten ist zu verankern und damit die Nachhaltigkeit der Transformation und die kontinuierliche Optimierung der Services sicherzustellen.

Mühlfelder et al. (2017, S. 94) verweisen darauf, dass Kotters sequenzieller Ansatz nicht auf eine agile Vorgehensweise passt. Die Verfasser des vorliegenden Artikels sehen allerdings wichtige, nicht zu vernachlässigende Aspekte in dem Ansatz und erweitern diesen hin zu einem iterativen Modell. Insbesondere bei der Erzielung schneller Erfolge mit Pflege von Backlogs und der gemeinsamen agilen Bearbeitung zusammen mit Kundinnen und Kunden wird der Agilität Rechnung getragen. Die Einbindung des Brokers als koordinierende Funktion zum konsistenten Auf- und Ausbau des Service-katalogs und die Kommunikation ins Unternehmen werden die Akzeptanz im Unternehmen erhöhen.

6.4 Ergebnisse

In einem Hamburger Unternehmen wurde ein IT-Servicemanagement eingeführt. Neben dem Service Desk wurden auf der Grundlage des ITIL Frameworks alle wesentlichen Serviceprozesse für eine IT-Organisation mit ca. 150 Mitarbeitenden implementiert. Ein wesentliches Ziel war es, die Services in einem Servicekatalog zusammenzuführen. Dabei ging es nicht um eine einfache, hypothetisch geleitete „Top-Down-Zusammen-stellung von Services", sondern vielmehr um eine umfassende Analyse der Service-konfigurationen und -wechselwirkungen sowie die Festlegung von Verantwortlichkeiten mithilfe von RACI-Matrizen. Im Verlauf des Projekts konnte festgestellt werden, wie sich Service Owner mit ihren Services identifizierten und motiviert für die Serviceerbringung gegenüber ihren (internen) Kundinnen und Kunden einsetzten. Den Service Ownern wurden die Verantwortlichkeiten für die Services übertragen. Sie kümmerten sich um die Konfiguration der Services und damit die Abstimmung mit zuliefernden Serviceein-heiten. Zahlreiche Diskussionen mit unterschiedlichen in Beziehung stehenden Personen führten zu einem weiteren Interesse an dem Servicethema und ließen ein Service Mindset entstehen. Mittlerweile verlangten Mitarbeitende zunehmend die Besetzung von Service Ownerships. HR – selbst von dem Ansatz überzeugt – nahm schließlich in Abstimmung mit dem Betriebsrat den Service Owner im Karriereplan auf. Auch andere Abteilungen wurden auf die Erfolge aufmerksam, z. B. gelangte die ursprünglich im IT-Bereich lokalisierte Serviceleistung „Raumbuchung" in den Verantwortungsbereich des Facility Managements (Raum, Equipment, Catering, Buchungssystem) und der HR-Bereich über-nahm die Verantwortlichkeit für mobiles Arbeiten (Themen unter anderem: Betriebs-rat, Arbeitsrecht, DSGVO; Hardware und Software wurden von der IT beigestellt). Das Ergebnis aus dem letztgenannten Beispiel sprach für die schließlich richtige Zuordnung von Services zu verantwortlichen Rollen: Es war in dem Unternehmen möglich, am 23. März 2020 infolge des coronabedingten Lockdown problemlos auf die neue Arbeits-situation umzustellen und 800 Arbeitsplätze „remote" zu schalten.

In einem anderen Großunternehmen wurde vom HR-Bereich ein Recruiting-Service eingerichtet, der es ermöglichte, die Bewerberauswahl bis zum Onboarding ohne Präsenz-Meetings durchzuführen. Das interdisziplinäre von HR geführte Serviceteam bestehend aus HR, IT und weiteren am Serviceprozess Beteiligten entwickelte eine gemeinsame Lösung und verbessert gemeinsam die Servicequalität laufend in Review Meetings unter Einbeziehung des Feedbacks von Bewerberinnen und Bewerbern. Dadurch gelang es dem HR-Bereich in Zeiten der Kontaktbeschränkungen, ohne Verzögerung neue Mitarbeitende aufzunehmen. Die qualitative Verbesserung der Arbeitsergebnisse und die motivationalen Effekte im Unternehmen führten dazu, dass mittlerweile weitere Services und Verantwortlichkeiten im HR-Bereich geschaffen wurden.

Aus den Erfahrungen der beschriebenen Beispiele und weiterer durchgeführter Projekte ist festzuhalten, dass erste Leuchtturmprojekte meist in zwei bis drei Monaten eingeführt werden können. Umfassende, unternehmensweite Umstellungen verlangen je nach Organisationsgröße mitunter bis zu fünf Jahre.

6.5   Einschränkungen, Fallstricke, typische Fehler, Lessons Learned

Auf die möglichen Einschränkungen und Gefahren zur Umstellung auf servicezentrierte Organisationen wurde bereits an verschiedenen Stellen direkt und indirekt hingewiesen. Zusammenfassend ergeben sich folgende Risiken bei organisatorischen Umstellungen dieser Art:

- **Strategie und Vision:** Initial und rollierend sollten die Eckpfeiler für eine Vision und die Grundstrategien als Orientierungshilfe für die verschiedenen Bereichsebenen und Teams bereitgestellt werden. Dabei ist es durchaus richtig, konkrete Ziele zu formulieren. Es sollte aber vermieden werden, konkrete Handlungsanweisungen zu erteilen. Die Zielformulierungen können als „Leitplanken" verstanden werden, an denen sich die Service-Teams orientieren und eigene Ziele und Maßnahmen definieren. Werden die Ziele und Strategien zu eng gefasst, konterkariert dies die agile Vorgehensweise und Umstellung auf eine servicezentrierte Organisation. Das Ergebnis sind dann meist demotivierte Teams respektive Mitarbeitende und weniger die erhofften innovativen Lösungen.
- **Kultur und Mindset:** Eine der schwierigsten Aufgaben ist es, althergebrachte kulturelle Rahmenbedingungen zu verändern und sich an neue Formen der Zusammenarbeit zu gewöhnen. Hierunter fallen das Praktizieren einer partnerschaftlichen Beziehung, das Zulassen von Diskussionen und Fehlern oder auch mehr Kommunikation und Transparenz. Der Organisation muss ausreichend Zeit zugestanden werden, um das Service Mindset zu entwickeln.
- **Fähigkeiten:** Mitarbeitende werden bei einer tiefgreifenden Organisationsveränderung ihre Komfortzonen verlassen. Sie werden neue Aufgaben und Verantwortlichkeiten übernehmen, die Anforderungen steigen. Hierzu bedarf es einer entsprechenden Begleitung, dem Trainieren neuer Fertigkeiten und dem Aufbau von neuem Wissen. Mitarbeitende sollten daran gewöhnt werden, dass sie ein lebenslanges Lernen begleiten

wird. Das heißt aber auch für die Unternehmen, dass sie die hierfür entsprechenden Rahmenbedingungen schaffen müssen. Sie sollten Fortbildungsprogramme aufsetzen und diese fest in der Organisation verankern. Weiterbildung und Wissensaufbau ist sowohl für die Mitarbeitenden wichtig, aber auch Unternehmen sichern sich damit ihre Zukunft ab. Werden die Mitarbeitenden nicht auf ihre neuen Aufgaben und Rollen vorbereitet, entstehen unter Umständen schnell Überforderungen, Fehler, Demotivation oder Frustration.

- **Führung:** Dass Unternehmen Hierarchien und funktionale Silostrukturen abbauen müssen, ist mittlerweile hinreichend bekannt. Entscheidend ist jedoch, wie eine neue Führung mit Delegation und Selbststeuerung aussehen kann und ob sich das Management bzw. die Führungskräfte auch an veränderte Führungskonzepte halten. Die neue Rolle einer Führungskraft ist zunehmend die eines Enablers. Das Einfordern von Status-Meetings oder das Messen von Performance-Kennzahlen (Micromanagement) stehen agilen Vorgehensweisen entgegen und führen bei Teams und Mitarbeitenden zu Unverständnis und Unmut.
- **Governance:** Veränderungen finden immer mehr in Form von agilen Projekten und Vorhaben statt. Dabei wird sich aus einem Backlog verschiedenster Anforderungen bedient und versucht, die Aufgaben innerhalb definierter Zeiten zu lösen. Das Budget ist die Bereitstellung der Ressourcen für ein Thema und einen bestimmten Zeitraum. Teams sind während der Bearbeitung nicht „von außen zu steuern", Teams steuern sich z. B. selbst über Reviews und Retrospektiven. Problematisch ist es meist, wenn Unternehmen in einer Veränderungssituation breit angelegte Governance- und Methodendiskussionen beginnen. Sinnvoll dagegen ist es, temporär professionelle Coaches für einen bestimmten Zeitraum ins Haus zu holen, um die eine oder andere Methode richtig zu erlernen und zu verstehen.

Hinzu kommt oft eine fehlende oder unzureichende Einbindung des Betriebsrats in Veränderungsprojekte und Systemumstellungen. Dabei sollte im Vorfeld geklärt sein, inwieweit lediglich eine Informationspflicht besteht oder die Projekte einer Zustimmung bedürfen.

6.6 Ausblick

Die bisherigen Ausführungen haben gezeigt, dass die Einführung einer servicezentrierten Organisation zu einem flexiblen und leistungsfähigen Leistungsaustausch führt. Ebenso führt das sachgerechte Festlegen und Konfigurieren von Services sowie die Nutzung des Servicekatalogs zu einer standardisierten, modularen und effizienten Orchestrierung operanter Ressourcen. Gartner (2020) spricht in diesem Zusammenhang vom Composable Business: „In den vergangenen Jahren ist es vielen Organisationen vor allem darum gegangen, Resultate vorherzusagen", berichtet Gartner-Analyst Daryl Plummer auf einem digital abgehaltenen Symposium, und „In der Corona-Pandemie mussten sie improvisieren. Dabei sei deutlich geworden, dass diejenigen Unternehmen, die schnell auf unvorhersehbare Ereignisse reagieren und sich anpassen können, die Krise besser überstehen als solche, die weniger flexibel sind." Gartner rät Unternehmen deshalb, ihr Geschäft modular aufzubauen und bringt dafür den Begriff „Composable Business" ins Spiel. Unternehmen sollten zur Schaffung von Resilienz nach Meinung von Gartner Veränderungen schnell entdecken, autonome und flexible Geschäftseinheiten bilden, diese modular aufbauen und orchestrieren – in der IT nichts Neues und mit DevOps, Containerisierung, Microservices oder APIs vielerorts bereits implementiert.

Wird diese Organisationsentwicklung weiterverfolgt, stellt sich die Frage nach einem weiteren, auch über die Unternehmensgrenzen hinausgehenden Serviceaustausch. Services wären standardisiert und modular, damit vergleichbar, austauschbar und kosteneffizient steuerbar. Denkbar sind auch neutrale, unternehmensunabhängige Portale, die beispielsweise über Blockchain und Smart Contracts, KI oder KPI's koordiniert werden könnten.

Literatur

Abrams, C., & Schulte, R. W. (2008). Service-oriented architecture overview and guide to SOA research. *Gartner Research Note G00154463*, 3 January 2008.

Ambler, S.W., & Lines, M. (2017). *An executive's guide to disciplined agile: Winning the race to business agility*. Disciplined Agile Inc.

Beck, K. et al. (2001). Manifesto for Agile Software Development. https://agilemanifesto.org/. Zugegriffen: 14. Mai 2021.

Beck, K. (2005). *Extreme programming explained*. Pearson.

Beims, M. (2010). *IT-Service Management in der Praxis mit ITIL©3: Zielfindung-Methoden-Realisierung* (2. Aufl.). Carl Hanser.

Bitkom. (2018). https://www.bitkom-research.de/de/pressemitteilung/scrum-koenig-unter-den-agilen-methoden. Zugegriffen: 11. Mai 2021.

Cohn, M. (2006). *Agile Estimating and Planing*. Pearson.

Cockburn, A. (2004). *Chrystal clear. A human-powered methodology for small teams*. Pearson.

Conway, M. E. (1968). *How do commitees invent?* In F. D. Thompson Publications, Inc. (Hrsg.), Datamation. B and 14, Nr. 5, April 1968, S. 28–31.

Evans, S. J. (1991). Strategic flexibility for high technology manoeuvres: A conceptual framework. *Journal of Management Studies, 1*, 69–89.

Floyd, C., Reisin, F.-M., & Schmidt, G. (1989). STEPS to Software development with users. In C. Ghezzi & J. A. McDermid (Hrsg.), *ESEC '89, lecture notes in computer science no. 387* (S. 48–64). Springer.

Floyd, C., & Piepenburg, U. (1993). STEPS – ein softwaretechnischer Projektansatz und seine arbeitswissenschaftliche Begründung. In H. Reichel (Hrsg.), *Informatik – Wirtschaft – Gesellschaft* (S. 145–154). Springer.

Fraser, S., et al. (2003). Disciplines and practices of TDD (Test Driven Development). *OOPSLA, 2003*, 268–270.

Gartner. (2020). https://www.gartner.com/smarterwithgartner/gartner-keynote-the-future-of-business-is-composable/. Zugegriffen: 4. Mai 2021.

Hahn, D. (2002). Problemfelder des supply chain management. In D. Hahn & L. Kaufmann (Hrsg.), *Handbuch Industrielles Beschaffungsmanagement*. Gabler.

Humble, J., & Farley, D. (2012). *Continuous delivery. Reliable software releases through build, test, and deployment automation*. Addison-Wesley.

itSMF. (2017). IT Service Management Forum e.V. https://www.itsmf.de/aktuelles/veranstaltungen/eventsarchiv/itsmf-jahreskongress/jk17/programm/itsmf-jk17-programm-tag1/itsmf-jk17-itsm-studie.html. Zugegriffen: 22. Febr. 2021.

Johannsen, W., & Goeken, M. (2007). *Referenzmodelle für IT-Governance: Strategische Effektivität und Effizienz mit COBIT, ITIL & Co*. Dpunkt.verlag.

Kastner, R., & Leffingwell, D. (2019). *SAFe destilled. Achieving business agility with the scaled agile framework®*. Addison-Wesley.

Kern, H., & Schumann, M. (1984). *Das Ende der Arbeitsteilung?* Beck.

Kotter, J. P. (2011). *Leading Change. Wie Sie Ihr Unternehmen in acht Schritten erfolgreich verändern*. Vahlen.

Larman, C., & Vodde, B. (2017). *Large Scale Scrum. Scrum erfolgreich skalieren mit LeSS*. Dpunkt-Verlag.

Lewis, J., & Fowler, M. (2014). Microservices. https://martinfowler.com/articles/microservices.html.

Lewrick, M., et al. (2018). *Das Design Thinking Playbook*. Vahlen.

Meyer, J.-U. (2016). *Digitale Disruption: Die nächste Stufe der Innovation*. Business Village.

Mühlfelder, M., T. Mettig, & U. Klein (2017). Change 4.0: Agiles Veränderungsmanagement und Organisationsentwicklung in digitalen Transformationsprojekten. In S. R. H. Fernhochschule (Hrsg.), *Digitalisierung in Wirtschaft und Wissenschaft* (S. 89–101). Springer.

Newman, S. (2019). *Monolith to Microservices – Evolutionary Patterns to Transform Your Monolith*. O´Reilly Media.

Scheer, A. W. (1987). *CIM: Computer integrated manufacturing*. Springer-Verlag.

Schmidt, R., & Dohle, H. (2009). Grundlagen. In R. Schmidt & H. Dohle (Hrsg.), *ITIL© V3 umsetzen: Gestaltung, Steuerung und Verbesserung von IT-Services* (S. 9–14). Symposion.

Scholderer, R. (2017). *IT-Service-Katalog: Services in der IT professionell designen und erfolgreich implementieren*. Dpunkt.verlag.

Schwaber, K., & Beadle, M. (2001). *Agile software development with scrum*. Prentice Hall.

Schwaber, K. (2007). *Agiles Projektmanagement*. Microsoft Press.

Sieber, R. (2017). https://different-thinking.de/service-broker/. Zugegriffen: 11. Mai 2021.

Sutherland, J. (2021). The Scrum@Scale Guide. The Definite Guide to Scrum@Scale: Scaling that Works. https://www.scrumatscale.com/scrum-at-scale-guide/. Zugegriffen: 14. Mai 2021.

Takeuchi, H., & Nonaka, I. (1986). The new new product development game. Harvard Business Review, January. https://hbr.org/1986/01/the-new-new-product-development-game. Zugegriffen: 13. Mai 2021.

Taylor, F. W. (2011). *Die Grundsätze wissenschaftlicher Betriebsführung*. Salzwasser. (Englischsprachiges Original 1911).

van Alstyne, M., & Parker, G. (2017). Plattformwirtschaft: Wo Beziehungen wertvoller sind als Vermögen. *Plattformwirtschaft, 9*(1), 25–29.

Vargo, S. L., & Lusch, R. F. (2004). Evolving to a new dominant logic for marketing. *Journal of Marketing, 68*(January), 1–17.

Vargo, S. L., & Lusch, R. F. (2006). Service-dominant logic: What it is, what it is not, what it might be. In R. F. Lusch & S. L. Vargo (Hrsg.), *The service-dominant logic of marketing: Dialog, debate, and directions*. M. E Sharpe.

Volberda, H. W. (1998). *Building the flexible firm: How to remaincompetitive*. Oxford University Press.

von Foerster, H., & Floyd, C., et al. (1992). Self organization and software development. In C. Floyd (Hrsg.), *Software development and reality construction*. Springer.

Weiber, R., & Ferreira, K. (2015). Von der interaktiven Wertschöpfung zur interaktiven Wertschaffung. In M. Bruhn & K. Hadwich (Hrsg.), *Interaktive Wertschöpfung durch Dienstleistungen: Strategische Ausrichtung von Kundeninteraktionen, Geschäftsmodellen und sozialen Netzwerken* (S. 31–56). Springer Gabler.

Wolff, E. (2018). *Das Microservices-Praxisbuch: Grundlagen, Konzepte und Rezepte*. Dpunkt Verlag.

Zobel, A. (2005). *Agilität im dynamischen Wettbewerb: Basisfähigkeit zur Bewältigung ökonomischer Turbulenzen*. Deutscher Universitäts-Verlag.

Zolnowski, A., & Böhmann, T. (2013). Grundlagen service-orientierter Geschäftsmodelle. In T. Böhmann, M. Warg, & P. Weiß (Hrsg.), *Service-orientierte Geschäftsmodelle: Erfolgreich umsetzen* (S. 1–29). Springer Gabler.

Prof. Dr. Ulrich Schüler ist seit 2010 an der FOM Hochschule für Oekonomie & Management tätig. Er studierte Psychologie und Informatik an der Technischen Universität Berlin und der Universität Hamburg und promovierte an der Universität Hamburg. Nach Stationen in der BMW Group sowie der Bertelsmann AG und Arvato Systems North America ist er seit 2009 Managing Partner bei der pmsp – projektmanagement dr. schueler & partner. Seine Schwerpunkte liegen im IT-Management und der Wirtschaftspsychologie, im Projektmanagement und Projektcoaching.

Prof. Dr. Horst Tisson lehrt seit 2009 an der FOM Hochschule für Oekonomie & Management. Er studierte BWL an der Universität Hamburg und machte sich 1995, nach Stationen bei IBM, Andersen Consulting/Accenture und Thomas J. C. Matzen, selbstständig. Seine Schwerpunkte liegen im Controlling und Informationsmanagement, in der Digitalisierung, Geschäftsmodellierung und der innovativen Arbeitsgestaltung. Daneben beschäftigt er sich in Vorlesungen und im praktischen Umfeld mit Business Intelligence, Data Mining und Neuronalen Netzen.

Transformation von Enterprise-Architecture-Management-Funktionen zu Services für eine zukunftsfähige und nachhaltige Entwicklung der Informationstechnologie

7

Hasan Koç, Wilhelm Weisweber und Marcus Lüttke

Inhaltsverzeichnis

Dieser Beitrag ist bereits in englischer Sprache in der Open-Access-Reihe „EPiC Series in Computing" erschienen, und zwar unter dem Titel „Designing Enterprise Architecture Management Services – A Transformation Journey in the Public Sector – Practice Track" in Hinkelmann, K., & Gerber, A. (2022). Proceedings of the Society 5.0 Conference 2022 – Integrating Digital World and Real World to Resolve Challenges in Business and Society, hrsg. von EasyChair.

H. Koç (✉)
Berlin International University of Applied Sciences, Berlin, Deutschland
E-Mail: koc@berlin-international.de

W. Weisweber · M. Lüttke
Deutsche Rentenversicherung Bund, Berlin, Deutschland
E-Mail: dr.wilhelm.weisweber@drv-bund.de

M. Lüttke
E-Mail: dr.marcus.luettke@drv-bund.de

© Der/die Autor(en), exklusiv lizenziert an Springer Fachmedien Wiesbaden GmbH, ein Teil von Springer Nature 2022
E. Bollhöfer und S. Weimann (Hrsg.), *Digitalisierung von industriellen Dienstleistungen*, FOM-Edition, https://doi.org/10.1007/978-3-658-37396-2_7

Zusammenfassung

Das Enterprise Architecture Management (EAM) findet eine breite Anwendung im öffentlichen Sektor und wird immer mehr als Treiber der Digitalen Transformation verstanden. Dieser Artikel berichtet aus Erfahrungen in der Neuausrichtung der EAM-Services in der Deutschen Rentenversicherung Bund, stellt eine Vorgehensweise unterstützt von Value Proposition Canvas (VPC) vor und zählt die konkreten EAM-Services auf, die mittels der Methode erstellt wurden.

7.1   Einführung

Aufgrund der Digitalisierung und der damit in Verbindung stehenden Einführung neuer Technologien, Prozesse und Praktiken passen Organisationen ihre Wertversprechen immer wieder an die neuen Marktanforderungen an. Die Flexibilität wird aufgrund sich ständig ändernder Landschaften, einer hohen Anzahl von Transformationsprojekten, des Drucks der Wettbewerber und der Notwendigkeit, aus der stetig wachsenden Datenmenge zu lernen, immer wichtiger. Vor allem während der Covid-Pandemie bekam diese Herausforderung eine andere Dimension im öffentlichen Sektor, der fast über Nacht auf „Homeoffice-Modelle" umstellen musste. Mitarbeitende aller Funktionen haben gelernt, wie sie Aufgaben mithilfe digitaler Kommunikations- und Kollaborationswerkzeuge aus der Ferne erledigen können. Dies erforderte die Einführung neuer Tools, Technologien und Prozesse in einem beispiellosen Tempo.

Auch die Deutsche Rentenversicherung (DRV) befindet sich mit ca. 59.000 Mitarbeitenden, die rund 56 Mio. Versicherte und fast 21 Mio. Rentnerinnen und Rentner im In- und Ausland betreuen, im ständigen Wandel. Ein Indikator dafür ist die Einführung von innovativen Dienstleistungen, die auf die digitale Strategie der Organisation ausgerichtet sind, und das Ziel verfolgen, den Kundinnen und Kunden flexible, ortsunabhängige und verlässliche Dienstleistungen anzubieten. So hat die DRV seit der Initiative BundOnline 2005 für Bürgerinnen und Bürger 17 Online-Dienste zur Verfügung gestellt.

Enterprise Architecture Management (EAM) verbindet verschiedene Aspekte eines Unternehmens und zeigt so die gegenseitigen Abhängigkeiten durch geeignete Schaubilder, Analysen und Auswertungen auf. EAM bietet eine ganzheitliche Sicht auf die Struktur von Unternehmen und hilft den beteiligten Stakeholdern dabei, ihre Organisationsstrukturen, fachlichen Aufgaben und Artefakte der Informationstechnologie (IT) aufeinander abzustimmen.

Da das Unternehmensarchitekturmanagement eine Organisation aus unterschiedlichen Dimensionen betrachtet, z. B. Geschäftsarchitektur, Informationssystem- und Datenarchitektur sowie Technologiearchitektur, können seine klassischen Funktionen als „Services" transformiert und angeboten werden. Ein EAM-Service kann (in Anlehnung an Shanks et al., 2018) als „das Ausmaß, in dem die strategischen Entscheidungsträger relevante, zeitnahe und qualitativ hochwertige Informationen und Empfehlungen zu den aktuellen und geplanten Systemen einer Organisation benötigen" definiert werden. Die Bereitstellung von EAM-Services erfordert eine systematische Vorgehensweise und Definition von EAM-Services, Rollen sowie Transformationsprozessen.

Das EAM findet eine breite Anwendung im öffentlichen Sektor und wird immer mehr als Treiber der Digitalen Transformation verstanden (vgl. Seppänen et al., 2018; Koivisto, 2020; Niemi & Pekkola, 2020; Helfert et al., 2018). In der Literatur gibt es zahlreiche Werke zu den Benefits von EAM (vgl. Abschn. 7.3.3). Auch die klassischen Funktionen des EAM sind weitläufig bekannt, die unter anderem mittels standardisierter Rahmenwerke wie TOGAF festgelegt werden. Allerdings sind den Autoren keine Studien bekannt, wie diese Benefits in die Organisation in Form eines Serviceangebots realisiert werden. Ziel eines solchen serviceorientierten Architekturmanagements ist vor allem, die Etablierung von Standards zu erleichtern, eine enge Zusammenarbeit mit den Anwenderinnen und Anwendern, der Entwicklung und dem Betrieb zu schaffen und mit einem übergreifenden Blick auf die organisationsweite IT-Landschaft flexibel auf die Bedarfe der Organisation zu reagieren sowie die IT-Landschaft zukunftsfähig und nachhaltig weiterzuentwickeln.

Dieser Beitrag berichtet aus Erfahrungen in der Neuausrichtung, Gestaltung und Verkettung der EAM-Services in der DRV Bund. Dabei geht es um die Anwendung einer Vorgehensweise inkl. Werkzeugen zur Kommunikation und Dokumentation, wie z. B. Value Proposition Canvas (VPC) oder Wiki-Systeme, EAM-Funktionen in EAM-Services zu transformieren. Mit dieser Transformation wird darauf abgezielt, den Zugang für die Entwicklungs- und Betriebsteams sowie den Führungskräften der IT-Abteilung zum Unternehmensarchitekturmanagement zu erleichtern und ein gemeinsames Verständnis zu erreichen.

Abschn. 7.2 legt die Hintergründe der EAM-Einführung in der DRV Bund dar und geht kurz auf die EAM-Funktionen ein. Daraufhin wird im Abschn. 7.3 eine systematische Literaturanalyse zu Architekturmanagementservices im öffentlichen Sektor durchgeführt und die Ergebnisse werden diskutiert. Abschn. 7.4 stellt die Vorgehensweise vor, die für das Design von Services angewandt wurde. Abschn. 7.5 zählt die mit der Vorgehensweise entwickelten EAM-Services auf und Abschn. 7.6 fasst den Beitrag zusammen.

7.2 EAM und seine Funktion bei der DRV

Im Jahr 2004 wurde ein Gesetz zur Reorganisation der gesetzlichen Rentenversicherung in Deutschland verabschiedet. Es wurde im Oktober 2005 umgesetzt und führte dazu, dass alle Träger der deutschen Rentenversicherung in einer neuen föderalen Struktur zur Deutschen Rentenversicherung (DRV) zusammengefasst wurden. Zu den Trägern gehörten die Bundesversicherungsanstalt für Angestellte (BfA) und der Verband Deutscher Rentenversicherungsträger (VDR), die zur heutigen DRV Bund zusammengeführt wurden. Die drei Sonderträger Bundesknappschaft, Bahnversicherungsanstalt und Seekasse gingen in der DRV Knappschaft-Bahn-See (DRV KBS) auf. Die 22

Landesversicherungsanstalten (LVA) wurden zu 14 regionalen Trägern (DRV <Regions-name>) umstrukturiert. Dabei wurden die Versicherten nach gesetzlichen Quoten auf die 16 neuen Träger aufgeteilt (40 % − 5 % − 55 %).

Bis zur Reorganisation wurden bei den Bundes- und Regionalträgern zwei unter-schiedliche Bestandssysteme zur IT-Unterstützung der Kerngeschäftsprozesse ein-gesetzt, sodass die Anforderung bestand, beide Systeme zu vereinheitlichen. Heute ist die Zusammenführung der beiden Bestandssysteme zu einem gemeinsamen System abgeschlossen.

Die mit der Organisationsreform der DRV verbundene IT-Konsolidierung war der Auslöser zur Einführung eines Unternehmensarchitekturmanagements (EAM). Weitere Herausforderungen wie die neue föderale Struktur der DRV, die Notwendigkeit zur Digitalisierung und Automatisierung, die immer schnelleren und dynamischen Ent-wicklungszyklen der eigenen und eingekauften IT-Produkte und -Dienstleistungen sowie die Anforderungen an Nachweisbarkeit und Nachvollziehbarkeit insbesondere durch das KRITIS-Gesetz erhöhten die Komplexität bei der Entwicklung und Bereit-stellung eigener IT-Dienstleistungen und erfordern eine konsequente, strukturierte und systematische Planung der gesamten IT-Landschaft und damit ein übergreifendes EAM mit einem breit aufgestellten und flexiblen Steuerungs- und Unterstützungsangebot mit geeigneten Architekturinformationen, -funktionen und -prozessen.

Eine große Herausforderung bestand (und besteht) darin, das EAM in die hierarchischen und föderalen Strukturen der DRV einzuordnen. Die zunächst vor-genommene Zuordnung des EAM in die strategische Ebene der IT führte zu Akzeptanz-problemen im Entwicklungs- und Betriebsmanagement. Das EAM wurde als zu theorielastig und ohne konkreten praktischen Nutzen wahrgenommen (Elfenbeinturm). Als Folge davon wurde es dem Entwicklungsmanagement zugeordnet. Dies führte zu Akzeptanzproblemen im Betriebsmanagement. Aktuell ist das EAM als Stabsbereich in der IT-Abteilungsleitung angesiedelt und mit dem Elfenbeinturm-Vorwurf (siehe zuvor) konfrontiert. Darüber hinaus führt die Zuordnung des EAM zur IT-Abteilung auch zu Missverständnissen zwischen den Fachabteilungen und der IT-Abteilung und behindert das Business-IT-Alignment, eine der zentralen Aufgaben des EAM.

Im Laufe der Zeit wurden folgende EAM-Funktionen und -Informationen eingeführt:

- Architekturplanungsdokumente (IT-Architekturplan, Referenzarchitekturen sowie Standards und Technologien), die in einer Architekturbibliothek zusammengefasst wurden, legen einen verbindlichen Rahmen für das Entwicklungs- und Betriebs-management fest.
- Die IT-Bebauungsplanung (derzeit nur die Ist-Bebauung) gibt einen Überblick über die IT-Infrastruktur und ermöglicht Auswertungen und Analysen zur Identifizierung von Handlungsbedarfen und als Entscheidungsunterstützung.
- Das Architekturboard trifft verbindliche übergreifende Architekturentscheidungen und dient als Plattform für den Austausch von Architekturinformationen.

- Das EAM-Team bewertet und bestätigt die Konformität von IT-Produkten im Rahmen des Beschaffungsprozesses.
- Die Entwicklungs- und Betriebsbereiche können im Rahmen des Entwicklungsprozesses die Bewertung von bestehenden Lösungsarchitekturkonzepten beim EAM-Team anfragen.
- Ein Rahmenvertrag zur externen Unterstützung durch Lösungsarchitekten kompensiert die nicht ausreichend vorhandene Lösungsarchitekturkompetenz, die durch die besseren (meist finanziellen) Rahmenbedingungen eher in die freie Wirtschaft abgewandert ist.

Die zuvor genannten EAM-Funktionen haben zwar zu einer höheren Akzeptanz des EAM beigetragen, waren aber auf die Initiative der Teams im Entwicklungs- und Betriebsmanagement angewiesen, sodass das Potenzial des EAM nicht optimal ausgeschöpft werden konnte. Die Herausforderung dabei ist, dass dafür ein Verständnis für Architekturzusammenhänge vorhanden sein muss, dass aus unterschiedlichen Gründen nicht immer vorausgesetzt werden kann. Zu den Gründen gehören die hohe Komplexität der Zusammenhänge in der IT-Landschaft in Verbindung mit dem Elfenbeinturm-Vorwurf an das EAM und der nicht immer für alle Beteiligten verständlichen Dokumentation und Vermarktung der möglichen Unterstützung durch EAM-Funktionen. Um dem entgegenzuwirken, wurde ein serviceorientiertes EAM eingeführt und die bestehenden EAM-Unterstützungsfunktionen in EAM-Services überführt.

7.3   Architekturmanagementservices im öffentlichen Sektor

Um den Stand der Architekturmanagementservices im öffentlichen Sektor anhand einer transparenten, strukturierten und wiederholbaren Recherche zu beleuchten, wurde eine systematische Literaturanalyse (engl. *Systematic Literature Review, SLR*) basierend auf dem Prozess von Kitchenham durchgeführt (vgl. Kitchenham, 2004). Eine systematische Literaturrecherche ist ein Mittel zur Identifizierung, Bewertung und Interpretation aller verfügbaren Forschungsergebnisse, die für eine bestimmte Forschungsfrage oder einen bestimmten Themenbereich relevant sind.

Der SLR-Prozess besteht aus drei Schritten „Planung, Durchführung" und „Ergebnisanalyse", die in den nächsten Abschnitten im Detail dokumentiert werden. Der Ansatz von Kitchenham wurde mit der „Literature Search Checklist" von vom Brocke et al. (2015) unterstützt, damit die Qualität des Suchprozesses gewährleistet werden kann.

7.3.1   Planung der Literaturanalyse

Der erste Schritt in der Planung der Literaturanalyse ist die Festlegung der Forschungsfrage. Das zentrale Ziel unserer Studie ist, herauszufinden, welche Unternehmensarchitekturmanagement-Services es im öffentlichen Sektor gibt. Eine initiale Suche mit dem Begriff „Unternehmensarchitekturmanagement OR Enterprise Architecture Management" AND „Services" AND „Public Sector" auf Google Scholar zeigte, dass die Beiträge sich auf das Themenfeld „Serviceorientierte Architekturen (SOA)" konzentrieren. Dieses Themenfeld legt den Fokus auf „Application Services", das heißt auf die gekapselten Funktionalitäten von Anwendungen. Aus diesem Grund ist die Beziehung zwischen SOA und EAM für unsere Studie nur bedingt relevant, was dazu führte, unseren Suchterm schrittweise anzupassen (vgl. Abschn. 7.3.2).

Im zweiten Schritt wurde die Machbarkeit der Studie bewertet. Aufgrund der Ressourcenknappheit wurde die Entscheidung getroffen, sich auf das notwendige Minimum für eine systematische Literaturanalyse zu konzentrieren. Daher wurden die drei wissenschaftlichen Datenbanken Web of Science, AIS eLibrary (AISeL) und Google Scholar ausgewählt. Die ersten beiden Datenbanken haben im initialen Suchprozess relevante Artikel im Bereich der EAM des öffentlichen Sektors abgedeckt. Google Scholar half uns, aus einer Quelle und mit einem reduzierten Aufwand die weiteren relevanten Artikel zu identifizieren.

Im dritten Schritt wurde eine Vorlage (engl. *Review Protocol*) entwickelt, um den Analyseprozess transparent zu gestalten. Die Vorlage beinhaltete die wissenschaftlichen Datenbanken, bei der die Suche durchgeführt werden sollte, den Suchterm, die Anzahl der identifizierten Publikationen, den Titel, den Abstract des Beitrags sowie die Entscheidung zur Exklusion bzw. Inklusion, auf dessen Details im nächsten Abschnitt eingegangen wird.

7.3.2 Durchführung der Literaturanalyse

Als erstes wurde der Suchterm als („Enterprise Architecture Management" OR „Unternehmensarchitekturmanagement") AND („Service" OR „Function") AND („Public Sector" OR „öffentlicher Bereich" OR „Public Administration" OR „öffentliche Verwaltung") angepasst. Dieser Anpassung liegt die Annahme zugrunde, dass die Ziele der EAM-Einführung, dessen Nutzen sowie die EAM-Services selbst im weitesten Sinne als EAM-Funktionen verstanden werden können.

Die Suche wurde im Titel, Abstract und Volltext der Beiträge eine Woche lang durchgeführt und resultierte in 796 Literaturbeiträgen. Diese Menge wurde basierend auf den Guidelines von Kitchenham und Charters (2007) für eine Inklusion oder Exklusion folgenderweise überprüft:

- Inklusion: Peer-Review-Studien, Konferenzbeiträge, Fachzeitschriftartikel, Buchkapitel, Dissertationen mit dem Fokus EAM-Services/-Funktionen/-Benefits oder Akzeptanz von EAM in der öffentlichen Verwaltung.
- Exklusion: Kurzbeiträge, Artikel ohne Zugang, Publikationen, die sich mit der Forschungsfrage nicht auseinandersetzen, Duplikate, Artikel in anderer Sprache als Deutsch oder Englisch.

Tab. 7.1 Übersicht über die Ergebnisse vom Suchprozesses

Datenbank	Inital	Inkl.-/Exkl.-Kriterien	Analyse Abstract/Titel (ggf. Volltext)
AISeL	4	4	1
Web of Science	9	9	2
Google Scholar	783	65	12
Sum	**796**	**78**	**15**

Nach der Anwendung der Exklusionskriterien sank die Anzahl von Publikationen auf 78, die im Detail analysiert wurden. Der Titel und der Abstract dieser 78 Studien wurden überprüft, um zu entscheiden, ob der Beitrag relevant ist oder nicht. Falls es Unklarheiten bei der Entscheidung gab, wurde der Volltext gelesen. Schließlich wurde der Auswahlprozess mit 15 finalen Artikeln beendet (vgl. Tab. 7.1.)

7.3.3   Ergebnisse der Literaturanalyse

Ein großer Cluster in unseren Ergebnissen bezieht sich auf die Vorteile und Herausforderungen des EAM für die öffentliche Verwaltung (vgl. Olsen & Trelsgård, 2016; Lauvrak et al., 2017; Lumor et al., 2019; Obermeier et al., 2013; Olsen, 2017; Seppänen et al., 2018). Lauvrak et al. (2017) messen EAM eine wichtige Rolle beim Angebot und Innovation von öffentlichen Dienstleistungen bei und definieren in diesem Zusammenhang zwölf Benefits, unter anderem „gemeinsames Verständnis in der Organisation", „Reduktion in der Komplexität" oder „bessere Entscheidungsfindung". Lumor et al. (2019) erwähnen, dass „die Benefits weder auf empirischen Ergebnissen noch auf theoretischen Erklärungen beruhen". Die Autoren berichten mittels einer Metaanalyse aus den Studien unter anderem über die Vorteile des EAM. Obermeier et al. (2013) definieren 36 Anforderungen an ein EAM-Konzept im öffentlichen Sektor. Die Anforderungen werden auf fünf Hauptkategorien aufgeteilt. Diese sind Modellierung, Stakeholder, EA Governance, Integration und Management. Die Studie geht auf die Vorteile des EAM ein, z. B. Kostenreduktion, Erzeugung von Synergieeffekten oder Wirtschaftlichkeit der IT, die aus unserer Sicht mittels eines Serviceangebots in der öffentlichen Verwaltung realisiert werden können. Dabei wird in den zuvor erwähnten Studien der Bezug zu den konkreten EAM-Services nicht beschrieben.

Bezüglich Herausforderungen der EAM-Einführung betonen Hauder et al. (2013) fünf Faktoren, *„ad hoc EAM Anforderungen, unklare Geschäftsziele, Mangel an erfahrenen Architekten, unklare Anforderungen an das EAM-Team, eine sich schnell ändernde Umgebung"*, die es erschweren, das Potenzial von EAM auszuschöpfen. Ähnlich weisen Lauvrak et al. (2017) und Ajer und Olsen (2018) auf den Mangel am gemeinsamen Verständnis der EAM-Kommunikation hin. Vor allem zeigen Ajer und Olsen (2018) mittels drei Anwendungsfällen im öffentlichen Bereich, dass das Top-Management nicht verstehen konnte, worum es beim EAM ging. Die Kommunikation und unklare Verantwortlichkeiten werden auch in Olsen (2017) als eine große Herausforderung betont. Seppänen et al. (2018) finden in ihrer quantitativen Studie, dass die Ziele des EAM die realen Probleme nicht lösen und keinen Beitrag für das Unternehmen leisten können.

Wir vertreten die Meinung, dass ein Serviceangebot des EAM gegen diese Herausforderungen wirken und EAM-Services einen positiven Beitrag zum Nutzen und Erfolg des EAM leisten. Diese Sicht wurde in Lange et al. (2016), Shanks et al. (2018) und Niemi und Pekkola (2020) bestätigt. Diese Studie adressiert, dass EAM-Services insbesondere für die Stakeholder relevant sind, die mit architektonischem Denken nicht vertraut sind, und dass die Rolle von Services häufig unterschätzt wird. Die grafischen Artefakte des EAM sowie das intensive Bemühen um ein Verständnis für die Zusammenhänge (vgl. Walser und Riedl, 2010) können als zentrale Leistungsversprechen von EAM-Services angesehen werden. Dies wird in Helfert et al. (2018) demonstriert, die einen Beitrag zu EAM und Geschäftsservices im öffentlichen Bereich leistet. Der Fokus liegt auf Services im „Smart Cities"-Kontext. EAM schafft hier eine Verbindung zu den Stakeholdern, der Strategie sowie den Elementen der Informationssystem- und Technologiearchitekturen. Dies kann die Komplexität in der Koordination von Services beherrschbar machen.

Zusammenfassend gibt es ausreichende Indikatoren in der Literatur dafür, dass die Einführung des EAM gewisse Anforderungen erfüllen muss und einige Herausforderungen mit sich bringt wie z. B. das Verständnis, die Aufgaben und die Beiträge des EAM für die Organisation. Gleichzeitig wird auch gezeigt, dass vor allem in der öffentlichen Verwaltung EAM eine wichtige Rolle bei den strategischen Themen übernehmen und nutzbringend eingesetzt werden kann. Dennoch wurde in diesen Studien nicht beschrieben, i) ob und wie diese Benefits mittels eines EAM-Serviceangebots realisiert und ii) welche konkreten EAM-Services angeboten werden können.

7.4   Vorgehensweise für das Design von EAM-Services

Birkmeier et al. (2013) verstehen Business Services als Bindeglied zwischen IT- und Geschäftsarchitekturen. Sie schlagen eine Methode zur Identifikation von Business Services basierend auf den Aktivitäten einer Organisation vor. Konkret werden in der Methode zwei Rollen „Business Analyst" und „Lösungsarchitekt" definiert, die gemeinsam Funktionen aus den Aktivitäten ableiten und diese in Business Services transformieren. Ein solcher Ansatz erfordert das Vorhandensein von Geschäftsprozessmodellen. Im DRV-Kontext konnten den Autoren die Prozessmodelle nur bedingt helfen, da sie zum einen unvollständig und zum anderen an unterschiedlichen Stellen abgelegt sind, was zu Inkonsistenzen führen könnte.

Aus diesem Hintergrund haben wir einen anderen Ansatz für die Entwicklung von EAM-Services gewählt. Die Vorgehensweise, die im Folgenden näher beschrieben wird, kann als Input die EAM-Funktionen (siehe Abschn. 7.2) nehmen und diese in EAM-Services transformieren (siehe Abschn. 7.5). Allerdings ist das Vorhandensein einer EAM-Funktion keine zwingende Bedingung für die Anwendung der Vorgehensweise. Der Bedarf auf der Kundenseite, die Entwicklungen am Markt, regulatorische Änderungen oder auch neue Vorhaben können die Auslöser für das Design eines EAM-Service sein.

Die Entwicklung jedes einzelnen EAM-Service besteht aus sechs Schritten (siehe Abb. 7.1). Jedes resultierende Ergebnis wird einer Qualitätssicherung unterzogen und so wird der Service angepasst.

1. Service Owner festlegen
2. Servicebeschreibung inkl. -Modellierung erstellen (durch Service Owner)
3. Präsentation und Diskussion der Servicebeschreibung im EAM-Team
4. Kundenreise-Workshop (inkl. Erstellung eines Plakats und einer Kurzbeschreibung)
5. Roll-out des Service (inkl. Veröffentlichung der Beschreibung)
6. Pflege des Service (Anpassungen und Aktualisierung der Beschreibung)

Um die Services in der Organisation besser zu verankern, wurde das Architekturmanagementteam von Kommunikationsexperten unterstützt, die die Beschreibung, Strukturierung, Darstellung, Präsentation, Veröffentlichung und die Kommunikation der Services begleitet haben.

Abb. 7.1 Vorgehensweise für die Erstellung von EAM-Services

Im ersten Schritt „*Service Owner festlegen*" wurde die Verantwortung aus dem Architekturmanagementteam für die Gestaltung und Pflege des Service festgelegt. Das Unternehmensarchitekturmanagement betrachtet eine Organisation aus unterschiedlichen Blickwinkeln. Somit können Architekturmanagementservices in einem breiten Spektrum angeboten werden, die je nachdem einen fachlichen und/oder technischen Fokus haben können. Dahin gehend wurden zunächst ein oder max. zwei Service Owner (Architekten) benannt. Diese wurden dann über das Serviceangebot informiert. Es existierte in dieser Phase nur eine initiale Vorstellung des Serviceangebots, das den Service Ownern einen gewissen Freiraum bei der Servicegestaltung gab.

Im zweiten Schritt „Servicebeschreibung erstellen" hat der Service Owner einen ersten Entwurf zum Service gemacht. Zur Unterstützung wurde ein Fragenkatalog zur Verfügung gestellt, der folgende Fragestellungen beinhaltete.

1. Wie kann der Service in einem Satz beschrieben werden?
   Hier wird der Service mit einem Satz beschrieben. Den Architektinnen und Architekten wurde der Lückentext zur Verfügung gestellt „Der Service XYZ (was macht der Service) ... und (wofür macht der Service das) ...."
2. Was ist das Ziel und Vorteil des Service?
   Hier wird erläutert, welche Herausforderungen der Service für die Kundschaft löst. Außerdem kann hierbei beantwortet werden: Wieso ist die Serviceleistung einzigartig? Was sind die Vorteile für die Kundschaft und was sind die Vorteile für die DRV Bund?
3. Was ist die Service-Leistung? Wobei unterstützt die Serviceleistung die IT-Landschaft?
   Hier wird der unterstützende Charakter hervorgehoben, auf den sich der Service fokussiert.
4. Welche Reichweite hat der Service?
   Hier werden die Bereiche (Organisationseinheiten) aufgezählt, auf die sich der Service auswirkt.
5. Wann und warum wird der Service für den Kunden relevant?
   Hier wird die Situation beschrieben, die die Kundschaft dazu motiviert, den Service in Anspruch zu nehmen.
6. Wie läuft der Service ab?
   Hier wird der Ablauf beschrieben, wie der Service angefragt, durchgeführt und abgeschlossen wird. Der Ablauf bezieht sich nicht nur auf die Schritte, sondern auch auf die Ergebnisse und Akteurinnen und Akteure.
7. Wer ist der primäre Kunde?
   Hier wird die Kundschaft in ihrer Rolle (Projektleitung, Fachabteilung, Gremien etc.) näher beschrieben.

Aus diesem Schritt erfolgten semi-strukturierte Dokumente und Prozessmodelle (siehe Frage 6), die im dritten Schritt „Präsentation und Diskussion der Servicebeschreibung im EAM-Team" dem Architekturmanagementteam vorgestellt wurden. Basierend auf den

Diskussionsbeiträgen wurden die Entwürfe angepasst und zunächst intern freigegeben. In dieser Phase können die Servicebeschreibungen mit der Kundschaft noch nicht kommuniziert werden, da nur ein Artefakt vorliegt, das ausschließlich die Sicht des Servicegebers darstellt.

Nach dieser Phase lag eine textuelle Beschreibung des Service vor. Um den Service konkreter und kundenfreundlicher zu definieren, wurde für die Prozessbeschreibung auf Methoden der Unternehmensmodellierung zurückgegriffen. Zum einen wurde die „Value Proposition Canvas" (VPC) genutzt (vgl. Osterwalder et al., 2014). VPC ist ein modell-basierter Ansatz zu Darstellung von Wertversprechen einer Organisation. Grundsätzlich teilt sich ein Canvas in zwei Bereiche auf (siehe Abb. 7.2). Rechts betrachtet man eine ausgewählte Kundengruppe. Hier werden die drei Aspekte „Kundenaufgaben, Heraus-forderungen und Nutzen" dargestellt. Links richtet sich der Blick auf das Leistungsver-sprechen. In unserem Fall handelt es sich dabei um einen EAM-Service. Hier werden die drei Aspekte „Kurzbeschreibung (des Service), Lösungen und Begeisterungsmerkmale" dargestellt. Diese Gegenüberstellung „Leistungsversprechen" und „Kundenprofil" hilft, das eigene Wertversprechen mit den Bedürfnissen der jeweiligen Zielgruppe abzu-gleichen. Ziel ist es, den Kundinnen und Kunden einen EAM-Service mit einem ein-fachen und überschaubaren Bild zu präsentieren.

Zum anderen wurden die Serviceprozesse in der Business Process Model and Notation (BPMN) modelliert (vgl. OMG, 2013). Ziel der erstellten Unternehmens-modelle ist es, den Kundinnen und Kunden den bestmöglichen und strukturierten Über-blick über den Ablauf der Serviceerbringung zu geben.

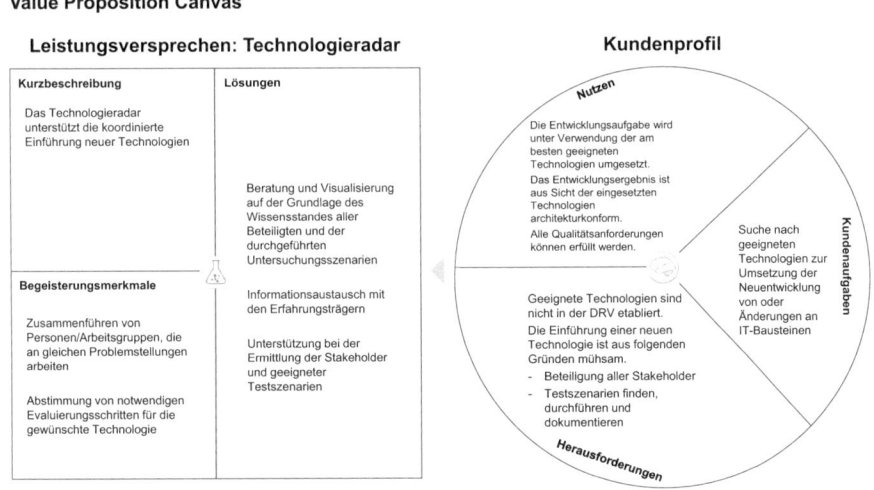

Abb. 7.2 VPC für EAM-Services, hier im Beispiel des EAM-Service „Technologieradar"

Im vierten Schritt wurden gemeinsam mit den Kommunikationsexperten bis zu drei „Customer Journey Workshops" durchgeführt, um den EAM-Service noch einmal aus der Sicht der Servicenutzerin bzw. des -nutzers zu betrachten und bedarfsorientiert anzupassen. Dabei ging es darum, das Erlebnis der Kundinnen und Kunden entlang der Kontaktpunkte mit dem Service vom Bedarf über die Zusammenarbeit bis hin zum finalen Serviceergebnis genauer nachzuvollziehen und zu verstehen. In vielen Fällen wurde die Servicebeschreibung vor allem in Bezug auf die angewandte Terminologie angepasst, wie z. B. die Rolle der Kundinnen und Kunden oder die Reichweite des Service. Die einzelnen Schritte einer Kundenreise waren

1. Beschreibung eines typischen Servicenutzers,
2. Identifikation der Kontaktpunkte des Servicenutzers zum Service bzw. EAM-Team,
3. Beschreibung der Inhalte und des zeitlichen Ablaufs der Kontakte vor, während und nach der Servicenutzung,
4. Identifikation der Ereignisse bzw. Situationen, die die Servicenutzung auslösen,
5. Ermittlung des Potenzials zur Optimierung des Service,
6. Erstellung eines Plakats und einer Kurzbeschreibung.

Die Artefakte wurden dann im fünften Schritt „Roll-out des Service" im Wiki-System „Confluence" publiziert. Dabei wurden die Seiten mithilfe der Kommunikationsexperten so gestaltet, dass auf der Einstiegsseite für einen Service das Plakat, die Kurzbeschreibung und dahinter die Gliederung der Servicebeschreibung mit Links zu den konkreten Inhalten dargestellt werden, um den Servicenutzerinnen und -nutzern einen Überblick über den Service zu geben.

Während des gesamten Prozesses wurden die relevanten Entscheidungsträger in regelmäßigen Abständen informiert. Nach der Veröffentlichung wurde der Service in der Abteilungs- und Dezernatsleiterrunde ausführlich vorgestellt mit dem Ziel, den Service den Mitarbeitenden der einzelnen Dezernate bekannt zu machen. Damit verbunden ist auch das Angebot, auf Wunsch den Service noch einmal innerhalb eines Dezernats zu präsentieren und gegebenenfalls Fragen zu beantworten.

Der letzte Schritt zur Erstellung eines EAM-Service bezieht sich auf die Pflege von Services. Der Bedarf an einer Änderung im Service kann sowohl von der Kundschaft als auch vom Service Owner ausgelöst werden. Dabei ist zu erwähnen, dass es zurzeit keinen exakt definierten Pflegeprozess gibt. Die Kundenrückmeldungen resultieren meistens vor oder während der Service-Inanspruchnahme, bei der das EAM-Team ohnehin zur Unterstützung herangezogen wird.

7.5   Konkretisierung von EAM-Services

Ziel der Transformation von EAM-Funktionen in entsprechende Services war, den Zugang für die Entwicklungs- und Betriebsteams sowie für die Führungskräfte der IT-Abteilung zum Unternehmensarchitekturmanagement zu erleichtern und ein gemeinsames Verständnis zu erreichen. Dies erhöht die Flexibilität aller Beteiligten und erhöht damit die Akzeptanz und gewährleistet eine zukunftsfähige und nachhaltige Weiterentwicklung der IT-Landschaft. Ferner sollen die EAM-Services auch von der Geschäftsführung, deren Stabstellen sowie den Abteilungsleitenden weiterer Querschnitts- und Fachabteilungen genutzt werden.

Die Herausforderung bestand darin, den bisherigen Umfang der Unterstützung durch EAM-Funktionen aufrecht zu erhalten und darüber hinaus noch weitere EAM-Services zur Verfügung zu stellen, die insbesondere von den Führungskräften gewünscht wurden. Aus diesem Grund wurde für die Entwicklung von EAM-Services eine iterative Vorgehensweise mit sechs Phasen angewandt. Im Vordergrund standen dabei Services, die aus bereits bestehenden EAM-Funktionen und -Informationen abgeleitet werden konnten. Die Kriterien waren dabei Verfügbarkeit und Priorisierung durch die Servicenutzerinnen und -nutzer und Geschäftskritikalität. Konkret wurden die folgenden EAM-Services in sechs Phasen erstellt:

1. Phase:
   - Architekturunterstützung[1]
   - Technologie- und Innovationsradar
2. Phase:
   - Software-Konformität[2]
   - Standards und Technologien[3]
   - Lösungsarchitektur-Review[4]
3. Phase:
   - Ist-Bebauungsplanung[5]
   - Architekturboard[6]

---

[1] EAM-Service wurde aus vorhandenen EAM-Funktionen und -Informationen abgeleitet, angepasst und erweitert.

[2] EAM-Service wurde aus vorhandenen EAM-Funktionen und -Informationen abgeleitet, angepasst und erweitert.

[3] EAM-Service wurde aus vorhandenen EAM-Funktionen und -Informationen abgeleitet, angepasst und erweitert.

[4] EAM-Service wurde aus vorhandenen EAM-Funktionen und -Informationen abgeleitet, angepasst und erweitert.

[5] EAM-Service wurde aus vorhandenen EAM-Funktionen und -Informationen abgeleitet, angepasst und erweitert.

[6] EAM-Service wurde aus vorhandenen EAM-Funktionen und -Informationen abgeleitet, angepasst und erweitert.

4. Phase:
- – Technologie-Roadmap
- – Heatmap (zur Identifizierung des Handlungsbedarfs in den Fachdomänen)
- – Architekturkolloquien (zur Vorbereitung von Architekturentscheidungen durch das Architekturboard)
5. Phase:
- – Mittelfristige Architekturplanung (zur Identifikation von Architekturabhängigkeiten in der Meilensteinplanung von Projekten bzw. Vorhaben)
- – Sollbebauungsplanung
- – Facharchitektur
6. Phase (in Planung):
- – IT-Architekturplan[7]
- – Referenzarchitekturen
- – Datenarchitektur (Data Governance)

Im Rahmen des Vorgehens für die Erstellung von EAM-Services, das in Abschn. 7.4 beschrieben wird, wurden in den einzelnen Phasen für jeden EAM-Service folgende Informationen ausgearbeitet und dokumentiert:

- Der Service in der Praxis (Relevanz, Funktion, Rollen und Verantwortlichkeiten, Ergebnis, Kundennutzen)
- Der Prozess zur Nutzung des Service im Überblick (VPC und BPMN, siehe Abb. 7.2)
- Die möglichen Schnittstellen zu anderen Services
- Hilfreiche Dokumente und Informationen zum Service
- Häufig gestellte Fragen und Antworten zum Service (FAQ)

Im Rahmen der Customer Journey (vierter Schritt des Vorgehens) wurden ein Plakat und eine Kurzbeschreibung entworfen, um den Service und seinen Nutzen prägnant, verständlich und zielgerichtet darstellen zu können. Diese Informationen dienen zur „Vermarktung" eines Service in Richtung Servicenutzerin oder -nutzer. Das Plakat beinhaltet einen schlagkräftigen Slogan, eine kurze und verständliche Darstellung der Serviceleistung in einem Satz und mit einer bildlichen Illustration. Die Kurzbeschreibung umfasst ein kurzes Profil, das Ziel und die Vorteile des Service.

Nach dem Durchlaufen aller sechs Schritte zur Bereitstellung eines Service wurden im Rahmen der Kommunikationsstrategie folgende Informationen in Confluence veröffentlicht (Roll-out):

- Slogan
- Plakat (bildliche Illustration des Service. In Abb. 7.3 wird das Plakat für den Service „Ist-Bebauungsplan" visualisiert.)

---

[7] EAM-Service wurde aus vorhandenen EAM-Funktionen und -Informationen abgeleitet, angepasst und erweitert.

Abb. 7.3 Plakat für den EAM-Service „Ist-Bebauungsplanung"

- Kurzbeschreibung des Service mit Kurzprofil, Ziel und den Vorteilen (Kundennutzen)
- Vollständige Servicebeschreibung

Aktuell sind die Services der bereits vorgestellten Phasen 1–5 veröffentlicht. Am stärksten werden dabei die Architekturunterstützung, die Bebauungsplanung sowie das Innovations- und Technologieradar nachgefragt.

Die Architekturunterstützung wird im Wesentlichen durch Führungskräfte sowie Projektleiter bzw. Vorhabenverantwortliche in Anspruch genommen.

Das Innovationsradar wird von Führungskräften insbesondere durch die Abteilungsleitung IT genutzt und hat auch die Aufmerksamkeit von IT-Verantwortlichen außerhalb der DRV Bund auf sich gezogen, sodass angestrebt wird, es auch außerhalb der DRV Bund zugänglich zu machen.

Zum Technologieradar hat sich eine Community mit interessierten Technologieexperten innerhalb der IT-Abteilung gebildet, die gemeinsam mit Moderation aus dem EAM-Team das Radar regelmäßig aktualisieren.

Zur Bebauungsplanung, die zweimal im Jahr aktualisiert wird, berichtet das EAM-Team regelmäßig in der Führungskräfterunde und zeigt den aus den Analysen und Auswertungen abgeleiteten Handlungsbedarf auf.

Das Architekturboard in Verbindung mit den Architekturkolloquien, der Bebauungsplanung, den Standards und Technologien, der Software-Konformität sowie Lösungsarchitektur-Reviews gehören zum „Brot-und-Butter-Geschäft" des EAM-Teams. Das Architekturboard trifft sich einmal im Quartal oder auf Anfrage und dient sowohl als Entscheidungsinstanz als auch als Informationsaustauschplattform, wobei Letzteres

zeitlich überwiegt. Bisher haben neun Architekturkolloquien stattgefunden, die Lösungs-
alternativen als Grundlage für Entscheidungen des Architekturboards vorbereitet haben.

7.6   Diskussion, Zusammenfassung und Ausblick

EAM gewinnt im Rahmen der digitalen Transformation immer mehr an Relevanz. Dieser
Beitrag dokumentiert die ersten Ergebnisse darüber, wie EAM mittels eines Service-
angebots im öffentlichen Bereich Mehrwert schaffen kann und welche konkreten EAM-
Services umgesetzt werden können.

Der Bedarf an einem wissenschaftlichen Diskurs zu diesem Thema wurde mittels
einer SLR gezeigt. Um eine kritische Reflektion des SLR-Prozesses zu ermöglichen,
werden in der Tab. 7.2 die Ergebnisse des „Literature Search Checklist" (in Anlehnung
an vom Brocke et al., 2015) dokumentiert und diskutiert.

Eine Einschränkung der Arbeit liegt in der fehlenden systematischen Evaluation von
Ergebnissen. Dennoch wird dem Architekturmanagementteam von Servicenehmern bereits
zurückgemeldet, dass das Servicemodell des EAM von weiten Teilen der Organisation
positiv angenommen wird. Insbesondere die IT-Abteilung profitiert von den Services, da
klare Abläufe und Anforderungen dokumentiert sind und Interpretationsspielräume bei
den Aufgaben des Architekturmanagements deutlich reduziert wurden. Vor allem neue und
nicht IT-spezifische Services erfreuen sich großer Beliebtheit in diversen Organisations-
bereichen. Insbesondere der Service „Architekturunterstützung" wirkt stark begleitend
bei der zunehmend „richtigen Digitalisierung" und der Optimierung und Adaption von
Geschäftsabläufen und -prozessen. Der Service „Innovationsradar" fokussiert nicht nur auf
IT-Themen, sondern auch auf andere technologische und wissenschaftliche Neuerungen
(z. B. energetische Nachhaltigkeit) und wird dadurch für viele Bereiche der DRV
interessant und perspektivisch ein wichtiges Arbeitsmittel. Um diese Lücke zu schließen,
wird geplant, in der Zukunft Interviews mit den Servicenehmern durchzuführen.

Das nächste Ziel betrifft die Umsetzung von EAM-Services, die sich gerade in der
Planungsphase befinden oder weiterentwickelt werden. Vor allem liegt der Fokus hier
auf dem Service „Facharchitektur". Eine Facharchitektur wird im DRV-Kontext aus der
Unternehmens- und IT-Strategie abgeleitet. Sie beschreibt Informationen unter anderem
zu Kundinnen und Kunden, Geschäftsfähigkeiten, Geschäftsprozessen und Fachdomänen
einer Organisation und deren Zusammenwirken. Aktuell befinden sich die Schnittstellen
und Prozesse zwischen EAM und Fachseite zur Umsetzung der Facharchitektur im Aufbau.

EAM-Services bieten wirksame Dienste für konkrete Kundenbedürfnisse an. Die
einzelnen Services stehen in Abhängigkeit zueinander und gewährleisten die übergreifende Steuerung in der Etablierung von Technologien und der Weiterentwicklung
der IT-Landschaft. Als weitere zukünftige Arbeit nehmen sich die Autoren vor, dieses
Zusammenwirken im Rahmen der Architekturprozesse noch eingehender zu betrachten.

Tab. 7.2 Kritische Reflektion des SLR-Prozesses

(Schritt 1) Vor der Literaturrecherche wurde …	
… ein Verständnis für das Themenfeld entwickelt?	Ja. Es wurde eine initiale Suche durchgeführt (vgl. Abschn. 7.3.1). Alle drei Autoren haben Erfahrung in EAM zwischen 10 und 20 Jahren
… begründet, warum eine SLR notwendig ist?	Ja. Die Recherche über das Themenfeld sollte transparent, strukturiert und wiederholbar sein
… einen geeigneten Such-bereich definiert?	Ja, aber nur teilweise. Unser Ziel war es nicht, eine umfassende Metaanalyse in diesem Bereich durchzuführen, dessen Ergebnisse die Forscher über die Schwerpunkte informiert. Daher könnte der Suchbereich in der Zukunft erweitert werden
… die Machbarkeit und Reichweite der Suche bewertet?	Ja. Basierend auf den Ergebnissen wurde die Entscheidung getroffen, die Anzahl von wissenschaftlichen Datenbanken auf das notwendige Minimum zu reduzieren (vgl. Abschn. 7.3.1)
(Schritt 2) Während der Literaturrecherche wurde(n) …	
… alternative Ansätze zur Literatursuche getestet?	Ja, zu Beginn wurde der Snowballing-Ansatz von Webster und Watson (2002) umgesetzt, da dieser „effizienter sei, wenn der Suchterm allgemeine Begriffe beinhaltet" (Jalali & Wohlin, 2012). Allerdings konnten hier nach Backward- und Forward-Snowballing des ersten Beitrags keine weiteren relevanten Beiträge identifiziert werden
… geeignete Techniken und Parameter zur Suche aus-gewählt?	Ja, vor allem in Bezug auf die Search Terms. Nach jedem Versuch wurden stichprobenmäßig Artikel ausgewählt und basierend auf die Relevanz wurde der Suchterm angepasst
… geeignete Kriterien für Inklusion/Exklusion definiert?	Ja, vgl. Abschn. 7.3.2
… die Suchstrategie im Team diskutiert?	Ja, allerdings nur bis zu einem gewissen Grad. Der Schwerpunkt der Diskussionen lag auf dem Suchterm bzw. die Notwendigkeit, dass die Suche den Begriff „Funktionen" beinhalten muss. Es wurde keine Diskussionen bezüglich wissenschaftlicher Datenbanken oder Exklusionskriterien durchgeführt
(Schritt 3) Nach der Literaturrecherche wurde(n) …	
… die Sensitivität der Suche bewertet?	Nein, allerdings wurde diese im zweiten Schritt bei der Auswahl von geeigneten Techniken umgesetzt
… der Suchprozess und das Ergebnis genau dokumentiert?	Ja. Die Ergebnisse sind im *Review-Protokoll* dokumentiert (vgl. Abschn. 7.3.1)
… die Ergebnisse mit ähn-lichen Literaturrecherchen verglichen?	Ja, insbesondere Dang und Pekkola (2017). Ein Ergebnis ist der Mangel an wissenschaftlichen Beiträgen, die von der EAM-Implementierung im öffentlichen Kontext bezüglich Methoden, Rahmenwerke und Praktiken berichten
… das Feedback von Mit-autoren gesammelt?	Ja, das Feedback wurde mitberücksichtigt

Literatur

Ajer, A. K.; Olsen, D. H. (2018). Enterprise architecture challenges: A case study of three norwegian public sectors. In *Research Papers*. https://aisel.aisnet.org/ecis2018_rp/51.

Birkmeier, D. Q., Gehlert, A., Overhage, S., & Schlauderer, S. (2013). Alignment of business and IT architectures in the german federal government: A systematic method to identify services from business processes. In *2013 46th Hawaii international conference on system sciences. (HICSS 2013) Wailea, Hawaii, 7–10 January 2013. 2013 46th Hawaii International Conference on System Sciences (HICSS). Wailea, HI, USA, 1/7/2013 – 1/10/2013. Institute of Electrical and Electronics Engineers. Piscataway: IEEE* (S. 3848–3857).

Dang, D., & Pekkola, S. (2017). Systematic literature review on enterprise architecture in the public sector. *The Electronic Journal of e-Government, 15*(2), 132–154.

Hauder, M., Roth, S., Schulz, C., & Matthes, F. (2013). An examination of organizational factors influencing enterprise architecture management challenges. *ECIS 2013 Completed Research.* https://aisel.aisnet.org/ecis2013_cr/175.

Helfert, M., Melo, V. A. B., & Pourzolfaghar, Z. (2018). Digital and smart services – The application of enterprise architecture. In Daniel A. editor Alexandrov, Alexander V. editor Boukhanovsky, A. V. Chugunov, Yury Kabanov, Olessia Koltsova (Eds.), *Digital transformation and global society. Part I. Third International Conference, DTGS 2018,* St. Petersburg, Russia, May 30-June 2, 2018, Revised selected papers/Daniel A. Alexandrov, Alexander V. Boukhanovsky, Andrei V. Chugunov, Yury Kabanov, Olessia Koltsova (eds.). Cham, 2018. Springer (Communications in computer and information science, 1865–0929, 858), (S. 277–288).

Jalali, S., & Claes, W. (2012). Systematic literature studies: Database searches vs. backward snowballing. In *Proceedings of the 2012 ACM-IEEE International Symposium on Empirical Software Engineering and Measurement* (S. 29–38).

Kitchenham, B. (2004). Procedures for performing systematic reviews. Keele University. Technical Report TR/SE-0401. Department of Computer Science, Keele University.

Kitchenham, B., & Charters, S. (2007). Guidelines for performing Systematic Literature Reviews in Software Engineering. *EBSE Technical Report EBSE-2007–01. Version 2.3.* https://citeseerx. ist.psu.edu/viewdoc/summary?doi=10.1.1.117.471. Zugegriffen: 23. April 2021.

Koivisto, A. (2020). *Understanding Organizations' Digitalization Preparedness: An analysis through the lens of enterprise architecture maturity.* Tampere University. https://trepo.tuni.fi/handle/10024/123422.

Lange, M., Mendling, J., & Recker, J. (2016). An empirical analysis of the factors and measures of Enterprise Architecture Management success. *European Journal of Information Systems, 25*(5), 411–431. https://doi.org/10.1057/ejis.2014.39

Lauvrak, S., Michaelsen, V. K., & Olsen, H. D. (2017). Benefits and Challenges in Enterprise Architecture Management. *NOKOBIT 25*(1). https://ojs.bibsys.no/index.php/Nokobit/article/view/404.

Lumor, T., Pulkkinen, M., & Hirvonen, A. (2019). Enterprise architecture: A perspective on how far we have come, and directions for the future. *Selected Papers of the IRIS, Issue Nr 10 (2019).* https://aisel.aisnet.org/iris2019/4.

Niemi, E., & Pekkola, S. (2020). The benefits of enterprise architecture in organizational transformation. *Business & Information Systems Engineering, 62*(6), 585–597. https://doi.org/10.1007/s12599-019-00605-3

Obermeier, M., Wolf, P., & Krcmar, H. (2013). Anforderungen an ein EAM-Konzept für die öffentliche Verwaltung in Deutschland – Eine Fallstudie. *Wirtschaftsinformatik Proceedings 2013.* https://aisel.aisnet.org/wi2013/57.

Olsen, D. H. (2017). Enterprise architecture management challenges in the norwegian health sector. *Procedia Computer Science, 121*, 637–645. https://doi.org/10.1016/j.procs.2017.11.084

Olsen, H. D., & Trelsgård, K. (2016). Enterprise architecture adoption challenges: An exploratory case study of the Norwegian higher education sector. *Procedia Computer Science, 100*, 804–811. https://doi.org/10.1016/j.procs.2016.09.228

OMG. (2013). Business Process Model and Notation (BPMN), Version 2.0.2. http://www.omg.org/spec/BPMN/2.0.2.

Osterwalder, A., Pigneur, Y., Bernarda, G., & Smith, A. (2014). *Value proposition design.* Wiley (Strategyzer series).

Seppänen, V., Penttinen, K., & Pulkkinen, M. (2018). Key issues in enterprise architecture adoption in the public sector. *Electronic journal of e-government, 16*(1). https://jyx.jyu.fi/handle/123456789/60040.

Shanks, G., Gloet, M., Someh, A. I., Frampton, K., & Tamm, T. (2018). Achieving benefits with enterprise architecture. *The Journal of Strategic Information Systems, 27*(2), 139–156. https://doi.org/10.1016/j.jsis.2018.03.001

vom Brocke, J., Simons, A., Riemer, K., Niehaves, B., Plattfaut, R., & Cleven, A. (2015). Standing on the shoulders of giants: Challenges and recommendations of literature search in information systems research. *CAIS, 37*. https://doi.org/10.17705/1CAIS.03709.

Walser, K., & Riedl, R. (2010). Unternehmensarchitektur als Mittler zwischen IT-Strategie, IT-Governance und IT-Management. In Maria A. W., Brinkhoff, U., Kaiser, S., Lück-Schneider, D., Schweighofer, E., Wiebe, A. (Eds.), *Vernetzte IT für einen effektiven Staat* (vol. 162). Gesellschaft für Informatik e.V., (S. 195–206). https://boris.unibe.ch/3928/.

Webster, J., & Watson, T. R. (2002). Analyzing the past to prepare for the future: Writing a literature review. *MIS Quarterly, 26*(2), xiii–xxiii. http://www.jstor.org/stable/4132319.

Prof. Dr. Hasan Koç ist Professor für Betriebswirtschaftslehre an der Berlin International University of Applied Sciences. Nach dem Studium an der FH Reutlingen sowie an der Yeditepe Universität Istanbul promovierte er an der Universität Rostock im Fachbereich Wirtschaftsinformatik und sammelte Berufserfahrung im IT-Management. Er forscht und berät zu den Themen Digitale Transformation und Unternehmensarchitekturmanagement.

Dr.-Ing. Wilhelm Weisweber arbeitet seit 2003 bei der Deutschen Rentenversicherung Bund und ist Leiter Unternehmensarchitektur. Zuvor war er lange Jahre in der Softwareentwicklung, in Forschungsprojekten zur maschinellen Sprachübersetzung und als Dozent für Informatik an der Technischen Universität Berlin tätig und promovierte 1992 zum Dr.-Ing.

Dr. Marcus Lüttke arbeitet seit 2002 bei der Deutschen Rentenversicherung Bund, wo er 2012 die Leitung der Technischen Strategie und Planung übernahm. Heute ist er Leiter des Architekturmanagements. Er studierte Mathematik und Physik an der Technischen Universität Berlin und lehrte und forschte mehrere Jahre lang in der Theoretischen Astrophysik.

Predictive Analytics als digitaler Service

Erfolgreiche Zusammenarbeit von Mensch und Maschine zur Erstellung von genaueren Prognosen

8

Patrick Donner

Inhaltsverzeichnis

Zusammenfassung

Interne Services sind ein wichtiger Bestandteil der operativen Funktionalität eines Unternehmens. Ein elementarer Service der Finanz- und Controllingfunktion ist dabei die Erstellung von Forecasts (dt.: Prognosen) über die zu erwartende finanzielle Zielerreichung. Aus den in dieser Form bereitgestellten Informationen kann die Geschäftsführung relevante Steuerungsmaßnahmen ableiten. Im Zuge der Digitalisierung und der Verfügbarkeit von Big Data setzen immer mehr Unternehmen auf die Technologie der Predictive Analytics, um Prognosen auf Basis von Computeralgorithmen automatisiert und damit zeitlich flexibler und kosteneffizienter

P. Donner (✉)
Robert Bosch GmbH, Ludwigsburg, Deutschland
E-Mail: donner.lit@gmail.com

© Der/die Autor(en), exklusiv lizenziert an Springer Fachmedien Wiesbaden GmbH, ein Teil von Springer Nature 2022
E. Bollhöfer und S. Weimann (Hrsg.), *Digitalisierung von industriellen Dienstleistungen*, FOM-Edition, https://doi.org/10.1007/978-3-658-37396-2_8

bereitzustellen. Dieser Beitrag stellt den Stand der Forschung auf dem Gebiet des Forecastings dar und untersucht anhand eines Pilotprojekts der Robert Bosch GmbH die Möglichkeit, mittels Predictive Analytics einen kompletten Finanz-Forecast abzubilden. Das Besondere am untersuchten Pilotprojekt ist der Einsatz eines hybriden Modells aus einer mittels Predictive Analytics automatisiert erzeugten Grunddatenbasis und durch den Menschen vorhergesagte Sondereffekte. Im Mittelpunkt der Untersuchung steht die Frage, ob dieser kombinatorische Ansatz eine bessere Prognosegenauigkeit als die beiden Einzelmethoden erreicht, indem sie die Vorteile von manuellem und maschinellem Ansatz vereint. Die Ergebnisse der durchgeführten internen Benchmark-Studie zeigen, dass der kombinierte Forecast genauer als der rein maschinell erstellte Forecast und der manuelle Bottom-up Forecast ist. Im Vergleich zum manuellen Business Unit Controller Forecast schneidet der kombinierte Forecast für das Jahr 2019 besser ab, unterliegt allerdings in der Betrachtung für das von der Covid-19-Pandemie geprägte Jahr 2020. Diese Ergebnisse sprechen für den Einsatz von Predictive Analytics unter der stärkeren Einbindung des Controllings und damit für die Zusammenarbeit von Mensch und Maschine bei der Erstellung von Prognosen.

Das moderne Geschäftsumfeld vieler Unternehmen wird durch Volatilität, Unsicherheit, Komplexität und Ambiguität geprägt (vgl. Bennett & Lemoine, 2014, S. 27). Da diese Eigenschaften, welche unter dem Begriff der *VUCA-Umwelt* zusammengefasst werden, Prognosen und Planbarkeit erschweren, suchen Entscheidungsträger zunehmend Orientierung in datenbasierten Ansätzen, um zukünftige Entwicklungen mithilfe moderner Informationstechnologien zu antizipieren und rechtzeitig geeignete Steuerungsmaßnahmen ergreifen zu können (vgl. Satzger et al., 2015, S. 230). Aus diesem Grund genießt der Einsatz quantitativer Vorhersagemodelle, sogenannter *Predictive Analytics* (PA), im Forecasting-Prozess von Unternehmen ein ungebrochenes Interesse (vgl. Möller et al., 2016, S. 509). Zeitgleich eröffnen sich mit der voranschreitenden Digitalisierung und der zunehmenden Verfügbarkeit von *Big Data* stetig neue Einsatzmöglichkeiten von PA (vgl. Möller et al., 2016, S. 509). Gerade für die Finanz- und Controllingfunktion, welche traditionell Prognosen als internen Service für die Unternehmensführung erstellt, bieten sich durch PA eine Vielzahl an neuen Ansätzen, um Effizienzen und zusätzliche Erkenntnisgewinne im Forecasting-Prozess zu realisieren (vgl. Kiron et al., 2011, S. 8). Eine weltweite vom *IBM Institute for Business Value* durchgeführte Befragung von 1900 Chief Financial Officers belegt dabei den betriebswirtschaftlichen Nutzen der Fokussierung von Finanzorganisationen auf die beiden Aspekte der Prozesseffizienz und der Fähigkeit, zusätzliche geschäftsrelevante Erkenntnisse zu gewinnen (vgl. Satzger et al., 2015, S. 230–231). Diejenigen 23 % der Unternehmen, deren Finanzorganisationen in beiden Dimensionen überzeugen, zeichnen sich über alle Branchen hinweg durch ein um 49 % gesteigertes Umsatzwachstum und ein 20fach höheres Margenwachstum aus (vgl. IBM Institute for Business Value, 2010; Satzger et al., 2015, S. 230). Der Erfolg eines Unternehmens wird demnach maßgeblich davon beeinflusst, wie genau es die Zukunft prognostizieren kann und inwiefern es anhand dieser Zukunftseinschätzung relevante Maßnahmen einleitet, um die Geschäfts-tätigkeit den sich wandelnden Umweltbedingungen anzupassen (vgl. Treyer, 2010, S. 8). Zusammenfassend sprechen die *VUCA-Umwelt,* die gesteigerten Einsatzmöglichkeiten und finanziellen Vorteile für eine weitreichende Implementierung von PA im Finanz-Forecasting von Unternehmen.

Trotz der vielfach angepriesenen Vorteile von PA fehlt es in der Literatur und der Praxis noch an Leitlinien und Beispielen dafür, wie die Umsetzung von PA für einen kompletten Finanz-Forecast und damit für eine ganzheitliche Gewinn- und Verlust-rechnung (GuV) ausgestaltet werden kann (vgl. Kappes & Leyk, 2018, S. 7; Schlatter et al., 2020, S. 58; Becker & Schäffer, 2017, S. 14). Als Grund für den ausbleibenden Durchbruch von PA für solche Anwendungsfälle werden von Verfechterinnen und Ver-fechtern der qualitativen Prognosemethoden, die auf dem menschlichen (Experten-) Urteil basieren, unregelmäßig auftretende und dadurch schwer mittels Algorithmen zu prognostizierende Sondereffekte genannt (vgl. Lewandowski, 1982). Bislang wurde dieser wissenschaftliche Diskurs lediglich durch Befunde aus experimentellen Studien gestützt. Dieser Beitrag kommt dem Ruf nach praxisorientierter Forschung nach und analysiert am Beispiel eines PA-Pilotprojekts der Robert Bosch GmbH (RB), inwiefern maschinell erstellte Prognosen einer ganzheitlichen GuV die gleiche Prognosegenauig-keit wie manuelle Prognosen erreichen und inwiefern – im Sinne einer Kombination beider Ansätze – eine Bereinigung sowie gesonderte Vorhersage von Sondereffekten durch den Menschen die Prognosegenauigkeit von PA-Modellen erhöhen kann. Im Zentrum der Untersuchung steht damit die Frage, ob die Einbindung des menschlichen Expertenwissens einen Vorteil bei der ansonsten auch komplett automatisierbaren Erstellung eines rein auf PA basierenden Forecasts mit sich bringt.

8.1   Stand der Forschung auf dem Gebiet des Forecastings

Gemäß der Beschreibung von Mehanna et al. (2016, S. 503–504) ist das Forecasting ein klassisches Steuerungsinstrument der Unternehmensführung, mit dem Prognosen über die zu erwartende Zielerreichung zu einem bestimmten Zeitpunkt bereitgestellt werden. Forecasting ist damit für die Entscheidungsfindung im Unternehmen von großer Bedeutung und unterstützt das Management dabei, Maßnahmen abzuleiten, um die Geschäftätigkeit an sich wandelnde Umweltbedingungen anzupassen und den Einsatz von Ressourcen und finanziellen Mitteln zu koordinieren (vgl. Möller et al., 2016; Rieg, 2008; Treyer, 2010). Ein möglichst genaues Forecasting ist damit relevant für jegliche Bereiche eines Unternehmens. Die beste Methodik, um eine hohe Prognosegenauigkeit im Forecasting sicherzustellen, ist in Literatur und Praxis jedoch äußerst umstritten. Ins-besondere bei der Frage, ob die Prognosegenauigkeit von computergestützten Modellen unter der Einbindung des Menschen leidet oder davon profitiert, gehen die Meinungen in der Literatur, der Praxisforschung sowie der tatsächlichen Umsetzung in der Praxis weit auseinander. Die vorherrschenden Denkansätze können in die zwei grundlegenden

Strömungen der qualitativen und quantitativen Forecasting-Methoden unterteilt werden, welche im Folgenden kurz beleuchtet werden.

Das Judgemental Forecasting – Die manuelle Prognose auf Basis von Experten-wissen

Auf der einen Seite des Diskurses stehen die qualitativen Forecasting-Methoden, die in der englischsprachigen Literatur unter dem Begriff *Judgemental Forecasting* (JF) zusammengefasst werden und den Einsatz von menschlichem Urteilsvermögen, in der Regel das Urteil einer Expertin oder eines Experten, nutzen, um zukünftige Entwicklungen zu prognostizieren (vgl. Chatfield, 1988, S. 22). Die betriebswissenschaftliche Forschung auf dem Gebiet des JF begann in den 1960er-Jahren als Teilbereich der Produktionswirtschaftslehre. Seitdem hat sie sich zu einem wichtigen und eigenständigen Forschungsbereich entwickelt, der sich mit vom Menschen erzeugten Vorhersagen befasst (vgl. Arvan et al., 2019). Gerade im Falle fehlender Daten, beispielsweise bei der Einführung neuer Produkte, dem Eintreten neuer Wettbewerber oder neuer und einzigartiger Marktbedingungen, ist JF meist die einzige Option, Vorhersagen treffen zu können (vgl. Hyndman & Athanasopoulos, 2018, S. 83). Auch außerhalb solcher Spezialfälle ist die Nutzung von JF, trotz den Fortschritten auf dem Feld der PA, in der betrieblichen Praxis weiterhin üblich (vgl. Hyndman & Athanasopoulos, 2018, S. 83–84). JF muss sich dabei jedoch einiger wesentlicher Kritikpunkte erwehren. So kamen Hogarth und Makridakis (1981) nach der Analyse von 175 wissenschaftlichen Veröffentlichungen auf dem Gebiet zu dem Schluss, dass quantitative Methoden JF im Hinblick auf Prognosegenauigkeit deutlich übertreffen. Gemäß ihren Ausführungen unterliegen menschliche Prognosen systematischen Verzerrungen und der Tendenz, inexistente Muster zu erkennen. Daraus folgerten die zwei Forschenden, dass JF eine Illusion von Kontrolle bei rein zufälligen Prozessen und ein unbegründetes Vertrauen in die Korrektheit der Prognosen erzeugt. Ein weiteres Phänomen, welches in der Literatur oft als Argument gegen JF genannt wird, ist die Tendenz von Prognostikern, einen Abwärtstrend vorschnell abzuschwächen und eine Umkehr zu antizipieren (vgl. Lawrence et al., 2006; O'Connor et al., 1997). Andererseits finden sich in der Literatur auch eine Vielzahl an positiven Studien zu JF. Gerade bei instabilen und unbeständigen Zeitreihen erwies sich JF den statistischen Forecasts als mindestens ebenbürtig (vgl. Lawrence et al., 2006; Lawrence, 1983; Edmundson et al., 1988; Sanders, 1992). Besondere Beachtung findet in der Literatur die Bedeutung von kontextbezogenem Fachwissen bei der Prognose von Zeitreihen. So wiesen Lim und O'Connor (1996) in einer Laborstudie nach, dass die Verfügbarkeit von Informationen über die Zeitreihe signifikant zur Prognosegenauigkeit gegenüber statistischen Forecasts beitrug. In der Praxis spielt dies gemäß der Metaanalyse von Lawrence et al. (2006, S. 499) eine größere Rolle, da der Forecast dort von Expertinnen und Experten ausgeführt wird, die sowohl über Fachwissen als auch über Wissen über Unregelmäßigkeiten in der Vergangenheit von Zeitreihen verfügen. Dieses Wissen kann sowohl dazu genutzt werden, das Verhalten der Zeitreihe in der Vergangenheit zu erklären, als auch deren Zukunft besser vorherzusagen. Zusammenfassend zeigt die dargestellte, uneindeutige Studienlage sowohl berechtigte Vorbehalte gegenüber JF als auch eindeutige Vorteile ebendieser Methode auf.

Predictive Analytics – Die automatisierte Prognose auf Basis von Big Data
Auf der anderen Seite des Diskurses stehen die quantitativen Methoden, die sich statistischer Verfahren und Computeralgorithmen bedienen, um auf Basis großer Mengen an historischen Daten, Prognosen rechnerisch herzuleiten. Die zur Verwendung kommenden statistischen Modelle und Algorithmen versuchen dabei Beziehungen innerhalb historischer Daten zu identifizieren, um zukünftige Entwicklungen zu approximieren (vgl. Möller & Pieper, 2015, S. 41). Durch den Einsatz von Computeralgorithmen wird der subjektive Einfluss eines menschlichen Erstellers weitestmöglich aus dem Forecasting-Prozess entfernt. Quantitative Forecasting-Methoden gewinnen mit zunehmender Rechenleistung von Computern und der steigenden Verfügbarkeit von großen Datenmengen immer weiter an Beliebtheit (vgl. Möller et al., 2016, S. 509). Im Controllingumfeld wird der Einsatz dieser Methoden unter dem Begriff der PA zusammengefasst und ist laut einer Studie der *WHU – Otto Beisheim School of Management* der größte Hebel, um Kosteneffizienz und Prognosegenauigkeit im Forecasting zu erhöhen (vgl. Becker & Schäffer, 2017, S. 13). Insbesondere bezüglich der Prognosegenauigkeit umgeht PA mehrere Schwachstellen manueller Forecasts. Die verbreitete dezentrale Erstellung von manuellen Finanzprognosen führt durch die Einbindung vieler unterschiedlicher Parteien und unterschiedlicher Prognoseverfahren dazu, dass die Konsistenz der aggregierten Prognose oft nicht gewährleistet werden kann (vgl. Satzger et al., 2015, S. 231). Des Weiteren sind manuelle Forecasts oft unternehmenspolitisch motiviert. Gerade die drohende Intervention des Top-Managements bei schwächeren Prognosen liefert dem dezentralen Management Anreize, den Forecast systematisch zu positiv oder zu negativ (um ihn später erwarteter Weise zu übertreffen) anzusetzen (vgl. Becker & Schäffer, 2017, S. 12–13). Darüber hinaus können PA-Anwendungen im Controlling gegenüber traditionellen Reportingtools zu einem tieferen Verständnis der Geschäftstreiber beitragen und beseitigen auch hier einige Schwachstellen aktueller JF Reportinglösungen. Zum einen arbeiten JF-Lösungen mit Annahmen von Controllern, um die zukünftige Entwicklung abzubilden. Während Controller hierfür meist die ihnen bekannten Verläufe unterstellen, ist PA in der Lage, über diese Annahmen hinaus unbekannte Muster und Beziehungen innerhalb der Daten zu entdecken (vgl. Sharma & Dadhich, 2014, S. 653). Zum anderen werden Wechselwirkungen in den Daten (wie beispielsweise gegenläufige Risiken) in JF-Lösungen nicht oder nur mit großem Aufwand systematisch erfasst und verfälschen so den aggregierten Forecast (vgl. Satzger et al., 2015, S. 231). Durch die automatisierte Erstellung von PA Forecasts ist es zudem möglich, zeitgerechtere und aktuellere Prognosen anzufertigen als dies mit den meist zeitaufwendigen manuellen Prozessen der Fall ist (vgl. Mehanna et al., 2016, S. 503–504). Während die genannten Punkte gute Argumente für die Einführung von PA im Bereich des Forecastings liefern, treffen PA-Ansätze in der Praxis

oft auf Zeitreihen, die von Sondereffekten geprägt sind, welche wiederum nicht hinreichend durch Algorithmen vorhergesagt werden können. Da viele dieser Effekte durch
menschliche Eingriffe beeinflusst werden oder gar erst dadurch entstehen, bewegt sich
der wissenschaftliche Diskurs zunehmend hin zur Untersuchung von PA in kombinierten
Forecasting-Systemen mit einer JF-Komponente und damit zum aufgeklärten Umgang
mit den jeweiligen Stärken und Schwächen von qualitativen und quantitativen Methoden
(vgl. Lawrence et al., 2006, S. 493).

Das Beste aus zwei Welten – wie sich Mensch und Maschine kombinieren lassen
Die Idee zur Integration von mittels JF-Methoden gewonnenem Expertenwissen in
statistische Modelle ist nicht neu und wurde bereits 1957 von Lorie (1957, S. 172) als
erfolgversprechender Ansatz im Forecasting identifiziert. In der wissenschaftlichen
Literatur der letzten Jahre bilden sich dabei drei grundsätzliche Strategien zur Integration
von JF in quantitative Forecasting-Modelle heraus. Der wohl einfachste Ansatz ist die
rechnerische Kombination durch Gewichtung. Bei diesem Ansatz werden sowohl ein
qualitativer als auch ein quantitativer Forecast parallel ausgeführt und für die finale
Prognose zusammengerechnet (beispielsweise mit einer 50/50 Gewichtung). Somit
stabilisieren sich das statistische Modell und der menschliche Experte gegenseitig und
die komplementären Stärken der beiden Forecasting-Methoden werden kombiniert
(vgl. Blattberg & Hoch, 1990, S. 898). Eine weitere einfache Kombinationsmöglich-
keit besteht darin, Expertinnen und Experten die Möglichkeit zu geben, den statistischen
Forecast manuell anpassen zu können. Wie eine Vielzahl an Studien belegt, birgt dies
jedoch die Gefahr einer unnötigen oder zu starken Anpassung (vgl. Goodwin, 2000;
Lawrence et al., 2006; Franses & Legerstee, 2009). Hierfür gibt es mehrere weitreichend
erforschte Ursachen. So tendieren Menschen dazu, ihre eigenen Fähigkeiten gegenüber
dem Algorithmus zu überschätzen und sind oft zu optimistisch (vgl. Arkes, 2001; Bovi,
2009; Lawrence et al., 2006; Durand, 2003; Hilary & Hsu, 2011; Libby & Rennekamp,
2012; Hyndman & Athanasopoulos, 2018, S. 83). Ein weiterer Aspekt ist, dass unnötige
Anpassungen in vielen Fällen nur vorgenommen werden, um das Gefühl der Eigen-
tümerschaft und Glaubwürdigkeit zu verspüren (vgl. Önkal & Gönul, 2005; Hyndman &
Athanasopoulos, 2018, S. 83). In einigen Fällen wurden die statistischen Prognosen auch
schlichtweg ignoriert oder nur in sehr geringem Maße genutzt und die Probandinnen und
Probanden zeigten eine Aversion gegenüber Algorithmen (vgl. Dietvorst et al., 2018;
Goodwin & Fildes, 1999; Goodwin et al., 2007; Önkal et al., 2009). Aus diesen Gründen
empfehlen Forschende gegenüber der direkten manuellen Anpassung des statistischen
Forecasts, den strukturierten Ansatz der Dekomposition. Bei der Dekomposition
wird das Problem (in diesem Fall die Vorhersage einer Zeitreihe) in mehrere Teil-
probleme zerlegt. Diese werden getrennt voneinander gelöst und anschließend wieder
zu einer Gesamtlösung kombiniert (vgl. MacGregor, 2001, S. 107). Die Idee hinter dem
Konzept kann auf simple Weise mit statistischen Methoden kombiniert werden und den
Forecasting-Prozess vereinfachen, indem eine Zeitreihe in einen durch das statistische
Modell und einen durch JF zu prognostizierenden Teil zerlegt wird. Diese Zerlegung

hat mehrere positive Effekte. Zum einen schließt sie eine doppelte Berücksichtigung von Effekten aus und erhöht auf diese Weise die Genauigkeit und die Konsistenz der Prognose (vgl. Bunn, 1996; Marmier & Cheikhrouhou, 2010). Zum anderen erfordern kleinere Aufgaben weniger kognitive Kapazität. Dies verringert den Einsatz von Heuristiken und wirkt sich somit positiv auf die Ergebnisse aus (vgl. Arvan et al., 2019, S. 238–239). Lewandowski (1982) diskutierte schon im Jahr 1982 die spezifische Idee, Sondereffekte aus der originären Datenbasis zu erfassen und getrennt zu prognostizieren. Auch wenn die Grundidee zur Bereinigung und getrennten Vorhersage von Sonder-effekten schon lange bekannt ist, sind es die Fortschritte der Informationstechnologie zur Speicherung und Verarbeitung großer Datenmengen der letzten Jahre, die solche Ansätze erst jetzt realisierbar machen (vgl. Fildes & Nikolopoulos, 2006, S. 632). Dies ist einer der Gründe, warum diese Form der kombinatorischen Ansätze erst jetzt wieder an Bedeutung gewinnt. Trotz des Umstands, dass Dekomposition oft als Lösung zur Integration von JF in statistische Modelle vorgeschlagen wird, mangelt es gemäß Lawrence et al. (2006) und Arvan et al. (2019) noch an praxisnaher Forschung zu dessen empirischer Validierung. Der vorliegende Beitrag adressiert diese Forschungslücke und schlägt die Brücke zwischen den von den Forschenden erarbeiteten theoretischen und bisher rein experimentell geprüften Konzepten und der unternehmerischen Praxis. Der zentrale Punkt der beschriebenen Forschung besteht darin, die Prognosegenauigkeit eines PA-Modells in Kombination mit der Dekomposition und gesonderten Vorhersage von Sondereffekten zu untersuchen. Dabei wird der Ansatz eines Pilotprojekts der RB zur Umsetzung von PA für die Prognose einer ganzheitlichen GuV analysiert und somit ebenfalls untersucht, ob sich PA als gleichwertiger Ersatz von manuellen Forecasting-Prozessen eignet.

8.2 Der kombinierte Forecasting-Ansatz bei der Robert Bosch GmbH

Während die Automatisierung von funktionalen Forecasts mittels PA für einzelne Kenn-zahlen oder spezifische Teilaspekte in einigen fortschrittlichen Unternehmen bereits etabliert ist, gibt es noch wenige Praxisbeispiele für einen vollständig automatisierten und ganzheitlichen Finanz-Forecast, der die gesamte GuV bis hin zum EBIT einschließt (vgl. Kappes & Leyk, 2018, S. 7; Schlatter et al., 2020, S. 58; Becker & Schäffer, 2017, S. 14). Der im Folgenden beschriebene Forecasting-Ansatz der RB nimmt hier-bei eine Vorreiterrolle ein, indem er dies anstrebt. Das untersuchte Pilotprojekt erprobt zudem zusätzlich zu einem rein mittels PA erzeugten Forecast ein kombinatorisches PA-Modell, welches aus der PA-Prognose einer von Sondereffekten bereinigten GuV und der manuellen Vorhersage und nachgelagerten Aggregation ebendieser Sondereffekte besteht. Damit handelt es sich beim Forecasting-Ansatz der RB um ein Praxisbeispiel für die Anwendung des im Abschn. 8.1 beleuchteten Prinzips der Dekomposition. Zum besseren Verständnis und zur Nachvollziehbarkeit der in diesem Beitrag dargelegten

Ergebnisse werden in den folgenden Abschnitten sowohl die bei RB eingesetzte PA-Technologie, die vorherzusagende GuV, die bereinigten Sondereffekte sowie die Methodik zur Bestimmung der Prognosegenauigkeit der PA-Modelle erläutert.

8.2.1 Skizzierung der eingesetzten Predictive-Analytics-Technologie

Im Unternehmensumfeld der Automobilindustrie herrscht seit einigen Jahren ein großer Transformations- und Kostendruck, der sich durch den Rückgang des globalen Pkw-Umsatzes im Jahr 2019 und dem durch Politik und Gesellschaft forcierten Technologiewandel hin zur Elektrifizierung des kompletten Antriebstrangs noch einmal verschärft hat (vgl. Wolters et al., 2013). Dieser Kostendruck wirkt sich auch auf die Controllingfunktion der Bosch-Gruppe aus. Einer der Hauptansatzpunkte für Kostensenkungen bei RB ist der umfangreiche und zeitaufwendige Forecasting-Prozess in den unterschiedlichen Geschäftsbereichen des Konzerns. Aus diesem Grund gibt es bei RB bereits seit Ende 2016 Bemühungen, PA im Controlling einzusetzen und dadurch Ressourcen einzusparen. Ein erster Prototyp für die Umsatzprognose wurde im Jahr 2017 erstellt und mit vielversprechenden Ergebnissen erprobt. Die gesammelten Erfahrungen und eine über die Jahre verfeinerte Technologie sollen genutzt werden, um den kompletten Forecasting-Prozess mittels PA abzubilden. Für diesen Zweck wurde Anfang 2020 ein Pilotprojekt gestartet, welches den Untersuchungsgegenstand der vorliegenden Fallstudie darstellt.

Unternehmensprofil
Die Bosch-Gruppe in ihrer Gesamtheit tritt als international führendes Technologie- und Dienstleistungsunternehmen auf, welches 2020 rund 395.000 Mitarbeitende in 60 Ländern umfasste und einen Umsatz von 71,5 Mrd. EUR erwirtschaftete. Das betrachtete PA-Pilotprojekt selbst ist im Geschäftsbereich *Powertrain Solutions* der RB angesiedelt, der zur Unternehmenssparte der *Mobility Solutions* zählt. *Mobility Solutions* ist die größte Unternehmenssparte der Bosch-Gruppe mit rund 42 Mrd. EUR Umsatz und 230.000 Mitarbeitenden im Jahr 2020. Damit ist dieser Teil des Konzerns für sich genommen einer der führenden Zulieferer der Automobilindustrie. Der *Powertrain Solutions* Bereich wiederum ist der größte Geschäftsbereich innerhalb von *Mobility Solutions* und bietet ein breites Produktportfolio von Einspritztechnik und Nebenaggregaten für Verbrennungsmotoren bis hin zu vielfältigen Lösungen zur Elektrifizierung des Antriebs an.

Der hier diskutierte PA-Ansatz wurde innerhalb des *Powertrain-Solutions*-Bereichs über den Verlauf des zweiten Halbjahres 2020 von fünf Pilot Business Units (BUs) erprobt und soll im Jahr 2021 zuerst parallel zum üblichen manuellen Forecast ablaufen und von allen 18 BUs innerhalb des Bereichs getestet werden. Gemäß der in der Erprobung gesammelten Erfahrungen ist der PA Forecast jedoch nicht als rein automatisierter Forecast geplant. Er soll in Form der automatisierten Prognose einer reduzierten Anzahl an von Sondereffekten bereinigten Kennzahlen, die zusammen die komplette GuV abbilden, eine Basis für die Forecasts der BU Controller liefern. Diese Basis soll von den

Controllern um ihre eigene aktuelle Prognose der Sondereffekte angereichert werden. Dieser Vorgang soll durch die Teilautomatisierung monatlich statt nur viermal im Jahr durchgeführt werden und damit bei insgesamt weniger manuellem Aufwand schneller verfügbare und aktuellere Informationen zur Unternehmenssteuerung bereitstellen. Der aktuell als Basis für den Forecast dienende vorgeschaltete Bottom-up Forecast aller Rechtseinheiten innerhalb des Bereichs könnte im nächsten Schritt, entsprechende Ergebnisse vorausgesetzt, durch den PA-Ansatz ersetzt werden.

Die technische Umsetzung des PA Forecasts basiert auf dem von RB eigens entwickelten *MetaLearner* auf der Basis von *Apache Spark*™ und *R* unter der Nutzung einer *Microsoft SQL-Server*-Datenbank. Der *MetaLearner* ist ein Algorithmus bei dem ein Entscheidungsbaum und ein Gewichtungsmechanismus auf der Metaebene dazu genutzt werden, die fünf passendsten Algorithmen aus einer Sammlung von insgesamt 60 geläufigen Prognosealgorithmen auszuwählen, um jede einzeln betrachtete Zeitreihe individuell zu prognostizieren. Die Auswahl der fünf zu nutzenden Algorithmen basiert auf der Analyse von über 25 Charakteristika (unter anderem Trend, Saisonalität, Zyklus) der jeweiligen Zeitreihen und geht in den jährlich aktualisierten Entscheidungsbaum ein. Dieses Vorgehen hat den Vorteil, dass die benötigte Rechenkapazität und Zeit durch die Fokussierung auf nur fünf zu kalkulierende Algorithmen deutlich reduziert wird. Die Basis für die Gewichtung der einzelnen Algorithmen und deren Berechnung sind historische Daten der letzten fünf Jahre. Mit der Kombination von fünf unterschiedlichen Algorithmen folgt der PA-Ansatz bei RB der Logik des *No-Free-Lunch-Theorem* zur Optimierung des Prognoseergebnisses. Das Theorem besagt, dass es keine einzelne Ideallösung für ein Optimierungsproblem gibt (vgl. Wolpert, 2013). Das Kombinieren verbessert die Vorhersagegenauigkeit, indem es die jeweiligen Prognosefehler der einzelnen Algorithmen mittelt und so zu Prognosen führt, die besser sind als die beste Einzelmethode (vgl. Fildes & Nikolopoulos, 2006, S. 631). Die vom *MetaLearner* am häufigsten für die RB-Daten ausgewählten Forecasting-Algorithmen sind zum Stand Ende 2020 der *ARIMA* (Abk.: Autoregressive Integrated Moving Average), *Random Walk, ROBETS* (Abk.: Robust Exponential Smoothing), *BSTS* (Abk.: Bayesian Structural Time Series) und der *Nnetar* (Abk.: Neural Network Time Series Forecasts) Algorithmus. Die Berechnung des PA Forecasts erfolgt monatlich für eine Summe von ungefähr 800 Kreuz-Kombinationen aus BU und Rechtseinheit, die durch einen hierarchischen Konsolidierungsmechanismus zu einer Gesamtsicht des Geschäftsbereichs konsolidiert werden.

Auf Basis des beschriebenen Pilotansatzes soll im nächsten Schritt ein Konzept für die Gesamtorganisation entwickelt und auf andere Geschäftsbereiche des Konzerns übertragen werden. Dies soll durch den *MetaLearner* ohne großen Einlernprozess möglich sein. Bei der Umsetzung des PA-Konzepts müssen jedoch auch einige Hürden überwunden werden. Hierzu zählen die diversen Anforderungen aus dem Konzernumfeld. So gilt es bei der Integration des PA-Ansatzes in den Gesamtkontext des Unternehmens sowohl die anderen Funktionen und Bereiche als auch essenzielle Prozesse im Konzern wie beispielsweise die Finanz- und Cash-Planung nicht aus den Augen zu verlieren. Eine hiermit verknüpfte Barriere ist die angestrebte Reduzierung des Detailgrads im

Reporting durch die Fokussierung auf die wichtigsten Kennzahlen der GuV. Auf welche Kennzahlen sich das Pilotprojekt fokussiert und wie die Bereinigung dieser Kennzahlen von Sondereffekten für das PA-Modell ausgestaltet ist, wird im Detail in den folgenden Kapiteln erläutert.

8.2.2 Prognostizierte Kennzahlen der Gewinn- und Verlustrechnung

Abb. 8.1 stellt die für den PA Forecast verwendete GuV dar. Diese GuV ist eine gekürzte Version der durch die Bosch-interne Zentraldirektive zum internen Berichtswesen definierten GuV, die im gesamten Konzern Anwendung findet.

Unter Verwendung der im Unternehmen gebräuchlichen englischen Abkürzungen setzen sich die Hauptbestandteile der GuV wie folgt zusammen:

- **TNS:** Produkt- und Dienstleistungsumsätze mit Dritten, Innenumsätze mit anderen Rechtseinheiten und interne Warenlieferungen an andere Geschäftsbereiche abzüglich Erlösschmälerungen wie beispielsweise Skonti.
- **TPC:** Herstellkosten des Umsatzes, welche sich aus den Plan-Produktherstellkosten und den Kostenabweichungen, der Differenz aus tatsächlichen Herstellkosten und Plankosten, zusammensetzen.
- **SCO:** Variable und fixe Vertriebskosten wie beispielsweise Transportkosten, Verpackungsmaterial sowie Kosten der Funktionen, die den Absatz von Erzeugnissen und Leistungen zum Gegenstand haben.
- **R&D:** Kosten für die Forschung- und Entwicklungsfunktion sowie Lizenzkosten, die an externe Dritte zu zahlen sind.
- **ADM:** Verwaltungskosten für die Lenkung und Administration des Unternehmens inklusive Umlagen der Konzernzentrale an die Geschäftsbereiche.
- **OOIE:** Aufwendungen und Erträge für besondere Sachverhalte wie beispielsweise Gewinne und Verluste aus dem Abgang von Vermögenswerten, Währungsgewinne und -verluste aus Forderungen und Verbindlichkeiten, Verluste aus

Abkürzung	Kennzahl	*(englische Bezeichnung)*
+ **TNS**	Nettogesamtumsatz	*(Total Net Sales)*
- **TPC**	Herstellkosten	*(Total Product Costs)*
- **SCO**	Vertriebskosten	*(Selling Costs)*
- **R&D**	Forschungs- und Entwicklungskosten	*(Research and Development Costs)*
- **ADM**	Verwaltungskosten	*(Administration Costs)*
- **OOIE**	Übrige betriebliche Aufwendungen und Erträge	*(Other Operating Income and Expenses)*
ab 2020: = **EBIT**	Ergebnis vor Finanzergebnis und Steuern	*(Earnings Before Interest and Taxes)*
bis 2019: = **OVC**	Operativer Wertbeitrag unter Berücksichtung kalkulatorischer Kosten	*(Operating Value Contribution)*

Abb. 8.1 Vereinfachtes Schema der GuV

Goodwill-Impairments und dem Ergebnis aus Ergebnisabführungsverträgen mit Beteiligungsgesellschaften.

- **EBIT:** Ergebnisgröße, die sich durch den Abzug der aufgeführten Kostenpositionen vom TNS ergibt. Die Berechnung des EBIT richtet sich nach den internationalen Rechnungs-legungsvorschriften (IFRS; engl.: International Financial Reporting Standards). Bis ins Jahr 2019 wurde bei Bosch die Operating Value Contribution (OVC) und damit eine Ergebnisgröße verwendet, die sich zwar gleich berechnet, aber bei dem die Kosten-positionen der GuV kalkulatorische Kosten zur Berücksichtigung einer Mindestrendite des eingesetzten Kapitals, sogenannte Kapitalkosten, enthalten. Die Ergebnisgröße EBIT berücksichtigt die Kapitalbindung für das operative Geschäft nicht. Dafür sind mit speziellen IFRS-Bestandteilen wie beispielsweise der Drohverlustrückstellung wiederum andere Kostenbestandteile in der ab 2020 verwendeten GuV enthalten, die sich nicht in der GuV bis 2019 wiederfinden. Entsprechend der Ausführungen zur Ergebnisgröße, ist die GuV der internen Rechnungslegung bei Bosch zwischen den Jahren vor und nach 2020 nicht vergleichbar. Dieser Umstand und die durch die Covid-19-Pandemie im Jahr 2020 verursachten Verwerfungen im Geschäftsverlauf der RB sind Anlass dafür die beiden Jahre 2019 und 2020 getrennt voneinander zu untersuchen.

8.2.3 Bereinigung von Sondereffekten aus der Gewinn- und Verlustrechnung

Das von Sondereffekten bereinigte PA-Modell bei der RB exkludiert Bestandteile der GuV, die auf sporadisch oder sehr unregelmäßig auftretende Sachverhalte im Geschäfts-verlauf bzw. deren Rechnungslegung zurückzuführen sind und entsprechend nicht ver-lässlich durch einen automatisierten Forecasting-Algorithmus prognostiziert werden können. Das bereinigte PA-Modell basiert folglich auf den Vergangenheitsdaten einer von speziellen Sachverhalten bereinigten sogenannten Core GuV, deren Logik in Abb. 8.2 dargestellt ist. Die zu bereinigenden Sondereffekte werden im Folgenden kurz erläutert:

GuV	Bereinigung um:	Core GuV
+ TNS	- IFRS 15	= + TNS Core
- TPC	- Restrukturierungskosten, IFRS 15, IFRS Sondersachverhalte, Verrechnungen anderer Geschäftsbereiche	= - TPC Core
- SCO	- Restrukturierungskosten, IFRS 15 (nur bis 2019 relevant), IFRS Sondersachverhalte, externe Fehlerkosten, Verrechnungen anderer Geschäftsbereiche	= - SCO Core
- R&D	- Restrukturierungskosten, IFRS 15, IFRS Sondersachverhalte	= - R&D Core
- ADM	- Restrukturierungskosten, IFRS Sondersachverhalte	= - ADM Core
- OOIE	- Restrukturierungskosten, IFRS 15, IFRS Sondersachverhalte	= - OOIE Core
ab 2020: = EBIT	berechnete Kennzahl	= EBIT Core
bis 2019: = OVC	berechnete Kennzahl	= OVC Core

Abb. 8.2 Schema der im bereinigten PA-Modell verwendeten Core GuV

- **Restrukturierungskosten:** Diese umfassen Rückstellungen für Kosten, die beim Verkauf oder bei Aufgabe eines Geschäftszweigs, bei der Stilllegung oder Verlegung von Standorten oder der grundsätzlichen Reorganisation der Geschäftstätigkeit und der Verwaltungsebenen entstehen. Dies betrifft insbesondere Personalanpassungsmaßnahmen.
- **IFRS 15:** Die Abbildung von bezahlter Entwicklung nach IFRS 15 und dem damit einhergehenden Vorgehen der zeitpunktbezogenen Umsatzrealisierung. R&D-Leistungen, die im Auftrag einer Kundin oder eines Kunden durchgeführt und durch Einmalzahlungen oder über Aufschlag auf den Teilepreis vergütet werden, sind aus den R&D auszubuchen und zum Zeitpunkt des Umsatzausweises in die TPC zu entlasten. Dieses Vorgehen wird für die Core GuV rückgängig gemacht, um die tatsächlich anfallenden Kosten abzubilden.
- **IFRS Sondersachverhalte:** Hierunter fallen Drohverlustrückstellungen, Goodwill und Asset Impairments, Gewinne und Verluste aus der Veräußerung von Geschäftsfeldern, Abschreibungen auf Step-ups aus der Kaufpreisallokation, das Ergebnis aus Beteiligungsgesellschaften, die Zuführung von Pensionsrückstellungen, Versicherungsmathematische Gewinne und Verluste bei Personal- und Pensionsrückstellungen, das Ergebnis aus statistischen Devisentermingeschäften zwischen den Geschäftsbereichen und der Konzernzentrale sowie der Gewinn und Verlust aus Immobilienverkäufen.
- **Externe Fehlerkosten:** Hierunter fallen alle Kosten zur Beseitigung von Fehlern an Produkten nach der Übergabe an die Kundschaft. Hierzu zählt sowohl die Auflösung und Zuführung von Garantierückstellungen für Gewährleistung und Kulanz als auch für besondere Garantiefälle durch Dienstleistungsfehler, Feldausfälle und Rückruf.
- **Verrechnungen anderer Geschäftsbereiche:** Im Bosch-Konzern bestehen komplexe Lieferungs- und Kundenbeziehungen zwischen den unterschiedlichen Geschäftsbereichen. Die daraus entstehenden kostenmindernd verbuchten Ausgleiche und Ergebnisteilungen werden bereinigt.

Für den PA Forecast bei RB werden Umsatz und Kosten um die genannten Sachverhalte bereinigt und die jeweiligen bereinigten GuV-Kennzahlen separat vom Algorithmus prognostiziert. Die Ergebniskennzahlen EBIT und OVC werden wiederum nicht durch den Algorithmus vorhergesagt, sondern nachträglich auf Basis der prognostizierten GuV-Kennzahlen berechnet. Im kombinierten PA-Modell wird die durch PA prognostizierte Core GuV wiederum durch die Experteneinschätzung der BU Controller ergänzt, um eine GuV inklusive vom Menschen vorhergesagter Sondereffekte zu erhalten.

8.2.4 Überprüfung der Prognosegenauigkeit

Um festzustellen, ob sich die bei RB eingesetzten PA-Modelle für den potenziellen Ersatz des manuellen Forecasting-Prozesses eignen, war es von zentraler Bedeutung festzustellen, ob die PA-Ansätze eine mindestens vergleichbare Prognosegenauigkeit erreichen wie ihre manuellen Alternativen. Zu diesem Zweck wurde eine interne Benchmark-Studie durchgeführt, welche sich an der Vorgehensweise der *M4-Competition* orientiert.

M-Competitions

M-Competitions (ursprünglich: *Makridakis-Competitions*): Diese Wettbewerbe sind auf dem Fachgebiet der Zeitreihenanalyse äußerst bekannt und stellen gleichzeitig die umfangreichsten empirischen Studien auf diesem Gebiet dar. Sie finden seit 1982 in unregelmäßigen Abständen statt und werden von Spyros Makridakis, einem der profiliertesten Forscher des Feldes, veranstaltet. Ziel des Wettbewerbs ist es, die universell am besten geeignetsten Algorithmen für Prognosen verschiedenster Arten zu bestimmen – sprich die Algorithmen mit der höchsten Prognosegenauigkeit über viele verschiedene Arten von Datenreihen zu identifizieren (vgl. Lawrence et al., 2006, S. 495).

Der Auswertungslogik der *M4-Competition* (vgl. Makridakis et al., 2020) aus 2018 folgend, wurden für die untersuchten Prognosezeitreihen der mittlere absolute prozentuale Fehler (MAPE; Abk.: Mean Absolute Percentage Error) und der mittlere absolute skalierte Fehler (MASE; Abk.: Mean Absolute Scaled Error) berechnet.[1]

Die Interpretation des MAPE ist leicht nachvollziehbar, da er die durchschnittliche prozentuale Abweichung des prognostizierten Wertes vom tatsächlich eingetretenen Wert angibt. Ein MAPE von 23,4 entspricht somit einer durchschnittlichen Abweichung der Prognose um 23,4 % vom tatsächlichen Wert, während ein MAPE von 0 einer perfekten Prognose entspricht (vgl. Barrot, 2007, S. 419). Trotz der einfachen Interpretierbarkeit des MAPE besitzt die Kennzahl auch nennenswerte Schwächen. Diese liegen zum einen darin, dass der MAPE unendliche oder nicht definierte Werte annimmt, sobald die beobachteten Werte sehr nahe oder gleich dem Nullwert sind. Zum anderen gewichtet die Fehlerkennzahl positive Abweichungen stärker als negative (vgl. Hyndman & Koehler, 2006, S. 683). Der MASE weist diese Schwachstellen nicht auf, ist jedoch schwieriger zu interpretieren. Er berechnet die durchschnittliche Abweichung vom naiven Forecast.[2] Ein Forecast mit einem MASE < 1 ist besser als der durchschnittliche naive Forecast, während ein MASE > 1 ein schlechteres Abschneiden indiziert. Je kleiner der MASE ausfällt, desto genauer ist demnach die untersuchte Prognose. Da es sich beim verwendeten Studiendesign um eine Benchmark-Studie handelt, werden der MAPE und MASE der betrachteten Forecasting-Methode ins Verhältnis zum MAPE und MASE

---

[1] Im Gegensatz zur *M4-Competition* kommt anstelle des symmetrischen MAPE (sMAPE) der konventionelle MAPE zur Anwendung, da er gebräuchlicher ist und damit die Vergleichbarkeit mit anderen Studien gewährleistet werden kann.

[2] Die naive Methode setzt die zukünftige Entwicklung mit der letzten bekannten Beobachtung gleich. Bei saisonalen Verläufen erfolgt die Berechnung auf Basis der saisonalen naiven Methode. Der zu prognostizierende Monat wird hier mit dem Wert aus demselben Monat des Vorjahres gleichgesetzt.

des Benchmark Forecasts (in diesem Fall dem manuellen Bottom-up sowie dem BU Forecast) gesetzt. Die so entstehenden relativen MAPE und MASE werden wiederum gleich gewichtet, um den Overall Weighted Average (OWA) zu berechnen:

$$\text{Relativer MAPE}_{\text{Benchmark}} = \frac{\text{MAPE}}{\text{MAPE}_{\text{Benchmark}}} \quad \text{Relativer MASE}_{\text{Benchmark}} = \frac{\text{MASE}}{\text{MASE}_{\text{Benchmark}}}$$

$$\text{OWA}_{\text{Benchmark}} = \frac{\text{Relativer MAPE}_{\text{Benchmark}} + \text{Relativer MASE}_{\text{Benchmark}}}{2}$$

Der Gewinner der *M4-Competition* erreichte einen OWA von 0,82. Dieser Wert besagt, dass der Gewinneralgorithmus im Durchschnitt unter Berücksichtigung von MAPE und MASE etwa 18 % ($= (1 - OWA) \times 100\%$) genauer ist als der verwendete Benchmark. Die Interpretation der Ergebnisse anhand des OWA ist leichtverständlich. Ein OWA < 1 bedeutet, dass die untersuchte Forecasting-Methode im Schnitt genauer als die Benchmark-Methode ist, während ein OWA > 1 auf eine durchschnittlich schlechtere Forecasting-Genauigkeit schließen lässt. Die bei RB durchgeführte Benchmark-Studie erfolgte rückwirkend für die Jahre 2019 und 2020[3] über alle 18 BUs des Geschäftsbereichs *Powertrain Solutions* hinweg sowie dem Geschäftsbereich in Summe. Auf diese Weise flossen rund 184.000 Datensätze aus 14.699 Zeitreihen in die Berechnung der Ergebnisse ein. Die Eigenschaften der dargestellten Fehlerkennzahlen MAPE und MASE erlauben die Aggregation anhand des Mittelwerts über alle Untersuchungseinheiten hinweg, sodass sowohl individuelle Ergebnisse pro BU, Kennzahl und anderer Parameter als auch ein übergeordneter OWA-Wert bestimmt werden kann. Im Rahmen dieses Beitrags werden im folgenden Kapitel die übergeordneten Ergebnisse der eingesetzten PA-Modelle vorgestellt und diskutiert.

8.3   Ergebnisse zur Prognosegenauigkeit der eingesetzten PA-Modelle

Die folgenden Erläuterungen zu den in Abb. 8.3 und 8.4 dargestellten Ergebnissen der Studie beziehen sich auf den Vergleich des kombinierten PA Forecasts (Index: PAKombi) gegenüber den manuellen Bottom-up (Index: BottomUp) und BU Forecasts (Index: BU).[4] Der kombinierte PA Forecast setzt sich dabei aus dem PA Forecast auf Basis des

---

[3] Für 2020 wurden die zum Untersuchungszeitpunkt verfügbaren vorläufigen Jahresabschlussdaten genutzt.

[4] Der BU Forecast ist ein von BU Controllern angepasster Forecast auf Basis des von den weltweit tätigen Rechtseinheiten gemeldeten Bottom-up Forecasts und stellt die final gemeldete Prognose dar.

Jahr	$MAPE_{PAKombi}$	$MASE_{PAKombi}$	$MAPE_{BottomUp}$	$MASE_{BottomUp}$	$OWA_{BottomUp}$		Δ rein PA	
2019	31,84	0,91	35,45	1,05	0,88	▲	-0,05	▲
2020	49,55	0,92	48,94	0,94	1,00	▲	-0,09	▲

Abb. 8.3 Gesamtergebnis der PA-Kombination gegenüber dem Bottom-up Forecast

Jahr	$MAPE_{PAKombi}$	$MASE_{PAKombi}$	$MAPE_{BU}$	$MASE_{BU}$	OWA_{BU}		Δ rein PA	
2019	31,84	0,91	38,91	0,92	0,90	▲	-0,05	▲
2020	49,55	0,92	59,09	0,73	1,05	▼	-0,09	▲

Abb. 8.4 Gesamtergebnis der PA-Kombination gegenüber dem BU Forecast

bereinigten Datenmodells und den zum jeweiligen Zeitpunkt vorliegenden Experten-einschätzungen zu Sondereffekten zusammen. Zudem erfolgt eine Deltabetrachtung der OWA-Veränderung gegenüber dem rein mittels PA erzeugten Forecast.

In Summe zeigt sich ein positives Ergebnis zugunsten des kombinierten PA Forecasts. Einzige Ausnahme ist hierbei der Vergleich mit dem BU Forecast für das Jahr 2020. Abb. 8.3 führt dabei die Gesamtergebnisse des PA-Ansatzes gegenüber dem Bottom-up Forecast auf, während Abb. 8.4 die Gesamtergebnisse gegenüber dem BU Forecast aufzeigt. Die Ergebnisse sind zeilenweise nach Jahr geordnet. Spaltenweise werden die jeweiligen MAPE und MASE-Werte der Forecasting-Methoden sowie der daraus errechnete OWA dargestellt. Die Kennzahlen sind mit tiefgestellten Indizes versehen, um eine Differenzierung der betrachteten Ansätze zu ermöglichen. Die letzte Spalte gibt die OWA Veränderung gegenüber dem ausschließlich mittels PA erzeugten Forecast ohne menschliche Eingriffe an. Zur einfacheren Lesbarkeit sind die letzte Spalte und der berechnete OWA zudem mit einem farbigen Dreieck versehen, welches durch seine Aus-richtung nach oben bzw. unten sowie grüne bzw. rote Farbgebung angibt, inwiefern der PA-Ansatz besser bzw. schlechter abschneidet als der jeweilige Benchmark.

Für das Jahr 2019 zeigt sich, dass der kombinierte PA-Ansatz mit einem $MAPE_{PAKombi}$ von 31,84 %, einem $MASE_{PAKombi}$ von 0,91 und einem daraus berechneten $OWA_{BottomUp}$ von 0,88 eine im Schnitt um rund 12 % höhere Prognosegenauigkeit auf-weist als der Bottom-up Forecast (gerechnet auf Basis des $MAPE_{BottomUp}$ 35,45 % und $MASE_{BottomUp}$ 1,05) und mit einem OWA_{BU} von 0,90 im Schnitt rund 10 % genauer ist als der BU Forecast ($MAPE_{BU}$ 38,91 %; $MASE_{BU}$ 0,92). Diese Werte stellen zugleich eine Verbesserung von jeweils 0,05 bzw. 5 % gegenüber dem reinen PA Forecast dar. Für das Jahr 2020 schneidet der kombinierte PA-Ansatz mit einem $MAPE_{PAKombi}$ von 49,55 % und einem $MASE_{PAKombi}$ von 0,92 und einem $OWA_{BottomUp}$ von 1,00 äquivalent und einem OWA_{BU} von 1,05 schlechter als der jeweilige Benchmark ab. Diese Werte sind um jeweils 0,09 bzw. 9 % besser als der reine PA Forecast.

Die präsentierten Gesamtergebnisse sind ein erster Anhaltspunkt zur Beurteilung der Prognosegenauigkeit von PA. Die untersuchte Fallstudie bietet in der Aggregation

Jahr 2019	MAPE$_{PAKombi}$	MASE$_{PAKombi}$	OWA$_{BottomUp}$		Δ rein PA		OWA$_{BU}$		Δ rein PA	
GuV-Kennzahl										
TNS	6,49	0,57	0,89	▲	0,38	▼	0,99	▲	0,38	▼
TPC	17,34	1,45	0,93	▲	0,13	▼	1,17	▼	0,27	▼
SCO	14,51	0,62	0,68	▲	- 0,41	▲	1,02	▼	- 0,36	▲
R&D	7,73	1,35	0,82	▲	- 0,03	▲	0,97	▲	- 0,31	▲
ADM	123,25	1,01	1,04	▼	0,05	▼	0,91	▲	- 0,27	▲
OOIE	48,80	0,92	0,90	▲	0,01	▼	0,81	▲	0,04	▼
OVC	4,78	0,42	0,51	▲	- 0,51	▲	0,62	▲	- 0,29	▲
Gesamtdurchschnitt	**31,84**	**0,91**	**0,88**	▲	**- 0,05**	▲	**0,90**	▲	**- 0,05**	▲

Abb. 8.5 Detailergebnisse 2019 der PA-Kombination nach GuV-Kennzahl

Jahr 2020	MAPE$_{PAKombi}$	MASE$_{PAKombi}$	OWA$_{BottomUp}$		Δ rein PA		OWA$_{BU}$		Δ rein PA	
GuV-Kennzahl										
TNS	10,51	1,31	0,97	▲	- 0,01	▲	1,28	▼	- 0,02	▲
TPC	8,81	1,06	0,96	▲	- 0,08	▲	1,32	▼	- 0,11	▲
SCO	27,72	1,00	1,15	▼	- 0,02	▲	1,42	▼	- 0,03	▲
R&D	12,49	0,44	0,66	▲	0,05	▼	1,41	▼	0,09	▼
ADM	15,06	0,57	1,97	▼	0,03	▼	2,43	▼	0,04	▼
OOIE	172,41	0,93	0,99	▲	- 0,08	▲	0,80	▲	- 0,04	▲
EBIT	99,82	1,11	0,99	▲	0,15	▲	1,13	▼	- 0,17	▲
Gesamtdurchschnitt	**49,55**	**0,92**	**1,00**	▲	**- 0,09**	▲	**1,05**	▼	**- 0,09**	▲

Abb. 8.6 Detailergebnisse 2020 der PA-Kombination nach GuV-Kennzahl

nach GuV-Kennzahl, Geschäfteinheit und Erstellungszeit jedoch noch weitere Details für eine differenzierte Analyse. Im Rahmen dieses Beitrags wird ausschließlich auf die Differenzierung der Ergebnisse nach GuV-Kennzahl Bezug genommen. Hierfür fasst Abb. 8.5 die Detailergebnisse für das Jahr 2019 und Abb. 8.6 die Detailergebnisse für das Jahr 2020 nach der gleichen Logik wie die bereits angeführten Abbildungen zusammen.

In der Betrachtung nach Kennzahlen für 2019 erzielt die PA-Kombination für sechs der sieben Kennzahlen bessere Ergebnisse als der Bottom-up Forecast und ist nur für die die ADM mit einem OWA$_{BottomUp}$ von 1,04 etwas ungenauer. Gegenüber dem BU Forecast erreicht die PA-Kombination für fünf der sieben Kennzahlen eine bessere Prognosegenauigkeit. Bezüglich der SCO erreicht der PA Forecast mit einem OWA$_{BU}$ von 1,02 nahezu die gleiche Prognosegenauigkeit wie der BU Forecast, aber unterschreitet für die TPC mit einem OWA$_{BU}$ von 1,17 die Prognosegüte des manuellen Forecasts. Der kombinatorische Ansatz verbessert die Prognosegüte gemessen am OWA für drei bzw. vier der sieben Kennzahlen gegenüber dem reinem PA-Ansatz.

In der Betrachtung der einzelnen Kennzahlen für 2020 schneidet die PA-Kombination für fünf der sieben Kennzahlen besser ab als der Bottom-up Forecast, ist aber nur im Fall der OOIE mit einem OWA$_{BU}$ von 0,80 genauer als der BU Forecast. Insbesondere bezüglich der ADM kann der PA Forecast nicht die gleiche Prognosegenauigkeit wie die manuellen Forecasts erreichen (OWA$_{BottomUp}$ 1,97; OWA$_{BU}$ 2,43). Zusätzlich schneidet der PA Forecast für die SCO mit OWA-Werten von 1,15 bzw. 1,42 schlechter ab als die manuellen Benchmark Forecasts. Die Detailanalyse dieser Ergebnisse ergab, dass dieses schlechte Abschneiden vorwiegend auf Effekte aus der im Frühjahr und Sommer 2020 im indirekten

Bereich eingeführten Kurzarbeit zurückzuführen ist. Diese Effekte konnte der PA-Algorithmus nicht verlässlich vorhersagen und führte zur geringen Prognosegenauigkeit. Der kombinatorische Ansatz verbessert die Prognosegüte gemessen am OWA für fünf der sieben Kennzahlen gegenüber dem reinem PA-Ansatz. Insbesondere die EBIT-Kennzahl profitiert von der Kombination, während die Prognosegüte von R&D und ADM sinken.

8.4   Diskussion

Fazit

Die dargelegten Ergebnisse zeigen, dass die Prognosegenauigkeit von PA-Modellen durch die Bereinigung von Sondereffekten aus der originären Datenbasis gesteigert werden kann und eine Kombination von bereinigtem PA-Modell und von Expertinnen und Experten vorhergesagten Sondereffekten gute Ergebnisse liefert. Bei der Abbildung einer ganzheitlichen GuV erreicht das in diesem Beitrag vorgestellte kombinatorische PA-Modell jedoch noch nicht durchgehend eine gleichwertige Prognosegenauigkeit gegenüber den manuellen Alternativen.

Die Ergebnisse dieses Beitrags haben Implikationen für Theorie und Praxis. Für die Praxis liefern sie wertvolle Erkenntnisse zur Prognosegenauigkeit der unterschiedlichen PA-Ansätze. Aus der detaillierten Analyse der Ergebnisse ergeben sich zudem Ansatzpunkte zur weiteren Überprüfung und Verfeinerung des eingesetzten PA-Modells. Aufseiten der Theorie kommt sie dem Ruf nach praxisorientierter Forschung nach und trägt mit der dargelegten Fallstudie zur Bereicherung des wissenschaftlichen Diskurses zwischen quantitativen und qualitativen Forecasting-Methoden sowie zur Schließung der Forschungslücke auf dem Gebiet bei. Dieser Beitrag liefert dabei Argumente für die Kombination von PA- und JF-Ansätzen. Während das bei RB erprobte reine PA-Modell bereits gute Ergebnisse liefert und in einigen Fällen genauere Prognosen als die menschlichen Alternativen vorweisen kann, unterstreichen die nochmals deutlich verbesserten Ergebnisse des kombinatorischen PA-Modells den Nutzen und Vorteil davon, den Menschen in die Prognose miteinzubinden. Durch die Integration der JF-Komponente konnte die Prognosegenauigkeit gegenüber den manuellen Forecasts nochmals deutlich gesteigert werden. Die Ergebnisse der PA-Kombination übertrafen auf diese Weise in vielen der betrachteten Fälle die Controllerforecasts. Der zum Einsatz kommende Dekompositionsansatz lieferte vielversprechende Ergebnisse. Dies spricht zum einen für die Qualität von PA zur Erzeugung einer belastbaren Datenbasis, unterstreicht aber auch die Wichtigkeit der Einbindung von Fachwissen zur gezielten Prognose von Sondereffekten. Zusammenfassend zeigt die diskutierte Fallstudie, dass die Prognosegenauigkeit von PA-Modellen durch die Einbindung des Menschen weiter verbessert werden kann und dass PA grundsätzlich das Potenzial zur Abbildung einer ganzheitlichen GuV birgt. Um eine ebenbürtige Qualität zu manuellen Forecasts zu gewährleisten, bedarf es jedoch einer weiteren Verfeinerung des vorgestellten Ansatzes. Hiermit eröffnen sich interessante Ausgangspunkte für weiterführende Forschung infolge dieser Fallstudie.

Die konkrete Handlungsempfehlung für RB auf Basis der dargelegten Erkenntnisse ist daher die Fortführung und weitere Verfeinerung des kombinatorischen PA-
Ansatzes unter der Bereinigung und gesonderten Vorhersage von Sondereffekten. Dieser
Ansatz beweist für die untersuchten Betrachtungszeiträume, dass er das Potenzial hat,
den manuellen Bottom-up-Prozess perspektivisch zu ersetzen oder zumindest stark
zu vereinfachen. Der PA-Ansatz erreicht zwar nicht durchgängig und vollumfänglich
ein vergleichbares Fehlerniveau wie der menschliche BU Forecast, dies ist in vielen
Fällen aber auf nachvollziehbare Effekte (vor allem Kurzarbeit während der Covid-
19-Pandemie) zurückzuführen. Des Weiteren spricht die Möglichkeit den Forecasting-
Prozess durch PA in weiten Teilen zu automatisieren und zeitlich deutlich flexibler zu
gestalten dafür, den PA-Ansatz weiterzuverfolgen. Die Prognosegenauigkeit könnte
in Zukunft durch die gezielte Intervention und Kontrolle des PA Forecasts durch die
BU Controller sichergestellt werden. Die stärkere Einbindung der BU Controller und
das Auslassen der Bottom-up-Meldung kommt einem computergestützten Middle-up
Forecast gleich. Solch ein Ansatz hat den Vorteil, dass eine höhere Rechenschaftspflicht
für die abgegebenen Prognosen bei den handelnden Akteuren entsteht (vgl. Becker &
Schäffer, 2017). Zudem wird durch die Einbindung der BU Controller der rückwärts-
gewandte Algorithmus, um eine vorausschauende menschliche Komponente ergänzt.
Der menschliche Controller kann frühzeitig in die vom Algorithmus erzeugten Zahlen
eingreifen, um ein Risiko bzw. eine Chance für besondere Entwicklungen einzuarbeiten,
bevor diese in den aktuellen Geschäftszahlen erkennbar sind. Mit diesem Ansatz kann
die Vision von Möller et al. (2016, S. 510) umgesetzt werden, welche darin besteht,
dass PA den Controller unterstützt, ohne ihn zu ersetzen. Vielmehr stärkt PA die Rolle
des Controllers als Business-Partner, der reflektierte Handlungsempfehlungen zur pro-
aktiven Unternehmessteuerung abgibt. Dabei gilt es jedoch zu beachten, dass zusätzliche manuelle Eingriffe nicht zwangsläufig zu besseren Ergebnissen führen (vgl.
Goodwin et al., 2007, S. 399). Entsprechend ist zu empfehlen, solche Eingriffe transparent zu erfassen und deren Effekte in regelmäßigen Abständen zu kontrollieren. Das
für die Untersuchung des Pilotprojekts verwendete Studiendesign kann für solch eine
regelmäßige Überprüfung genutzt werden. Damit bietet dieser Beitrag nicht nur wichtige
Erkenntnisse zur Prognosegenauigkeit für zurückliegende Betrachtungszeiträume,
sondern kann auch wertvollen Input zur zukünftigen Überprüfung und Kontrolle der
Prognosegenauigkeit von PA-Modellen liefern.

Limitationen

Die durchgeführte Forschung und die daraus abgeleiteten Erkenntnisse unterliegen
einigen methodischen Limitationen. Allen voran ist die begrenzte Generalisierbarkeit
der Ergebnisse zu nennen. Da es sich bei diesem Beitrag um eine sehr spezifische Fallstudie handelt, können die Ergebnisse nicht ohne Weiteres auf andere Unternehmen und
Sachverhalte übertragen werden. Dies liegt an einer Vielzahl an Faktoren. Zum einen ist
hierbei die unternehmensspezifische GuV zu nennen. Der Aufbau der GuV kann sich je
nach Unternehmen von dem in diesem Beitrag untersuchten GuV-Schema unterscheiden.

Das untersuchte GuV-Schema wird in dieser Form allerdings im gesamten Bosch-Konzern angewendet und kommt damit nicht nur im Automobilsektor der RB, sondern auch in der Konsumgüter-, Industrietechnologie- sowie der Gebäudetechniksparte des Konzerns zum Einsatz. Dadurch ergeben sich Anknüpfungspunkte für Industrieunternehmen unterschiedlichster Art. Gleichzeitig muss jedoch beachtet werden, dass sich die relevantesten Geschäftsreiber zwischen den Bereichen durchaus unterscheiden. Gleiches trifft auch auf die zu bereinigenden Sondereffekte zu. Die im Rahmen dieser Fallstudie ausgewählten und letztendlich aus den Daten bereinigten Sondereffekte müssen nicht zwangsläufig für andere Unternehmen relevant sein. Jedoch ist davon auszugehen, dass Unternehmen derselben Branche und damit explizit Unternehmen der Automobilindustrie den gleichen Bedingungen ausgesetzt sind und damit mit ähnlichen Sondereffekten im Geschäftsverlauf umgehen müssen. Außerdem können generelle Unterschiede im Forecasting-Prozess von Unternehmen die Wirksamkeit und Sinnhaftigkeit einer auf PA basierten Prognose zusätzlich beeinflussen. Dieser Umstand ändert jedoch nichts an der generellen Relevanz von PA-Ansätzen für Unternehmen jeglicher Branchen und muss im Einzelfall geprüft werden.

Unabhängig von den methodischen Limitationen, die sich durch das Forschungsdesign ergeben, können die erlangten Erkenntnisse nur bei der Überwindung einiger technischer Barrieren auf andere Unternehmen übertragen werden. Eine der größten Hürden ist hierbei, dass Unternehmen über einen geregelten Prozess oder ein System zur Erfassung von Sondereffekten verfügen müssen, um in der Lage zu sein, ebendiese Sondereffekte gezielt zu bereinigen. Des Weiteren beruht der bei RB zum Einsatz kommende PA-Ansatz auf dem beschriebenen *MetaLearner*. Dieser Algorithmus umfasst die intelligente Auswahl und Gewichtung von zu kombinierenden Algorithmen für jede der zu prognostizierenden Zeitreihen. Der *MetaLearner* ist nicht frei zugänglich für andere Unternehmen und kann nur mit erheblichem Aufwand nachgebildet werden. Vergleichbare Ergebnisse können bei entsprechendem Aufwand dennoch von anderen Unternehmen erzielt werden, da die einzelnen zur Anwendung kommenden Algorithmen unter Open-Source-Lizenz verfügbar sind.

Zusätzlich zu den methodischen und technischen Limitationen muss der sogenannte *Menschliche Faktor* bei der Umsetzung eines auf PA basierten Forecasts in Betracht gezogen werden. Die unter diesem Begriff zusammengefassten psychischen, kognitiven und sozialen Einflussfaktoren sind kein Untersuchungsgegenstand dieses Beitrags. Sie können aber die Übertragbarkeit der Ergebnisse und die Umsetzbarkeit einer vergleichbaren Lösung in anderen Unternehmen erschweren. In diesem Sinne sind beispielsweise das Vertrauen in die neue Methodik und die Akzeptanz für die Veränderung, die solch eine Umstellung der etablierten Prozesse mit sich bringt, wichtige Voraussetzungen für die Einführung neuer Forecasting-Methoden (vgl. Arvan et al., 2019). Damit die Einführung eines PA-basierten Forecasts gelingt, sind entsprechend nicht nur die technischen Fähigkeiten von Bedeutung, sondern auch ein effektives Veränderungsmanagement und die Unterstützung durch die Geschäftsleitung. Des Weiteren ist ein aufgeklärter Umgang mit der PA-Technologie essenziell. Algorithmen sind nicht unfehlbar.

Aus diesem Grund ist es nicht nur wichtig zu wissen, was die eingesetzten Algorithmen leisten können, sondern auch wo deren Grenzen liegen (vgl. Luca et al., 2016, S. 101). Eine gute Prognosegenauigkeit in der Vergangenheit lässt sich nicht zwangsläufig auf zukünftige Entwicklungen übertragen, da sich Umstände und Gegebenheiten ändern können (vgl. Makridakis, 1996, S. 513). Außerdem entbindet ein gut funktionierender Algorithmus nicht von der Verantwortung zukünftige Entwicklungen erklären zu können und die Gründe dafür zu analysieren.

Trotz der angeführten Limitationen kann der in diesem Beitrag vorgestellte kombinatorische PA-Ansatz als Referenzmodell für andere PA-Projekte dienen. Die Potenziale, die PA für das Forecasting in Unternehmen bietet, sind dabei in der Praxis aktuell weder voll ausgeschöpft noch vollumfänglich erforscht.

Ausblick

Die in diesem Beitrag dargelegte Forschung beweist, dass PA das Potenzial hat, das Forecasting im Unternehmensumfeld grundlegend zu verändern. Die im untersuchten PA-Modell verwendeten Algorithmen stellen dabei jedoch nicht den allerneuesten Stand der Forschung dar – moderne neuronale Netz oder Partikelschwarmoptimierungsmodelle könnten potenziell noch genauere Ergebnisse liefern. Die Erforschung solcher modernen Algorithmen in der praktischen Anwendung ist jedoch noch rar und stellt eines der spannendsten Forschungsfelder auf dem Gebiet des Forecastings in den kommenden Jahren dar.

Die diskutierte Fallstudie zeigt auch, dass die Einbindung von menschlichem Urteil für die Prognose von Sondereffekten zu besseren Ergebnissen führt als ein reiner PA Forecast. PA ist damit keine Technologie, die den Controller im Forecasting-Prozess ersetzen wird. Vielmehr zeigt der in diesem Beitrag untersuchte kombinatorische Ansatz auf, in welcher Art und Weise die Stärken von Mensch und Maschine kombiniert werden können. Aus der Sicht des Controllers bedeutet das, dass er sich in Zukunft weniger auf das Analysieren von großen Datenmengen fokussieren muss. Indem er sich auf einen verlässlichen maschinell erstellten Forecast stützen kann, gewinnt er im Forecasting-Prozess Zeit für koordinative Aufgaben wie die Abstimmung und Kommunikation mit anderen Funktionen und Fachbereichen. Diese Abstimmungen können dem Aufbau einer genaueren und breiteren Informationsbasis dienen, die wiederum eine exaktere Ein-schätzung von Sondereffekten außerhalb des üblichen Geschäftsverlaufs ermöglicht. Diese Form der Mensch-Maschinen-Kollaboration stellt dabei nicht nur eine technische Herausforderung und eine Veränderung der Arbeitsinhalte dar, sondern verlangt auch ein Umdenken auf individueller und gesamtorganisatorischer Ebene. Automatisierte Ansätze wie PA können nur erfolgreich sein, wenn jeder Einzelne sowie die Unternehmens-führung der Technologie Vertrauen und Akzeptanz entgegenbringt und sich zu einem gewissen Grad von der subjektiven Manipulation der Daten lösen kann. Wird ein PA-Ansatz langfristig nur als weitere Inputgröße parallel zu den weitergeführten manuellen Prozessen genutzt oder weiterhin auf eine Vielzahl von manuellen Anpassungen und politischen Eingriffen gesetzt, kann eine Reduzierung der Ressourcennutzung und Steigerung der Prognosegenauigkeit nicht realisiert werden.

Gleichzeitig ist es nicht ratsam, dem PA-basierten Ansatz blind zu vertrauen. Es gilt, eine Balance zwischen der Akzeptanz für PA-Ergebnisse und dem kritischen Hinterfragen ebendieser Ergebnisse zu entwickeln. Dabei ist zu berücksichtigen, dass PA nicht zwangsläufig für jeden Einzelfall angewandt werden und eine hohe Prognosegenauigkeit garantieren kann. Es ist eine dedizierte Auseinandersetzung mit den PA-Ergebnissen für jeden Einzelfall erforderlich. Zudem sind Volatilität, Unsicherheit, Komplexität und Ambiguität im Geschäftsumfeld der *VUCA-Umwelt* allgegenwärtig und führen zu unvorhersehbaren Entwicklungen. Dies kann PA zwar nicht umkehren, aber es kann als nützliches Werkzeug dienen, um mit diesem Umstand besser umzugehen und schneller auf neue Begebenheiten reagieren zu können. Letztlich ermöglicht der Einsatz von PA ein zeitgerechteres Risikomanagement als dies mit aufwendigen und langwierigen manuellen Forecasting-Prozessen möglich ist. Auf diese Weise macht PA das Erstellen von Prognosen zwar nicht zu einer einfacheren Aufgabe, kann aber zukünftig dazu dienen, den internen Service der Prognoseerstellung effizienter zu gestalten und einen wertvollen Zeit- und Erkenntnisgewinn für die Entscheidungsfindung im Unternehmen zu liefern.

Literatur

Arkes, H. R. (2001). Overconfidence in judgmental forecasting. In J. S. Armstrong (Hrsg.), *Principles of forecasting: A handbook for researchers and practitioners* (S. 495–515). Kluwer Academic.

Arvan, M., Fahimnia, B., Reisi, M., & Siemsen, E. (2019). Integrating human judgement into quantitative forecasting methods: A review. *Omega, 86*, 237–252.

Barrot, C. (2007). Prognosegütemaße. In S. Albers, D. Klapper, U. Konradt, A. Walter, & J. Wolf (Hrsg.), *Methodik der empirischen Forschung* (S. 417–430). Gabler.

Becker, S. D., & Schäffer, U. (2017). Was erfolgreiche Unternehmen im Forecasting auszeichnet. *Controlling & Management Review, 61*(9), 8–15.

Bennett, N., & Lemoine, J. (2014). What VUCA really means for you. *Harvard Business Review, 92*(1/2), 27–28.

Blattberg, R. C., & Hoch, S. J. (1990). Database models and managerial intuition: 50% model + 50% manager. *Management Science, 36*(8), 887–899.

Bovi, M. (2009). Economic versus psychological forecasting: Evidence from consumer confidence surveys. *Journal of Economic Psychology, 30*(4), 563–574.

Bunn, D. W. (1996). Non-traditional methods of forecasting. *European Journal of Operational Research, 92*(3), 528–536.

Chatfield, C. (1988). What is the 'best' method of forecasting? *Journal of Applied Statistics, 15*(1), 19–38.

Dietvorst, B. J., Simmons, J. P., & Massey, C. (2018). Overcoming algorithm aversion: People will use imperfect algorithms if they can (even slightly) modify them. *Management Science, 64*(3), 1155–1170.

Durand, R. (2003). Predicting a firm's forecasting ability: The roles of organizational illusion of control and organizational attention. *Strategic Management Journal, 24*(9), 821–838.

Edmundson, B., Lawrence, M. J., & O'Connor, M. (1988). The use of non-time series information in sales forecasting: A case study. *Journal of Forecasting, 7*(3), 201–211.

Fildes, R., & Nikolopoulos, K. (2006). Spyros Makridakis: An interview with the International Journal of Forecasting. *International Journal of Forecasting, 22*(3), 625–636.

Franses, P. H., & Legerstee, R. (2009). Properties of expert adjustments on model-based SKU-level forecasts. *International Journal of Forecasting, 25*(1), 35–47.

Goodwin, P. (2000). Improving the voluntary integration of statistical forecasts and judgment. *International Journal of Forecasting, 16*(1), 85–99.

Goodwin, P., & Fildes, R. (1999). Judgmental forecasts of time series affected by special events: Does providing a statistical forecast improve accuracy? *Journal of Behavioral Decision Making, 12*(1), 37–53.

Goodwin, P., Fildes, R., Lawrence, M. J., & Nikolopoulos, K. (2007). The process of using a forecasting support system. *International Journal of Forecasting, 23*(3), 391–404.

Hilary, G., & Hsu, C. (2011). Endogenous overconfidence in managerial forecasts. *Journal of Accounting and Economics, 51*(3), 300–313.

Hogarth, R. M., & Makridakis, S. (1981). Forecasting and planning: An evaluation. *Management Science, 27*(2), 115–138.

Hyndman, R. J., & Athanasopoulos, G. (2018). *Forecasting: Principles and practice.* OTexts.

Hyndman, R. J., & Koehler, A. B. (2006). Another look at measures of forecast accuracy. *International Journal of Forecasting, 22*(4), 679–688.

IBM Institute for Business Value. (2010). *The global CFO study 2010.* IBM Corporation.

Kappes, M., & Leyk, J. (2018). Digitale Planung. *Controlling, 30*(6), 4–12.

Kiron, D., Shockley, R., Kruschwitz, N., Finch, G., & Haydock, M. (2011). Analytics: The widening divide. *MIT Sloan Management Review, 53*(2), 1–22.

Lawrence, M. J. (1983). An exploration of some practical issues in the use of quantitative forecasting models. *Journal of Forecasting, 2*(2), 169–179.

Lawrence, M. J., Goodwin, P., O'Connor, M., & Önkal, D. (2006). Judgmental forecasting: A review of progress over the last 25 years. *International Journal of Forecasting, 22*(3), 493–518.

Lewandowski, R. (1982). Practitioners' forum: Sales forecasting by FORSYS. *Journal of Forecasting, 1*(2), 205–214.

Libby, R., & Rennekamp, K. (2012). Self-Serving attribution bias, overconfidence, and the issuance of management forecasts. *Journal of Accounting Research, 50*(1), 197–231.

Lim, J. S., & O'Connor, M. (1996). Judgmental forecasting with time series and causal information. *International Journal of Forecasting, 12*(1), 139–153.

Lorie, J. H. (1957). Two important problems in sales forecasting. *The Journal of Business, 30*(3), 172–179.

Luca, M., Kleinberg, J., & Mullainathan, S. (2016). Algorithms need managers, too. *Harvard Business Review, 94*(1), 96–101.

MacGregor, D. G. (2001). Decomposition for judgmental forecasting and estimation. In J. S. Armstrong (Hrsg.), *Principles of forecasting: A handbook for researchers and practitioners* (S. 107–123). Kluwer Academic.

Makridakis, S. (1996). Forecasting: Its role and value for planning and strategy. *International Journal of Forecasting, 12*(4), 513–537.

Makridakis, S., Spiliotis, E., & Assimakopoulos, V. (2020). The M4 competition: 100,000 time series and 61 forecasting methods. *International Journal of Forecasting, 36*(1), 54–74.

Marmier, F., & Cheikhrouhou, N. (2010). Structuring and integrating human knowledge in demand forecasting: A judgemental adjustment approach. *Production Planning & Control, 21*(4), 399–412.

Mehanna, W., Tatzel, J., & Vogel, P. (2016). Business Analytics im Controlling – Fünf Anwendungsfelder. *Controlling, 28*(8–9), 502–508.

Möller, K., & Pieper, S. (2015). Predictive analytics im controlling. *IM+ io Fachzeitschrift für Innovation, Organisation und Management, 4*(4), 40–45.

Möller, K., Federmann, F., Pieper, S., & Knezevic, M. (2016). Predictive Analytics zur kurzfristigen Umsatzprognose. *Controlling, 28*(8–9), 509–518.

O'Connor, M., Remus, W., & Griggs, K. (1997). Going up–going down: How good are people at forecasting trends and changes in trends? *Journal of Forecasting, 16*(3), 165–176.

Önkal, D., & Gönul, M. S. (2005). Judgmental adjustment: A challenge for providers and users of forecasts. *Foresight: The International Journal of Applied Forecasting, 15*(1), 13–17.

Önkal, D., Goodwin, P., Thomson, M., Gönül, S., & Pollock, A. (2009). The relative influence of advice from human experts and statistical methods on forecast adjustments. *Journal of Behavioral Decision Making, 22*(4), 390–409.

Rieg, R. (2008). *Planung und Budgetierung – Was wirklich funktioniert*. Gabler.

Sanders, N. R. (1992). Accuracy of judgmental forecasts: A comparison. *Omega, 20*(3), 353–364.

Satzger, G., Holtmann, C., & Peter, S. (2015). Advanced Analytics im Controlling – Potenzial und Anwendung für Umsatz- und Kostenprognosen. *Controlling, 27*(4–5), 229–235.

Schlatter, D., Stoll, C., & Möller, K. (2020). Predictive Analytics erfolgreich implementieren. *Controlling, 32*(1), 58–64.

Sharma, N., & Dadich, M. (2014). Predictive business analytics: The way ahead. *Journal of Commerce and Management Thought, 5*(4), 652–658.

Treyer, O. A. G. (2010). *Business Forecasting – Anwendungsorientierte Theorie quantitativer Prognoseverfahren*. UTB.

Wolpert, D. H. (2013). The supervised learning no-free-lunch theorems. In R. Roy, M. Koeppen, S. Ovaska, T. Furuhashi, & F. Hoffmann (Hrsg.), *Soft computing and industry: Recent applications* (S. 25–42). Springer.

Wolters, H., Landmann, R., Bernhart, W., & Karsten, H. (2013). *Die Zukunft der Automobilindustrie*. Springer.

Patrick Donner ist im Controlling eines führenden Automobilzulieferers als Analyst tätig und dort Teil eines Projektteams zur Einführung eines auf Predictive Analytics basierenden Forecasts. In seinem berufsbegleitenden Masterstudium in Business Consulting & Digital Management an der FOM Hochschule für Oekonomie & Management setzte er sich wissenschaftlich mit den Themenfeldern Predictive Analytics, Robotic Process Automation und digitalen Geschäftsmodellen auseinander.

Teil III
Anwendungsbeispiele

Service Hub – IT-Services neu gedacht

9

Jessica List ⓘ

Inhaltsverzeichnis

Zusammenfassung

Die digitale Revolution ist in vollem Gange. Prozesse werden standardisiert, automatisiert und optimiert. Neue Technologien und Methoden werden am laufenden Band entwickelt. Der Einsatz von IT-Dienstleistungen ist allgegenwärtig und nicht mehr wegzudenken. Die Digitalisierung macht dabei auch nicht vor Branchen halt, die sich bisher wenig oder gar nicht mit IT beschäftigen mussten. Der Wandel erfordert den Aufbau bzw. Ausbau des Dienstleistung-Portfolios inklusive Realisierung der eigenen Digitalisierungsstrategie. Dieser Balanceakt zwischen Optimierung des bestehenden

J. List (✉)
Fujitsu, Stuttgart, Deutschland
E-Mail: Jessica.List@fujitsu.com

© Der/die Autor(en), exklusiv lizenziert an Springer Fachmedien
Wiesbaden GmbH, ein Teil von Springer Nature 2022
E. Bollhöfer und S. Weimann (Hrsg.), *Digitalisierung von industriellen Dienstleistungen,*
FOM-Edition, https://doi.org/10.1007/978-3-658-37396-2_9

Kerngeschäftes und der Identifikation neuer Geschäftsfelder zehrt insbesondere an der meist bereits dünnen Verfügbarkeit der eigenen Belegschaft. Vor allem in der IT sind diese Ressourcen oft mit der Sicherstellung der Betriebsbereitschaft von Infrastruktur und Basisplattformen ausgelastet. Hinzu kommt, dass die Technologien sich rasant weiterentwickeln. Es fehlt die Bandbreite, neue Applikationen und Cloud-Architekturen zu integrieren, welche für die neuen digitalen Services notwendig sind. Anbieter von Managed IT Services sind daher aufgeforderter denn je, ihre Kunden bei dieser digitalen Revolution zu unterstützen und bei ihrer Servitization zu begleiten. Das klassische Auftraggeber-Auftragnehmer-Modell muss neu überdacht werden hin zu einer gemeinsam strategisch ausgerichteten Technologiepartnerschaft. Um den Mehrwert einer solchen Partnerschaft zu erfüllen, ist es für Managed-IT-Service-Anbieter notwendig, ihre eigenen internen Strukturen und Prozesse anzupassen. Und zwar möglichst so, dass sie zusammen mit ihren Kundinnen und Kunden schnell, flexibel und skalierbar auf die Anforderungen des Marktes reagieren können. Und das möglichst ohne, dass diese die eigenen Ressourcen dafür aufwenden müssen. Mit einer neuen Servicestrategie und der daraus entstandenen hochautomatisierte Managed-Service-Plattform bietet Fujitsu einen möglichen Lösungsansatz. Das Angebot von IT-Services auf Basis von Technologien der großen Hyperscaler oder maßgeschneiderten On-Premise-Lösungen. Die Kundschaft konsumiert auf diesem Weg IT-Services, ohne sich mit den durch eine Integration verbundenen Komplexitäten von Infrastrukturen und Plattformen auseinandersetzen zu müssen. Damit werden die wichtigen Fachkräfte und Ressourcen für die Realisierung der geschäftlichen Ambitionen verfügbar. IT-Mitarbeitende beschäftigen sich so mit der eigentlichen Aufgabe der IT, der Unterstützung des Business bei der Entwicklung neuer digitalen Services und Applikationen. Die Nutzerinnen und Nutzer werden dabei unterstützt, die oft unkontrollierte Nutzung von innovativen Technologien und den verbundenen Kosten zu managen. Außerdem werden dabei zeitgleich die Regulierungskonformität und hohe Sicherheitsstandards garantiert.

9.1   Aktuelle Herausforderungen

Schnell, flexibel, nutzerorientiert – drei Schlagworte, die mit den Begrifflichkeiten Globalisierung, Digitalisierung und Wettbewerb einhergehen. Die damit verbundene, beständige Veränderung des Marktes erfordert eine kontinuierliche Anpassung von Organisationen und des eigenen Angebots. Die digitale Revolution hält seit Jahren Einzug und macht vor keiner Branche und Unternehmensgröße halt (vgl. Urbach & Ahlemann, 2016). Allein die Anbindung an Lieferanten- und Kundensysteme machen den Einsatz von IT-Services unabdingbar. Passen sich Unternehmen nicht rechtzeitig an die veränderten Rahmenbedingungen an, verschwinden sie vom Markt. Dieser Effekt tritt auf, wenn Unternehmen die Fähigkeit fehlt, sich den schnell wandelnden Technologien und Gesellschaft anzupassen. Er ist bekannt unter dem Begriff des digitalen

Darwinismus (vgl. Kreutzer, 2021). Mit dem schnellen Wandel steigen unter anderem die Anforderungen an IT-Systeme exponentiell. IT-Prozesse und Landschaften in Unternehmen und der Industrie werden immer komplexer. Das IT-Service-Management (ITSM) schafft Strukturen und macht den Einsatz von IT kalkulierbar. Es dokumentiert Maßnahmen und optimiert so die Prozessqualität und Wirtschaftlichkeit. Organisationen ohne interne IT-Abteilungen setzen auf Unterstützung von Managed-IT-Service-Anbietern. Doch auch Unternehmen mit eigener IT-Abteilung setzen auf die Hilfe von außen, da sie vor der Herausforderung stehen, ihre bestehenden IT-Service-Management-Abläufe effizient zu steuern und dabei den Anschluss an neue Technologien nicht zu verpassen.

Die Umfrage der Barracuda Networks zeigt, dass die Nachfrage nach Managed IT Services steigt (vgl. Barracuda MSP, 2020). Neue Technologien, Anforderungen an die Sicherheit sowie die steigende Nachfrage nach (Hybrid-)Cloud-Lösungen bestimmen unter anderem den Markt. Auch der mögliche Zugewinn an Innovationskraft sowie das aktive Managen von Schatten-IT sind Faktoren, die berücksichtigt werden müssen. Eine Studie der Bertelsmann Stiftung zur Innovationsfähigkeit zeigt auf, dass Unternehmen ohne Innovationsfokus, im Vergleich zu Unternehmen mit entsprechendem Innovationsprofil, einen geringeren Markterfolg sowie eine geringere Entwicklung der Mitarbeiterzahl verbuchen können (vgl. Pohl & Kempermann, 2019). Zudem ermittelt der McAfee Cloud Adoption & Risk Report, dass in vielen Unternehmen Mitarbeitende Anwendungen nutzen, ohne die interne IT darüber zu informieren (vgl. McAfee, 2019). Es entsteht sogenannte Schatten-IT. Der schnelle und einfache Einsatz von Cloud-Lösungen sowie die steigende technische Affinität von Mitarbeitenden fördern das Entstehen dieser. Die dabei entstehenden Lösungen der Fachbereiche sind perfekt auf deren Prozesse abgestimmt und entsprechen den aktuellen Bedürfnissen. Innovationen werden so schneller ins Unternehmen getragen. Bei der Integration wird jedoch selten auf die bestehende Architektur, Fehleranfälligkeit oder laufende Kosten geachtet. Außerdem birgt sie Risiken wie Datenverluste, Compliance-Verstöße und Malware (vgl. Urbach & Ahlemann, 2016). Für Unternehmen ist es daher von großer Bedeutung zu lernen, mit der Schatten-IT umzugehen und diese aktiv zu managen. Darüber hinaus stellen die Schnelllebigkeit der Technologien sowie die vielfältigen Angebote der Cloud-Anbieter eine große Herausforderung für Unternehmen dar. Managed-IT-Service-Anbieter sind daher gefragt, ihre Kundinnen und Kunden bei diesen Herausforderungen zu unterstützen, zu begleiten und einen tatsächlichen Mehrwert für sie zu generieren.

9.2   Klassisches IT-Service-Management

Die Basis für klassisches IT-Service-Management (ITSM) bilden Rahmenwerke wie ITIL und COBIT. Sie vertreten einen prozessorientierten Ansatz für das Design und Management von IT-Services. ITIL basiert auf Best Practices aus Kundenerfahrungen,

Wertströmen und auf der digitalen Transformation. Der Kern bei ITIL V4 ist das Service-Value-System. Es stellt dar, wie verschiedene Komponenten und Aktivitäten zusammenarbeiten, um eine Wertschöpfung durch IT-gestützte Services zu erreichen. Die Service-Wertschöpfungskette besteht aus Aktivitäten, die flexibel kombiniert werden können, um wertvolle Services und Wertströme für Stakeholder bereitzustellen. Die Leitlinien und Konzepte von ITIL betrachten die Aspekte und Facetten des Servicemanagements ganzheitlich. Es unterstützt Managed-IT-Service-Anbieter dabei, IT-Dienstleistungen für Unternehmen zu ermitteln, zu planen, zu liefern und zu unterstützen (vgl. Axelos, 2019). Die Best Practices aus ITIL geben einen ersten Eindruck darüber, dass das Bereitstellen von IT-Services einen hohen Aufwand erfordert. Zunächst müssen die Systeme, Prozesse und bestehenden IT-Infrastrukturen des Kunden analysiert, bewertet und beschrieben werden. Der daraus entstehende Servicekatalog bildet die Kommunikationsgrundlage und Schnittstelle zwischen dem Serviceanbieter und dem Konsumenten der Services (vgl. Rodosek & Hegering, 2004). Auf Basis des Katalogs werden Service-Level mit konkreten Qualitätsstufen und Ausprägungen definiert. Um das Einhalten dieser zu gewährleisten, vereinbaren Serviceanbieter und Konsumentinnen und Konsumenten sogenannte Service Level Agreements (SLA) (vgl. Rudolph, 2009). Sie stellen die Grundlage für die Vertragspartner dar und beschreiben unter anderem die Bereitstellung der IT-Services und die Mitwirkungspflichten des Servicenehmers. Traditionell dauert dieser Prozess mehrere Wochen bis Monate und bietet wenig Flexibilität. Darüber hinaus werden bestimmte Services oftmals nur für eine Kundin bzw. einen Kunden erbracht, wie beispielsweise maßgeschneiderte Sonderlösungen für Fachbereiche. Dies erfordert einen hohen Aufwand für IT-Dienstleister und bedeutet Mehrkosten für den Servicenehmer. Solche individuellen Services verhindern ein schnelles und flexibles Reagieren auf den Markt. Werden Leistungen einheitlich erbracht, können diese standardisiert und die Prozesse automatisiert werden. Diese Normierung ist für das Nutzen von Cloud-Services von Bedeutung (vgl. Meinel et al., 2001; Fröschle & Schmidt, 2020).

9.3 (Multi-)Cloud, Hyperscaler und IT-Services

Cloud-Services basieren auf einem Angebot über die Nutzung von virtuellen IT-Ressourcen. Bereitgestellt werden diese meist von Hyperscalern (vgl. Lohmann, 2021). Hyperscaler wie Amazon mit Amazon Web Services (AWS), Microsoft mit Azure und Google mit der Google Cloud Platform decken insgesamt etwa drei Viertel der Public-Cloud-Angebote auf dem Markt ab (Stand April 2021). Der Begriff Hyperscale wird abgeleitet von Hyperscale Computing und bedeutet, ein hohes Maß an horizontal skalierbaren Computing-Ressourcen. Hyperscaler stellen ihren Kundinnen und Kunden unzählige Server- und Storage-Systeme, welche über leistungsstarke Netzwerke verbunden sind, zur Verfügung. Die Basis des Cloud-Angebots der Hyperscaler bilden große Rechenzentren. Durch die Virtualisierung können mehrere logische Server auf einem physischen Serversystem betrieben werden. Es ist somit möglich, auf einem einzelnen Server mehrere unabhängige Betriebssysteme mit unterschiedlichen Konfigurationen zu betreiben. Traditionell betreiben viele Unternehmen ihre eigenen, physischen Serverumgebungen. Das kostet viele Ressourcen wie Zeit, Mitarbeitende und Räumlichkeiten. Eine kurzfristige und zeitlich begrenzte Anschaffung von weiteren Serverkapazitäten zum Ausbau der IT-Infrastruktur ist traditionell beinahe unmöglich und mit enormen Kosten sowie hohem manuellem Aufwand verbunden. Durch die Virtualisierung ihrer Rechenzentren und den damit entstehenden virtuellen Maschinen bieten Cloud-Anbieter flexible und kostengünstige Lösungen, die in der Regel sofort bereitgestellt werden können (vgl. Brassel & Gadatsch, 2020; Meinel et al., 2001). Vergleichbar ist das mit einem geliehenen Fahrzeug für den Fuhrpark. Es wird für einen bestimmten Zeitraum, zu einem bestimmten Preis und ohne anfallende Nebenkosten wie Versicherung und Steuer bereitgestellt. Es benötigt kein Know-how über die Mechanik, Bauweise und Funktionsweise des Fahrzeugs. Nach Ablauf der Mietzeit wird das Fahrzeug zurückgegeben, ohne dass Kosten für den Stellplatz und die Instandhaltung anfallen. Es fallen somit nur Aufwände für die Dauer der Nutzung an. Für die Cloud bedeutet dies, dass App Services wie Webseiten oder Software auf Basis der virtuellen Maschinen bereitgestellt und am Ende der benötigten Laufzeit wieder flexibel abbestellt werden können. Darüber hinaus bieten Cloud-Services eine Vielzahl an Nutzungsmöglichkeiten. Die klassischen Servicemodelle des Cloud Computing sind Infrastructure-as-a-Service (IaaS), Platform-as-a-Service (PaaS) und Software-as-a-Service (SaaS) (vgl. Lindner et al., 2020). Albert Barron (ehemals IBM, seit November 2020 Enterprise Architekt bei Google) stellt diese Modelle in seinem Pizza-as-a-Service-Beispiel einfach und verständlich anhand einer modernen Abstraktion dar. Er beschreibt die vier Kategorien On-Premises, IaaS, PaaS und SaaS mit dem Wunsch nach einer Pizza und den damit einhergehenden Möglichkeiten, in den Genuss dieser zu kommen. Von der selbst gemachten Pizza bis zum Restaurantbesuch sind die Optionen vielfältig:

- Die selbst gemachte Pizza veranschaulicht die On-Premises-Lösungen. Die Zutaten müssen alle selbstständig im Supermarkt gekauft, der Teig geknetet und die Pizza mit den gewünschten Zutaten selbst belegt werden. Hinzu kommt, dass ein Backofen benötigt wird. Sind die Anforderungen alle erfüllt, kann die Pizza genossen werden. On-Premises bedeutet also, dass eine Software benutzt wird, die individuell auf das Unternehmen zugeschnitten ist. Die Software wird direkt vom eigenen Unternehmen bereitgestellt. Eine Cloud-Lösung wird nicht genutzt.
- Die Tiefkühlpizza projiziert die Infrastructure-as-a-Service (IaaS)-Lösungen. Die fertig belegte Tiefkühlpizza wird im Supermarkt gekauft und im eigenen Backofen selbst gebacken. Übertragen auf IaaS bedeutet dies, dass eine gekaufte und individuell angepasste Software auf einer gemieteten Hardware betrieben wird. Der Servicenutzerin bzw. dem Servicenutzer werden Komponenten wie Server, Speicher und Rechenleistung zur Verfügung gestellt. Der Umfang kann flexibel nach Bedarf angepasst werden.

- Bestellt man die Pizza beim Lieferservice, handelt es sich um eine Platform-as-a-Service (PaaS)-Lösung. Die Pizza wird vollständig zubereitet und verzehrbereit geliefert. Der Serviceanbieter bietet fertige Bausteine in und aus der Cloud an. Der Einsatz von PaaS-Lösungen ermöglicht ein individuelles Entwickeln, Testen und Verwalten von Anwendungen. Dies ist möglich, ohne zusätzliche Server oder Hardwarekomponenten anschaffen zu müssen.
- Wird ein Besuch in der Pizzeria bevorzugt, bedient man sich an einer Software-as-a-Service (SaaS)-Lösung. Die bestellte Wunschpizza wird verzehrfertig an den Tisch serviert. Für das SaaS-Modell bedeutet dies, dass die komplett fertige Softwarelösung in der Cloud zur Nutzung bereitsteht und über das Internet bezogen werden kann (vgl. Barron, 2014).

Dieses Beispiel der klassischen Cloud-Lösungen zeigt einen ersten Einblick in die Vielfältigkeit und Flexibilität von IT-Services. Cloud-Services bieten viele Vorteile für den Nutzer. Doch das Konsumieren und Bedienen dieser Services ist oftmals komplexer als es suggeriert wird. Wer an Cloud-Services denkt, stellt sich meist ein Verlagern von der privaten Serverumgebung in ein Rechenzentrum eines Cloud-Anbieters vor. Was sich erst einmal einfach anhört, stellt sich bei der Umsetzung jedoch oftmals als kompliziert heraus. Hinter dem Vorgang, die eigenen Daten und bestehenden Strukturen vom eigenen Schreibtisch in die Cloud umzuziehen, steckt mehr als ein Copy and Paste. Die verschiedenen Angebote von Services und die damit verbundene Architektur fordern heraus. Denn das Nutzen der Cloud-Lösungen bedeutet nicht, dass die Verantwortung für die Systeme bei den Anbietern liegt. Unabhängig vom Versprechen dieser liegt es in der Verantwortung der Konsumentinnen und Konsumenten, dass das System für die eigenen und für die Systeme der Endkunden funktioniert (vgl. Hanselman, 2020). Zudem steigen die Anforderungen an Compliance-Richtlinien, Datenschutzbestimmungen und IT-Sicherheit. Für Unternehmen wird es daher zunehmend komplexer, IT-Services ohne Unterstützung von Dritten zu managen, sich dabei an die gesetzlichen Richtlinien zu halten, Security Standards zu gewährleisten und nebenbei noch die Innovationskraft des Unternehmens zu stärken (vgl. Sunyaev, 2020; Fischer et al., 2020).

Mit Covid-19 hat der Druck auf die Unternehmen, die Digitalisierung voranzuschreiten, nochmal an Tempo zugelegt. Statt den Weg in die Cloud mit Bedacht zu gehen und vernünftig zu managen, auszuprobieren und abzuwägen, mussten viele Unternehmen ihre Infrastrukturen, ihre Netzwerke und ihre VPN-Kapazitäten vom einen auf den anderen Tag hochrüsten, um den Arbeitsplatz der Zukunft einzurichten. Nun stehen sie vor der Herausforderung, mit den neu entstandenen Komplexitäten umzugehen. Abseits der Pandemie treiben auch die wachsenden Business-Anforderungen die Verbreitung von Multi-Cloud-Umgebungen voran. Das stellt selbst erfahrene CIOs und ihre Mitarbeitenden vor enorme Herausforderungen. Denn die häufig suggerierte Einfachheit der Cloud ist trügerisch. Vor allem Multi-Cloud-Umgebungen sind in ihrem Kern hochkomplex. Ihr Management, ihre Orchestrierung und ihre Integration in die bestehende IT-Landschaft sind kompliziert und binden in vielen Organisationen einen Großteil der

Ressourcen in den IT-Abteilungen (vgl. Fujitsu, 2021a; Andenmatten, 2020). Aktuelle Studien zeigen auf, dass Unternehmen längst nicht nur von einem Anbieter konsumieren. Die aktuelle IDC-Studie zum Thema IT-Service-Management ermittelt beispielsweise, dass 87 % der Befragten bereits multiple Cloud-Ressourcen nutzen und viele weitere Unternehmen folgen werden (vgl. Mauerer, 2021).

Eine große Herausforderung von Multi-Cloud-Umgebungen ist, dass jeder Hyperscaler seine eigenen Standards definiert hat. Je höher die Standardisierung der Anbieter in der Multi-Cloud-Umgebung, umso komplexer das Integrieren und Vereinfachen von Serviceprozessen. Dies erfordert einen hohen Grad an Spezialwissen und ein intensives Beschäftigen mit Technologien und Schnittstellen. Managed-IT-Service-Anbieter unterstützen bei der Integration. Was nicht bedeutet, dass das Einbeziehen von diesen zwangsläufig zu einer sinnvollen Konzeption des Geschäftsprozesses führt. Vorhandene Insellösungen erschweren das Orchestrieren und bremsen Geschäftsprozesse aus. Das traditionelle Bereitstellen von IT-Services gestaltet sich umfangreich und langwierig. Managed-IT-Service-Anbietern ist es längst nicht mehr möglich, alle Kundenfragen zu beantworten und zu bedienen, denn die immer komplexer werdende IT-Welt bringt auch diese an ihre Grenzen. Zudem fordert der Markt eine immer schnellere Bereitstellung der Services mit höchst möglicher Flexibilität (vgl. Lindner et al., 2020; Andenmatten, 2020).

9.4   Vom klassischen Anbieter zum Technologiepartner

Für Managed-Service-Anbieter ist es daher ratsam, zunächst die eigenen internen Prozesse und Strukturen zu analysieren. Stimmen Vision und Strategie mit den Anforderungen des Marktes noch überein? Welche Anforderungen haben die Kundinnen und Kunden an ihre Technologie-Provider? Wie muss sich die Zusammenarbeit von Technologieanbieter und der Organisation verändern, um zukunftssicher zu sein?

Mit Blick auf das traditionelle Auftraggeber-Auftragnehmer-Modell zwischen Kunde und Technologie-Provider wird schnell deutlich, dass dieses Modell zwar jahrelang gut funktioniert hat, jedoch nicht flexibel und reaktionsfähig genug für den heutigen Markt ist. Am Beispiel der bereits erläuterten Herausforderungen der Schatten-IT kann dies verdeutlicht werden. Schatten-IT kann eine treibende Innovationskraft für Organisationen sein (vgl. Kopper et al., 2018). Mit dem bisherigen Modell findet diese jedoch kaum bis keine Beachtung bei der Bereitstellung von IT-Services. Wenn IT-Service-Provider und ihre Kundinnen und Kunden jedoch in einer Partnerschaft agieren, entstehen Vertrauen und Offenheit (vgl. Huang et al., 2020). Lösungsansätze werden in gemeinsamen Diskussionen erarbeitet und die Innovationskraft der Fachbereiche kann berücksichtigt werden. Es gilt, jeden Kunden, Mitarbeiter und Beteiligten dort abzuholen, wo er gerade ist. Auch das Mindset jedes Einzelnen spielt eine erhebliche Rolle. Es ist ausschlaggebend, aus welcher inneren Haltung gehandelt wird und welche Kompetenzen jeweils vorhanden sind. Auf Basis dessen kann gezielt geschult und informiert werden. Als Anbieter von traditionellen IT-Services ist es daher notwendig, die interne Strategie neu auszurichten und sich auf die Anforderungen und Bedürfnisse der Kundinnen und Kunden einzustellen (vgl. Renner, 2020). Für ein traditionell, aus dem Infrastruktur-Hardware-Geschäft kommenden Unternehmen wie der Fujitsu bedeutet dies, die Entwicklung hin zu einer DX-Firma. Traditionelle Managed Services müssen zu 100 % individuell anpassbar gestaltet werden (vgl. Fujitsu, 2021a). Das reine Service- und Supportgeschäft entwickelt sich weiter und beschäftigt sich damit, wie der Service darüber hinaus in den Unternehmen erfolgreich konsumiert und effektiv genutzt werden kann. Der Kunde, seine Mitarbeiter und die Fachbereiche sind der Fokus. Die IT-Services der Zukunft basieren auf einer kurzfristigen Verfügbarkeit, die mit wenig Aufwand abgerufen werden kann. Wie beispielsweise Apple, mit dem iPhone und dem App Store, in welchem über das Eco-System neue Apps in kürzester Zeit abgerufen und genutzt werden können. Managed-IT-Service-Anbieter sind daher angehalten, ihre Kundinnen und Kunden bei der Servitization bestmöglich zu unterstützen.

9.5   Die Notwendigkeit von Servitization

Wie überlebenswichtig Servitization für Unternehmen sein kann, veranschaulichen die folgenden zwei Beispiele. Rolls Royce mit seinem Power-by-the-Hour-Angebot und das frühere britische Unternehmen ICI-Nobel.

1966 kauft Rolls Royce den britischen Triebwerkhersteller Bristol Siddeley auf. Rolls Royce erkennt, dass das hochprofitable Ersatzteil- und Servicegeschäft durch Drittanbieter gefährdet ist. Die bedrohte Rentabilität sowie die Forderungen wichtiger Kundschaft nach „On the Wing"-Verträgen veranlasst Rolls Royce in den 60er-Jahren dazu, ein neues Geschäftsmodell zu etablieren. Ein neues Dienstleistungsangebot für Geschäftsflugzeuge, welches ein Preismodell für Triebwerke und Ersatzteile beinhaltet. Berechnet wird dies nach einem festen Betrag pro geflogener Stunde. Dieses Angebot ist bekannt als „Power by the Hour". Mit diesem Angebot können Flugzeugbetreiber ihre Betriebskosten genauer kalkulieren und müssen keine Ersatzteile mehr vorhalten. Rolls Royce hat das Power-by-the-Hour-Angebot und den TotalCare Service daraus entwickelt. Rolls Royce verbesserte damit nicht nur den Kundenservice, sondern wirkte darüber hinaus den einbrechenden Gewinnmargen im Ersatzteilmarkt durch Drittanbieter entgegen. Mit TotalCare haben sie den Kundennutzen neu definiert. Anstelle des Verkaufs eines High-Tech-Gerätes wird die Leistung, Flugzeuge durch die Luft zu bewegen, verkauft. TotalCare umfasst die Bereitstellung des Triebwerkes zusammen mit dessen Überwachung, Wartung und Reparatur für die gesamte Lebensdauer des Gerätes. Dabei bleibt das Triebwerk Eigentum von Rolls Royce: Die Fluglinien bezahlen für die Dienstleistung, die das Triebwerk erbringt. Damit müssen sie nichts bezahlen, wenn das Triebwerk ruht oder außer Betrieb ist (vgl. Nagel & Nagel, o. J.). Mit diesem neuen Geschäftsmodell legt Rolls Royce auch unbewusst den Grundstein für die Billigfluglinien. Diese haben nun die Möglichkeit, die kostenintensiven Turbinen gegen eine Servicepauschale zu nutzen. Die Anschaffungskosten für ein Flugzeug müssen somit nicht direkt aufgebracht werden, sondern können im Rahmen der Laufzeit erwirtschaftet werden (vgl. Kiani-Kreß, 2015).

Ein zweites Beispiel für erfolgreiche Servitization bietet das britische Unternehmen ICI-Nobel (Imperial Chemical Industries – Übernahme 2007 durch AkzoNobel). ICI-Nobel ist Hersteller von Sprengstoff für Kohlebergwerke. Mit dem Abwärtstrend der Kohleindustrie schwenkt das Unternehmen auf die Herstellung von Sprengstoffen für Steinbrüche um. Die Neuausrichtung wird von der Kundschaft als Rohstoffhandel bewertet und führt zu einem enormen Preisdruck sowie wenig Kundenbindung. Die Steinbrüche nutzen die Situation und verlangen kurzfristige Lieferungen ohne vorherige Ankündigung. Um immer lieferfähig zu sein, ist ICI-Nobel daher angehalten, den Fuhrpark unausgelastet vorzuhalten. Aufgrund des wachsenden Drucks und der sinkenden Effizienz entwickelt ICI-Nobel eine Servitization-Idee. Mit ihren umfangreichen Kenntnissen im Sprengen und dem Besitz eines Simulators, mithilfe dessen die Lage der Bohrlöcher und die Zündsequenz optimiert werden können, führen sie einen neuen Service für Steinbrüche ein. Eine Dienstleistung, welche die Planung der Sprengung, das Bohren und die Bestückung der Löcher sowie die Sprengung selbst umfasst. Für die Steinbrüche ergeben sich mit diesem neuen Service die Vorteile, dass der Sprengstoff weder separat eingekauft noch das Gefahrgut selbst eingelagert werden muss (vgl. Czartowski, o. J.).

Mit ihren neuen Geschäftsmodellen haben Rolls Royce und ICI-Nobel einen neuen Bedarf bei ihrer Kundschaft gedeckt und sich darüber hinaus ihren Bestand am Markt gesichert.

Während Rolls Royce sein Produkt als Service vermietet, bietet ICI-Nobel hingegen einen Full-Service an. Diese Beispiele zeigen, wie erfolgreich eine neue Definition des Geschäftsmodells sein kann.

Die Entwicklung der neuen Geschäftsmodelle erfordert jedoch auch Veränderungen im eigenen Unternehmen. Mit dem einmaligen Verkauf ihrer Produkte war es für beide Unternehmen bisher ausreichend, eine Ausgangsrechnung zu erstellen und den Rechnungseingang zu überwachen. Mit dem neuen Serviceangebot erheben beide nun Nutzungsgebühren. Dies bedeutet, die Implementierung von einem neuen Abrechnungsverfahren, einen neuen Finanzfluss und somit auch erhöhte Anforderungen an die internen Prozesse und letztendlich an die IT.

Für kleine Unternehmen und den Mittelstand geht Servitization daher nicht selten mit einem schwer kalkulierbaren Risiko sowie einer schwierigen Skalierung einher. Hinzu kommen oft Ressourcenknappheit, fehlendes Know-how sowie immer komplexer werdenden Technologien und Infrastrukturen (vgl. Kharlamov & Parry, 2021).

9.6   Der Fujitsu Service Hub – ein möglicher Lösungsansatz

Wie können Unternehmen trotz diesen Herausforderungen ihre Geschäftsmodelle fokussiert und kalkulierbar weiterentwickeln? Der Fujitsu Service Hub setzt genau hier an. Er unterstützt, mit gemeinsamer Entwicklung, das Service-Business der Unternehmen voranzubringen und somit ihren Bestand am Markt zu sichern.

Mit Fujitsu als Technologiepartner bietet sich den Nutzerinnen und Nutzern die Möglichkeit, Teil der Entwicklung zu sein. Im privaten Umfeld wirken Endnutzer bereits aktiv über Feedbackfunktionen an den Entwicklungen mit. Anwenderapplikationen können so stetig an den Wünschen und dem Nutzungsverhalten der Kundinnen und Kunden weiterentwickelt werden. Kunde und Entwickler profitieren voneinander (vgl. Petzka, 2020). IT-Services der Zukunft sollten nach diesem Vorbild gestaltet sein. Der Fujitsu Service Hub basiert auf dieser Zusammenarbeit mit den Kunden und stellt die Services für das tägliche Geschäft bereit. Die Bereitstellung erfolgt, ohne dass die Nutzerinnen und Nutzer die Komplexität dahinter mitbekommen und ohne sich selbst mit der Bereitstellung beschäftigen zu müssen. Unternehmen bietet sich damit die Möglichkeit, sich auf das Anpassen ihrer Geschäftsmodelle zu fokussieren. Diese Servitization eines Unternehmens bedeutet eine Änderung des bisherigen Geschäfts-modells und stellt somit eine große Herausforderung an das Management. Ein Unter-nehmen, das bisher rein materielle Produkte produziert hat, wird mit dem Service Hub bei seinem Innovationsvorhaben unterstützt. Der Service Hub ermöglicht, ein kombiniertes Angebot aus Produkt und Dienstleistung anzubieten und somit auf die ver-änderten Anforderungen des Marktes zu reagieren. Fujitsu, als Produkthersteller, versteht diese Herausforderungen und antwortet dem Markt mit dem Service Hub. Er ist eine Maßnahme, die aus den beschriebenen Herausforderungen des Marktes entstanden ist. Die Problemstellungen wurden über zwei Jahre fokussiert analysiert, ausgearbeitet und mit Lösungsansätzen vermerkt. Best Practices wie ITIL und andere Standards sind hier-bei berücksichtigt.

9.6.1   Die Basis

Um die aufgeführte Nachfrage aus dem Markt bedienen zu können, ist es notwendig, die bestehenden Strukturen und Prozesse zu analysieren, zu beschreiben und in kleine Standardkomponenten zu zerlegen. Aus diesen lassen sich später individuelle Services schnell und effizient bereitstellen. Ein erster grundlegender Ansatz zum Vereinfachen der Service-Bereitstellung ist daher das Standardisieren der Prozesse (vgl. Lindner et al., 2020).

Ein plastisches Beispiel für notwendige und erfolgreiche Standardisierung bietet die Hafenstadt Hamburg. Täglich legen unzählige Containerschiffe aus der ganzen Welt an. Die Schiffe sind unterschiedlich konzipiert, müssen jedoch alle am selben Hafen andocken sowie möglichst zügig be- und entladen werden. Um einen reibungslosen Ablauf zu gewährleisten, ist eine hohe Anzahl an Prozessschritten notwendig. Daher gibt es weltweite, einheitlich festgelegte Standards, die beispielsweise das Andocken sowie die Bedeutung verschiedener Signale beschreiben. Der Kapitän muss sich somit keine Gedanken machen, ob und wie die Vorgänge funktionieren. Er lässt sich durch die Anweisungen leiten. Für den Service Hub bedeutet dies, dass er die Prozesse zur Anbindung von Hyperscalern oder anderen As-a-Service-Lösungen standardisiert.

Die daraus entstehenden Blueprints beschreiben den Nutzerinnen und Nutzern, wie sie sich einfach und effizient andocken können.

Das Standardisieren der Prozesse erfolgt durch das Aufteilen der Services in kleine Bausteine. Diese sind dann über Schnittstellen kombinier- und automatisierbar. Über API-Schnittstellen lassen sich zudem vorhandene IT-Ressourcen, wie beispielsweise DevOps-Umgebungen, einbinden. Auch das Zusammenspiel der einzelnen Service-Elemente lässt sich automatisieren. Das bedeutet kürzere Reaktionszeiten und eine höhere Agilität für die Nutzerin bzw. den Nutzer. Unabhängig davon, ob der Service über einen Hyperscaler oder bei Fujitsu direkt bereitgestellt wird. Dies lässt sich an dem Beispiel eines Travel-Adapters veranschaulichen. Je nachdem, in welchem Land man sich befindet, unterscheidet sich die Volt-Zahl aus der Steckdose und der Stecker der elektronischen Geräte. Der Travel-Adapter ist so konzipiert, dass er den Strom passend für das Gerät umwandelt und den richtigen Stecker bietet. Der Adapter stellt in diesem Beispiel den Service Hub, der Stecker die verschiedenen Arten von IT-Service-Anbietern wie beispielsweise MS Azure und AWS und der Strom den Service, den sie bereitstellen, dar. Technologische Basis ist eine moderne Cloud-Management-Plattform. Der Nutzer hat somit die Möglichkeit, Services einfach und ohne Komplexität überall zu nutzen. Vorausgesetzt, er ist dazu bereit, das Managen der Services dem Service Hub zu überlassen. Über die vielen Jahre hinweg ist es beinahe schon zur Leidenschaft in Unternehmen geworden, eigene IT-Plattformen zu bauen und zu betreiben. Hier müssen eine Neuausrichtung und ein Umdenken in Unternehmen stattfinden. Die steigende Komplexität und der schnelle Wandel fordern einen hohen Invest für Ressourcen, Wissen und IT-Infrastruktur in den Unternehmen. Statt das Budget für Innovationen und neue Geschäftsmodelle auszugeben, fließt es heute oftmals noch in die bestehenden IT-Infra-strukturen, um diese am Laufen zu halten.

Auch die Dauer, bis ein IT-Service bereitgestellt werden kann, ist nicht mehr zeitgemäß und muss an den schnellen Wandel angepasst werden. Traditionell bedeutet das Bereitstellen von IT-Services einen hohen Aufwand. Wie bereits in Abschn. 9.1 aufgeführt, müssen die bestehenden Systeme, Prozess und IT-Infrastrukturen der Kundschaft analysiert, bewertet und beschrieben werden. Daraus entsteht der Service-katalog (vgl. Rodosek & Hegering, 2004). Auf Basis dessen werden die Service Level Agreements vereinbart (vgl. Rudolph, 2009). Anstatt wochenlanger Wartezeit gilt es, Integration und Bereitstellung der Services innerhalb weniger Tage bis hin zu wenigen Minuten zu ermöglichen. Das bestehende Managed-IT-Service-Geschäft muss sich also um 180 Grad drehen, um seinen Kundinnen und Kunden die Flexibilität und Schnellig-keit gewährleisten zu können, die der Markt fordert.

9.6.2   Die Funktionalität

Der Fujitsu Service Hub schließt die Lücke zwischen den Herausforderungen der Multi-Cloud-Umgebungen und der schnellen Verfügbarkeit. In kürzester Zeit stellt er

Multi-Cloud-Services bereit. Auf einer Plattform, zentral gemanagt, orchestriert sowie integriert, auf Wunsch mit Einbindung in bestehende DevOps- oder CI/CD-Konzepte (Continuous Integration/Continuous Development) und inklusive Service-Lifecycle-Management. Das gilt für alle Services, Anwendungen und Infrastrukturkomponenten, die ein Unternehmen einsetzt oder zu einem späteren Zeitpunkt nutzen möchte.

Für Bestellungen der Services der verschiedenen Cloud-Anbieter fungiert der Fujitsu Service Hub als One-Stop-Shop. Die Cloud-Services können flexibel ausgewählt, kombiniert und bestellt werden. Verfügbar ist eine breite, stetig wachsende Palette an State-of-the-Art-Lösungen von SaaS-Anbietern, Hyperscalern und Fujitsu. Der Service Hub fungiert dabei als technischer Adapter für multiple Clouds.

Über diese innovative Plattform, dem Customer Service Portal (CSP), können Unternehmen aus dem Servicekatalog auswählen (siehe Abb. 9.1).

Dies ist vergleichbar mit dem Konfigurator für einen Autokauf. Es gibt einen Katalog mit einzelnen Bestandteilen, aus dessen das Wunschauto konfiguriert wird. Die Auswahl an möglichen Farben, Ausstattungen und Extras sind in einem bestimmten Rahmen vorgegeben. Das Fahrzeug ist individuell und zeitgleich standardisiert. Über das CSP lassen sich Lösungen diverser Anbieter auswählen, kombinieren und bestellen. Analog zu einem einfach bedienbaren Onlineshop. Unternehmen buchen über das CSP, was sie benötigen. Das kann der Zugang zu einer SaaS-Lösung oder ein vollständig integriertes SAP-System sein. Über Parameter wird der Service konfiguriert, die Serviceklasse ausgewählt und anschließend mit einem Klick bestellt (siehe Abb. 9.2). Der Zugriff auf das Serviceportal erfolgt über die jeweiligen Endgeräte der Servicekonsumenten. Auf Basis des zuvor erarbeiteten Servicekatalogs werden dem Nutzer nur die für ihn

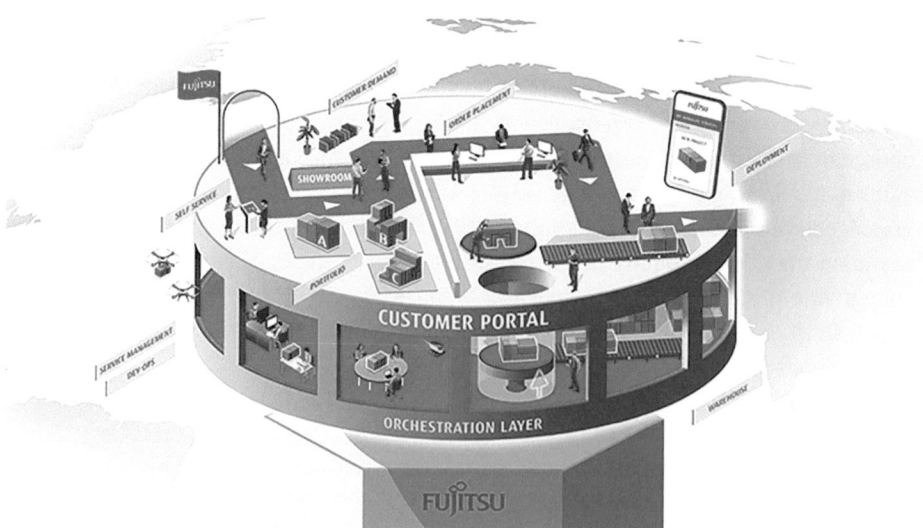

Abb. 9.1 Fujitsu Service Hub Plattform. (Quelle: © Fujitsu)

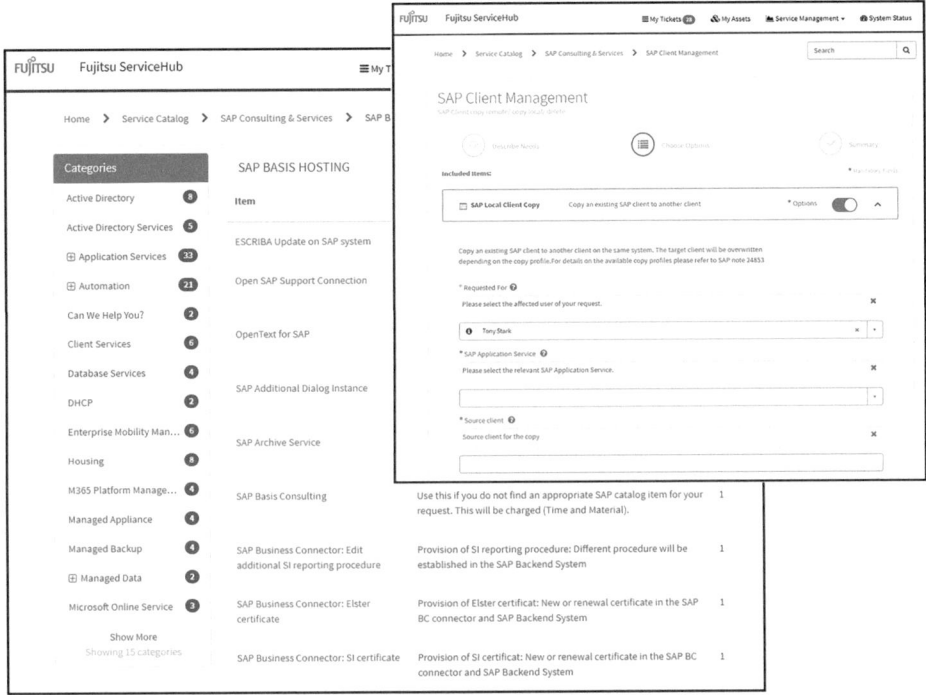

Abb. 9.2 Fujitsu Service Hub Portal. (Quelle: © Fujitsu Service Hub)

relevanten und auf seine Systeme passenden Angebote angezeigt. Diese kann er mit einem Klick bestellen. Sofern neue Services benötigt werden, können diese in kurzer Zeit im Servicekatalog aufgenommen und bereitgestellt werden. Neben Informationen zu neuen IT-Diensten und Angeboten gibt das CSP außerdem einen Überblick über den Status von Freigabeprozessen. Das aufwendige Verwalten von einzelnen Verträgen und Serviceklassen entfällt. Mit den entsprechenden Berechtigungen liefert das Portal IT-Abteilungen Einblicke in sämtliche Kennzahlen und SLAs. Dazu gehören beispielsweise Performance-Daten und Informationen zu den Datenbeständen. Auch Incidents und Requests lassen sich über das Portal nachverfolgen. Hochkomplexe Multi-Cloud-Bestände sind so leicht überschaubar.

IT-Abteilungen von Unternehmen müssen sich nicht mehr mit der dahinter-steckenden Technologie und Schnittstellenintegration beschäftigen. Auch Themen wie IT-Security und Compliance regelt der Service Hub automatisiert. Unternehmen wählen den gewünschten Dienst oder Service aus und legen fest, wo er aufgesetzt werden soll. Im Kundenrechenzentrum, einem Datacenter von Fujitsu oder auf einer Public-Cloud-Plattform wie AWS, Google Cloud Plattform oder Microsoft Azure. Auch eine beliebige Kombination aus diesen Optionen ist möglich. So können bei einem Provider ein Cloud-Service für einen bestimmten Einsatzzweck gebucht werden und bei einem anderen Anbieter einen anderen Dienst. Unterliegen die Daten beispielsweise strengen Datenschutzrichtlinien ist es möglich, die Daten auf dem hochmodernen Rechenzentrum in Deutschland, die Entwicklungsumgebung jedoch bei Azure oder später auch auf GAIA-X zu hosten (vgl. Fujitsu, 2021b). Der Service Hub fungiert dabei als eine Art technischer Adapter für multiple Clouds. Eine Beschränkung auf einen bestimmten Hyperscaler besteht nicht. Die Nutzerin bzw. der Nutzer wählt den gewünschten Service aus und überlässt der Fujitsu das Servicemanagement. Zur Gewährleistung der Flexibilität wird auf Industriestandards gesetzt. Alle über den Fujitsu Service Hub bezogene Managed IT Services laufen in Standardumgebungen. Die Gefahr eines Vendor-Lock-in besteht dadurch nicht. Auch Lizenzen und das Orchestrieren der Multi-Cloud-Umgebung sind über den Service Hub gemanagt. Das entlastet die hauseigene IT-Abteilung und verkürzt die Bereitstellungszeiten der Services enorm. Darüber hinaus sorgen regelmäßige Releases für den aktuellsten Stand und Stabilität. Der Service Hub wird kontinuierlich mit neuen Entwicklungen, Technologien und Plattformen erweitert und an die Anforderungen des Marktes angepasst.

Die hyperkonvergente Infrastruktur von Fujitsu (HCI), Best-of-Breed-Technologien für Virtualisierung, Containerisierung, Orchestrierung sowie das Secure-by-Design-Prinzip sorgen dafür, dass Sicherheit und IT-Compliance dabei stets gewährleistet sind. Beherbergt ist die Plattform in einem hochmodernen Rechenzentrum in Deutschland. Der Fujitsu Service Hub wird zudem die Kriterien des „Cloud Computing Compliance Criteria Catalogue" (C5-Katalog) des Bundesamtes für Sicherheit in der Informationstechnik (BSI) erfüllen. Die zugrunde liegenden Prozesse sind konform zum integrierten Managementsystem, das jährlich unter anderem nach ISO 27001 zertifiziert wird. Ziel ist es, den höchsten Anforderungskriterien für die Verarbeitung streng vertraulicher Daten zu entsprechen.

Für das übergreifende ITSM setzt Fujitsu auf eine zentrale ITSM-Plattform. Dort werden alle ITSM-Prozesse abgebildet. Dies erfolgt unabhängig von Hyperscalern. Unternehmen, welche unterschiedliche Datenbanken für Incident-, Change- oder Configuration-Management nutzen, können auf der Plattform alle Informationen aus den Datenbanken an einer Stelle konsolidieren. Alle Prozesse können einheitlich und hochautomatisiert bedient werden.

Dank einer hocheffizienten AIOps-Lösung (Artificial Intelligence for IT Operations) reagiert das Service-Team schnell auf Vorfälle und kann potenziell kritische Servicezustände vorhersehen und abwenden, bevor sie auftreten.

Auch die Geschwindigkeit, mit der sich Services implementieren lassen, erhöht sich merklich. Dauert es traditionell vier bis sechs Wochen, um einen Managed-SAP-Service aufzusetzen, reduziert sich der Zeitaufwand mit dem Service Hub auf weniger als eine Woche. Das gilt auch für andere Bereiche wie Cloud-Native-Entwicklungsumgebungen. Sie stehen mit dem Fujitsu Service Hub in nur einem Tag bereit. Das Bereitstellen von Standarddatenbanken funktioniert innerhalb einer Stunde. Der Service Hub ermöglicht schnellen Zugang zu den Hyperscalern. Dies führt zu erhöhter Akzeptanz bei den Fachbereichen, da diese direkt buchen können. Über den Service Hub sind die Umgebungen bereits registriert, bekannt und automatisiert. Für Unternehmen bedeutet dies ein kontrolliertes Steuern von Schatten-IT. Für das Service-Business bedeutet dies, dass der Fujitsu Service Hub die Lücke zwischen Cloud-Anbietern, dem Bereitstellen der Services und den sich schnell ändernden Anforderungen des Marktes schließt. Mit diesen Funktionalitäten bietet der Service Hub eine Möglichkeit, den Unternehmen den Freiraum zu verschaffen, sich auf ihr Kerngeschäft zu konzentrieren und die digitale Transformation sowie die Servitization voranzutreiben.

Literatur

Andenmatten, M. (2020). Aufbau eines Multi-Cloud-Betriebsmodell. *HMD Praxis der Wirtschaftsinformatik, 57*, 897–920. https://doi.org/10.1365/s40702-020-00667-y.

Axelos. (2019). *Axelos*. https://www.axelos.com/itil-4-foundation-deutsch. Zugegriffen: 15. Apr. 2021.

Barracuda MSP. (2020). *Barracuda MSP*. https://barracudamsp.com/resources/pdf/reports/RP_MSP-Day-2020.pdf. Zugegriffen: 14. Apr. 2021.

Barron, A. (30. Juli 2014). *LinkedIn*. https://www.linkedin.com/pulse/20140730172610-9679881-pizza-as-a-service/. Zugegriffen: 15. Apr. 2021.

Brassel, S., & Gadatsch, A. (2020). Einführung von Public Cloud Services – Herausforderungen und Lösungsansätze aus der Praxis. *HMD Praxis der Wirtschaftsinformatik, 57*, 949–960.

Czartowski, T. (o. J.). *brandslex.de*. https://www.brandslex.de/markenlexikon/cover/a/markenlexikon-akzo-nobel. Zugegriffen: 03. Sept. 2021.

Fischer, S., Lux, A., Guerrero, R., Ahmad, R., Lohrenz, L., & Lattemann, C. (2020). Digitalisierung als Grundlage wertvoller Zusammenarbeit. *HMD Praxis der Wirtschaftsinformatik, 57*, 655–668. https://doi.org/10.1365/s40702-020-00640-9.

Fröschle, H.-P., & Schmidt, N. (2020). Cloud Operations. *HMD Praxis der Wirtschaftsinformatik, 57*, 883–885. https://doi.org/10.1365/s40702-020-00680-1.

Fujitsu. (1. April 2021a). https://blog.de.fujitsu.com/hybrid-it-cloud/auf-einen-tee-mit-fujitsu-innovation-neu-denken-services-besser-orchestrieren/. Zugegriffen: 17. April 2021.

Fujitsu. (2021b). *Fujitsu*. https://www.fujitsu.com/de/microsite/service-hub/. Zugegriffen: 02. April 2021.

Hanselman, S. (24. November 2020). The cloud and cloud architecture explained – Computer stuff they didn't teach you #15. https://www.youtube.com/watch?v=mJ_-VoEB6zM&t=1141s. Zugegriffen: 16. Apr. 2021.

Huang, C.-K., Lee, K.-W., & Chou, C.-H. (2020). Market reaction of the business cooperation with IT service provider: An investigation of IBM. *Managerial Finance, 46*(12), 1549–1567.

Kharlamov, A., & Parry, G. (2021). The impact of servitization and digitization on productivity and profitability of the firm: A systematic approach. *Production Planning & Control, 32*(3), 185–197. https://doi.org/10.1080/09537287.2020.1718793.

Kiani-Kreß, R. (19. April 2015). *WirtschaftsWoche*. https://www.wiwo.de/unternehmen/industrie/flugzeugbau-das-geschaeftsmodell-der-triebwerkshersteller-wankt/11617140.html. Zugegriffen: 8. Sept. 2021.

Kopper, A., Fuerstenau, D., Zimmermann, S., Rentrop, C., Rothe, H., Strahringer, S., & Westner, M. (2018). Business-managed IT: A conceptual framework and empirical illustration. *International Journal of IT/Business Alignment and Governance, 9*(2), 53–71.

Kreutzer, R. T. (2021). Treiber und Hintergründe der diitalen Transformation. In D. R. Schallmo, A. Rusnjak, J. Anzengruber, T. Werani, & K. Lang (Hrsg.), *Digitale Transformation von Geschäftsmodellen* (S. 37–66). Springer Gabler.

Lindner, D., Niebler, P., & Wenzel, M. (2020). *Der Weg in die Cloud.* Springer Gabler.

Lohmann, U. (2021). Cloud computing in der digitalisierung. In *Architekturen der Verwaltungs-digitalisierung.* Springer Vieweg.

Mauerer, J. (22. Februar 2021). *Computerwoche.* https://www.computerwoche.de/a/corona-befluegelt-it-service-management,3550549. Zugegriffen: 01. Apr. 2021.

McAfee. (Juni 2019). *Messe.de.* https://www.messe.de/apollo/hannover_messe_2020/obs/Binary/A1032225/EN_FullReport_McAfeeCloudAdoptionRisk-BusinessGrowth_Jun19.pd. Zugegriffen: 21. Apr. 2021.

Meinel, C., Willems, C., Roschke, S., & Schnjakin, M. (2001). *Virtualisierung und Cloud Computing.* Universitätsverlag Potsdam.

Nagel, M., & Nagel, M. (o. J.). *Haufe.de.* https://www.haufe.de/finance/haufe-finance-office-premium/wettbewerbsfaehig-werden-durch-digitale-geschaeftsmodelle-31-rolls-royce-und-total-care_idesk_PI20354_HI13279491.html. Zugegriffen: 03. Sept. 2021.

Petzka, P. (09. Dezember 2020). Ideen fördern und schnell zur Marktreife bringen. *Sales Excellence, 29*(12), 26–29.

Pohl, P., & Kempermann, H. (Oktober 2019). *IW Köln.* https://www.iwkoeln.de/fileadmin/user_upload/Studien/Gutachten/PDF/2019/Gutachten_Innovative_Milieus.pdf. Zugegriffen: 14. Apr. 2021.

Renner, T. (2020). Innovationen jenseits des Kerngeschäfts. In S. Landwehr-Zloch & J. Glas (Hrsg.), *Innovationsmanagement der chemischen Industrie im digitalen Zeitalter* (S. 25-49). Springer Gabler.

Rodosek, G. D., & Hegering, H.-G. (2004). IT-Dienstmanagement: Herausforderungen und Lösungsansätze. *PIK – Praxis der Informationsverarbeitung und Kommunikation, 27*(2). https://www.degruyter.com/document/doi/10.1515/PIKO.2004.85/html. Zugegriffen: 15. Apr. 2021.

Rudolph, S. (2009). *Servicebasierte Planung und Steuerung der IT-Infrastruktur im Mittelstand.* Gabler.

Sunyaev, A. (2020). Cloud-Dienst-Zertifizierungen zur Schaffung von Vertrauen in und Transparenz von digitalen Diensten. In A. Hentschel, G. Hornung, & S. Jandt (Hrsg.), *Mensch – Technik – Umwelt: Verantwortung für eine sozialverträgliche Zukunft* (S. 149–166). Nomos Verlagsgesellschaft mbH & Co. KG. https://doi.org/10.5771/9783748910770-149.

Urbach, N., & Ahlemann, F. (2016). *IT-Management im Zeitalter der Digitalisierung.* Springer Gabler.

Jessica List arbeitet seit Januar 2020 bei Fujitsu, zunächst im Bereich Digital Product Services, seit Juli 2022 im Bereich Business Development & Strategy. Davor war sie langjährig bei der WGV in Stuttgart tätig. Nach ihrem abgeschlossenen Bachelorstudium in Wirtschaftspsychologie absolviert sie derzeit berufsbegleitend ihren Master in Business Consulting & Digital Management an der FOM Hochschule für Oekonomie & Management.

Einsatzmöglichkeiten von AR-Technologie bei der Instandsetzung von Industrieanlagen

10

Jonas Jungmann, Peter Preuss und Reinhold Schunn

Inhaltsverzeichnis

Zusammenfassung

Augmented Reality beschreibt eine Technologie, bei der die reale Welt mithilfe eines Augmented-Reality-Device in Echtzeit um zusätzliche virtuelle Elemente erweitert wird. In diesem Fachbeitrag wird untersucht, wie durch diese computergestützte Erweiterung der Realitätswahrnehmung die Instandsetzung von Industrieanlagen

J. Jungmann · R. Schunn
JFS digital solutions GmbH, Steinheim am Albuch, Deutschland
E-Mail: jonas.jungmann@jfs-digital.com

R. Schunn
E-Mail: reinhold.schunn@jfs-digital.com

P. Preuss (✉)
FOM Hochschule für Oekonomie & Management, Stuttgart, Deutschland
E-Mail: peter.preuss@fom.de

© Der/die Autor(en), exklusiv lizenziert an Springer Fachmedien
Wiesbaden GmbH, ein Teil von Springer Nature 2022
E. Bollhöfer und S. Weimann (Hrsg.), *Digitalisierung von industriellen Dienstleistungen*,
FOM-Edition, https://doi.org/10.1007/978-3-658-37396-2_10

verbessert werden kann. Einführend wird erklärt, was man unter Instandsetzung versteht und warum die Herausforderungen in diesem Teilbereich der Instandhaltung in den letzten Jahren kontinuierlich gestiegen sind. Danach werden die theoretischen Grundlagen zu Augmented Reality gelegt. Im Hauptteil des Beitrags wird schließlich ein Software-Prototyp vorgestellt, bei dem die Augmented-Reality-Technologie bei der Instandsetzung eingesetzt wird. Für die administrative Abwicklung des Serviceprozesses wird die SAP Service Cloud verwendet. Dieses Produkt der SAP unterstützt Unternehmen bei unterschiedlichen Prozessen im Kundenservice. Angebunden wird die Cloud-basierte CRM-Lösung über die SAP Business Technology Platform an die Augmented-Reality-Applikation der Servicemitarbeitenden. In der Schlussbetrachtung werden mögliche Erweiterungen des Prototyps und die zukünftigen technologischen Möglichkeiten bei der Instandsetzung diskutiert.

10.1 Einleitung

Die Instandsetzung einer Industrieanlage umfasst alle Maßnahmen, die dazu dienen, Schäden an der Anlage zu beseitigen und ihren bestimmungsmäßigen Zustand wiederherzustellen. Aus Sicht des Anlagenherstellers werden bei diesem Instandsetzungsprozess (auch Field-Service-Management-Prozess) folgende Phasen durchlaufen: Die Kundin oder der Kunde erkennt eine Störung an einer Industrieanlage und meldet das Problem an den Hersteller; es wird ein Ticket in einem Service-Management-System eröffnet und der Hersteller macht zusammen mit der Kundin bzw. dem Kunden eine erste Ferndiagnose. Wenn der Schaden nicht ad hoc behoben werden kann, wird ein Reparaturtermin mit einem Servicetechniker vereinbart. Der Techniker führt die Reparatur vor Ort durch und dokumentiert seine Instandsetzungstätigkeiten in dem Service-Management-System. Im letzten Schritt werden die für die Debitorenbuchhaltung notwendigen Informationen an ein ERP-System übertragen und eine Ausgangsrechnung für den Kunden erstellt.

In diesem Beitrag wird anhand eines Software-Prototypen gezeigt, wie dieser Instandsetzungsprozess durch den Einsatz von Augmented-Reality-Technologie (AR-Technologie) verbessert werden kann. Das entwickelte Framework besteht aus mehreren Komponenten, die mit der Service-Management-Lösung SAP Service Cloud interagieren.

10.2 Grundlagen und Herausforderungen bei der Instandsetzung

Nach DIN 31051 versteht man unter Instandhaltung die „Kombination aller technischen und administrativen Maßnahmen sowie Maßnahmen des Managements während des Lebenszyklus einer Betrachtungseinheit zur Erhaltung des funktionsfähigen Zustandes

Instandhaltung

Inspektion
Erfassen und Beurteilung
des Ist-Zustands der
Betriebseinheit, inkl. der
Bestimmung der
Abnutzungsursachen

Wartung
Bewahrung des
Abnutzungsvorrats durch
eine Verminderung der
Abnutzungsgeschwindigkeit

Instandsetzung
Rückführung der
Betriebseinheit in einen
funktionsfähigen Zustand
(nach einem Ausfall)

Verbesserung
Steigerung der
Funktionssicherheit der
Betriebseinheit, ohne die
gewünschten Funktionen zu
ändern

Abb. 10.1 Instandsetzung als ein Teilbereich der Instandhaltung. (Quelle: In Anlehnung an DGUV, 2018)

oder der Rückführung in diesen, sodass sie die geforderten Funktionen erfüllen kann." (DIN, 2016, S. 4) Bezogen auf Industrieanlagen bedeutet das, dass die Instandhaltung dazu dient, den Soll-Zustand der Anlange zu gewährleisten. Zu den Grundmaßnahmen der Instandhaltung gehören die Inspektion, mit der der Ist-Zustand der Anlage beurteilt wird, die Wartung, um den Soll-Zustand zu bewahren, die Instandsetzung als Wiederherstellung des Soll-Zustandes und die Verbesserung. Mit Letzterer möchte man die Zuverlässigkeit oder die Betriebssicherheit der Anlage steigern, ohne deren Grundfunktionen zu verändern (siehe Abb. 10.1).

Nach Leidinger sollen mit den genannten Instandhaltungsmaßnahmen folgende vier Primärziele erreicht werden (vgl. Leidinger, 2017, S. 15):

- **Verfügbarkeit:** Die Anlage muss jederzeit betriebsbereit sein.
- **Zuverlässigkeit:** Während des Anlagenbetriebs dürfen keine Störungen auftreten.
- **Sicherheit:** Die Industrieanlage darf keine Gefahr darstellen.
- **Werterhaltung:** Es soll eine lange Nutzungsdauer gewährleistet werden, damit sich die Anlageninvestition amortisiert.

In der Praxis dominieren Betriebsmodelle, bei denen die Verantwortung für die Instandhaltung bei den Herstellern der Industrieanlagen liegt (vgl. Runde, 2020, S. 66). Diese Unternehmen sehen sich mit einer Reihe von Veränderungen konfrontiert, die dazu geführt haben, dass die Anforderungen an die Instandsetzung gestiegen sind. Als Erstes ist hier die wachsende Komplexität der Anlagen aufgrund des hydraulischen, elektronischen und IT-technischen Fortschritts zu nennen. Die Abhängigkeit zwischen ehemals unabhängig voneinander betriebenen Industrieanlagen hat sich ebenfalls erhöht.

Beide Punkte haben dazu geführt, dass immer mehr Komponenten für einen Defekt verantwortlich sein können. Die Abhängigkeiten zwischen den Anlagen erfordern auch eine höhere Auslastung, was wiederum zu einem größeren Verschleiß und einer höheren Ausfallrate und einer geringeren Verfügbarkeit des Gesamtsystems führt (vgl. Strunz, 2012, S. 9). Industrieanlagen werden auch immer häufiger kundenindividuell gefertigt, wodurch eine größere Variantenvielfalt entsteht.

Ein weiteres Problem ist, dass die Servicetechniker aufgrund von Reisebeschränkungen oder aus Kostengründen für die Instandsetzung nur eingeschränkt vor Ort eingesetzt werden können. Kraftwerke sind beispielsweise häufig außerhalb von Städten und die Kosten kleinerer Wartungsarbeiten stehen dann nicht im Verhältnis zu den anfallenden Reisekosten (vgl. Schirgi et al., 2019, S. 155). Werden die Industrieanlagen von den Herstellern weltweit vertrieben, kommen bei der Instandsetzung der Anlagen auch Sprachen- und Kulturbarrieren hinzu (vgl. Runde, 2020, S. 66). Nicht zuletzt hat auch die Covid-19-Pandemie Auswirkungen auf den Instandsetzungsprozess, da Field-Service-Einsätze vor Ort häufig nicht mehr durchgeführt werden dürfen. Die Hersteller von Industrieanlagen waren daher gezwungen, einen funktionierenden Remote-Support auf hohem Niveau sicherzustellen.

10.3   Neue Möglichkeiten bei der Instandsetzung durch den Einsatz von AR-Technologie

Die im vorherigen Abschnitt genannten Veränderungen haben dazu beigetragen, dass es in den letzten Jahren zu einem Digitalisierungsschub im Serviceumfeld gekommen ist. Für 2021 hat die mobileX AG fünf Digitalisierungstrends im Servicebereich identifiziert: Neben subskriptionsbasierten Abrechnungsmodellen, Digitalisierung der Auftragsabwicklung, Automatisierung der Instandhaltungsprozesse und Predictive-Maintenance-Lösungen sieht das Unternehmen insbesondere einen großen Bedarf an Remote-Service-Anwendungen. Laut mobileX erfordern diese Remote-Service-Aktivitäten den Einsatz von Video-Lösungen und Augmented-Reality-Anwendungen (AR-Anwendungen) (vgl. mobileX, 2021).

Im Gegensatz zur Virtual Reality (VR) findet bei AR kein Eintauchen in eine vollständig virtuelle Welt statt. Stattdessen wird die reale Welt über ein AR-Device in Echtzeit um virtuelle Elemente ergänzt. Nutzt man eine Datenbrille als AR-Device, wird das Sichtfeld um virtuelle Objekte erweitert (siehe Abb. 10.2 links), bei der Verwendung eines Smartphones oder Tablets das Videobild (siehe Abb. 10.2 rechts).

Die Bedeutung der AR- und der VR-Technologie im Serviceumfeld wird auch im VDMA IT-Report 2018 bis 2020 unterstrichen. Diese Untersuchung kommt zu dem Ergebnis, dass beide Technologien für 71 % der deutschen Maschinenbauer von Bedeutung sind und sie hierbei den Bereichen Service und Instandhaltung die größte Relevanz beimessen (vgl. VDMI, 2020).

 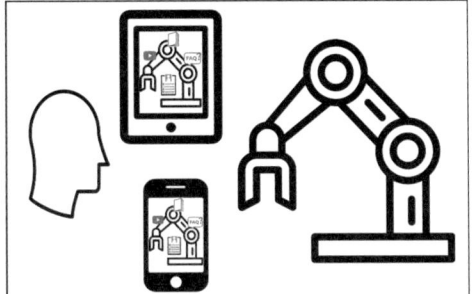

Abb. 10.2   Funktionsweise von augmented-reality-devices.

Die AR-Technologie kann an mehreren Stellen des gesamten Instandsetzungs-
prozesses eingesetzt werden. Das beginnt bereits bei der Störungsmeldung durch die
Kundinnen und Kunden, da das Problem mit einem AR-Device besser erfasst und die
notwendigen Ersatzteile bereits zu diesem frühen Zeitpunkt vom Hersteller präzise
bestimmt werden können. Auch bei der Instandsetzung der Anlage vor Ort kann die AR-
Technologie sinnvoll unterstützen. Der Servicetechnikerin bzw. dem -techniker können
bei komplexeren Reparaturarbeiten Hilfestellungen in Form von kontextbezogene
Bedienungsanleitungen gegeben und bedarfsgerecht nützliche Maschinendaten oder
Reparaturanweisungen angezeigt werden.

Es ist auch problemlos möglich, in Echtzeit weitere Expertinnen und Experten virtuell
in den Reparaturprozess einzubinden und den Servicetechniker vor Ort interaktiv zu
unterstützen. Die virtuellen Expertinnen und Experten nehmen hierbei über das Device
des Servicetechnikers dessen Perspektive ein und blenden mit den Möglichkeiten, die
die AR-Technologie bietet, virtuelle Objekte in das Videobild ein, um dem Techniker
Hilfestellung bei der Arbeit zu geben. Sie können das Kamerabild beispielsweise um
Texte, Pfeile oder andere Symbole anreichern, um so auf bestimmte Anlagekomponenten
hinweisen bzw. notwendige Reparaturschritte beschreiben. Ein großer Vorteil dieser
Remote-Unterstützung ist auch, dass sie ortsunabhängig in Anspruch genommen werden
kann.

Die genannten Vorteile kommen insbesondere dann zum Tragen, wenn die eingesetzte
AR-Anwendung nicht losgelöst vom Service-Management-System betrieben wird,
sondern eine integrierte Softwarelösung verwendet wird. Dann kann die Technikerin
oder der Techniker das Service-Ticket um das vom AR-Device erzeugte Bildmaterial
und um die Anmerkungen des Remote-Technikers ergänzen und so die durchgeführte
Instandsetzung dokumentieren. Wird das kontinuierlich gemacht, entsteht eine Wissens-
datenbank, auf die auch bei späteren Reparaturmaßnahmen zugegriffen werden kann. Im
Idealfall wird dadurch der Wissensaustausch innerhalb des Service-Teams gefördert, die
Servicequalität erhöht und der gesamte Serviceprozess kostengünstiger.

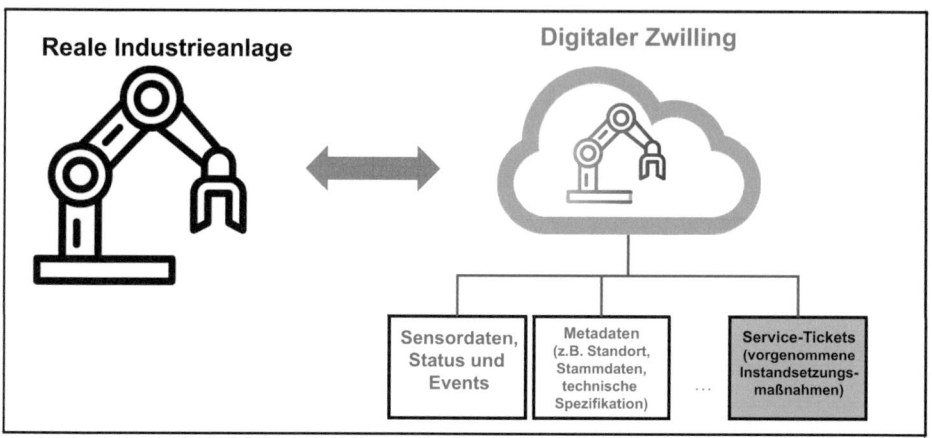

Abb. 10.3 Speicherung der Instandsetzungsmaßnahmen in einem digitalen Zwilling.

Falls ein digitaler Zwilling der Industrieanlage existiert, kann dieser sogar um die Dokumentation der vorgenommenen Instandhaltungsmaßnahmen angereichert werden (siehe Abb. 10.3).

10.4 AR-gestützter Instandhaltungsservice im SAP-Umfeld

10.4.1 AR-Devices und AR-Plattformen

Um die AR-Funktionalitäten nutzen zu können, benötigt eine Servicetechnikerin oder ein -techniker ein Endgerät, das mit einer Kamera (Smartphone, Tablet oder Datenbrille) ausgestattet ist. Die AR-Applikation reichert dann das Kamerabild oder das Sichtfeld um virtuelle Objekte an und „verankert" diese an den relevanten Stellen. Allgemein versteht man unter Verankerung (Anchoring) den Prozess der „Erstellung und Erhaltung der Korrespondenz zwischen Symbolen und Sensordaten, die sich auf dieselben physikalischen Objekte beziehen" (Coradeschi & Saffiotti, 2003). Die Bilddaten des Video-Streams werden kontinuierlich nach bestimmten Geometrien abgesucht, die um virtuelle Objekte erweitert werden sollen.

Eine solche Geometrie könnte beispielsweise ein bestimmtes Bauteil einer Industrieanlage sein. Wichtig ist, dass diese Verankerungen aus der Sicht der Betrachterin oder des Betrachters immer an der gleichen Position des physischen Objekts bleiben, selbst wenn er oder sie sich mit seinem AR-Device bewegt und sich dadurch der Abstand zum Objekt ändert, oder ein Perspektivwechsel stattfindet. Das wird ermöglicht, indem die Sensordaten des Mobilgeräts, insbesondere die Daten des Beschleunigungssensors, des

Magnetometers oder des GPS-Sensors, ausgewertet werden. So können kontinuierlich die aktuelle Position des Nutzers und die der verankerten Objekte berechnet werden.

Damit die Verankerungen und die mit den Ankern verbundenen virtuellen Objekte gemeinsam mit anderen Anwendern genutzt werden können, bieten unter anderem Apple, Google und Microsoft Mixed-Reality-Dienste an, mit denen beliebige AR-Geräte Ankerpunkte in der physischen Welt erstellen und zentral über deren Cloud-basierte AR-Plattformen verwalten können. Mithilfe einer API können die Ankerdaten auf der Plattform gespeichert und von unterschiedlichen Endgeräten abgerufen werden. Abb. 10.4 zeigt zwei Servicetechniker, die mit einer AR-Applikation, die auf Tablets installiert ist, eine Industrieanlage mit Ankerpunkten versehen und diese Verankerungen auf eine AR-Plattform übertragen. Die Anker stehen dann allen Technikerinnen und Technikern, die Instandsetzungsmaßnahmen an der Anlage vornehmen, zur Verfügung. An den Ankern der digitalisierten Industrieanlagen können beispielsweise technische Spezifikationen, Schritt-für-Schritt-Anleitungen, CAD-Daten oder Bild-, Audio- und Videodateien hinterlegt und in der Cloud-Datenbank gespeichert werden. Diese Informationen können anschließend von allen Servicetechnikerinnen und -technikern, wenn sie die Kamera ihres AR-Devices auf das digitalisierte Objekt richten, abgerufen werden.

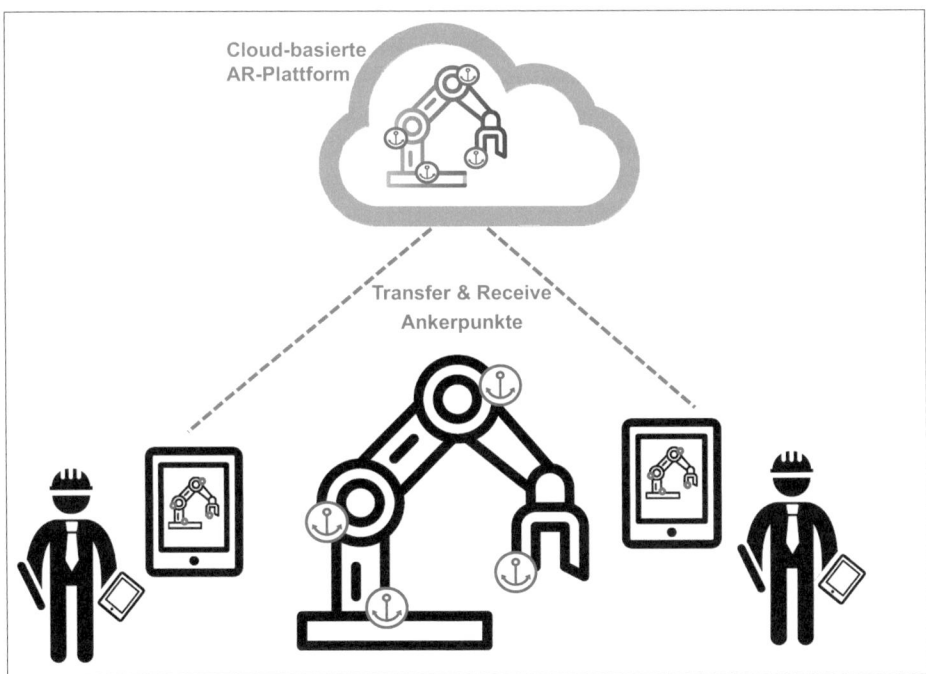

Abb. 10.4 Cloud-basierte AR-plattform.

10.4.2 MHP Spatial Framework

Die SAP bietet mit der SAP Service Cloud eine Cloud-basierte CRM-Anwendung an, deren Schwerpunkte in den Bereichen Instandhaltung, Mobilität und Management von Service- und Außendienstprozessen liegt. Hotline-Mitarbeitende oder Expertinnen und Experten im Backoffice nehmen mit der Anwendung Störungsanfragen ihrer Kundschaft entgegen und dokumentieren diese im CRM-System mithilfe von Tickets. Die Technikerinnen und Techniker im Außendienst können die mobile Anwendung der Service-Cloud verwenden, um ihre Serviceaktivitäten zu planen und zu verwalten. Es ist beispielsweise möglich, Informationen zu Serviceterminen, zu den Kundinnen und Kunden oder zu Industrieanlagen, die gewartet und instandgesetzt werden sollen, abzurufen. Damit die Geschäftsprozesse der Service-Cloud reibungslos funktionieren, werden unterschiedliche Stammdaten benötigt. Hierzu gehören unter anderem Kundeninformationen, Vertragsdaten, Ansprechpartnerinnen und Ansprechpartner, Wartungspläne und Informationen zu den Anlagen, die gewartet werden sollen. Erfassen die Technikerinnen und Techniker über die Serviceanwendung ihre Arbeitszeit, das eingesetzte Material und die angefallenen Reisekosten, können diese Daten in einem ERP-System für die Abrechnungsprozesse genutzt werden.

Die MHP Management- und IT-Beratung hat ein Spatial Framework entwickelt, mit dem die Instandsetzungsprozesse der SAP Service Cloud durch den Einsatz von AR-Technologie signifikant verbessert werden. Dieses Framework besteht im Wesentlichen aus einer mobilen AR-Service-Applikation für den Instandhaltungstechniker (Punkt 1 in Abb. 10.5), einer in die SAP Service Cloud eingebundenen Web-Applikation für den Remote-Experten im Backoffice (Punkt 2 in Abb. 10.5) und einem Google

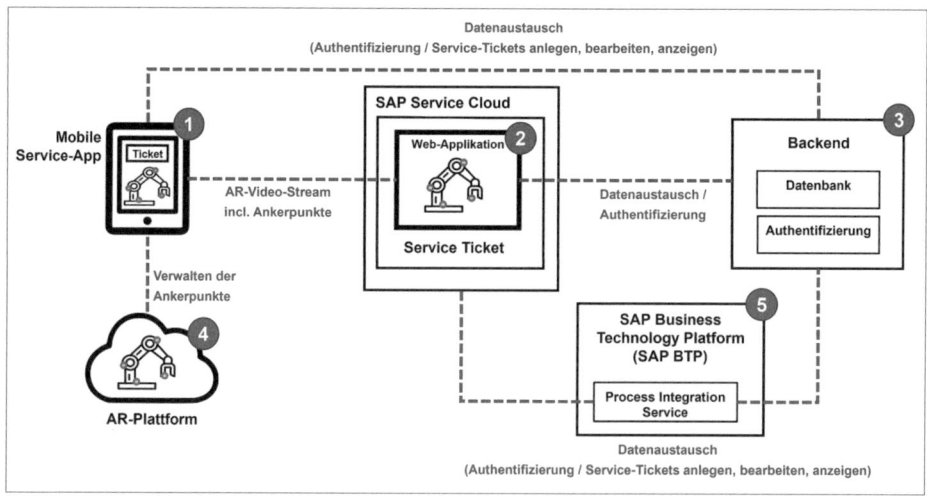

Abb. 10.5 MHP spatial framework.

Firebase-Backend, das für den Datenaustausch zwischen der mobilen AR-Applikation und der SAP Service Cloud verantwortlich ist (Punkt 3 in Abb. 10.5).

Die eigenentwickelte Service-App kann unter iOS und Android betrieben werden und steht daher auf gängigen Smartphones und Tablets zur Verfügung. Diese Plattform-unabhängigkeit ermöglicht einen unkomplizierten Einstieg und es sind keine hohen Investitionskosten für die Nutzung der Technologie notwendig.

Mit der Service-App kann der Techniker für seinen Instandsetzungsauftrag ein neues Service-Ticket in der Service-Cloud anlegen oder ein bereits existierendes Service-Ticket bearbeiten. Wenn er bei der Instandsetzung der Anlage Hilfe benötigt, kann er für das Ticket Unterstützung von einem Remote-Experten im Backoffice anfordern. Steht eine Expertin oder ein Experte zur Verfügung, nimmt der Techniker die Anlage über die Kamera auf und teilt in Echtzeit den Video-Stream (siehe Abb. 10.6).

Die Service-App ist zusätzlich an eine Cloud-basierte AR-Plattform angebunden (Punkt 4 in Abb. 10.5). Hierüber können der Techniker vor Ort und der Remote-Experte Verankerungen im Videobild vornehmen oder sich bereits existierende Anker anzeigen lassen. Beide können dann beispielsweise defekte Komponenten der Maschine markieren und der Experte kann Hilfestellungen bei einem vorliegenden Störungs-fall geben. Der Datenaustausch mit der AR-Plattform erfolgt über die Cloud Anchors-API, mit der man sich auf unterschiedlichen Endgeräten dieselben AR-Inhalte in realen Räumen anzeigen lassen und gemeinsam nutzen kann.

Die Expertin oder der Experte im Backoffice verwendet für die Darstellung des AR-Video-Streams, für das Setzen der Anker und für die Anreicherung der Anker mit virtuellen Objekten eine Web-Applikation, die über ein Mashup in die Standard-Ober-fläche des Ticket-Systems der SAP Service Cloud eingebettet ist. Da die AR-Anwendung aus einem Service-Ticket heraus gestartet wird, ist dieser AR-Support nahtlos in den Standard-Serviceprozess der Service-Cloud integriert. Der AR-Video-Stream zwischen der mobilen Applikation des Servicetechnikers und der Web-Applikation wird über eine

Abb. 10.6 Interaktion zwischen Remote-Experte und Servicetechniker. (Quelle: © MHP)

webRTC-Session (Web Real-Time Communication) mithilfe eines Video-Calls ermöglicht. Sowohl über die mobile Service-App als auch über die Web-Applikation im Backoffice kann zusätzlich noch ein Chat-Fenster geöffnet werden, mit der sich die beiden Benutzer in schriftlicher Form austauschen können.

Die dritte Komponente des Spatial Frameworks ist ein Backend, das den technischen Datenaustausch zwischen der mobilen Applikation der Servicetechnikerin oder des Servicetechnikers und der SAP Service Cloud ermöglicht. Hierüber wird auch die Authentifizierung des Servicetechnikers mit der SAP Service Cloud abgewickelt. Damit dem Techniker Ticket-relevante Informationen zur Verfügung gestellt werden können, ist das Backend zusätzlich über die SAP Business Technology Platform (SAP BTP) an die Service-Cloud angebunden (Punkt 5 in Abb. 1.5). Diese Platform-as-a-Service-Lösung (PaaS) der SAP stellt verschiedene Dienste zur Entwicklung und Integration von Cloud-Anwendungen bereit und ermöglicht so die Integrationen zwischen SAP-Produkten und Drittanwendungen. MHP hat für die SAP BTP verschiedene Dienste implementiert, mit denen die für die Instandsetzung relevante Zusatzinformationen (Ticket-Historie, Ansprechpartnerinnen und Ansprechpartner, Handbücher zur Anlage, Schritt-für-Schritt-Anleitungen etc.) aus der Service-Cloud gelesen und dem Servicetechniker angeboten werden können.

10.5 Schlussbetrachtung

Mit dem Einsatz der AR-Technologie bei der Instandsetzung ergeben sich eine Reihe von Vorteilen für die Anlagenhersteller. Wenn an den Industrieanlagen ungeplante Instandsetzungsarbeiten durchgeführt werden müssen, stehen die notwendigen Fachkräfte häufig nicht zur Verfügung. Dann können weniger erfahrene Technikerinnen und Techniker die Anlagen reparieren und dabei vom impliziten Wissen der Remote-Experten profitieren (vgl. mobileX, 2021). Es wird auch der Arbeitsschutz erhöht, weil über die visuellen Erweiterungen nicht nur Reparatur-, sondern auch Sicherheitsanweisungen angezeigt werden können. So kann sichergestellt werden, dass der Techniker diese Anweisung liest, bevor er mit der Instandsetzung startet. Die eingeblendeten Hinweise können auch problemlos jederzeit aktualisiert und maschinenindividuell angepasst werden.

Bei dem in diesem Beitrag vorgestellten Spatial Framework von MHP können Smartphones und Tablets als Endgeräte verwendet werden. Aufgrund der technologischen Weiterentwicklung von Datenbrillen ist aber auch ein Einsatz dieser Geräte denkbar. Ein wesentlicher Vorteil smarter Brillen wäre die freihändige Bedienbarkeit. Technikerinnen und Techniker könnten dann bei ihren Instandsetzungsarbeiten mithilfe einer Schritt-für-Schritt-Anleitung unterstützt werden, ohne dass sie dabei ihre Arbeit unterbrechen müssten. Dann wäre die Instandsetzung noch nutzerfreundlicher und sie könnte schneller und mit weniger Fehlern durchgeführt werden.[1]

Der beschriebene Fern-Support ist vermutlich aber nur der erste Schritt, wenn es um Möglichkeiten bei der „Zero-Touch-Instandhaltung" geht. In naher Zukunft werden die Anlagenhersteller wahrscheinlich keine Techniker, sondern kostengünstige Roboter zu ihrer Kundschaft schicken. Damit die Roboter die Instandsetzungsmaßnahmen durchführen können, müssen sie mit den hierfür notwendigen Sensoren, Aktoren und Schnittstellen ausgestattet werden. Bei komplexeren Reparaturen können dann auch wieder menschliche Remote-Experten unterstützen und den Roboter bei den Instandsetzungsmaßnahmen vom Backoffice aus fernsteuern (vgl. Obermeyer, 2021).

Literatur

Coradeschi S., & Saffiotti A. (2003). An introduction to the anchoring problem. *Robotics and Autonomous Systems, 43*, 85–96.

DGUV. (2018). Instandhaltung – sicher und praxisgerecht durchführen. http://regelwerke.vbg.de/vbg_dguvi/di209-015/di209-015_0_.html. Zugegriffen: 15. Mai 2021.

DIN. (2016). DIN 31051 – Grundlagen der Instandhaltung. https://www.enip.ch/images/enip/pdfs/ih-grundlage-din-31051.pdf. Zugegriffen: 15. Mai 2021.

Huck-Fries V., Wiegand, F., Klinker, K., Wiesche, M., & Krcmar, H. (2017). Datenbrillen in der Wartung: Evaluation verschiedener Eingabemodalitäten bei Servicetechnikern. In *INFORMATIK 2017, Lecture Notes in Informatics (LNI)* (S. 1413–1424). Gesellschaft für Informatik.

Leidinger, B. (2017). *Wertorientierte Instandhaltung – Kosten senken, Verfügbarkeit erhalten* (2. Aufl.). Springer Gabler.

mobileX. (2021). Das sind die 5 top-trends im field service management. https://www.instand-haltung.de/organisation/das-sind-die-5-top-trends-im-field-service-management-270.html. Zugegriffen: 15. Mai 2021.

Obermeyer, A. (2021). Zero-touch-service: Wartung ohne Anfassen – Merged reality im support-Einsatz. https://www.instandhaltung.de/instandhaltung-4-0/wartung-ohne-anfassen-merged-reality-im-support-einsatz-226.html. Zugegriffen: 15. Mai 2021.

Runde, C. (2020). VR-/AR-Anwendungsfelder im Produktionskontext. In H. Orsolits & M. Lackner (Hrsg.), *Virtual reality und augmented reality in der digitalen produktion* (S. 51–73). Springer Gabler.

Schirgi, T., Flicker L., Hofer, E., & Bein, K. (2019): Assistance as a service – Remote Assistenz während Transformator Wartung. In H. Biedermann, S. Vorbach, & W. Posch (Hrsg.), *Industrial life cycle management. Innovation durch Lebenszyklusdenken* (S. 154–166). Hampp.

Strunz, M. (2012). *Instandhaltung: Grundlagen – Strategien – Werkstätten*. Springer Vieweg.

VDMI. (2020). VDMA IT-Report 2018 bis 2020 – Strategie, Investitionen und Trends in der Unternehmens-IT des Maschinenbaus (Ergebnisauswahl). https://sud.vdma.org/documents/15012668/26871119/VDMA%2520IT-Report%25202018%2520bis%25202020_1550669794473.pdf/2b94ad07-8cc3-1de1-beec-b8d86c2a41d7. Zugegriffen: 15. Mai 2021.

---

[1] Huck-Fries et al. haben in einer Studie mögliche Eingabemodalitäten beim Einsatz solcher Datenbrillen in der Wartung untersucht (vgl. Huck-Fries et al., 2017, S. 1413 ff.).

Jonas Jungmann ist SAP Solution Architect bei der JFS digital solutions GmbH. Zuvor arbeitete er als Manager bei der MHP Management- und IT-Beratung GmbH, einem Tochterunternehmen der Porsche AG.

Prof. Dr. Peter Preuss lehrt Wirtschaftsinformatik an der FOM Hochschule für Oekonomie & Management in Stuttgart. Er ist geschäftsführender Gesellschafter der Unternehmensberatung People Consolidated GmbH, die sich auf die Einführung von SAP-Produkten im Rechnungswesen spezialisiert hat.

Reinhold Schunn ist SAP Solution Architect bei der JFS digital solutions GmbH. Zuvor arbeitete er als Senior Manager bei der MHP Management- und IT-Beratung GmbH, einem Tochterunternehmen der Porsche AG.

Potenziale und Best Practices bei der Einführung einer IoT-Plattform im kommunalen Abfall-Management

Peter Vatter⬤, Robert Butscher und Manuel Hart

Inhaltsverzeichnis

P. Vatter (✉) · R. Butscher
FOM Hochschule für Oekonomie & Management, Nürnberg, Deutschland
E-Mail: peter.vatter@fom.de

R. Butscher
E-Mail: d1894629@fom-net.de

M. Hart
Sentinum GmbH, Nürnberg, Deutschland
E-Mail: m.hart@sentinum.de

© Der/die Autor(en), exklusiv lizenziert an Springer Fachmedien
Wiesbaden GmbH, ein Teil von Springer Nature 2022
E. Bollhöfer und S. Weimann (Hrsg.), *Digitalisierung von industriellen Dienstleistungen*,
FOM-Edition, https://doi.org/10.1007/978-3-658-37396-2_11

Zusammenfassung

Big Data, Künstliche Intelligenz (KI) und Plattform-Geschäftsmodelle prägen zunehmend das Servicegeschäft. Das technologische Potenzial ist in den meisten Fällen unstrittig. Häufig fehlt es jedoch an konkreten Konzepten zu deren Ausgestaltung sowie einer langfristigen Strategie, um die Potenziale nachhaltig zu monetarisieren. Das Ziel des vorliegenden Beitrags ist es, am Beispiel kommunaler Dienstleistungen ein Konzept darzustellen, wie der beschriebene Strukturwandel durch Einsatz digitaler Technologien gelingen kann. Der Beitrag beschreibt dazu die Umsetzung eines digitalisierten IoT-Systems im kommunalen Abfall- und Streugut-Management. Durch vernetzte Sensoren werden die Füllstände öffentlicher Abfalleimer und Streugut-Container erfasst, an eine webbasierte Analyseplattform übertragen und dort dargestellt. Gegenstand des Beitrags ist neben einer Beschreibung der Sensorik, der Übertragung und der Verarbeitung der Daten auch das Geschäftsmodell. So sollen Potenziale, Herausforderungen und Best Practices für die Umsetzung von IoT-Anwendungen anhand eines realen Anwendungsfalls beispielhaft dargestellt werden.

11.1 Kurzbeschreibung

Big Data, Künstliche Intelligenz (KI) und Plattform-Geschäftsmodelle prägen zunehmend das Servicegeschäft. Das technologische Potenzial ist in den meisten Fällen unstrittig. Häufig fehlt es jedoch an konkreten Konzepten zu deren Ausgestaltung sowie einer langfristigen Strategie, um die Potenziale nachhaltig zu monetarisieren.

Das Ziel des vorliegenden Beitrags ist es, am Beispiel kommunaler Dienstleistungen ein Konzept darzustellen, wie der beschriebene Strukturwandel durch Einsatz digitaler Technologien gelingen kann. Der Beitrag beschreibt dazu die Umsetzung eines digitalisierten IoT-Systems im kommunalen Abfall- und Streugut-Management. Durch vernetzte Sensoren werden die Füllstände öffentlicher Abfalleimer und Streugut-Container erfasst, an eine webbasierte Analyseplattform übertragen und dort dargestellt. Gegenstand des Beitrags ist neben einer Beschreibung der Sensorik, der Übertragung und der Verarbeitung der Daten auch das Geschäftsmodell. So sollen Potenziale, Herausforderungen und Best Practices für die Umsetzung von IoT-Anwendungen anhand eines realen Anwendungsfalls beispielhaft dargestellt werden.

11.2 Ausgangssituation und Enabler von IoT-Anwendungen

Die Entwicklung neuartiger IoT-Anwendungen („Internet of Things") fußt maßgeblich auf einer Reihe technologischer und betriebswirtschaftlicher Entwicklungen, die sich auch im kommunalen Servicegeschäft widerspiegeln. Zur Einschätzung der Erfolgsaussichten lohnt sich daher ein Blick auf die Ausgangslage, die Enabler sowie die zugrunde liegende Motivation für IoT-Anwendungen.

Der Trend zur Digitalisierung beruht grundsätzlich auf der fortschreitenden technischen Entwicklung elektronischer Komponenten. Rechenleistung, Speicherkapazitäten und Übertragungsraten haben in den vergangenen Jahrzehnten bei kontinuierlich sinkenden Preisen maßgeblich zugenommen. Die Entwicklungen werden häufig mit dem Mooreschen Gesetz von 1965 beschrieben, wonach sich die Komplexität und die Leistung integrierter Schaltkreise alle 18 Monate verdoppelt (vgl. Moore, 1965).

Das Wachstum des Internets führte in Kombination mit immer günstigeren Speichermedien und neuen Anwendungen wie Social Media zu einem exponentiellen Anstieg verfügbarer Daten (vgl. Bitkom e. V, 2012). Diese entstehen zunehmend dezentral: Sie stammen von verschiedenen Akteuren, die nicht zwangsläufig aus Teilen eines Unternehmens selbst bestehen müssen. Unternehmen erkennen den Wert der Daten, die zunehmend als immaterielle Assets verstanden werden. Im Rahmen der sogenannten Daten-Ökonomie (engl. Data Economy) entsteht ein eigener Wirtschaftszweig, in dem Unternehmen verfügbare Daten handeln und so unternehmensübergreifend monetarisieren (vgl. Schwarz, 2020).

Trotz der damit einhergehenden Informationsflut bestehen vielerorts Informationsdefizite. Oftmals fehlen die benötigten Informationen zum richtigen Zeitpunkt an der richtigen Stelle in der nötigen Aufbereitung und Güte. Dennoch haben sich beginnend mit der Jahrtausendwende zahlreiche datengetriebene Geschäftsmodelle etabliert. Eine der Ursachen liegt darin, immer größere Datenbestände speichern und gleichzeitig performant verarbeiten zu können („Big Data"). Auch die Auswertung unstrukturierter Daten ist dank leistungsfähiger Infrastrukturen, Algorithmen und Verfahren der Künstlichen Intelligenz kein allzu großes Hindernis mehr. Voraussetzung ist, organisatorische Silos zu beseitigen und die Daten domänenübergreifend nutzbar zu machen. Der Ansatz, Daten völlig unterschiedlicher Herkunft miteinander zu kombinieren, bietet somit großes Potenzial für neue Erkenntnisse.

In diesem technologischen Umfeld sind neue Geschäftsmodelle entstanden, die insbesondere in einer Abkehr vom linearen Verständnis von Wirtschaftsbeziehungen und Lieferketten begründet sind. Dabei kommen zunehmend Pay-per-Use-Geschäftsmodelle zum Einsatz, die statt auf große Investments in Produktionsmittel nur auf deren verbrauchs- oder leistungsbezogenen Nutzung und Abrechnung beruhen.

Als besonders erfolgreich haben sich darüber hinaus Plattform-Geschäftsmodelle herausgestellt: Sie ermöglichen Geschäftsbeziehungen mehrerer Akteure auf einer Plattform, deren Betreiber dabei eine zentrale Marktposition einnimmt. Die Vorteile liegen insbesondere in der Verfügbarkeit vielfältiger Daten sowie vorgegebener Standardprozesse.

11.2.1 Anforderungen, Hindernisse und Trends im kommunalen Container- und Waste-Management

Das kommunale Servicegeschäft steht wie viele andere Branchen vor großen Umwälzungen. Der Trend zur Urbanisierung, verbunden mit den Herausforderungen ökologischer wie ökonomischer Nachhaltigkeit, führen zu einer Energie- und Mobilitätswende. Diese machen einen immensen Strukturwandel, z. B. für eine dezentrale Energieversorgung notwendig. Mithilfe digitaler Technologien soll eine umfassende Informationsgrundlage geschaffen und ein effizienterer Ressourceneinsatz sichergestellt werden.

Zentrale Eckpfeiler für kommunale Dienstleistungen lassen sich aus der „New Urban Agenda" der UN-Konferenzen „Habitat II" (1996) und „Habitat III" (2016) ableiten (United Nations, 2022). Während „Habitat II" vor allem auf die Grundleistungen wie die Bereitstellung sauberen Trinkwassers, Abwasserentsorgung oder Abfallmanagement abzielte, trägt „Habitat III" den Herausforderungen einer zunehmenden Verstädterung Rechnung. In einem kurzen Zeitrahmen sind für eine wachsende Anzahl an Bürgerinnen und Bürgern kommunale Dienstleistungen zu erbringen. „Habitat III" legt den Fokus darauf, die öffentlichen Verkehrsmittel auszubauen, bezahlbaren Wohnungsraum in Ballungsräumen zu schaffen, den Klimaschutz nachhaltig voranzutreiben und gesunde Lebensbedingungen in Kommunen zu schaffen. Weiterhin ist die Digitalisierung als Chance für „intelligente Städte" (engl. „Smart Cities") zu nutzen und kontinuierlich auszubauen (vgl. Gassmann et al., 2018).

Dabei stehen die Städte und Kommunen unter erheblichem Kostendruck. Durch die notwendigen zusätzlichen Investitionen sind auch Budgets für den Erhalt bestehender Dienstleistungen betroffen. Dies zwingt die öffentlichen Infrastrukturbetreiber in besonderem Maße zum wirtschaftlichen Handeln. Ein Lösungsansatz liegt darin, vormals öffentliche Betriebe zu privatisieren bzw. umfangreiche Aufträge an Privatunternehmen zu vergeben.

Durch dieses Modell kommen jedoch zusätzliche Aufgaben hinzu, etwa die Gestaltung entsprechender Service Level Agreements, die Überwachung der beauftragten Leistungen oder die Dokumentation des Leistungsfortschritts. Hierfür sind neue Prozesse zu schaffen und mithilfe digitaler Methoden effizient zu gestalten.

11.2.2 Aufgaben und Rahmenbedingungen kommunaler Abfallentsorger

Insbesondere die Abfallwirtschaft und Stadtsauberkeit als eine zentrale Aufgabe kommunaler Dienstleistungen bildet im vorliegenden Beitrag den Schwerpunkt. Unter Abfallwirtschaft und Stadtsauberkeit fallen Tätigkeiten wie Abfallbehälter im öffentlichen Raum aufzustellen, diese im Bedarfsfall zu reparieren bzw. auszutauschen und vor allem regelmäßig zu entleeren. Laut dem Verband kommunaler Dienstleister e. V. (2022) entsorgen kommunale Unternehmen pro Tag rund 31.500 t Abfall. Zwar geht ein Großteil auf Siedlungsmüll privater Haushalte zurück, aber das von kommunalen Dienstleistungsbetrieben zu entsorgende Müllaufkommen im öffentlichen Raum steigt durch den Trend zu Einwegverpackungen. Laut Zahlen des Bundesministeriums für Umwelt, Naturschutz und nukleare Sicherheit (UBA) werden in Deutschland rund 140.000 Einwegbecher pro Stunde verbraucht und landen entweder in öffentlichen Abfallbehältern oder werden unkontrolliert weggeworfen („Littering"). In Summe werden pro Jahr etwa 2,8 Mrd. Einwegbecher 1,3 Mrd. Kunststoffdeckel verbraucht. Zudem stieg der Verbrauch an Einwegverpackungen im Jahr 2020 aufgrund der pandemiebedingten Schließungen der Gastronomie (vgl. Bayerischer Rundfunk, 2020).

Die Herausforderung für kommunale Unternehmen besteht darin, unter Kostendruck die Sauberkeit im öffentlichen Raum sicherzustellen und eine hohe Servicequalität zu bieten. Überquellende Abfallbehälter sind nicht nur ein Ärgernis für die Öffentlichkeit, sondern wirken sich auch negativ auf die touristische Attraktivität des Stadtbilds aus. Volle Abfallbehälter verleiten außerdem dazu, den Müll im öffentlichen Raum wegzuwerfen. Daraus können hygienische Probleme entstehen, etwa durch eine zunehmende Anzahl freilebender Ratten. Ein dysfunktionales Abfallmanagement führt somit zu überproportional hohen Folgekosten.

Bereits die Grundversorgung, das Aufstellen und Entleeren der öffentlichen Abfallbehälter, bereitet den Kommunen hohe Kosten: Es sind Personal und Ressourcen einzuplanen, um die Routen regelmäßig mit Lkws abzufahren und die auf der Wegstrecke befindlichen Abfallbehälter zu säubern und zu entleeren. Allein in Städten wie Berlin gibt es etwa 23.000 öffentliche Abfallbehälter, deren räumliche Verteilung lange Wegstrecken nach sich zieht (vgl. Mulke, 2018). Kommunale Unternehmen müssen dafür hohe Kapazitäten vorhalten, auch wenn diese teilweise ungenutzt bleiben, etwa dann, wenn unterhalb der Kapazitätsgrenze befüllte Lkws von einer Route zurückkehren und dennoch Personal und Treibstoff zu disponieren sind.

Ein zentrales Problem ist die fehlende Information, wie hoch die Füllstände in den öffentlich aufgestellten Abfallbehältern sind. Es liegen zwar Erfahrungs- bzw. Vergangenheitswerte vor, aber der präzise Füllstand eines Abfallbehälters ist vor jeder Fahrt unbekannt. Ohne eine solche Information sind die Routen stets vollständig abzufahren. Es entstehen Leerlaufkosten, Personal und Betriebsmitteln werden gebunden und können in der Zwischenzeit nicht für andere Tätigkeiten genutzt werden. Infolge dieser inflexiblen Ressourcenbindung drohen an anderer Stelle Engpässe und eine geringere Dienstleistungsqualität.

Ließe sich das Informationsdefizit bezüglich der Füllstände beseitigen, wäre eine dynamische und bedarfsorientierte Routenplanung zu realisieren. In der Folge entstünden weniger Leerlaufkosten und auch die Ressourcen ließen sich besser allokieren. Insgesamt werden nicht nur die eingesetzten Ressourcen besser ausgelastet, sondern auch aus ökonomischer wie ökologischer Perspektive nachhaltiger gewirtschaftet.

Zusammenfassend ergeben sich aus Sicht städtischer oder kommunaler Abfallentsorger die folgenden Aufgaben:

- Effiziente Ausgestaltung des Betriebs, das heißt der Leerung öffentlicher Abfallbehälter
- Sicherstellen des Betriebs der Infrastruktur, z. B. Erkennung von Vandalismusschäden
- Schaffung einer optimierten Infrastruktur, z. B. durch optimierte Anbringung von Abfallbehältern oder ein bedarfsangepasstes Fuhrparkmanagement

- Administration und Rechenschaft an übergeordnete Behörden
- Gestaltung und Kontrolle der vertraglichen Vereinbarungen mit privatwirtschaftlichen Dienstleistern

Aus Sicht der Digitalisierung liegt die Herausforderung darin, die notwendigen Daten zuverlässig bereitzustellen und für eine aussagekräftige Aufbereitung der Daten zu sorgen.

11.3   Anwendungsbeispiel: Datengetriebenes Container- und Waste-Management

Ein Hersteller und Betreiber von IoT-Lösungen ist die Firma Sentinum GmbH mit Sitz in Nürnberg. Das Start-up wurde 2018 von drei Mechatronik- bzw. Elektrotechnik-Absolventen der Friedrich-Alexander-Universität Erlangen-Nürnberg gegründet und in der Gründungsphase vom Ministerium für Wirtschaft und Energie gefördert (www.sentinum.de). Das Unternehmen führt Eigenentwicklungen von Sensoren und elektronischen Bausteinen für verschiedene Anwendungsfälle durch. Hauptzielgruppe sind Städte und Kommunen sowie private Betriebe für kommunale Dienstleistungen. Ein Anwendungsgebiet ist die Füllstandserfassung öffentlicher Müllbehälter und Streugutkästen (Container- und Waste-Management). Der technische Schwerpunkt der Entwicklungen fokussiert sich dabei auf eine geringe Stromaufnahme der Sensoren und dadurch lange Batterielaufzeiten. Zusätzlich positioniert sich das Unternehmen durch den Betrieb einer eigenen Datenplattform für die Auswertung und Einsicht der Sensordaten auch als eigener Datendienstleister.

11.4   Hardware der IoT-Devices

Für den Use Case des Container- und Waste-Managements bietet das Unternehmen zwei IoT-Geräte unterschiedlicher Ausbaustufe an. Der Sensor „Apollon-Zeta" ist im unteren Preissegment positioniert, der Sensor „Apollon-Q" (Abb. 11.1) bedient das höherpreisige Segment und ist mit zusätzlichen Funktionen wie der Bestimmung der Geoposition ausgestattet.

Sensortechnik
Zur Messung des Füllstands der Behälter werden überwiegend integrierte Infrarot-Lasersensoren nach dem Time-of-Flight-Prinzip eingesetzt. Diese liegen im Einkauf im Bereich weniger Euro und sind somit vergleichsweise günstig. Der Abstand von Sensor zum Schüttgut wird mit 256 Messpunkten erfasst und daraus der Füllstand berechnet (Abb. 11.2). Ein Nachteil der Laser-Sensoren liegt darin, dass sie die Dichte des Füllguts nicht erkennen können. Gerade bei Müllbehältern wird somit nicht erkannt, ob es sich um kompaktes Material oder um leicht komprimierbaren Inhalt, wie beispielsweise loses Papier, handelt. Die Geräte enthalten zudem integrierte Bewegungssensoren,

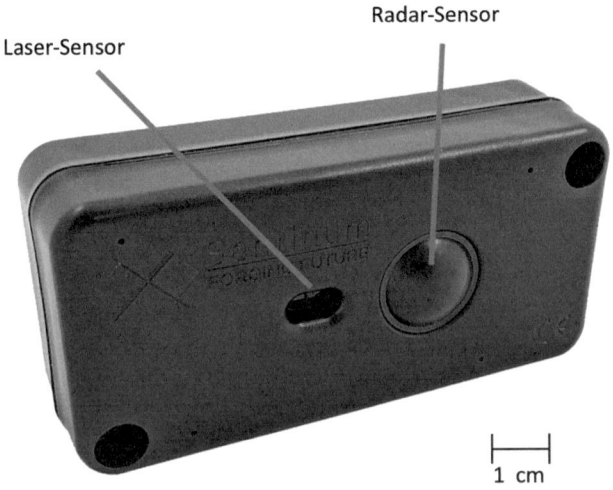

Abb. 11.1   Kombinierter Laser- und Radarsensor Apollon-Q

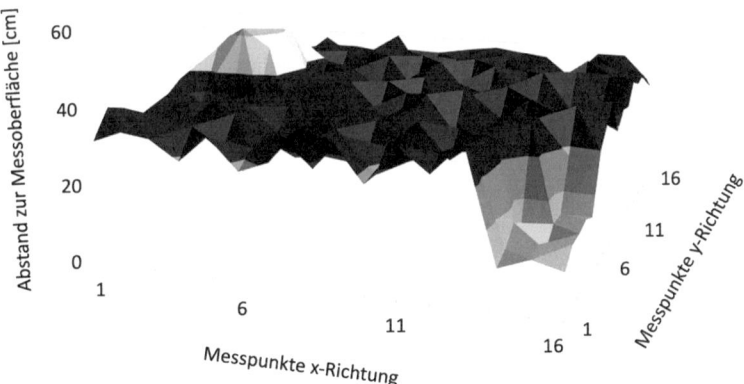

Abb. 11.2   Abstandswerte der 256 Messpunkte eines IR-Lasersensors

welche die Öffnung der Behälter oder Erschütterungen durch Vandalismus erkennen können. Darüber hinaus kann der Sensor auch die Temperatur messen und so etwa Brände im Abfallbehälter detektieren.

Der höherpreisige Sensor Apollon-Q ist zudem mit einem GNSS-Modul zur Positionsbestimmung ausgestattet. Es unterstützt die beiden Satellitennavigationssysteme Navstar GPS und GLONASS. Hierdurch reduziert sich der Installationsaufwand bei Inbetriebnahme der Sensoren sowie die Fehleranfälligkeit erheblich. Zusätzlich kommt ein Radarsensor zum Einsatz, welcher loses Material durchdringt.

Netzwerktechnik

Die Sensoren werden mit unterschiedlichen Funkstandards betrieben. Neben den Mobilfunk-gestützten Standards LTE-M und dem 5G-Standard NB-IoT kommen auch sogenannte LPWA-Netzwerke (engl. „low power wide area networks") in den lizenzfreien Frequenzbändern bei 430 MHz und 870 MHz zum Einsatz. Hierzu gehören die Standards Sigfox, LoRa und seit 2020 Mioty. Während für den Betrieb über LTE-M und NB-IoT kostenpflichtige eSIM-Module der Mobilfunkanbieter notwendig sind, können LPWA-Netzwerke von Kommunen oder lokalen Dienstleistern betrieben werden.

LPWA-Netzwerke sind insbesondere auf einen geringen Energieverbrauch der Endgeräte, eine hohe Anzahl an Teilnehmenden sowie hohe Reichweiten hin optimiert. Dies geht zulasten der Datenrate, welche bei IoT-Anwendungen jedoch selten den entscheidenden Faktor darstellen. Die Reichweite liegt je nach Bebauung und Topologie bei 2 km bis 40 km. Bei unzureichender Netzabdeckung ist bei LoRa und Mioty zudem eine Nachverdichtung durch den lokalen Betreiber möglich.

Die Wahl des Netztyps richtet sich aufgrund der spezifischen Vor- und Nachteile nach einer Vielzahl an Parametern. Eine Nutzung von NB-IoT bringt dabei die charakteristischen Eigenschaften des zellulären Mobilfunknetzes mit sich. Die Geräte müssen ab Werk mit einem eSIM-Modul des Netzwerkbetreibers ausgerüstet werden, womit ein pauschal abgerechneter Mobilfunkvertrag über eine Laufzeit von zehn Jahren einhergeht. Zudem ist der Energiebedarf entsprechender Module vergleichsweise hoch. Bei guter Signalstärke liegt der Verbrauch auf dem Niveau aktueller LPWA-Netzwerke, bei schlechtem Empfang jedoch um ein Vielfaches darüber.

Der proprietäre LPWAN-Standard Sigfox ist aufgrund seiner frühen Entwicklung zwar international weit verbreitet, ist aus Kostenaspekten jedoch eher nachteilig. Zudem sind die Netze nicht durch den lokalen Betreiber nachverdichtbar.

Der derzeit am häufigsten verwendete Funkstandard ist das von der LoRa-Alliance entwickelte LoRaWAN-Protokoll, welches auf das proprietäre LoRa-Modulationsverfahren der Semtech Corp., USA, aufsetzt (vgl. N.N., 2021). Für die Nutzung von LoRa müssen lizenzierte Funkmodule verbaut werden. Datenrate und Protokollparameter, wie etwa die Größe des Payloads, richten sich nach der Qualität des Signals. LoRa gilt als energiesparsam und wird als Campus-Netzwerk betrieben, sodass bei unzureichender Signalstärke eine Nachverdichtung durch den Betreiber installiert werden kann. Schwierigkeiten verursachen in der Praxis die Skalierbarkeit sowie der Betrieb auf den beiden frei verfügbaren Frequenzbändern bei 430 MHz und 870 MHz. Eine Duty-Cycle-Beschränkung regelt zwar, wie lange ein Endgerät das Frequenzband belegen darf, in der Praxis gilt die Technologie aber als vergleichsweise störanfällig.

Seit 2020 wird zudem der vom Fraunhofer-Institut entwickelte Übertragungsstandard Mioty implementiert. Es gilt bezüglich der Energiesparsamkeit und der Übertragungsgeschwindigkeit als gleichwertig zu LoRa, hat sich in der Praxis aber als robuster und weniger störanfällig erwiesen (vgl. Bernhard et al., 2021).

11.5   Analyseinstrumente zur Erzeugung des Data Value

Sofern die Kundinnen und Kunden es nicht anders wünschen, werden die Daten standardmäßig an die unternehmenseigene Cloud-Plattform übertragen. Kundinnen und Kunden erhalten eine Log-in-Möglichkeit und können die implementierten Funktionen zur Auswertung der Sensordaten nutzen.

Die erhobenen Daten lassen damit Rückschlüsse auf folgende Informationen zu:

1. **Füllstand des Behälters:** Bezüglich des Füllstands werden die 256 Einzelmessungen aggregiert und ein Wert für die Distanz zwischen Sensor und Füllmaterial übermittelt.
2. **Öffnung und Erschütterung des Sensors:** Hierdurch lässt sich insbesondere feststellen, wann und wie oft der Behälter geöffnet wurde oder ob Fremdeinwirkungen auf den Behälter stattgefunden haben.
3. **Temperatur:** Mithilfe der Temperatur lassen sich Brände, etwa durch glimmende Zigarettenstummel oder Vandalismus, erkennen.
4. **Geoposition:** Abhängig von der Gerätevariante wird die Geokoordinate des Sensors übermittelt. Dies reduziert den Installationsaufwand maßgeblich und lässt eine unkomplizierte Neuverwendung der Sensoren zu.
5. **Netzwerkinformationen:** Durch die Übertragung der Signalstärke und die Anzahl der konnektierten Gateways lässt sich die Zuverlässigkeit der Datenverbindung beurteilen.
6. **Batterieladung und Sensorzustand:** Hierdurch können die Energieversorgung und Funktionstüchtigkeit des Sensors überwacht und der Betrieb sichergestellt werden.
7. **Qualität der Messungen:** Zusätzlich wird auch die Qualität der Messungen beurteilt und übermittelt. Somit kann eine Verunreinigung der Linse oder eine fehlerhafte Anbringung detektiert werden.

Grundsätzlich verfolgt das Unternehmen bei der Entwicklung eine sogenannte „Edge-Device-Strategie". Berechnungen und Funktionen werden soweit möglich auf dem Endgerät durchgeführt. So erfolgt die Berechnung der mittleren Distanz von Sensor zur Messoberfläche durch einen im Sensor integrierten Prozessor. Hierbei werden bereits KI-Modelle herangezogen, um Ausreißer oder unregelmäßig variierende Datenpunkte im Zeitverlauf herauszufiltern oder durch eine sinnvolle Gewichtung in die Berechnung einzubeziehen. Diese Information wird anschließend auf die Cloud-Plattform übertragen und zur Berechnung weiterer Kennwerte wie des verbleibenden Volumens herangezogen.

Auf der Cloud-Plattform werden weitere KI-Algorithmen zur Auswertung verwendet. Dies betrifft insbesondere die Fortsetzung der Zeitreihen und somit die Prognose zukünftiger Füllstände. Hierbei kommen Deep-Learning-Algorithmen zur Anwendung, welche bei mehrschichtigen neuronalen Netzwerken eine gute Lernfähigkeit bei gleichzeitig ausgewogener Vermeidung lokaler Optima bieten (vgl. Hochreiter & Schmidhuber, 1997).

Als Eingangsdaten werden neben den Füllständen vergangener Messungen auch Daten zum Wetter, zu Veranstaltungen oder zu Wochen- und Feiertagen einbezogen. Ziel der aktuellen Entwicklungen ist eine Routenplanung für Entsorgungsdienstleister, welche die bevorstehende Nutzung der Behälter berücksichtigt.

11.6   Use Cases und Mehrwerte

Auf Basis der ermittelten Informationen kann der Kunde bei den folgenden Use Cases unterstützt werden:

1. **Optimierte Routen- und Ressourceneinsatzplanung**

   Aus der prognostizierten Nutzung der Müllbehälter lässt sich abschätzen, wann eine Leerung erforderlich sein wird. Diese Information hilft sowohl Einsatztouren als auch benötigte Ressourcen bedarfsgerecht zu disponieren: Vor einer anstehenden Tour steht fest, wie viele Mitarbeitende benötigt werden oder welches Fahrzeug für die jeweilige Tour am besten geeignet ist. Insbesondere die Länge der Touren kann bereits im Vorfeld an die Anzahl der zu leerenden Behälter und die zu erwartende Abfallmenge angepasst werden (vgl. Kolmykova, 2020).

2. **Kapazitätsplanung, Standortoptimierung**

   Zudem liegt auch für eine langfristige Planung der Ressourcen eine zuverlässige Datengrundlage vor. Bestehende Bedarfe können somit aufgezeigt und Investitionen auf Basis präziser, empirisch erhobener Daten durchgeführt werden. Insbesondere können auf diese Weise Abfallbehälter bedarfsgerecht positioniert oder neu installiert werden. Die Geodaten der Abfallbehälter erlauben zudem Rückschlüsse, in welchen Stadtgebieten ein besonders hohes Müllaufkommen zu beobachten ist. Offensichtlich wird auch, ob es Stadtgebiete gibt, in denen es einen starken Zusammenhang zwischen „Littering" und den aufgestellten Abfallbehältern gibt. Werden diese Daten auf eine Karte übergetragen, ergibt sich ein klares Bild, in welchen Gebieten die Dienstleistungsqualität noch verbessert werden muss oder wo Überkapazitäten bestehen und unnötig Ressourcen binden.

3. **Supply-Chain-Planung, Positionierung von Streugut-Zentrallagern**

   Bei der Planung der Streugutversorgung liegt ein hohes Potenzial in der Optimierung der gesamten Versorgungskette, einschließlich lokaler Zwischenlager. Dies trifft insbesondere zu, nachdem der Zugriff durch den Winterdienst zeitkritisch erfolgt und ein hohes Schadensausmaß bei Nichtverfügbarkeit im Bedarfsfall zu befürchten ist.

4. **Automatisierte Dokumentation, Compliance, Qualitätssicherung und Regressvermeidung**

   Auch kommunale Dienstleister sind der Kommunalverwaltung rechenschaftspflichtig. Durch die zunehmende Vergabe der Arbeiten an private Betriebe werden die Ausführung der Arbeiten oftmals an Service Level Agreements geknüpft, welche durch den Cloud-Dienst kontrolliert und dokumentiert werden können.

5. **Vandalismus-Erkennung und Abuse Detection**

   Sowohl Müllbehälter als auch Streugut-Container sind in einem signifikanten Maß von Vandalismus betroffen. Dieser kann anhand der Sensordaten frühzeitig erkannt, der Schaden zeitnah behoben und eine polizeiliche Verfolgung genauer durchgeführt werden. Zudem werden gerade Streugut-Container oftmals als Drogen-Depots missbraucht. Anhand wiederholter Öffnung bei kaum verändertem Füllstand kann der betreffende Container kontrolliert und auch hier eine polizeiliche Verfolgung angestoßen werden.

11.7   Geschäftsmodell und betriebswirtschaftliche Erfahrungen aus der Praxis

Das Unternehmen bietet neben der Sensor-Hardware verschiedene Vertragsvarianten im Spektrum der Software-as-a-Service-Geschäftsmodelle an. Elementarer Bestandteil ist die Online-Plattform, auf welcher die Daten der Sensoren eingesehen und weiterverarbeitet werden können. Die Plattform bietet zudem eine standardisierte Schnittstelle, über welche die Daten von weiteren Cloud-Anwendungen in Echtzeit abgefragt werden können. Auch die Anbindung der Sensoren an andere kundeneigene Cloud-Anwendungen ist möglich. Damit passt das Unternehmen das Angebot der IT-Strategie der Kundinnen und Kunden an. Hier entscheiden Entwicklungsstand der IT-Landschaft sowie operative Erwägungen über das bevorzugte Modell.

Aus Kundensicht ist die Rentabilität eingesetzter IoT-Lösungen in den meisten Fällen zwar unstrittig, lässt sich aber nur schwer quantifizieren. Gerade bei der Entlastung im Bereich der manuellen Arbeit lassen sich damit verbundene Personalkosten nicht unmittelbar reduzieren. Mitarbeitende werden nicht freigestellt, sondern mit anderen, nicht zwangsläufig umsatzwirksamen Tätigkeiten betraut.

Erfahrungen aus dem Einsatz der Kundschaft haben aber gezeigt, dass eine Amortisation der Anschaffungen bereits nach zwei Jahren erfolgt. Bei Analysen in mehreren deutschen Städten wurde festgestellt, dass ca. 40 % bis 50 % der Abfalleimer angefahren wurden, obwohl dies noch nicht notwendig war. Je nach Routenmanagement und Performance lassen sich dadurch Einsparungen bis zu 30 % erreichen. Dabei ist zu erwähnen, dass hierbei noch nicht alle der zuvor genannten Use Cases umgesetzt waren.

11.8   Zusammenfassung und Interpretation

IoT ist eine Schlüsseltechnologie für Anwendungen aus dem Umfeld „Industrie 4.0" und ermöglicht neue datengetriebene Geschäftsmodelle. Sensoren messen die Umgebungsbedingungen von Maschinen oder deren Betriebszustand. Die laufend erhobenen Daten werden entweder im Gerät selbst verarbeitet oder an eine Datenanalyse-Plattform übertragen. Dort fließen die gesammelten Daten in Analysemodelle ein, anhand derer sich abschätzen lässt, wie lange eine Maschine noch störungsfrei funktionieren wird oder welche Komponenten in Kürze auszufallen drohen. Auch zeigen sich typische Belastungsmuster der Maschinen, die sich wiederum für deren kontinuierliche Verbesserung in der Konstruktion eignen oder Aufschluss geben, wie sich die jeweiligen Maschinen unter den gegebenen Bedingungen kostenoptimal betreiben lassen.

Auch der Dienstleistungssektor nutzt die nahtlose Integration zwischen Produktkern, Sensorik und Konnektivität für neue datengetriebene Geschäftsmodelle oder Dienstleistungen. Konzepte aus dem Bereich „Industrie 4.0" sind dafür die unmittelbare Voraussetzung geworden und machen deutlich, wie stark industrielle Anwendungen mit wertschöpfenden Dienstleistungen verflochten sind. Die Grenzen zwischen Produkt („Hardware"), Software und Dienstleistung verfließen zunehmend und Hersteller wandeln sich zu Leistungsanbietern, die gezielt auf die jeweiligen Kundenbedürfnisse, im beschriebenen Fall saubere Stadtgebiete, adressieren. Das Beispiel verdeutlicht somit, welch zentrale Bedeutung Daten für die Effizienz und das Leistungsversprechen digitaler Dienstleistungen haben.

Im vorliegenden Beispiel werden kommunale Abfallbehälter mithilfe von IoT-Technologie vernetzt und so Informationen über den jeweiligen Füllstand abrufbar. Die gemessenen Füllstandsdaten bilden zudem die Grundlage für Machine-Learning-Modelle, über die sich der optimale Zeitpunkt zur Entleerung abschätzen lässt. Auch extern vorhandene Daten, etwa über das Wetter oder Veranstaltungen fließen in die Modelle ein. Solche Prognosemodelle tragen dazu bei, den bisherigen Prozess zur Entleerung von Abfallbehältern fundamental zu ändern. Er sendet proaktiv ein Signal und wird somit zu einem „smart device" in einem Netzwerk verbundener Abfallbehälter. Durch die Signale als Trigger entsteht ein datengetriebener Prozess, der neue digitale Geschäftsmodelle ermöglicht.

Ein solch datengetriebener Ansatz ermöglicht insbesondere Miet- oder Betreibermodelle. So könnten etwa private Unternehmen den Betrieb und die Entleerung übernehmen. In diesem Modell zahlen Städte oder Kommune künftig nicht in Form einer Pauschale, sondern pro individuelle Entleerung der Abfallbehälter, die sich über den jeweiligen IoT-Sensor messen und dokumentieren lassen. Die Informationen ermöglichen dabei zahlreiche weitere Use Cases, beispielsweise eine Optimierung der Infrastruktur oder Vandalismuserkennung.

Literatur

Bayerischer Rundfunk. (2020). Corona-Krise: Einwegverpackungen lassen Müllproblem wachsen. https://www.br.de/nachrichten/wirtschaft/corona-krise-einwegverpackungen-lassen-muellproblem-wachsen,SJXLfYh. Zugegriffen: 28. Mai. 2021.
Bernhard, J., Dünkler, R., Kneißl, J., & Otte, L. (2021). Mioty – Die Revolution des IoT. https://www.elektroniknet.de/kommunikation/wireless/mioty-die-revolution-des-iot.164612.html. Zugegriffen: 24. Mai. 2021.

Bitkom e. V. (2012). Big Data im Praxiseinsatz – Szenarien, Beispiele, Effekte. https://www.bitkom.org/sites/default/files/file/import/BITKOM-LF-big-data-2012-online1.pdf. Zugegriffen: 28. Mai. 2021.

Gassmann, O., Böhm, J., & Palmié, M. (2018). *Smart city: Innovationen für die vernetzte Stadt – Geschäftsmodelle und Management*. Hanser.

Hochreiter, S., & Schmidhuber, J. (1997). Long short-term memory. *Neural Computation, 9*(8), 1735–1780. https://doi.org/10.1162/neco.1997.9.8.1735. https://direct.mit.edu/neco/article/9/8/1735/6109/Long-Short-Term-Memory. Zugegriffen: 20. Mai. 2021.

Kolmykova, A. (2020). KI in der Logistik – Multiagentenbasierte Planung und Steuerung in der Transportlogistik. In R. Buchkremer, T. Heupel, & O. Koch (Hrsg.), *Künstliche Intelligenz in Wirtschaft und Gesellschaft* (S. 299–310). Springer Gabler.

Moore, G. E. (1965). Cramming more components onto integrated circuits. *Electronics, 38*(8), 114–117.

Mulke, W. (2018). Essen, trinken, fallen lassen: Städte vermüllen immer mehr. Berliner Morgenpost, 26.04.2018. https://www.morgenpost.de/vermischtes/article214125703/Essen-trinken-fallen-lassen-Staedte-vermuellen-immer-mehr.html. Zugegriffen: 28. Mai. 2021.

N.N. (2021). Lora developers portal. https://lora-developers.semtech.com/library/tech-papers-and-guides/the-book/packet-size-considerations/. Zugegriffen: 24. Mai. 2021.

Schwarz, A. M. (2020). *Bilanzierung von Daten*. Springer Gabler.

United Nations. (2022). Conferences habitat. https://www.un.org/en/conferences/habitat. Zugegriffen: 27. Apr. 2022.

Verband der kommunalen Dienstleister e. V. (Hrsg.). (2022). Abfallsammlung. https://www.vku.de/themen/infrastruktur-und-dienstleistungen/abfallsammlung/. Zugegriffen: 27. Apr. 2022.

Prof. Dr. Peter Vatter lehrt an der FOM Hochschule für Oekonomie & Management und hält Vorlesungen und Vorträge zu den Themen Digitalisierung, Change-Management, Open Innovation und Entrepreneur Mindset. Nach seinem Studium der Informatik mit Nebenfach Psychologie und einer anschließenden Promotion im Maschinenbau arbeitete er als Berater für nahezu alle namhaften deutschen Automobilhersteller. Zuletzt begleitete er als Projektleiter, Portfoliomanager und Agile Coach einen traditionsreichen Automobilzulieferer bei der Implementierung und Ausgestaltung digitaler Geschäftsmodelle und kennt daher die Schwierigkeiten bei der Einführung innovativer Serviceangebote.

Prof. Dr. Robert Butscher arbeitet bei einer IT-Genossenschaft als Teamleiter in der Softwareentwicklung und in der Strategie-Abteilung. Er ist zudem Lehrbeauftragter an der FOM Hochschule für Oekonomie & Management und an der FH Würzburg-Schweinfurt für Business Intelligence und Data Science. Er studierte Betriebswirtschaft mit den Schwerpunkten Wirtschaftsinformatik und Statistik.

Manuel Hart Mitgründer und Geschäftsführer der Sentinum GmbH, begann seine Laufbahn mit einem Studium der Mechatronik an der Friedrich-Alexander-Universität Erlangen-Nürnberg. Sein Interesse an drahtloser Sensortechnik führte ihn nach dem Studium zur Gründung der Sentinum GmbH mit dem Schwerpunkt auf IoT-Anwendungen und die Anwendung LPWAN-Sensoren. Seit nunmehr vier Jahren spezialisiert sich Sentinum insbesondere auf den Bereich der Sensoren für kommunale Abfallbehälter und ist hinsichtlich der Batterielebensdauer mit internationalen Referenzen führend.

Ein praktisches Reifegradmodell für die Servitization im verarbeitenden Gewerbe

12

Manuela Schantin und Ronny Wang

Inhaltsverzeichnis

M. Schantin
Capgemini Invent, München, Deutschland
E-Mail: Manuela.schantin@outlook.com

R. Wang (✉)
FOM Hochschule für Oekonomie & Management, Augsburg, Deutschland
E-Mail: ronny_ronghu.wang@fom-net.de

R. Wang
Supero GmbH, Augsburg, Deutschland

E. Bollhöfer und S. Weimann (Hrsg.), *Digitalisierung von industriellen Dienstleistungen*, FOM-Edition, https://doi.org/10.1007/978-3-658-37396-2_12

Zusammenfassung

Ein praktisches Reifegradmodell für die Servitization im verarbeitenden Gewerbe:
Worum geht es hier? Servitization bietet ein hohes Potenzial an Prozessoptimierung,
insbesondere im analog geprägten Handwerk bzw. verarbeitenden Gewerbe. Mithilfe
von digitalen Serviceprozessen können Kundenservice und Verwaltungsvorgänge
optimiert werden, sodass mehr Zeit für die handwerklichen bzw. verarbeitenden
Tätigkeiten bleibt. Plattform-Modelle oder SaaS mit Einsatz von VR/AR-Techno-
logie und mobilen Geräten können helfen, den Kundenservice direkt vor Ort digital
zu unterstützen.

12.1 Servitization im verarbeitenden Gewerbe – ein Reifegradmodell

Servitization ist eine besondere Form der digitalen Transformation, die sich in den unterschiedlichsten Branchen ähnlich äußert. Auch im Handwerkssegment und im Bereich
des verarbeitenden Gewerbes ist der Nutzen von digitalen Servicemöglichkeiten enorm:
Mithilfe von digitalen Serviceprozessen können Kundenservice und Verwaltungsvorgänge optimiert werden, sodass mehr Zeit für die handwerklichen bzw. verarbeitenden
Tätigkeiten bleibt. Insbesondere im Servicebereich gibt es ein hohes Potenzial, welches
bisher von vielen Handwerksunternehmen noch nicht entdeckt oder näher betrachtet
wurde. In dem vorliegenden Abschnitt werden Möglichkeiten aufgezeigt, wie Service im
Handwerk bzw. verarbeitenden Gewerbe neue Märkte bietet:

- Plattform-Ökonomie zur Vermittlung von Handwerksdienstleistungen und Material
- SaaS mit Einsatz von VR/AR-Technologie und mobilen Geräten zur direkten Vor-Ort-
  Beratung und Fernwartungen oder Reparaturen virtuell über mobile Clients

Im Rahmen einer Forschungsarbeit wurden unter anderem sieben Expertinnen und
Experten aus dem Deutschen Handwerk interviewt, der Status quo zur Digitalisierung
und Servitization im Handwerk und im verarbeitenden Gewerbe festgehalten und dazu
ein Reifegradmodell entwickelt, das den Unternehmen eine individuelle Handlungsempfehlung ermöglicht. Dieses Modell sollte zum einen die Frage beantworten: „Was
ist die Digitalisierung im Handwerk/verarbeitenden Gewerbe?" Zum anderen wurde eine
Basis geschaffen, die dabei unterstützt, die aktuell noch existierende Zurückhaltung zur
digitalen Transformation und Servitization in diesem Segment aufzulösen.

Die Digitalisierung bietet vielseitige Möglichkeiten, allerdings bedarf es einer
strukturierten Informationsaufnahme, um von der Vielfältigkeit nicht überladen zu
werden. Das Reifegradmodell wirkt diesem Problem mittels seiner Dimensionen entgegen, indem die Potenziale und damit verbundenen Aufgaben sortiert und eingeordnet
werden. Dadurch gelingt es auch, ein besseres Bewusstsein für den Nutzen für einzelne

Mitarbeitende, Geschäftsführende sowie Kundinnen und Kunden zu entwickeln. Das Reifegradmodell verdeutlicht, dass Digitalisierung nicht nur „papierloses" Arbeiten bedeutet, sondern vielmehr das Nutzen von Technologien entlang des Geschäftsprozesses. Legt man den Fokus auf den Bereich „Services", so hilft die Anwendung des Reifegradmodells auch dabei aufzuzeigen, inwieweit Servitization einen Nutzen für die Kundschaft generieren kann.

12.2 Digitalisierung und Servitization im verarbeitenden Gewerbe

12.2.1 Warum Digitalisierung im verarbeitenden Gewerbe? Welche Chancen bietet die digitale Transformation?

Auch das verarbeitende Gewerbe, insbesondere das Handwerk, steht vor der Herausforderung, die Digitalisierung anzunehmen und die digitale Transformation zuzulassen. Im vorliegenden Beitrag umfasst das verarbeitende Gewerbe die Unternehmen, die Rohstoffe zu Gütern bearbeiten, umwandeln, veredeln etc. (vgl. Statistisches Bundesamt (Destatis), 2021).

Unternehmer in diesem Segment haben alle denselben Anspruch: Sie wollen effizient wachsen und sie müssen vor allem wettbewerbsfähig bleiben. Dem starken Wettbewerb stellt man sich langfristig nur mit innovativen Ansätzen. Speziell im Handwerk und im verarbeitenden Gewerbe ist der Wettbewerbsdruck einer der größten Treiber, sich auf die digitale Transformation einzulassen.

Wachstum bei gleichbleibenden Ressourcen funktioniert hauptsächlich durch Prozessoptimierung. Hierbei kann der Wandel zu digitalen (Service-)Prozessen erheblich unterstützen. So setzen bereits einige Betriebe auf ein „papierloses Büro", digitale Zeiterfassung oder Lagerwirtschaftssysteme mit automatisierter, intelligenter Nach-Befüllung sowie eine flexible Arbeitsorganisation (vgl. Veltkamp & Schulte, 2020). Auch im Bereich der Bauprojekte unterstützt z. B. Building Information Modeling (BIM) dadurch, dass mittels eines digitalen Zwillings gewerkeübergreifend vernetzt geplant und Bauprojekte digital ausgeführt werden, bevor es zur tatsächlichen realen Umsetzung kommt (vgl. Hillebrand, 2020).

Eine hohe Bedeutung kommt auch dem Thema Datentransparenz zu, die durch digitale Prozessoptimierung und Datenverarbeitung entsteht. Durch strukturierte Informationen sind Kundschaft und Mitarbeitende zu jeder Zeit des Kauf- oder Serviceprozesses besser informiert, ebenso bieten mehr gewonnene Daten neue Möglichkeiten, das Geschäftsmodell im Servicebereich auszubauen. Geteiltes Wissen führt im Unternehmen wiederum zu effizienterem Arbeiten.

Ein weiterer Treiber ist, dass sich die Erwartungen der Kundinnen und Kunden ändern und geändert haben: Sie möchten gegebenenfalls am Sonntagnachmittag ihr neues Bad konfigurieren und bestellen oder sich generell online über Produkte und

Services informieren, bevor sie Kontakt mit einem Betrieb aufnehmen. Um diesen gewandelten Ansprüchen gerecht zu werden, sind Betriebe aufgefordert, spezielle Services anzubieten (vgl. Kratzer, 2020b). Mehr und mehr müssen sie sich mit der digitalen Reise der Kundinnen und Kunden befassen. Um langfristig wettbewerbsfähig zu bleiben, sollten Unternehmen auf jedem Punkt der Customer Journey einen persönlichen oder digitalen Service anbieten.

Neben veränderten Kundenerwartungen ist auch im Handwerk und verarbeitenden Gewerbe der Trend zu erkennen, dass bei Mitarbeitenden, aber auch Geschäftsführenden Freizeit heute einen höheren Stellenwert eingenommen hat. Die Bereitschaft, spätabends oder gar samstags Arbeiten – meist die administrativen Tätigkeiten – nachzuholen, sei heute nicht mehr so stark gegeben wie früher (vgl. Wein, 2020). Auch in diesem Bereich können Services helfen, einerseits die Performance zur Kundschaft zu steigern und die Kundenbindung zu stärken, andererseits auch betriebsintern Mehrwerte und Optimierung zu schaffen.

Zusammengefasst führen Unternehmer also drei Verbesserungen an, die sie sich durch die Digitalisierung erwarten – diese sind in Abb. 12.1 dargestellt.

Wie lassen sich also diese Chancen mithilfe von Servitization erreichen? Und wie gelingt die Entwicklung eines Unternehmens vom reinen Produkthersteller hin zum Service- oder Dienstleistungsanbieter?

12.2.2 Servitization im verarbeitenden Gewerbe

Immer mehr Handwerksbetriebe nutzen bereits die Möglichkeiten der Digitalisierung, um Prozesse effektiver zu gestalten und produktiver zu arbeiten. Auch Unternehmen im verarbeitenden Gewerbe nutzen z. B. Online-Konfiguratoren, bieten unter anderem eine Online-Terminvereinbarung an, mobile Apps (Anwendungen) werden für das Bestell- und Auftragswesen genutzt und auch Technologien der Robotik und Künstlichen Intelligenz (KI) bieten für Handwerksbetriebe viel Potenzial (vgl. Deutsche Telekom AG

Abb. 12.1 Argumente für die Digitalisierung.

& Techconsult, 2020, S. 2). Die Spannweite der digitalen Möglichkeiten ist also groß – auch im Servicebereich bieten sich unzählige Chancen: Sei es zur Gewinnung von neuen Kundinnen und Kunden und Aufträgen über Plattformen oder der Einsatz von VR/AR-Technologie und mobilen Geräten zur direkten Vor-Ort-Beratung und Fernwartungen bzw. Reparaturen virtuell über mobile Clients.

12.2.3 Hürden, die die digitale Transformation und die Servitization ausbremsen

Neben all den genannten Treibern und dem Bewusstsein, dass die Digitalisierung auch Einfluss auf Betriebe im verarbeitenden Gewerbe und insbesondere im Handwerk haben wird, wurden zugleich einige Herausforderungen und Gründe genannt, warum bisher bei digitalen Themen noch Zurückhaltung herrscht. Diese Herausforderungen wurden mittels Onlinerecherche und Expertenbefragung ermittelt und sind zusammengefasst in Abb. 12.2 aufgelistet.

Eine der größten Herausforderungen ist auch, dass Unternehmen sich mit selektiver Digitalisierung konfrontiert sehen: Durch einen enorm hohen Informationsfluss greifen Unternehmerinnen und Unternehmer einzelne digitale Lösungsansätze auf, wie z. B. in Cloud-Computing zu investieren, ohne davor die strategische Frage geklärt zu haben, ob überhaupt Bedarf besteht und Anwendungen in der Cloud die eigentlichen Herausforderungen lösen (vgl. Kofler, 2018, S. 3). Es ist eine ganzheitliche Betrachtung notwendig und das Verständnis, dass Digitalisierung nicht nur das Anschaffen von digitalen Medien und Technologien bedeutet, sondern ganzheitliches Umstrukturieren von Prozessen, Organisationen, Arbeitskulturen und gar Geschäftsmodellen.

Aus diesem Kontext heraus wurde nach einer Möglichkeit gesucht, wie sich Unternehmerinnen und Unternehmer anhand eines Leitfadens der digitalen Transformation – und besonders der Servitization – annähern können. Hierzu wurde ein Reifegradmodell entworfen, welches unter anderem die Dimension „Service" beinhaltet. Diese Dimension soll exemplarisch für die Anwendung des gesamten Modells aufgezeigt werden.

Abb. 12.2 Meist genannte Herausforderungen der digitalen Transformation im Handwerk.

12.3   Servitization und die Customer Journey

12.3.1 Customer Journey

Ein großer Trend derzeit ist, die Kundinnen und Kunden durch Reflektion der sogenannten Customer Journey noch besser kennenzulernen und somit noch stärker an das Unternehmen zu binden bzw. die Kaufentscheidung der Kundinnen und Kunden zu beeinflussen. Die Customer Journey ist der Informations- und Entscheidungsprozess der Kundschaft, also der Prozess zwischen dem ersten Kaufimpuls und der Kaufentscheidung (und darüber hinaus). Charakterisiert wird dieser Prozess durch die Nutzung verschiedener Kanäle an den aufeinanderfolgenden Kontaktpunkten (vgl. Böcker, 2015, S. 165).

Des Weiteren kann die Customer Journey als die „Reise" eines potenziellen Kunden über verschiedene Kontaktpunkte (sogenannte Touchpoints) mit einem Produkt, einer Dienstleistung oder einer Marke bezeichnet werden, von der Inspiration und Bedürfnisweckung, über die Informationsbeschaffung und Suche bis hin zur finalen Zielhandlung (vgl. Holland & Flocke, 2014, S. 827). Abb. 12.3 zeigt diese Phasen der Customer Journey zur Orientierung.

Die Customer Journey ist ein Instrument, welches immer häufiger – insbesondere im Marketing – als Werkzeug zur Kundenansprache angewandt wird. Mit der Digitalisierung verändern sich auch die Kommunikations- und Informationsmöglichkeiten für die Kundinnen und Kunden. Durch die zunehmenden, vielfältigen Informationsflüsse für den Kunden, Informationen über mehrere Kanäle zu erreichen, steigt auch die Anforderung an Unternehmen, diesen komplexen Ansprüchen gerecht zu werden: Kundinnen und Kunden erwarten – unabhängig von Kontaktpunkt, Gerät oder Kommunikationskanal – ein nahtloses Erlebnis bzw. Kundenservice, was dazu führt, dass Unternehmen auf mehreren Vertriebs- und Kommunikationskanälen vertreten sein müssen. Es wird erwartet, dass sie ihre Leistungen und Produkte auf mehreren Kanälen platzieren, um entsprechend wahrgenommen zu werden.

Die Schwierigkeit im verarbeitenden Gewerbe liegt darin, dass dieses Segment hauptsächlich im B2B- statt B2C-Geschäft tätig ist, Abhängigkeiten von liefernden und abnehmenden Gewerben spielen eine große Rolle. Der direkte Kontakt zum Endkunden fehlt wiederum, eher sind Erfahrungs- und Vertrauensgutcharakter zwischen Unternehmen und Serviceanbieter besonders stark ausgeprägt, da hier ein Interesse an langfristigen Geschäftsbeziehungen besteht. Deshalb sollte gerade der Steuerung der Kundinnen und Kunden von Dienstleistungsprozessen bei B2B-Services eine besondere Bedeutung zukommen (vgl. Voeth & Loos, 2012). Servitization kann hierbei unterstützen.

Abb. 12.3   Die Phasen der customer journey.

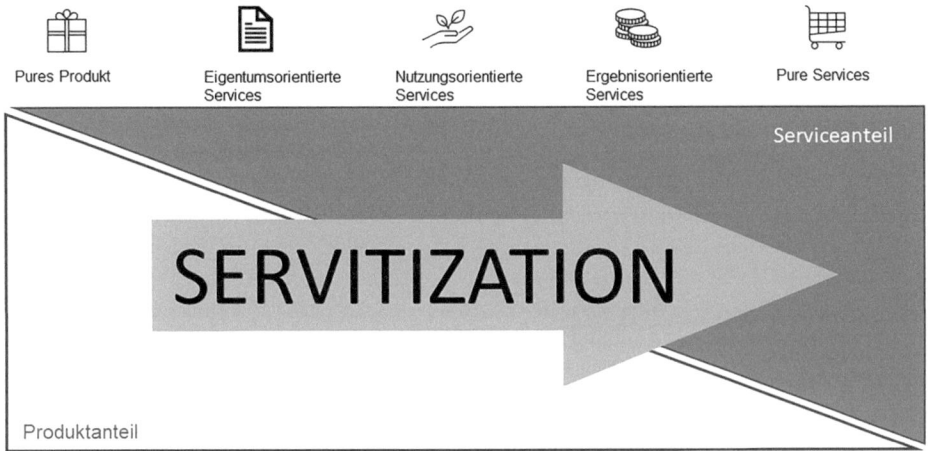

Abb. 12.4 Servitization.

12.3.2 Servitization

Durch eine steigende Verbreitung industrieller Dienstleistungen und Services wächst auch die Erwartungshaltung der Kundinnen und Kunden. Servitization kann von Unternehmen dazu genutzt werden, mehr Erfolg mit weniger Aufwand zu erreichen. Austauschbare, verwechselbare Produkte und Dienstleistungen, die sich maximal im Preis vom Wettbewerb abheben, führen mehr und mehr zu geringeren Margen (vgl. Stöckert, 2019) – auf Dauer keine betriebswirtschaftlich gesunde Entwicklung.

Unternehmen werden herausgefordert, mit den vorhandenen Ressourcen Mehrwert und mehr Nutzen zu generieren. Dies kann durch die unterschiedlichsten Formen der Servitization geschehen, welche in Abb. 12.4 dargestellt ist.

Unternehmen im verarbeitenden Gewerbe können ohne Serviceangebot heutzutage nicht mehr bestehen: Nur die wenigsten verkaufen ihre verarbeiteten (Zwischen-)Produkte, es wird darüber hinaus immer mehr Service angeboten.

Vor diesem Hintergrund ist ein Reifegradmodell umso wichtiger, um herauszufinden, wie ein Service standardisiert und End-to-End-Services angeboten werden können. „Vor-Ort"-Service bzw. „7/24"-Serviceangebot lässt die Unternehmen schneller und kundenorientierter agieren.

12.4   Die Entwicklung des Reifegradmodells zur Digitalisierung im verarbeitenden Gewerbe

Um das Reifegradmodell für die Digitalisierung im Handwerk (oder verarbeitenden Gewerbe) zu entwickeln, wurde zunächst ein Vergleich bereits bestehender Modelle vollzogen. Die Vergleichsmodelle sind in Tab. 12.1 aufgelistet.

Tab. 12.1 Vergleichsmodelle digitaler Reifegrad

Nr	Autor oder Autorin (Jahr)	Name des Modells	Literaturangaben
1	Fischer (2016)	Digitaler Reifegradcheck 5 Handlungsfelder der Digitalisierung	Fischer, Andreas. Herausgeber: G + F Verlags- und Beratungs-GmbH und Heiko und Susanne Fischer. 2016. https://100prozent.digital/digitaler-reife-grad-check/ (Zugriff am 09. 08 2020)
2	Deutsche Telekom AG und Techconsult (2020)	Digitalisierungsindex Mittelstand 2019/2020 – Der digitale Status quo im deutschen Handwerk	Deutsche Telekom AG, (I), und Techconsult. Bonn: Deutsche Telekom AG Corporate Communications und Techconsult, 2020
3	Sievers (2019)	Das fme-Reifegradmodell der digitalen Trans-formation	Sievers, Rüdiger. fme. 2019. https://www.fme.de/lan/digitaler-reifegrad/uebersicht/unsere-dienstleistungen/unser-vorgehensmodell (Zugriff am 21. 09 2020)
4	Appelfeller und Feldmann (2018)	Zehn Elemente des digitalen Unternehmens – Ein Referenzmodell aus Die digitale Transformation des Unternehmens	Appelfeller, Wieland und Feldmann, Carsten. Heidelberg: Springer-Ver-lag GmbH Deutschland, ein Teil von Springer Nature, 2018
5	Fost (2018)	Digital Readiness Assess-ment	Fost, Markus. Fostec & Company. 2018. https://www.fostec.com/de/kompetenzen/digitalisierungsstrategie/digital-readiness/ (Zugriff am 25. 09 2020)
6	Runst et al. (2018)	Der Digitalisierungsindex für das Handwerk. Eine ökonomische Analyse des Digitalisierungs-Checks des Kompetenzzentrums Digitales Handwerk	Runst, Petrik et al. Göttinger Beiträge zur Handwerksforschung, No. 24, 2018
7	Schuh et al. (2017)	Industrie 4.0 Maturity Index Die digitale Transformation von Unternehmen gestalten	Schuh, Günther; Anderl, Reiner; Gausemeier, Jürgen; ten Hompel, Michael und Wahlster, Wolfgang (Hrsg.), Deutsche Akademie der Technikwissenschaften, München: Herbert Utz Verlag, 2017
8	Redder (2018)	Digitaler Reifegrad des Mittelstands	Redder, Mareike. Herausgeber: TÜV Rheinland. 22. 02 2018. https://tonno-digitale.de/artikel/digitaler-reife-grad-des-mittelstands (Zugriff am 31.03.2020)

(Fortsetzung)

Tab. 12.1   (Fortsetzung)

Nr	Autor oder Autorin (Jahr)	Name des Modells	Literaturangaben
9	Fricke und Thiessen (2016)	Mittelstand im Wandel – Wie ein Unternehmen seinen digitalen Reifegrad ermitteln kann	Fricke, H. und Thiessen, Prof. Dr. T. BSP Business School Berlin (Hrsg.), Berlin: HBP University Press, 2016
10	Back & Berghaus (2015)	Digital Maturity & Transformation Studie – Über das Digital Maturity Modell	Back, Prof. Dr. Andrea und Berghaus, Sabine. Institut für Wirtschaftsinformatik, Universität St. Gallen und Crosswalk AG (Hrsg.), St. Gallen, 2015
11	Lichtblau et al. (2015)	INDUSTRIE 4.0-READINESS	Lichtblau, Dr. Karl; Stich, Prof. Dr.-Ing. Volker; Bertenrath, Dr. Roman; Blum, Matthias; Bleider, Martin; Millack, Agnes; Schmitt, Katharina; Schmitz, Edgar und Schröter, Moritz. Impuls-Stiftung des VDMA, Aachen, 2015
12	Ross (2015)	The Adapt2Digital 5 Level Transformation Framework Aus Organisation Transformation Assessment	Ross, Gray. 2015. https://www.adapt2digital.com/digital-maturity-assessment-1; (Zugriff am 09. 08 2020)
13	Steimel et al. (2014)	Digital Transformation Report 2014 Digital Maturity Modell	Steimel, Bernhard; Wichmann, Kai S.; Azhari, Peyman; Faraby, Nilufar und Rossmann, Prof. Dr. Alexander. Köln: neuland GmbH & Co. KG (Hrsg.), 2014
14	Fischermanns und Völpel (2006)	Der Reifegrad des Prozessmanagements	Fischermanns, Dr. Guido, und Völpel, Michael. zfo Zeitschrift für Führung und Organisation (Hrsg.), 05.2006
15	SEI (1991/2002/2010); Kneuper (2006)	Capability Maturity Modell Integration (CMMI)	Kneuper, Ralf. Heidelberg: dpunkt. verlag, 2006

Die aus den Vergleichen gewonnenen Erkenntnisse führten zur Entwicklung des neuen Reifegradmodells. Es gibt grundsätzlich vier Möglichkeiten, ein Modell anhand eines Vergleichs zu entwickeln: Strukturen können übertragen werden, Modelle können weiterentwickelt oder kombiniert werden, oder es kann zu einer vollständigen Neuentwicklung angesetzt werden (vgl. Becker et al., 2009, S. 255).

Die Entwicklung des neuen Reifegradmodells für die Digitalisierung im Handwerk folgte einer Mischstrategie. Zunächst wurden die Bausteine „Dimensionen" und „Reifegradstufen" grundsätzlich übernommen, die Anzahl und Ausprägung entsteht aufgrund des Vergleichs der Ergebnisse aus einer Literaturrecherche zum Status quo der Digitalisierung im Handwerk sowie der Evaluierung durch die Interviewpartner. Die Methode der Weiterentwicklung wurde unter anderem im Bereich Ist-Analyse angewendet. Einige der

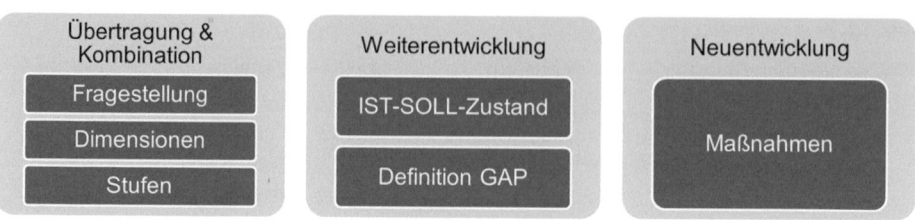

Abb. 12.5 Übersicht der angewendeten Entwicklungsmethoden.

Vergleichsmodelle beinhalten einen Bereich des Status quo, das neue Reifegradmodell greift dies auf und wurde erweitert um die Definition des Ziel-Status, der Vision. Ebenso kommt eine konkret definierte Lücke hinzu, zu welcher dann die einzelnen Reifegradstufen und Maßnahmen zugeordnet werden. Gänzlich neu im Modell wurden zu den Stufen und Dimensionen einzelne Maßnahmen und Handlungsempfehlungen zugeordnet, die es der Anwenderin oder dem Anwender erleichtern, konkret in die Umsetzung zu kommen. Abb. 12.5 zeigt die Entwicklungsstrategie in der Übersicht:

Durch den Vergleich der bereits existierenden Reifegradmodelle ist sichergestellt, dass die Dimensionen und Stufen des neuen Modells nicht ohne Grundlage festgelegt wurden, sondern einen Bezug zu bereits erfolgreich praktizierten Abläufen und Einordnungen gegeben ist.

Ebenso wird der gewählte Methoden-Mix der Entwicklungsstrategie für das Reifegradmodell positiv bewertet: Durch die Anwendung von vielseitigen Methoden wird eine Balance zwischen traditionellen und neuen Vorgehensweisen geschaffen. Ebenso lassen sich hiermit die praktischen und theoretischen Ansätze gut vereinen.

12.5 Das Reifegradmodell und die Anwendung von Servitization im verarbeitenden Gewerbe

12.5.1 Das Reifegradmodell

Das Modell ist unterteilt in vier Dimensionen und 16 Unterdimensionen. Zu jeder dieser Dimensionen wird ein praktischer Bezug hergestellt, indem eine zentrale Fragestellung zugeordnet wird. Ziel dieser ist es, den Status quo des Handwerksunternehmens hinsichtlich digitaler Transformation einzugrenzen und kurzfristig zu ermitteln sowie die Vision abzuleiten. Dieser Status wird dann im vorliegenden Reifegradmodell in den Aspekten Ist und Soll festgehalten. Der dritte Aspekt ist das sogenannte GAP, die Lücke zwischen Ist- und Soll-Zustand, die mittels festzulegender, geeigneter Maßnahmen zu schließen ist.

Schließlich kann der Anwender des Modells seinen Betrieb auf einer der vier Reifegradstufen einordnen. Zur Unterstützung und Orientierung helfen den Unternehmen zentrale Fragestellungen, eine einfache Einordnung des Betriebs auf die zutreffende Stufe vornehmen zu können.

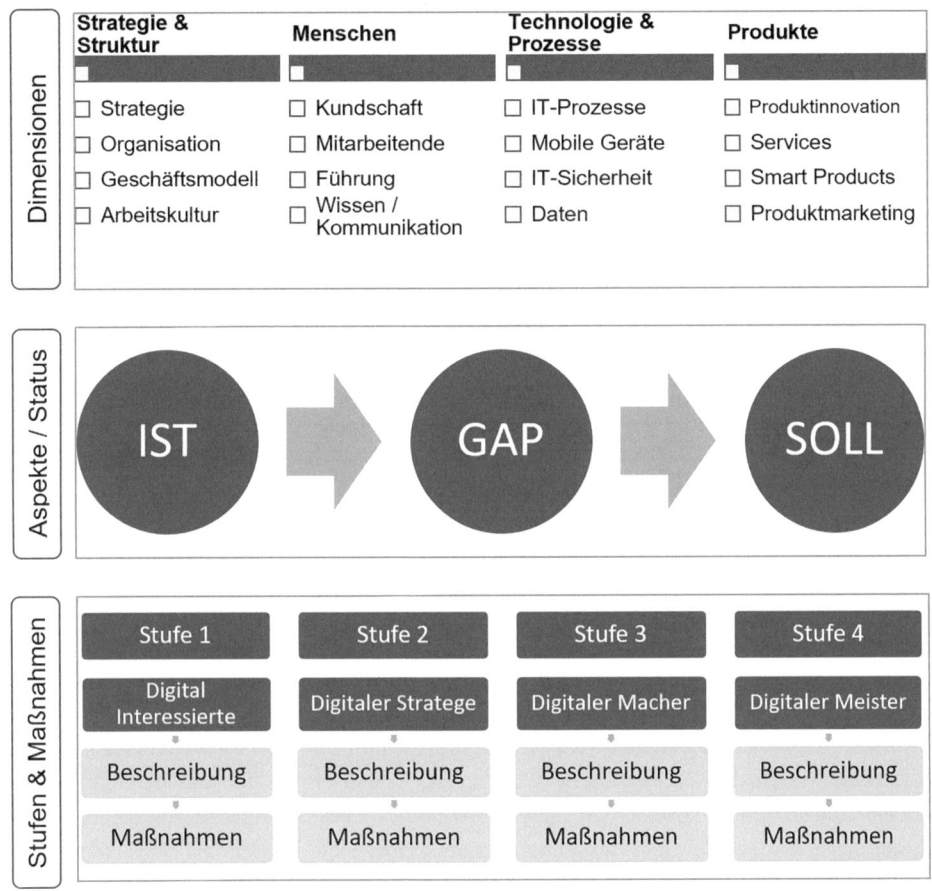

Abb. 12.6 Reifegradmodell für den Digitalisierungsstatus im Handwerk bzw. verarbeitenden Gewerbe.

Zu jeder einzelnen Stufe sind Maßnahmen zugeordnet – sodass konkrete Schritte abgeleitet und bei Bedarf mit Key Performance Indicators (KPI) hinterlegt werden können. Abb. 12.6 zeigt das gesamte Reifegradmodell in der Übersicht.

Bevor nun die Dimension „Service" herausgegriffen wird und die Anwendung des Modells aufgezeigt wird, werden die einzelnen Ebenen des Modells erläutert.

Die Dimensionen

Eine Dimension beschreibt ein Themengebiet oder Handlungsfeld, welches im Rahmen der digitalen Transformation näher betrachtet werden sollte. Ziel ist es, damit wichtige Potenziale im Unternehmen zu identifizieren.

Durch die Anwendung des Reifegradmodells soll am Ende eine Roadmap bzw. ein Maßnahmenplan entstehen, welcher den Anwenderinnen und Anwendern hilft, ihre

Aktivitäten zur Steigerung der digitalen Reife besser zu strukturieren. Hierbei helfen die einzelnen Dimensionen, die Maßnahmen besser zu sortieren und einzuordnen. Ausgewählt wurden die Dimensionen anhand des vorab erwähnten Vergleichs von bereits bestehenden Modellen.

Die zentrale Fragestellung zur Ermittlung des Ist- und Soll-Zustands

Zu jeder der 16 definierten Dimensionen (und Unterdimensionen) hält das Reifegradmodell eine zentrale Fragestellung bereit. Diese dient dazu, dass sich der Status quo des Betriebs des Modellanwenders pro Dimension leichter zuordnen lässt. Mittels der zentralen Fragestellung wird der theoretische Ansatz des Modells auf die Praxis übertragen.

Der nächste Schritt in der Nutzung des Reifegradmodells ist die Gegenüberstellung der Aspekte Ist-Status und Soll-Status sowie die dazwischen liegende Lücke (=GAP), die es zu schließen gilt. Diese Vorgehensweise geht auf die Geschäftsprozessmodellierung zurück: „Im ersten Schritt wird ein Ist-Prozessmodell entwickelt. Ziel ist es, dadurch eine bessere Einsicht in die Probleme und Verbesserungsmöglichkeiten der bestehenden Organisation zu erhalten. Nach dem Ist-Modell wird ein detailliertes Sollkonzept entwickelt." (Scheer, 2020) Diese Methode lässt sich nicht nur auf Prozesse, sondern auch auf den Zustand einer Dimension übertragen. Der Ist-Status wird mittels der zentralen Fragestellungen ermittelt. Dem gegenübergestellt wird der jeweilige künftige Soll-Status der Dimension, die Vision oder auch das Zielbild des Unternehmers von seinem Betrieb der Zukunft. Dieser Soll-Status kann mittels Fragestellungen der Strategiepyramide (vgl. Lindemann, 2016, S. 38 f.) ermittelt werden: Die Vision ergibt sich aus der Frage „Was möchte das Unternehmen sein (in diesem Bereich)?", der strategische Ansatz leitet sich ab aus der Frage „Wie kann das Unternehmen seine Ziele erreichen?" Die dazwischen liegende Lücke aus Ist- und Soll-Zustand bzw. heutiger Situation und künftigem Zielbild gilt es zu schließen. Um konkrete Schritte und Maßnahmen ableiten zu können, müssen die Aspekte Ist und Soll klar definiert und gegenübergestellt werden. Aus dieser Gegenüberstellung ergibt sich dann die Formulierung der Lücke.

Die Stufen und Maßnahmen

„Ein Reifegradmodell umfasst eine Folge von Reifegraden für eine Klasse von Objekten und beschreibt dadurch einen […] Entwicklungspfad dieser Objekte in aufeinander folgenden, diskreten Rangstufen, beginnend in einem Anfangsstadium bis hin zur vollkommenen Reife." (Becker et al., 2009, S. 249) Zur Beschreibung dieses Entwicklungspfades wurden Stufen mit entsprechenden Merkmalsausprägungen pro Dimension definiert. Ein weiterer Grund für die Integration von Stufen in diesem Reifegradmodell für den Digitalisierungsstatus im Handwerk ist unter anderem der Ansatz, dass der aktuell vorherrschende schnelle Wandel Agilität und Flexibilität erfordern. Für die Erreichung eines strategischen Ziels ist es besser, kleine Schritte zu gehen und immer beweglich zu bleiben, als eine langfristig detaillierte Roadmap auszuarbeiten, die nach einem Jahr wieder obsolet ist (vgl. Back & Klingenburg, 2016, S. 10).

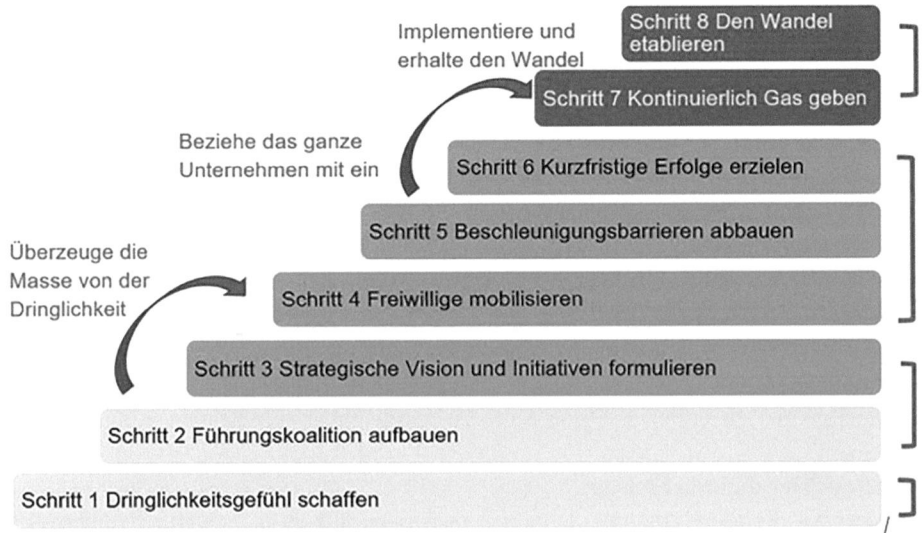

Abb. 12.7 Modell der Veränderung in Anlehnung an Kotter. (Quelle: Eigene Darstellung in Anlehnung an Kotter & Seidenschwarz, 2011)

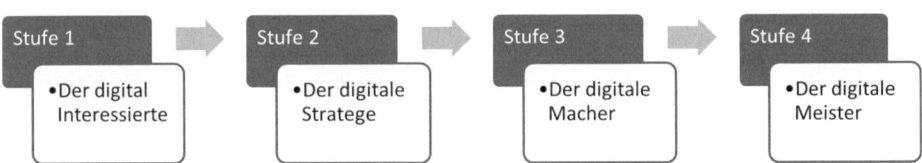

Abb. 12.8 Die vier Stufen des Reifegradmodells.

Die Auswahl der Stufen orientiert sich zum einen an den verglichenen Modellen sowie an den acht Stufen des Modells nach Kotter (vgl. Kotter & Seidenschwarz, 2011). Dieses Modell setzt an Fehlern an, die bei einer Transformation gemacht werden können, und konstruiert daraus das 8-Stufen-Modell. Kotter und Seidenschwarz greifen dieses Modell auf und ergänzen mit eigenen Formulierungen, was zur Darstellung gemäß Abb. 12.7 führt.

Aus dieser Basis wurden nun die folgenden Stufen (Abb. 12.8) definiert:

- **Stufe 1: Der digital Interessierte**
  Er nimmt die Möglichkeiten der Digitalisierung wahr, zeigt sich offen und interessiert. Er überträgt die Potenziale auf sein Anwendungsgebiet, sucht nach „Zeitfressern" und Optimierungspotenzialen und zeigt diese mit einer gewissen Dringlichkeit auf (vgl. Stufe von Kotter: Dringlichkeitsgefühl schaffen). Denn nur wer den Nutzen aus einer Veränderung erkennt, wird auch bereit sein, den Wandel mitzugestalten.

- **Stufe 2: Der digitale Stratege**
  Er nimmt die Anregungen des digital Interessierten auf, entwirft eine digitale Strategie und konzeptioniert deren Umsetzung. Er sucht sich „Verbündete", die bereit sind, das Konzept und den Wandel mitzutragen, zu kommunizieren und zu unterstützen. Diese Stufe ist vergleichbar mit Kotters Stufe zwei und drei „Führungskoalition aufbauen & Strategische Vision und Initiativen formulieren". Ebenso lässt sich diese Stufe mit den Stufen des CMMI-Modells gleichsetzen: gemanagt + definiert.
- **Stufe 3: Der digitale Macher**
  Dieser ist der Gestalter der Vision und Strategie des digitalen Strategen. Er setzt die ersten Maßnahmen um, kommuniziert an die Beteiligten und baut dabei Barrieren ab. Er unterstützt die Umsetzung in der Belegschaft und versucht, kurzfristige Erfolge (Quick Wins) zu erzielen. Diese Stufe ist vergleichbar mit Kotters Stufen vier bis sechs.
- **Stufe 4: Der digitale Meister**
  Dieser hat die grundsätzliche digitale Transformation bereits erfolgreich angestoßen. Nun ist das nächste Ziel, aus den Erfahrungen des Wandels zu lernen, Fehler zu eliminieren und Erfolge zu konsolidieren. Er ist der Treiber für weitere Veränderungen und auch derjenige, der die Veränderung nachhaltig im Unternehmen verankert. Es ist unverzichtbar, dass alle Projekte, die hinsichtlich digitaler Transformation gestartet werden, langfristig durchdacht sind (vgl. Kratzer, 2020a, S. 4).

Der grundsätzliche Aufbau des Modells wurde nun dargestellt, der nächste Abschnitt wird die Anwendung des Modells im Servicebereich aufzeigen und so aufzeigen, wie das Reifegradmodell für die Veränderung im Bereich Service genutzt werden kann.

12.5.2 „Servitization" als exemplarische Dimension zur Anwendung des Modells

Der Trend der geschäftlichen Ausrichtung orientiert sich weg von reinen Produktanbietern hin zu Serviceanbietern (vgl. Weimann & Arnold, 2019, S. 263). Durch diese Entwicklung ist es notwendig zu betrachten, mit welchen zusätzlichen Services die Kundenerwartungen noch weiter übertroffen werden können. Sei es mit einer digitalen Meldung zum Auftragsstatus oder einem Online-Ferndiagnose-Service bei defekten Geräten. Auch in diesem Handlungsfeld steckt enormes, noch nicht genutztes Potenzial für Betriebe, ihr Produktportfolio zu ändern oder mit einem Serviceangebot zu erweitern.

Schritt 1: Einleitende Fragen
Der Status quo im Bereich Service kann z. B. mit den folgenden Fragen eingeleitet werden: Welche Services können mit neuen, digitalen Möglichkeiten angeboten werden? Gibt es einen Punkt entlang der Customer Journey, an dem den Kunden ein Mehrwert an

Tab. 12.2 Gegenüberstellung Ist-/Soll-Status

D2	Services	Ist	Soll
		Aktuell werden keine digitalen Services angeboten. Das Produktportfolio ist stark auf das Kernprodukt fokussiert	Das Produktportfolio wandelt sich erfolgreich zu serviceorientierten Produkten und digitalen Services
	GAP	Es sollte ein Brainstorming stattfinden, welche Services – über das bestehende Geschäft hinaus – angeboten werden können. Kann der Kundschaft z. B. eine Online-Fernwartung angeboten werden? Welche Dienstleistungen lassen sich gegebenenfalls als Abonnement anbieten? Hierbei können Ansätze aus der Design-Thinking-Methode oder auch aus den 55 Konzepten zur Geschäftsmodellentwicklung von BMI-Lab (vgl. Gassmann et al., 2017)genutzt werden. Im Fokus stehen dabei immer der Nutzen und Mehrwert für die Kundin bzw. den Kunden	

Information oder Service gegeben werden kann? Können gewonnene Daten gegebenenfalls für einen erweiterten Kundenservice genutzt werden?

Schritt 2: Ist – Soll und GAP-Bestimmung
Aus diesen Fragen ergibt sich dann die Gegenüberstellung des Ist- und Soll-Status, welcher in Tab. 12.2 dargestellt ist.

Schritt 3: Einordnung auf der Reifegradstufe und Anwenden der Maßnahmen.
Die Stufen wurden wie folgt definiert:

- **Stufe 1: Aktuell werden keine digitalen Services angeboten. Das Produktportfolio ist stark auf das Kernprodukt fokussiert.**
  Maßnahme: Zunächst wird empfohlen, den Fokus auf die Problemstellung der Kundin bzw. des Kunden und den angestrebten Kundennutzen zu legen. Ergibt sich hieraus ein Ansatz für neue Serviceangebote? Es gibt z. B. bereits Maler- und Lackiererbetriebe, deren Kundinnen und Kunden über eine Online-Plattform die Gestaltungswünsche für ihre Wohnung und Möbel über Parameter wie die Flächenmaße eingeben können. Die Firmen entwerfen darauf aufbauend individuelle Farbkonzepte und schicken die Muster an die Kundinnen und Kunden (vgl. Kammer & Guthardt, 2017). Andere Unternehmen bieten Fernwartungen an und wieder andere nutzen VR-Brillen, um der Kundschaft das Angebot für sein neues Bad anschaulich näherzubringen. Ein initiales Brainstorming sollte erste Ansätze für passende Serviceangebote bringen.
- **Stufe 2: Digitale Serviceideen werden auf ihre mögliche Anwendung untersucht, der Nutzen für die Kundinnen und Kunden verifiziert.**
  Maßnahme: Die unter Stufe 1 erarbeiteten Ideen und Ansätze sollten gegenübergestellt und bewertet werden. Für welche Serviceideen sind bereits die meisten Voraussetzungen geschaffen? Wo sind noch weitere Anschaffungen notwendig?

Wie könnten sich diese digitalen Serviceideen vermarkten lassen? Welche Ideen gehen als Gewinner aus der Gegenüberstellung hervor?

- **Stufe 3: Die konzeptionierten digitalen Services werden umgesetzt und aktiv angeboten.**

  Maßnahme: Die neu konzeptionierten Services werden mittels Unterstützung des IT-Dienstleisters systemseitig eingeführt, getestet und schließlich aktiv kommuniziert und angeboten. Um die ersten Vertriebserfolge zu sichern, sollten konkrete Ziele für die ersten Monate gesetzt werden.

- **Stufe 4: Das Produktportfolio hat sich erfolgreich zu serviceorientierten Produkten und digitalen Services gewandelt.**

  Maßnahme: Auf dieser Stufe gilt, das Serviceangebot zu erhalten, aber auch regelmäßig zu bewerten und gegebenenfalls zu justieren. Ebenso sind die gesetzten Vertriebs- bzw. Gewinnziele neu zu stecken und bei Bedarf anzupassen.

12.5.2.1 Servitization – Anwendungsfälle in der Praxis

Die eben aufgezeigten Ergebnisse aus der Anwendung des Modells können z. B. in einem der folgenden Ansätze enden:

1. Plattform-Modelle können z. B. dabei helfen
   - Handwerksdienstleistungen zu vermitteln, suchende Auftraggeber und anbietende Handwerksbetriebe zusammenzuführen,
   - übriges Material anzubieten, welches zwar in großen Mengen über den Großhändler eingekauft werden muss, aber nicht vollständig auf den Kundenauftrag buchbar ist.
2. Einsatz von Technologie und mobilen Geräten – neue Märkte für Softwareanbieter
   - Mithilfe von mobilen Geräten kann Wissen direkt vor Ort zu Verfügung gestellt werden, Fernwartungen durchgeführt oder Reparaturen virtuell angeleitet werden.
   - Daten für z. B. Aufmaß oder Abrechnungen können direkt auf der Baustelle eingegeben werden, das spart Zeit und schafft eine bessere Performance gegenüber den Kundinnen und Kunden. Der Bedarf ist groß, das Angebot an existierenden Apps oder Software ist bisher sehr allgemein, nicht spezifisch. Es entstehen also neue Märkte im Bereich der Softwareanbieter.
   - Einsatz von VR-Brillen zur Visualisierung von Bauprojekten.
3. Kundenzentrierte Services
   - Mit der Ausrichtung der Handwerksdienstleistung entlang der Customer Journey können Betriebe ihren Kundinnen und Kunden noch mehr Service als heute bieten: Beratung online – Ausführung offline.
   - Das verarbeitende Gewerbe erreicht mehr Endkundennähe ebenfalls durch begleitende, nutzerorientierte Services.

12.6   Lessons Learned/Ausblick

Grundsätzlich ist in Bezug auf Reifegradmodelle im Allgemeinen festzuhalten, dass hierbei immer eine gewisse Abweichung zwischen generischem Vorgehensmodell und individueller Situation besteht. Dabei läuft der Anwender des Modells auch Gefahr, nach der Situationsanalyse und Ableiten des Maßnahmenplans nicht weiterzumachen. Die mit dem Reifegradmodell ermittelten Maßnahmen und Aufgaben bedürfen der eigenen Selbstdisziplin, diese auch umzusetzen. Dabei kann das Modell nicht direkt unterstützen: Es kann die Basis zum notwendigen Vorgehen bilden, nicht aber die Umsetzung durchführen.

Die im vorgestellten Reifegradmodell definierten Handlungsempfehlungen können zur Orientierung dienen, aber keine spezifischen Vorgaben geben. Zielsetzung bei der Entwicklung des Modells war es, ein so allgemeines Modell zu formulieren, dass kein Beratungsansatz notwendig ist. Dieser Erwartung kann nur bedingt entsprochen werden, da die Individualität eines jeden (Handwerks-)Betriebs oder Unternehmen im verarbeitenden Gewerbe auch individueller Maßnahmen bedarf.

Ebenso individuell sind die sich ändernden Kundenerwartungen – Servitization und der Wandel hin zu mehr Serviceangebot kann dabei helfen, auf diese Veränderung zu reagieren.

Aus diesem Grund ist es notwendig, die Entwicklungsmöglichkeiten hinsichtlich Servitization zu strukturieren und die Wichtigkeit von Servitization zu erkennen. Das Reifegradmodell kann hierbei unterstützen.

Literatur

Appelfeller, W., & Feldmann, C. (2018). *Die digitale Transformation des Unternehmens*. Springer Gabler.

Back, A., & Berghaus, S. (2015). Digital Maturity & Transformation Studie – Über das Digital Maturity Modell. Institut für Wirtschaftsinformatik, Universität St. Gallen und Crosswalk AG.

Back, A., & Klingenburg, P. (2016). *Wie packen Unternehmen die digitale Transformation an. Ratgeber und Fallstudien zur Strategiearbeit für das digitale Zeitalter.* Studien Publikation 2016, T-Systems Multimedia Solutions GmbH.

Becker, J., Knackstedt, R., & Pöppelbuß, J. (2009). Entwicklung von Reifegradmodellen für das IT-Management – Vorgehensmodell und praktische Anwendung. *Wirtschaftsinformatik, 51*(03), 249–260.

Böcker, J. (2015). Die customer journey – Chance für mehr Kundennähe. In Deutscher Dialogmarketing Verband e. V. (Hrsg.), *Dialogmarketing Perspektiven 2014/2015* (S. 165–177). Springer Gabler.

Deutsche Telekom AG, & Techconsult (2020). *Digitalsierungsindex – Der digitale Status quo im Handwerk.* Deutsche Telekom AG.

Fischer, A. (2016). *Digitaler Reifegradcheck*. Herausgeber: G+F Verlags- und Beratungs-GmbH und Heiko und Susanne Fischer. https://100prozent.digital/digitaler-reifegrad-check/. Zugegriffen: 09. Aug. 2020.

Fischermanns, G., & Völpel, M. (2006). Der Reifegrad des Prozessmanagements. *Zeitschrift für Führung und Organisation, 75*(5), 284–290.

Fost, M. (2018). Fostec & Company. https://www.fostec.com/de/kompetenzen/digitalisierungs-strategie/digital-readiness/. Zugegriffen: 25. Sept. 2020.

Fricke, H., & Thiessen, T. (2016). *Mittelstand im Wandel – Wie ein Unternehmen seinen digitalen Reifegrad ermitteln kann.* BSP Business School Berlin, HBP University Press.

Gassmann, O., Frankenberger, K., & Csik, M. (2017). *Geschäftsmodelle entwickeln.* Hanser.

Hillebrand, K., Vertreter der Geschäftsführung, Holzbau Hillebrand GmbH, 86368 Gersthofen. Experteninterview gefüht am 16.10.2020 (M. Schantin, Interviewer).

Holland, H., & Flocke, L. (2014). Customer-Journey-Analyse – Ein neuer Ansatz zur Optimierung des (Online-)Marketing-Mix. In H. Holland (Hrsg.), *Digitales Dialogmarketing* (S. 825–855). Springer Gabler.

Kammer, A. T., & Guthardt, S. (2017). *DHZ – Deutsche Handwerkszeitung.* 02. 03 2017. https://www.deutsche-handwerks-zeitung.de/digitale-geschaeftsmodelle-fuer-das-handwerk/150/3101/346293. Zugegriffen: 26. Sept. 2020.

Kneuper, R. (2006). *CMMI – Verbesserung von Softwareprozessen mit Capability Maturity Model Integration.* Dpunkt.

Kofler, T. (2018). *Das digitale Unternehmen; Systematische Vorgehensweise zur zielgerichteten Digitalisierung.* Springer.

Kotter, J. P., & Seidenschwarz, W. (2011). *Leading Change – Wie Sie Ihr Unternehmen in acht Schritten erfolgreich verändern.* Franz Vahlen.

Kratzer, B. (2020a). Digitalisierung.

Kratzer, B., Geschäftsführer der Energietechnik Benedikt Kratzer GmbH & Co. KG, 86456 Gablingen. Experteninterview geführt am 02.10.2020 (M. Schantin, Interviewer).

Lichtblau, K., et al. (2015). Industrie 4.0 Readiness. Impuls-Stiftung des VDMA.

Lindemann, U. (2016). *Handbuch Produktentwicklung.* Hanser.

Redder, M. (2018). Digitaler Reifegrad des Mittelstands. TÜV Rheinland. 22. 02 2018. https://tonno-digitale.de/artikel/digitaler-reifegrad-des-mittelstands. Zugegriffen: 31. März. 2020.

Ross, G. (2015). Organisation Transformation Assessment. https://www.adapt2digital.com/digital-maturity-assessment-1. Zugegriffen: 09. Aug. 2020.

Runst, P., e. (2018). Der Digitalisierungsindex für das Handwerk. Eine ökonomische Analyse des Digitalisierungs-Checks des Kompetenzzentrums Digitales Handwerk. (Volkswirtschaftliches Institut für Mittelstand und Handwerk an der Universität Göttingen (ifh), Hrsg.) Göttinger Beiträge zur Handwerksforschung, No. 24. doi: http://dx.doi.org/10.3249/2364-3897-gbh-24.

Scheer, A.-W. (2020). Vom Prozessmodell zum Anwendungssystem. In: *Unternehmung 4.0.* (S. 77–83). Springer Vieweg.

Schuh, G., Anderl, R., Gausemeier, J., Hompel, M., & Wolfgang, W. (Hrsg.). (2017). *Industrie 4.0 Maturity Index; Die digitale Transformation von Unternehmen gestalten.* Deutsche Akademie der Technikwissenschaften, Herbert Utz Verlag.

SEI (Software Engineering Institute). (1991). Transforming software quality assessment. https://www.sei.cmu.edu/about/history-of-innovation-at-the-sei/display.cfm?customel_datapageid_40842=41036. Zugegriffen: 01. Mai. 2022.

SEI (Software Engineering Institute). (2002). CMMI for systems engineering/software engineering/integrated product and process development/supplier sourcing, Version 1.1, Continuous representation. https://resources.sei.cmu.edu/library/asset-view.cfm?assetid=6105. Zugegriffen: 01. Mai. 2022.

SEI (Software Engineering Institute). (2010). CMMI for development, Version 1.3. https://resources.sei.cmu.edu/library/asset-view.cfm?assetid=9661. Zugegriffen: 01. Mai. 2022.

Sievers, R. (2019). fme. https://www.fme.de/lan/digitaler-reifegrad/uebersicht/unsere-dienstleistungen/unser-vorgehensmodell. Zugegriffen: 21. Sept. 2020.

Statistisches Bundesamt (Destatis) (Hrsg). (2021). *Destatis – Statistisches Bundesamt.* https://www.destatis.de/DE/Themen/Branchen-Unternehmen/Industrie-Verarbeitendes-Gewerbe/_inhalt.html. Zugegriffen: 08. Mai. 2021.

Steimel, B., Wichmann, K. S., Azhari, P., Faraby, N., & Rossmann, A. (2014). *Digital Transformation Report 2014.* Neuland GmbH & Co. KG.

Stöckert, H. (2019). *So gelingt Geschäftsmodellinnovation in Industrieunternehmen.* Tom Spikes, 02. 09 2019. https://www.tomspike.com/geschaeftsmodellinnovation-industrieunternehmen. Zugegriffen: 08. Mai. 2021.

Veltkamp, N., & Schulte, K.-S. (04. 03 2020). *Digitalisierung des Handwerks.* ZDH und bitkom.

Voeth, M., & Loos, J. (2012). Customer Experience Management bei B2B-Services – Besonderheiten und Erfolgsfaktoren. In M. Bruhn & K. Hadwich (Hrsg.), *Customer Experience* (S. 369–384). Gabler.

Weimann, S., & Arnold, S. (2019). Vom Produkt- zum Service-Geschäftsmodell. In T. Abele (Hrsg.), *Fallstudien zum Technologie- & Innovationsmanagement* (S. 263–285). Springer Gabler.

Wein, S., Geschäftsführer der Schreinerinnung München; 81829 München. Experteninterview geführt am 19.10.2020 (M. Schantin, Interviewer).

Manuela Schantin   absolvierte den Masterstudiengang „Business Consulting & Digital Management" an der FOM Hochschule für Oekonomie & Management und schloss diesen erfolgreich mit ihrer Masterarbeit „Ein Reifegradmodell für die Digitalisierung im Handwerk" ab. Sie ist aktuell als Unternehmensberaterin bei Capgemini Invent im Bereich Service Transformation tätig und unterstützt Unternehmen bei der digitalen Transformation

Dr. Ronny Wang   lehrt an der FOM Hochschule für Oekonomie & Management an den Hochschulzentren Augsburg, München und Nürnberg. Er war lange Jahre als Unternehmensberater sowie in Unternehmen der Gesundheits- und Hightech-Branche tätig. Seine Forschungsschwerpunkte liegen in der digitalen Transformation, der Wirtschaftsinformatik, der Organisationslehre sowie der Nachhaltigkeit. Außerdem ist er Geschäftsführer der Supero GmbH und Präsident der Rambo-Group in China.

Forschungsstark und praxisnah:

Deutschlands Hochschule für Berufstätige

Raphaela Schmaltz studiert den berufsbegleitenden Master-Studiengang Taxation am FOM Hochschulzentrum Köln.

Die FOM ist Deutschlands Hochschule für Berufstätige. Sie bietet über 40 Bachelor- und Master-Studiengänge, die im Tages- oder Abendstudium berufsbegleitend absolviert werden können und Studierende auf aktuelle und künftige Anforderungen der Arbeitswelt vorbereiten.

In einem großen Forschungsbereich mit hochschuleigenen Instituten und KompetenzCentren forschen Lehrende – auch mit ihren Studierenden – in den unterschiedlichen Themenfeldern der Hochschule, wie zum Beispiel Wirtschaft & Management, Wirtschaftspsychologie, IT-Management oder Gesundheit & Soziales. Sie entwickeln im Rahmen nationaler und internationaler Projekte gemeinsam mit Partnern aus Wissenschaft und Wirtschaft Lösungen für Problemstellungen der betrieblichen Praxis.

Damit ist die FOM eine der forschungsstärksten privaten Hochschulen Deutschlands. Mit ihren insgesamt über 2.000 Lehrenden bietet die FOM rund 57.000 Studierenden ein berufsbegleitendes Präsenzstudium im Hörsaal an einem der 36 FOM Hochschulzentren und ein digitales Live-Studium mit Vorlesungen aus den hochmodernen FOM Studios.

Alle Institute und KompetenzCentren unter
fom.de/forschung

**Die Hochschule.
Für Berufstätige.**